इको-फेमिनिज़्म

इको-फेमिनिज़्म

के. वनजा

वाणी प्रकाशन

सजिल्द पहला संस्करण : 2013
सजिल्द दूसरा संस्करण : 2023

वाणी प्रकाशन

4695, 21-ए, दरियागंज, नयी दिल्ली-110 002

फ़ोन : +91 11 23273167 फ़ैक्स : +91 11 23275710

शाखाएँ

अशोक राजपथ, पटना-800 004, बिहार

कॉफ़ी हाउस कैम्पस, महात्मा गांधी मार्ग, इलाहाबाद-211 001, उत्तर प्रदेश

महात्मा गांधी अन्तरराष्ट्रीय हिन्दी विश्वविद्यालय, वर्धा-442 001, महाराष्ट्र

36/ए, शेक्सपियर सरणी, रानी बिरला गर्ल्स कॉलेज के पास, कोलकाता-700 017, प. बंगाल

www.vaniprakashan.com
marketing@vaniprakashan.in
sales@vaniprakashan.in

Eco-Feminism
by K. Vanja

ISBN : 978-93-5072-459-0
Criticism

मूल्य : ₹ 650

आर. टेक ऑफसेट प्रिंटर्स, दिल्ली-110 032 में मुद्रित

वाणी प्रकाशन का लोगो मक़बूल फ़िदा हुसेन की कूची से

मेरे जिद्दी, चिड़चिड़ाते, हँसते-मुस्कुराते
बूढ़े-बच्चे स्वर्गीय पति रामन नायर को

दिल से

लोग कहते हैं कि दुनिया दिन-ब-दिन बदलती जा रही है। यह बदलाव सचमुच भौतिक विकास पर केन्द्रित है। इस सन्दर्भ में हमें इस ओर ध्यान देने की सख्त ज़रूरत आ पड़ी है कि दुनिया में मानवीय-चेतना का विकास कहाँ तक हुआ है और हो रहा है। चेतना का विकास मूल्यों के विकास पर निर्भर है। स्वार्थ प्रेरित मनुष्य आज मूल्य केन्द्रित व्यवहार से विच्छिन्न हो रहा है। अनेक चिंतनों, दर्शनों एवं वैज्ञानिक-प्रौद्योगिक विकासों के चंगुल में फँसकर मनुष्य बौद्धिक व्यायामों में रस लेता आ रहा है। उस द्वन्द्व में मूल्यों का जो ह्रास होता है उससे आजकल के सचेत मनुष्य काफी सजग हो गये हैं। इसलिए आज उभरनेवाले अधिकांश नये आंदोलन मूल्यवादी हैं। इन मूल्यवादी आंदोलनों में उल्लेखनीय है इको-फेमिनिज़्म।

इको-फेमिनिज़्म संपूर्ण दुनिया को बचाने का मंत्र लेकर पाश्चात्य देश में अवतरित हुआ। इस मूल्यवादी सिद्धांत की अनिवार्यता आज बढ़ गई। पाश्चात्य देशों के साथ अन्य विकासशील देशों में भी आज विकास के नाम पर जो दोहन संपूर्ण चराचरों का हो रहा है इसको रोकना मनुष्य के भविष्य के लिए बहुत ज़रूरी है। दुनिया को इस विपत्ति से बचाने का दायित्व स्त्री अपने ऊपर ले लेती है। यह एक अलग सोच का परिणाम है। क्योंकि स्त्री संपूर्ण दुनिया के जीव-जंतुओं को एक साथ सामरस्य की डोरी में बाँध लेने में समर्थ है। वह इसलिए समर्थ है कि वह हृदय की भाषा बोलती है और उस भाषा में व्यवहार करती है। इसलिए स्त्री एवं प्रकृति केन्द्रित इको-फेमिनिज़्म की भूमिका आज बड़ी है।

इसके पहले पिछले साल मेरी 'साहित्य का पारिस्थितिक दर्शन' शीर्षक पुस्तक *वाणी प्रकाशन* से प्रकाशित हो चुकी है। उसकी अगली कड़ी है 'इको फेमिनिज़्म'। इस पुस्तक के लेखन के लिए मेरे जिन निकट के आत्मीय व्यक्तियों ने प्रेरणा दी उन

सबके सामने मैं अपना सिर नवा रही हूँ। दुःखद घटना यह हुई कि इस पुस्तक की तैयारी के दौरान मेरे प्रिय पति का निधन हुआ, पर उस संकट काल को पार करने की शक्ति मेरे आत्म मित्र डॉ. मोहन जी और प्रिय छात्रों ने दी। इस अवसर पर उनके प्रति तथा प्रकाशक श्री अरुण माहेश्वरी जी के प्रति मैं अपना आभार प्रकट कर रही हूँ।

के. वनजा

अनुक्रम

इको-फेमिनिज़्म (पारिस्थितिक स्त्रीवाद)

विकास के नारे को बुलन्द करते हुए बीसवीं शताब्दी का शुभारंभ हुआ था। लेकिन उसका अंत और इक्कीसवीं शताब्दी का आरम्भ मनुष्य अस्तित्व को लेकर भीषण आशंका से हुआ। इस भयानक स्थिति में मनुष्य को आशा एवं सांत्वना प्रदान करते हुए विश्व रक्षक के रूप में इको-फेमिनिज़्म का आविर्भाव हुआ। वैज्ञानिक आविष्कारों का दुरुपयोग, विकास योजनाओं की अदूरदर्शिता, पूँजी और अधिकार की केन्द्रीयता, प्रौद्योगिकी का क्रमातीत विकास और उपयोग से पृथ्वी तेज़ रफ्तार में पददलित होती जा रही थी। पृथ्वी के इस विनाश के बावजूद उससे मिलकर सहज एक प्रकृत जीवन बिताने वाले सब हाशिए पर छोड़ दिए गये। पृथ्वी को माता या स्त्री माननेवाली एक परंपरा पाश्चात्य एवं भारतीय संस्कृति में वर्तमान है। पृथ्वी और पृथ्वी की समानधर्मी स्त्री दोनों समान रूप से आधुनिकता के पुरुष प्रभुत्व समाज में शोषण की शिकार हैं। दोनों का यथासंभव शोषण करता भी रहा, पर उनके पोषण की बात पुरुष केन्द्रित अधिकारी वर्ग भूल ही गया। अतिभोग और विकास के लिए मदोन्मत्त पुरुष वर्ग यंत्रों के खेल और शक्ति में अपने आप में फूला न समाया। लेकिन अब पृथ्वी विनाश के कगार पर खड़ी है। मनुष्य अपने अस्तित्व को लेकर आतंकित है। ऐसे सन्दर्भ में शोषित पृथ्वी और स्त्री को बचाना ही मनुष्य के अस्तित्व को बचा लेने का एकमात्र उपाय है। स्त्रियों ने इस भयानक एवं संकटपूर्ण अवस्था के कारण समझ लिए। इसलिए उसने अपने आपको पृथ्वी को, पृथ्वी की अन्य शोषित जातियों, नस्लों, जीव-जंतुओं तथा गरीबों को पितृसत्तात्मक पूँजीवादी अधिकारी वर्गों से तथा उनकी गलत व्यवस्था से बचाने का दायित्व अपने ऊपर ले लिया। इस मकसद को लेकर कई आन्दोलन पाश्चात्य एवं भारत में शुरूहुए। कई संगोष्ठियाँ अमेरिका जैसे विकसित देशों में आयोजित की गईं। इस प्रकार पृथ्वी और स्त्री को तथा अन्य उपेक्षित वर्गों को पितृसत्तात्मक पूँजीवादी शोषण से बचाने के लिए प्रकृति के साथ मिलकर जीने की जो नवीन विचारधारा फेमिनिज़्म और परिस्थितिवाद दोनों के संयोग से रूपायित हुई उसे

इको-फेमिनिज़्म कहा जाता है। इस इको-फेमिनिज़्म ने फेमिनिज़्म के रैडिकल फेमिनिज़्म, लिबरल फेमिनिज़्म, समाजवादी फेमिनिज़्म, आध्यात्मिकता, मार्क्सवाद, गाँधीवाद, ईसाई विचार आदि के कई तत्व कई प्रकार से कई अनुपात में आत्मसात किये हैं।

इको-फेमिनिज़्म : अर्थ एवं परिभाषा

इको-फेमिनिज़्म शब्द दो शब्दों के योग से बना है – इको और फेमिनिज़्म। इसमें इकोलॉजी (Ecology) का अर्थ है घर' जो 'Oikos' नामक ग्रीक शब्द से निसृत है। इकोलॉजी गृहसंबंधी आथवा पृथ्वी रूपी गृहसंबंधी शास्त्र का प्रतिपादन करती है। उन्नीसवीं शती में प्रमुख पर्यावरणवादी एलन स्वार्ले नामक स्त्री ने घर एवं पर्यावरण के संबंधों पर सबसे पहले विचार किया। 1892 में उन्होंने इकोलॉजी नामक पर्यावरण शास्त्र तैयार किया। उस शास्त्र को वायु, जल, पोषक आहार, यात्रा, उद्योग, स्वास्थ्य आदि से संबद्ध माना गया। लेकिन जल्दी ही वह गृहपरिस्थिति (Home Ecology) और गृह अर्थशास्त्र (Home Economics) नाम से अभिहित होने लगा। स्वाल के विचारों को गृह और परिस्थिति के साथ मिलाने की प्रेरणा बन गई। पृथ्वी और घर ऐतिहासिक दृष्टि से स्त्री से ज़्यादा संबद्ध हैं। बच्चों का जन्म और उसका पालन पोषण आदि से स्त्री में जो मानसिक स्थिति उत्पन्न होती है, वह प्रकृति के साथ उसे मिला देती है। चन्द्रमा की परिक्रमा से जुड़ा हुआ है उसका मासिक धर्म, यह भी स्त्री के शरीर के प्रकृति के ताल-लय के साथ के संबंध को स्पष्ट करता है। हिन्दी में इसके लिए उचित शब्द-प्रयोग पारिस्थितिक स्त्रीवाद है। यह पारिस्थितिक स्त्रीवाद स्त्री और प्रकृति की पारस्परिकता को लेकर ही नहीं बल्कि उनके शोषण और अवमूल्यन को लेकर भी गहन चिंतन एवं उसका परिचिंतन करता है। पारिस्थितिक स्त्रीवाद का मानना यह है कि पितृसत्तात्मक समाज चार मुख्य एवं परस्पर संबद्ध खंभों पर अवस्थित है, वे हैं – लिंगवाद, नस्लवाद, वर्गशोषण और पर्यावरण का नाश। वह यह जाहिर करना चाहता है कि स्त्री ही नहीं बल्कि दमित दलित नस्ल एवं सामाजिक वर्ग भी प्रकृति से निकट का सम्बन्ध रखनावाले हैं। इको-फेमिनिज़्म पुरुष से स्त्री की समानता को तलाशने में नहीं, वह स्त्री के विमोचन की तलाश में है। स्त्री और प्रकृति के विमोचन से ही जैव व्यवस्था, सामाजिक व्यवस्था द्वारा मनुष्य-जीवन में संतुलन भी स्थापित हो पाएगा।

मेरी मेल्लोर के अनुसार – "इको फेमिनिज़्म एक आन्दोलन है जो प्राकृतिक संसार के नाश एवं अवमूल्यन तथा स्त्रियों की अधीनता एवं गुलामी को संबद्ध करके

देखता है। इसने 1970 के मध्य के सेकेंड-वेव फेमिनिज़्म और हरित आन्दोलन से जन्म लिया। इको-फेमिनिज़्म, फेमिनिज़्म और हरित आन्दोलन के तत्वों को मिला कर देखता है। लेकिन दोनों के लिए यह एक चुनौती भी है। मानव की वृत्तियों का जो बुरा प्रभाव मानवेतर जगत पर पड़ता है उसकी असलियत की पहचान उसने हरित आन्दोलन से पा ली है। उसी प्रकार फेमिनिज़्म से पराधीन, शोषित और दमित स्त्रियों के प्रति मानवीयता की दृष्टि भी।" (Introduction to Feminism & Ecology - Mary Mellor) "इको फेमिनिज़्म एक एक्टिविस्ट और अकादमिक आन्दोलन है, वह प्रकृति के ऊपर के आधिपत्य और स्त्री के शोषण को संबद्ध करके आलोचना करता है। इसने 1980 और 1990 में निरायुधीकरण, पर्यावरण और लेसबियन फेमिनिज़्म आन्दोलन से विकास प्राप्त किया–(Lois and Horentzen) "पितृसत्तात्मक व्यवस्था को उखाड़ फेंकने में और इंतज़ार नहीं है... हम आपातकाल की अवस्था में हैं और चारों ओर की दुनिया, आर्थिक व्यवस्था, संस्कृति और प्राकृतिक संसाधन विनाश के कगार पर है। जल्दी ही उसके लिए कुछ करना है। यूरोप और उत्तर अमेरिका की जनता विश्व आबादी का 20% है, वह विकास के नाम पर विश्व भर के प्राकृतिक संसाधन का 80% खाती रहती है। (Uprooting the Patriarchy - Joy Pincus) "पूँजीवादी-पितृसत्तात्मक अवधारणाएँ समानता के लिए आवश्यक पौरोहित्य और असमानता को भी परिभाषित करती हैं। हमारा लक्ष्य इन संकुचित अवधारणाओं को लाँघकर हमारी विविधता को विविध प्रकार से अभिव्यक्त करना है। संसार की संरचना में लीन असमानता दक्षिण को दबाने में उत्तर को अनुमति देता है और स्त्री को दबाने में पुरुष को। आज आर्थिक लाभ के लिए संसाधनों के अभूतपूर्व असमान वितरण के लिए प्रकृति को खाने की भी। सर्वत्र स्त्री पारिस्थिति विनाश का विरोध करती है। विज्ञान और प्रौद्योगिकी भी जेंडर न्यूट्रल नहीं है। हमने देखा कि पुरुष सत्तात्मक समाज में पुरुष और प्रकृति तथा पुरुष और स्त्री के बीच में एक शोषण परक आधिपत्य का संबंध है, आधुनिक औद्योगिक क्षेत्र में भी। ये सब परस्पर निकट संबंध रखते हैं (Maria Mics and Vandana Shiva - Introduction of Eco-Feminism)

"इको फेमिनिज़म एक नया पद है, यह प्राचीन पर विजय के लिए प्रस्तुत है। यह 1970 और 1980 में नारीवादी, शांति और पर्यावरण जैसे कई सामाजिक आन्दोलनों से उभरा है।" (Maria Mics and Vandana Shiva)

"इकोफेमिनिज़्म संबंधों और संपूर्णता के सिद्धान्त एवं प्रयोग का है। यह प्रत्येक

जीवन की विशेष शक्ति और अस्मिता पर बल देता है। हम स्त्रीकेन्द्रित आन्दोलन पर हैं और हम विश्वास करते हैं कि हमारे लिए इस विनाश के वक्त विशेष काम है। हमने पृथ्वी और पृथ्वी के जीव-जंतुओं का जो नाश कॉरपोरेट शक्तियों द्वारा किया गया वह देखा और आणविक धमकियाँ भी। पुरुष मानसिकता हमारे शरीर और लिंग पर हमारा जो अधिकार है, इसका निषेध करती है, यह दबाव राज्यसत्ता पर भी केन्द्रित है।" (Ynestra King)

"प्रकृति और स्त्री पर पुरुष के आधिपत्य की आलोचना तथा प्रकृति और स्त्री के संबंध में लिंगातीत एक नीतिशास्त्र है इको-फेमिनिज़्म। स्त्री और प्रकृति को केन्द्र में प्रतिष्ठित एक वैश्विक विचारधारा है इको फेमिनिज़्म" (कारन वारन)

उपर्युक्त परिभाषाओं से एक बात जाहिर होती है कि इको-फेमिनिज़्म शोषण के शिकार बननेवाली स्त्री और प्रकृति की तुलना करता है। इसके साथ सिद्धांतों एवं प्रयोगों को स्थान देनेवाले आधिपत्य के प्रमाणों को भी आलोचना का विषय बनाता है। स्त्री के समान प्रकृति भी स्त्रैण है, इसलिए पुरुष दोनों को अपने अधीन कर लेता है। स्त्रैणता पर बल देने के साथ पुरुषाधिपत्य उपासना-संप्रदाय का प्रतिरोध भी करता है। यह प्रतिरोध सैद्धान्तिक होने के साथ राजनैतिक भी है। इसके लिए नारीवाद और पारिस्थितिकी के लोगों को एकत्र होना चाहिए। इसलिए वंगारी मेथाई ने 1991 में जब स्वस्थ पृथ्वी के लिए विश्व वनिता सम्मेलन आयोजित किया, उस समय इको फेमिनिज़्म की प्रवृत्त्यात्मक स्थिति की अनिवार्यता की ओर संकेत करते हुए कहा – 'कार्य अभी जल्दी नहीं चलेगा.. स्त्रियों को कुछ ज़रूरी काम करना है।'

इको-फेमिनिज़्म (पारिस्थितिक स्त्रीवाद) का इतिहास

आधुनिक फेमिनिस्टों में सबसे पहले सीमोन द बुआ ने स्त्री और प्रकृति को साथ रखकर विचार प्रस्तुत किया। पुरुष सत्तात्मक समाज ने स्त्री और प्रकृति की समानता पहचानकर दोनों का वस्तुकरण कर दिया। इसलिए पुरुष ने स्त्री और प्रकृति को अपनी शक्ति के अधीन कर नई संस्कृतियों का निर्माण करना शुरू किया। जिस प्रकार पुरुष माँ से अलग होकर उसके शोषण के लिए तैयार हो जाता है वैसे ही प्रकृति रूपी माँ की गोद में उसके स्नेह लालन-पालन से बड़े होने के बाद उसका शोषण कर लेता है। स्त्री और प्रकृति से भी बढ़कर श्रेष्ठ की सृष्टि करने की व्यग्रता में पुरुष प्रकृति को खाकर औद्योगिक संस्कृति के निर्माण में लग जाता है। बुआ के अनुसार, पुरुष द्वारा निर्मित औद्योगिक संस्कृति में आर्थिक पहलू ही नहीं बल्कि

मनोवैज्ञानिक पहलू भी है। विकास का यह पागलपन पुरुष के लिए विस्मृति है। स्त्री और प्रकृति को भूलकर दूर जाने का मार्ग है। 'सेकेन्ट सेक्स' में बुआ द्वारा अभिव्यक्त इन विचारों से यह जाहिर होता है कि इको-फेमिनिज़्म का आरम्भ बुआ में नज़र आता है। संस्कृति के लिए प्रकृति के समान है पुरुष के लिए स्त्री? (Is female to male as nature is to culture) यह सवाल शेरी आटनर नामक अमेरिकी फेमिनिस्ट ने 1971 में उठाया। इसका तात्पर्य यह है कि बुआ के चिन्तन एवं शेरी के सवाल में पारिस्थितिक स्त्रीवाद नामक दर्शन का बीजरूप विद्यमान है।

दो विश्व युद्धों की विनाश लीला से दुनिया भर के लोग अवगत थे। इसके बाद अमेरिका में कृषि क्षेत्र में कीटनाशकों का इस्तेमाल पैदावार को बढ़ावा देने के लिए शुरू हुआ। इन कीटनाशकों से बहुत से कीटों के साथ पक्षीगण भी समाप्तप्राय सा दिखाई पड़ा। जब वसन्त आ गया, तब वह मौन दिखाई पड़ा। रेचल कर्सन ने उस भयानक मौन वसंत को देखकर Silent Spring (मौन वसन्त) 1962 में लिखा। उनके द्वारा लिखित इस किताब में प्रकृति पर मनुष्य के हमले का दुष्परिणाम प्रकट हुआ। इसलिए इको-फेमिनिज़्म के संदर्भ में रेचल कर्सन की देन को भी अनदेखा नहीं किया जा सकता।

लेकिन इको-फेमिनिज़्म नामक संकल्पना की दार्शनिक व्याख्या सबसे पहले फ्रेंच फेमिनिस्ट फ्रन्स्वा द यूबोण ने प्रस्तुत की। उनके पहले शुलमिथ फररस्टेन ने फेमिनिज़्म में निहित पारिस्थितिकी पर विचार किया था लेकिन एक नये दर्शन का रूप फ्रन्स्वा ने दिया। 1974 में उनके द्वारा फ्रेंच भाषा में रचित (Le Feminisme ou la Mort) (Feminism or Dealth) नामक रचना में 'इको -फेमिनिज़्म का काल' (The time for Eco-Feminism) शीर्षक अध्याय में पारिस्थितिक स्त्रीवाद का प्रारंभ किया। फ्रन्स्वा द यूबोण के अनुसार भूमि के नाश का दायित्व पुरुषों पर है। उनके आक्रमणों से भूमि को मनुष्य की भलाई के लिए बचाकर रखने में स्त्री ही समर्थ है। पाँच हज़ार वर्ष पहले खेती स्त्रियों के नियंत्रण में थी। इसे बाद में पुरुष ने अपने अधीन कर लिया। मिट्टी की उत्पादन क्षमता के साथ स्त्री की उर्वरता को भी अपने अधीन कर पुरुष ने अपनी सत्ता को आगे बढ़ाया। मिट्टी और स्त्री में बीज बोने का अधिकार पुरुष ने ले लिया। आज की मुख्य दो समस्याएं हैं – सीमारहित जनसंख्या वृद्धि और प्राकृतिक संसाधनों का नाश। पुरुष द्वारा पुरुष के लिए निर्मित समाज के भौम नियम स्त्री के ऊपर पुरुष के अधिकार जमाने में बहुत सहायक सिद्ध हुए। आज का परिस्थितिक संकट पुरुष लिंगाधिपत्य की सृष्टि है। पूँजीवाद और समाजवाद दोनों

समान रूप से इस पारिस्थितिक नाश के कारण हैं। यदि पूँजीवाद मुनाफे के नाम पर काम करता है तो समाजवाद प्रगति के नाम पर।

फ्रन्स्वा ने इको-केमिनिज़म को मानवीयता के रूप में देखा। इसका लक्ष्य पुरुष के बदले में स्त्र. को प्रतिष्ठित करना नहीं है। इको-फेमिनिज़म का मकसद पुरुष केन्द्रित अधिकार और उसकी संरचना को शिथिल करना है। स्त्री-पुरुष भेद के बिना मनुष्य को मनुष्य के रूप में देखने, समझने और माननेवाले एक संसार के सृजन में इको-फेमिनिज़्म को स्त्रीवादी आन्दोलन के नेतृत्व में आना चाहिए। मार्क्स ने मज़दूर को जो दायित्व दिया वही स्त्री को यहाँ दिया गया है। फ्रन्स्वा ने लिखा कि स्त्रीत्व पर आधारित भूमि सबको सुरक्षा प्रदान करेगी।

रेचल कर्सन की किताब से अमेरिका में पारिस्थितिक चर्चा शुरू हुई। सातवें दशक में वहाँ इको-फेमिनिज़्म का आरम्भ भी हुआ। कहा जाता है कि 'इको-फेमिनिज़्म' शब्द का अंग्रेज़ी में प्रथम प्रयोग (Institute of Social Ecology) ने किया है। उस संस्था ने 1976 में इको-फेमिनिज़्म का पाठ्यक्रम चलाया। इसे चलाने का दायित्व पारिस्थितिक स्त्रीवाद की मुख्य दार्शनिक मेडम नेस्त्रा किंग (Ynestra King) का था। 1981 में उन्होंने 'Feminism and Art' नामक रचना की। उन्होंने इको-फेमिनिज़्म को फेमिनिज़्म की तीसरी लहर कहा तो कुछ सैद्धांतिकों ने इसे गहन परिस्थितिवाद (Deep Ecology) कहा। लेकिन इको-फेमिनिज़्म एक साथ फेमिनिज़्म की पारिस्थितिक आलोचना और पारिस्थितिकी की नारीवादी आलोचना है। मुख्य इको-फेमिनिस्ट विचारक हैं मेरी रोस राडफोर्ट रूथर (Rosemary Radfort Ruether), इवोन गिबारा (Ivone Gebara), वंदना शिवा (Vandana Shiva), सूसन ग्रिफिन (Susan Grifin), आलीस वाकर (Alice Walker), स्टारहॉक (Starhawk), साली माकफॉग (Salle McFague), लूइसाह टीश (Laisah Teish), सन अई ली-पार्क (Sun Ai Lee-Park), पोला गन अलन (Paula Gunn Allen), मोनिका स्जू (Monica Sjoo), ग्रेटा गार्ड (Goeta Gard), करन वारेन (Karen Warren), आन्टी स्मिथ (Anti Smith) आदि। इन्होंने कहा कि सभी प्रकार का शोषण परस्पर संबद्ध हैं और शोषण की संरचना को एक साथ मिलाकर देखा है। प्रकृति और स्त्री का पुरुषसत्तात्मक अधिकार द्वारा जो शोषण किया जाता है उसे एक साथ देखना है। यह सामाजिक शोषण अवश्य पुरुष सत्तात्मक व्यवस्था के अधिकार से निर्मित है। रूथर ने अपनी पुस्तक New Woman/ New Earth में कहा कि स्त्री को समझना चाहिए कि जिस समाज में एक बुनियादी आधिपत्य और दबाव का रिता ज़ारी है, वहाँ अपने आपका विमोचन और पर्यावरण

संकट का हल संभव नहीं है। इसलिए आधारभूत सामाजिक आर्थिक संबंध और सामाजिक मूल्य ह्रास को समूल पुनर्गठित करने के लिए नारीवादी आंदोलनों एवं पर्यावरण आंदोलनों को कंधे से कंधा मिलाकर आगे बढ़ना है। उन्होंने वर्ग, नस्ल, लिंग, आदि को भी प्रकृति और स्त्री के शोषण से अभिन्न नहीं माना क्योंकि वे भी प्रकृति के निकट हैं।

पाश्चात्य समाज में स्त्री को पुरुष के अधीन ही माना जाता है और प्रकृति को संस्कृति के अधीन। मनुष्य अपने को प्रकृति के अन्य जीवजन्तुओं से अलग करके इन सब का स्वामी मानता है। इको-फेमिनिस्टों ने इस द्वद्वात्मक स्थिति का पूरा विरोध किया। वारेन द्वारा संपादित पुस्तक Eco-Feminism: Womean Culture, Nature की भूमिका में ज़ोर देकर कहा कि मनुष्येतर प्रकृति और मनुष्य का शोषण भी स्त्रीवाद की समस्याओं के अंतर्गत ही है। इसलिए इको-फेमिनिज़्म की विचारधारा प्रकृति के शोषण के सामाजिक वादों की भी नारीवादी आलोचना है। इससे यह स्पष्ट होता है कि यह एक निर्माणात्मक विश्वदृष्टि है जो सभी प्रकार की द्वैतता एवं द्वंद्वात्मकता के विरुद्ध है।

1970 में आंदोलन के रूप में ही नहीं बल्कि शैक्षिक क्षेत्र में भी स्त्रीवाद और पर्यावरण संबंधी आशयों को मिलाकर सैद्धान्तिकी का निर्माण कार्य किया गया। इनमें मुख्य हैं रूथर का 'New Woman/New Earth (1975), मेरी डाली का Gyn/Ecology (1978), Griffin's Woman and Nature' (1978) और करोलिन मर्चेण्ट का 'The Death of Nature' (1980)। इन पुस्तकों के ज़रिए इको-फेमिनिज़्म का शौक्षिक क्षेत्र में 1980 और 1990 के बीच में बड़े परिमाण में नाटकीय विकास हुआ। अस्सी के दशक में कभी कभी यह आंदोलन शौक्षिक क्षेत्र से संबंद्ध होकर और कभी कभी बाहर बहुत तेज़ी से विकास प्राप्त करने लगा। इको-फेमिनिज़्म पर केन्द्रित कई सम्मेलनों का आयोजन हुआ। इनमें मुख्य है – "Women and life on earth : Eco-Feminism in the Eighlies" (1980). "Eco feminist perspectives : Culture, Theory" (1987) राष्ट्रीय नारी संघ के अध्ययन का एक ग्रुप (1989)। इको फेमिनिज़्म के आन्दोलन को आगे बढ़ाने के लक्ष्य में कई संगठन एवं संस्थाएं रूपायित हुए। उनमें एक संस्था है 'फेमिनिस्ट इंस्टिट्यूट एन्ड वुमन एर्थ'। इसने इको-फेमिनिज़्म संबंधी बुनियादी चीज़ों के कई संग्रह प्रकाशित किए। वे हैं – स्टीफानी लीलान्ड और लियोनिक कालडीकोट द्वारा संपादित रीक्येंम द एर्थ : विमन स्पीक और फॉर लैफ ऑन एर्थ (1983), जूडिथ प्लेंट द्वारा संपादित 'हिलिंग द बून्ए: द

प्रोमिस ऑफ इको-फेमिनिज़्म (1989), इरीन डयमेंड और ग्लोरिया ओरिस्टेन द्वारा संपादित 'रिवीविंग द वेल्ड : द एमेरजेंस ऑफ इको फेमिनिज़्म (1990)। यद्यपि यूरो अमेरिकी इको फेमिनिस्टों द्वारा इन पुस्तकों का संपादन हुआ तथापि इनके रचनाकार विभिन्न संस्कृतियों के थे। पेट्रा केल्ली 'हीलिंग द वून्ड्स' की भूमिका में एक 'वैश्विक पर्यावरण बहनापा' की घोषणा करती है। इसके लिए उन्होंने चिपको आन्दोलन (भारत), ग्रीनहाम कॉमन (इंग्लैड), क्रिम रीजियन (पूरी सोवियत यूनियन्स) आदि को आमंत्रित किया। अलग-अलग संस्कृतियों के आंदोलनों के परिचय से पश्चिमेतर देशों में इको-फेमिनिज़्म संबंधी जो कार्य चल रहा है इसकी जानकारी मिल जाती है। यह इको-फेमिनिज़्म को व्यापक एवं गहन बनाने में सहायक बना है।

भारत की वंदना शिवा ने इको-फेमिनिज़्म के क्षेत्र में जो काम किया है, इसकी चर्चा बड़े पैमाने पर पाश्चात्य देशों में भी हुई है। उन्होंने जर्मन समाजवादी मार्क्सवादी मरिया मेस से मिलकार 'इको-फेमिनिज़्म : रिकनक्टिंग ए डिवैडेड वेल्ड (1993) नामक पुस्तक प्रकाशित की। इस पुस्तक में इन दोनों ने भूगोल के उत्तर और दक्षिण की स्त्रियों के ऊपर जो पूँजीवादी पुरुष सत्तात्मक आर्थिक व्यवस्था का दबाव हो रहा है उनको मिलाया। इस व्यवस्था में संसाधनों के असमान वितरण के कारण प्रकृति के अन्याय पूर्ण शोषण को माना गया। सब जगह पर्यावरण के विनाश के विरुद्ध स्त्रियाँ आगे हैं। वंदना शिवा ने 'Mal development' को विभिन्नता में एकता के खिलाफ काम करनेवाले कारक तत्व के रूप में माना। पाश्चात्य प्रौद्योगिकी के पुरुषों द्वारा निर्मित सिद्धान्तों के कारण वर्गों, संस्कृतियों और लिंगों की भिन्नता को यह Mal develpment दूर नहीं कर सकता। वन्दना शिवा के समाजवादी इको-फेमिनिज़्म पर बाद में विस्तार से विचार किया जाएगा।

इको फेमिनिज़्म का और एक मुख्य क्षेत्र धर्म और संस्कृति के प्रति वैज्ञानिक विश्वदृष्टि का है। इको-फेमिनिज़्म मानता है कि कभी-कभी धार्मिक और वैज्ञानिक विश्वदृष्टियों के बीच के विरोध उनके विकास के लिए हानिकारक होता है। पाश्चात्य अध्यात्म विद्या और वैज्ञानिक आदर्श दोनों भौतिक संसार को स्थान देते हैं, वह पवित्र नहीं है, लेकिन यांत्रिक हैं। इको-फेमिनिज़्म द्वारा आरोपित विज्ञान और धर्म द्वारा पोषित भौतिक और आध्यात्म संबंधी यह भेद यूरोपीय-अमेरिकी प्रभुत्ववादी संस्कृति पर बुरा प्रभाव डालेगा। इसाई इको-फेमिनिस्ट अध्यात्मविद साली मकफाग ने अपनी किताब 'द बोडी ऑफ गोड : एन इकोलोजिकल थियोलोजी' (1993) में इस स्थिति पर टिप्पणी करते हुए कहा कि हरित अध्यात्म के लिए सबसे महत्वपूर्ण है अमूर्तीकरण।

अर्थात् अमूर्त ज्ञान (द्वन्द्वात्मक मन और शरीर) और अमूर्त कर्म (ईश्वर और संसार के बीच की मुख्य प्रवृत्ति आंतरिक शांति अथवा पापों को माफ करना है)।

'प्रकृति की मृत्यु' में मर्चेन्ट की प्रकृति के प्रति जो पौरोहित्यपूर्ण और यांत्रिक दृष्टि है उसे स्त्री की गुलामी से जोड़ा। उन्होंने स्पष्ट कहा कि पदार्थवादी विचार और स्वातंत्र्य बोध ने मध्ययुग में पूरे यूरोप में प्रकृति को गुलाम बनाया था। उन्होंने फ्रन्सीस बेकन को उद्धृत किया। फान्सीस बेकन ने कहा कि प्रकृति के रहस्यों को पूर्ण रूप से जानने के लिए उसके कोने-कोने का निरीक्षण कर उसकी ऊर्जा को यथासंभव मनुष्य के उपयोग के लिए प्रयुक्त करना है अथवा प्रकृति को नंगा करना है। लेकिन गेथे ने अपने Divine Comedy में कहा–"प्रकृति कभी भी किसी को अपने को अनावृत करने नहीं देती। तुम्हारी सत्ता के सम्मुख प्रकृति अपने को अनावृत करना यदि नहीं चाहती है तो तुम्हारा कोई भी हथियार कुछ भी नहीं कर सकता।" गेथे का यह विचार सचमुच फ्रंसीस बेकन के विचार के लिए जवाब है। मर्चेंट और मकफाग दोनों नये और पुराने विज्ञान एवं धर्म के कुछ क्षेत्रों में विकसित क्रमबद्ध भौतिक रूप पर बल देते हैं। 'सृष्टि संबंधी सामान्य कहानी' और इकोलॉजी के विकास की ओर अग्रसर होनेवाला क्षेत्र तथा भौतिक विज्ञान से रूपायित कुछ नयी विश्वविद्याएँ इको-फेमिनिस्ट के लिए प्राकृतिक विज्ञान पर बात करने की शक्ति प्रदान करती हैं।

1970-2000 तक के वर्षों में इको फेमिनिस्टों ने स्त्री और पर्यावरण को एक साथ मिलाकर इनसे संबंधित कई न्यायों की ओर ध्यान दिलाने के लिए बड़ी संख्या में कई प्रकार के विरोध, बहिष्कार एवं आन्दोलन चलाये। अनेक विद्वान लोग इस आन्दोलन में भाग लेकर न्याय के लिए प्रयत्न करते रहे। अनेकों ने शैक्षिक क्षेत्र में प्रवेश कर इसके लिए प्रयत्न ज़ारी रखा। शीतयुद्ध के समय इको-फेमिनिस्ट की पहली पीढ़ी ने सैनिक एवं आणविक प्रयोगों के विरुद्ध आवाज़ उठायी। 1980 में सूसन कियोन और नैनै स्वैम द्वारा लिखित 'ए हेन्डबुक फॉर विमन ऑन द न्यूक्लियर मेटालिटी' में 'इकोफेमिनिज़्म' शब्द को प्रवृत्तियों की आधारभूत संकल्पना के रूप में प्रयुक्त किया गया। इको-फेमिनिज़्म के निरायुधीकरण संबंधी विचारों के दो उदाहरण हैं। उनके द्वारा संस्थापित विमन पेंटगन ऑक्शन (1980-81) और 'ग्रीनहाम विमन पीस कैंप (1981)।

यू.एन.ओ. ने 1975-1985 वर्षों को अंतर्राष्ट्रीय वनिता दशाब्दी वर्ष घोषित किया। इस दौरान यू.एन.ओ द्वारा प्रायोजित कई अंतर्राष्ट्रीय राजनैतिक सम्मेलन इको-फेमिनिज़्म को आगे बढ़ाने में सहायक सिद्ध हुए। उदाहरण के लिए नैरोबी में

1985 में संपन्न यू.एन. सम्मेलन ने विश्व के कई इको फेमिटों को मिलने और उनके बीच में अंतर्राष्ट्रीय मित्रता स्थापित करने का अवसर प्रदान किया। इसके बाद मियामी में 1991 में संपन्न यू.एन. का पर्यावरण प्रोग्राम – 'ग्लोबल असेम्बली ऑन विमन एन्ड एनवेयरमेंट" और 'वेल्ड विमन कॉग्रेस फॉर हेल्थी प्लनेट" दोनों ने पारिस्थितिक एवं स्त्री समस्याओं को मिलाया। इन सम्मेलनों में अकादमिक एवं अक्टिविस्टिक स्वरों ने मिलकर न्याय के लिए आवाज़ बुलंद कर दी।

इको-फेमिनिज़्म में नस्लवाद का मुद्दा बहुत ही बुलंद है। यद्यपि विविधता के लिए स्थान दिया जाता है तो भी वैट इकोफेमिनिस्ट नस्ल भेद पर बल देते हैं। उदाहरण के लिए वन्दना शिवा यूरोपीय और यूरो-अमेरिकी स्त्रियों को छोड़कर बाकी सभी स्त्रियों के लिए खड़ी होती हैं। ब्लॉक स्त्रियाँ बहुत कम ही अकादमिक संगठनों और आंदोलनों के नेतृत्व में आयी थीं। 'वैट' और 'ऑफ कलर' भेद को दूर करने के श्रम के बीच में भी यह बोध आजकल बहुत ही सक्रिय है। आफ्रिकन-अमेरिकन इको फेमिनिस्टों ने पहचान लिया कि सबसे मुख्य दबाव नस्लवाद का है, दूसरा स्थान है लिंगवाद का। इसलिए अन्य इकोफेमिनिस्टों से यह भिन्न है। शमारा शान्तु रिले अपनी पुस्तक 'इको-फेमिनिज़्म एन्ड द सेक्रेट' में इस नस्लवाद पर प्रकाश डालती हैं।

भूमंडलीकरण ने इको-फेमिनिज़्म के वेग को बढ़ाया। रूथर द्वारा 1996 में संपादित 'Woman Healing Earth : Third World Women on Ecology, Feminism and Religion जैसी पुस्तकों में लाटिन अमेरिका, एशिया और आफ्रिका के इको-फेमिनिज़्म का परिचय मिलता है। विश्व के इन बहुत बड़े भूभागों में इको-फेमिनिज़्म एक आन्दोलन नहीं है। इसलिए इको-फेमिनिज़्म के भूमंडलीकरण की ज़रूरत है। चिली की कॉन स्पिरान्डो ने रूथर के साथ मिलकर उपर्युक्त किताब को जिल्दों में विकसित किया। कॉन स्पिरान्डो ने इसका अनुवाद 'ब्रीथिंग विथ' अथवा 'स्पिरिचुवल कॉनसिपेरेंसी' नाम से किया। इसके द्वारा उन्होंने लेटिन अमेरिका की स्त्रियों के बीच में एक नेटवर्क बना लिया। लेटिन अमेरिका की स्त्रियाँ फेमिनिस्ट थियोलॉजी, आध्यात्मिकता और इको-फेमिनिज़्म में रुचि रखती हैं। यह सामूहिक प्रयत्न एक पत्रिका प्रकाशित करती है और सान्टियागो में एक स्त्री केन्द्र भी चलाती है। यह केन्द्र विशेषतः इको-फेमिनिस्ट आन्दोलन के लिए है। फिलिपीन्स के इगोरोट्स नामक आदिवासी समूह की विक्टोरिया टौली-कोरपुज ने इगोरट संस्कृति में स्त्री और प्रकृति के बीच के आध्यात्मिक संबंध पर प्रकाश डाला। लेकिन ज़्यादा उत्पादन देनेवाले चावल के बीजों के उपयोग के साथ (हाई ईल्डिंग वेरैटीस ऑफ रैस सीड्स

एच-वै-बी) स्त्रियों का आध्यात्मिक नेतृत्व खत्म हो गया। सिंबावे में साराह मुडुवु ने अपनी 'विमन एन्ड को इन सौथ अफ्रीका' शीर्षक शोध परियोजना में वादा किया कि पर्यावरण और प्राकृतिक संसाधन के साथ मानव संवाद को समझने के लिए सबसे मुख्य है लिंग।

रूथर के अनुसार, जीवन का केन्द्र बिन्दु कुटुंब है। कुटुंब, प्रकृति और स्त्री सबका आधार है। 'Oikos' (कुटुंब) नामक ग्रीक शब्द इकोलॉजी और इकोनोमिक्स की बुनियाद है। लेकिन उन्होंने पहचान लिया कि पितृसत्तात्मक पूँजीवादी आर्थिक व्यवस्था ने इनके बीच के संतुलन को नष्ट कर दिया है। प्राकृतिक संसाधन, स्त्री और आदिवासियों को लूटकर यूरोप केन्द्रित पुरुष के प्रभुत्व का पूँजीवादी समूह के आगे की ओर जाने की प्रक्रिया को उन्होंने खोल दिया। इसलिए एक आन्दोलन के रूप में इको-फेमिनिज़्म को सभी प्रकार के शोषणों का सामना करना पड़ता है। स्त्री, प्रकृति और आदिवासियों के साथ पुरुष के विमोचन से ही यथार्थ सफल जीवन बनता है। सही विमोचन का जन्म उस संदर्भ में संभव हो जाता है जब सबका विमोचन हो। वंदना शिवा का कथन यहाँ विचारणीय है कि "Liberation is best to begin the colonised and with the coloniser"। एक दृष्टि से सभी स्त्रियाँ औपिवेशिक स्थिति में हैं। वामपंथी, ईसाई, मुस्लिम, हिन्दू और मार्क्सवादी सभी स्त्रियों को उपनिवेश बनाते हैं। इसलिए इकोफेमिनिस्टों ने सबके विरुद्ध युद्ध की घोषणा की। 1993 में बालकन युद्ध में जो बलात्कार कैंप हुआ, उसके खिलाफ पन्द्रह यूरोपीय देशों के इकोफेमिनिस्टों ने सागरेबी की ओर जुलूस निकालकर विरोध प्रकट किया। इको फेमिनिज़्म का नारा समग्र विमोचन है। प्रकृति को विमोचित करना है, स्त्री को भी और उनके साथ पुरुष का विमोचन भी होना चाहिए। स्त्री-पुरुष-प्रकृति का संयुक्त विमोचन है इको फेमिनिज़्म का महान लक्ष्य।

मार्क्सवादी इको फेमिनिस्ट एरियल साले ने अपनी किताब 'Eco Feminism As politics nature, marx and the postmodern' में इकोफेमिनिस्टों को इतिहास में स्त्री की ही नहीं बल्कि प्रकृति और पुरुष का रक्षक कहा। पर्यावरण संकट आज बढ़ रहा है, इस संदर्भ में उनका यह विचार बहुत महत्वपूर्ण है। एरियल साले के अनुसार इको-फेमिनिज़्म की आवाज़ विमोचन की होनी चाहिए। इको-फेमिनिज़्म ने सबसे पहले योरोप केन्द्रित कुछ बुरे आचरणों एवं विश्वासों पर सवाल किया। पुरुष को प्रकृति और स्त्री के अधिकारी बनाने के उस आशय का पारिस्थितिक स्त्रीवादियों ने सशक्त विरोध किया। उसके बदले एरियल साले ने एक नया समवाक्य रखा वह है

पुरुष /स्त्री = प्रकृति। एरियल साले के अनुसार समकालीन राजनैतिक स्थिति को पुनर्गठित करना आज की मांग है। इसमें पर्यावरण संगठनों को एक महत्वपूर्ण भूमिका अदा करनी है। प्रकृति एवं मनुष्य के बीच के संबंध का अन्वेषण यहाँ से शुरू होता है। बुर्जुआ एवं मज़दूरों की क्रान्तियाँ अपने अपने दायित्वों को निभाकर यहाँ से चली गईं। साधारण फेमिन्स्ट पुरुषों को अपने शत्रु के रूप में घोषणा कर लडाई को अराजनैतिक बनाया। परिस्थितिवादी और अन्य कई आन्दोलनकारियों एवं कई नये आन्दोलनों ने लक्ष्यहीन काम करके अपनी ऊर्जा को बरबाद किया। इस अर्थहीन नाटक का यथासंभव आस्वादन करते आ रहे हैं फैशनपरस्त उत्तर आधुनिक। इन सबको देखकर आनंद में हैं नवपूँजीवादी शक्तियाँ। प्रतिरोध की शक्तियाँ बहुत कमज़ोर पड़ गई हैं। इसलिए पूँजीवाद बहुत प्रबल बन गया। एरियल साले के अनुसार इस निराशापूर्ण राजनैतिक स्थिति को पुनर्गठित करने का दायित्व इको-फेमिनिज़्म का है।

इको-फेमिनिज़्म की तीन दृष्टियाँ

इको-फेमिनिज़्म में मुख्य तीन दृष्टियाँ हैं जो परस्पर संबद्ध हैं। वे हैं – आध्यात्मिक दृष्टि, नारीवाद दृष्टि और पारिस्थितिक दृष्टि। ये तीनों अलग-अलग रूप से विकसित होकर इको-फेमिनिज़्म में एक साथ मिल गई हैं।

आध्यात्मिक दृष्टि

पाश्चात्य देशों की आध्यात्मिक दृष्टि पृथ्वी को पवित्र जीव मानता है, इसे देवता या गइया (Gaia) कहते हैं। पाश्चात्य दृष्टि में पृथ्वी जीवन्त है और वह जैव जगत् का एक भाग है। अर्थात् उसे आत्मा, पवित्रता, देवता, ईश्वर आदि कई नामों से इच्छानुसार अभिहित किया जा सकता है। यह संसार के बाहर कहीं नहीं दिखाई देता, यह संसार में है, वही संसार है और वही हैं हम। हमारा लक्ष्य जन्म-चक्र से मुक्त होना या दूसरों से बच जाना नहीं है। हमारा गहरा अनुभव प्रकृति और संसार के साथ का संबंध है। पृथ्वी के साथ जो गहरा पवित्र संबंध अनुभव करते है, वे महान गरिमा मंडित अतीत को मनाते हैं जहाँ स्त्री और पुरुष का मूल्य एवं दर्जा समान था। गइया (Gaia) के मिथक पर ज़रा प्रकाश डालना समीचीन होगा। पहले यह शून्य था। जन्म-मरण से रहित, स्थल-काल से रहित, रूप या स्थिति से रहित एक शून्यता। इस अनश्वर शून्यता में गइया नृत्य करते आगे आई और वह खुद वृत्ताकार के बॉल के रूप में रूपायित हुई। उसने पर्वतों को अपने स्पैनल कॉड से, उसके मॉस के शून्य से तराई और इस प्रकार शरीर के प्रत्येक अंग से संसार के सभी उपकरणों की सृष्टि की।

अंत में उसके पेट ने छः स्त्रियों और छः पुरुषों को जन्म दिया। इस मिथक में स्त्री है पृथ्वी। इसलिए पृथ्वी माता कहा जाता है। यह गइया प्राचीन मध्य-पूर्व यूरोप, चैना, दक्षिण एशिया के देवताओं की मूर्तियों से भी संबद्ध है।

आध्यात्मिक दृष्टि में संसार की सृष्टि जन्म-प्रक्रिया के समान है, जैसे कि स्त्रियाँ रोज़ बच्चों को जन्म देती हैं। यह सृष्टि सुंदर, उर्वर, विकासोन्मुख और पूर्णरूप से प्राकृतिक है। इसमें स्त्रियाँ सतत सक्रिय रहती हैं। स्त्रियाँ पृथ्वी की तरह जीवन को बुनती हैं। पृथ्वी के साथ स्त्री का अनुपम एकतानता अथवा विशेष सम्बन्ध है। अतीत में उस संबंध को माना गया था, महत्व दिया गया था। करीब छः हज़ार वर्ष पूर्व पृथ्वी में मातृसत्तात्मक परिवार था, वह देवियों की उपासना पर आधारित था। स्त्रियाँ एवं पुरुष समान रूप से मान्य थे। यह समाज युद्ध का नहीं था। उस समाज में स्त्रियाँ पुरषों के अधीन नहीं थीं। वे पृथ्वी को नाश करने की अथवा आक्रमण कर अधीन बनाने की वस्तु नहीं मानते थे। यह स्वर्णयुग साझेदारी का था, वहाँ कोई अधीनस्थ नहीं था, कोई अधिकारी भी नहीं था। विविधता, हीनता या उच्चता नहीं थी, बल्कि समता थी। जो भी हो बाद में द्वन्द्वपूर्ण, पुरुषमेधा समाज ने उस स्वप्नतुल्य व्यवस्था में प्रवेश कर उसका नाश कर डाला।

पृथ्वी देवी के साथ का संबंध टूट गया, पुरुषाधिपत्य का विकास और तदनुसार प्रकृति पर बलात्कार इस दृष्टि का परिणाम निकला। इसके लिए विज्ञान एवं प्रौद्योगिकी के उपकरणों का उपयोग किया गया। इस दृष्टि में पुरुषाधिपत्य को विज्ञान और प्रौद्योगिकी का मानवीकरण माना गया। विज्ञान और प्रौद्योगिकी विकास केन्द्रित तो हैं। पर इससे प्राचीन संस्कृतियों का क्रमिक रूप से ह्रास ही होता है। लेकिन इसका दावा यह है कि मनुष्य को प्रकृति पर अपना अधिकार स्थापित करना है। आखिर यह प्रभुसत्तात्मक समाज पृथ्वी और स्त्री का बलात्कार करता है और उनका अनुचित शोषण भी।

यह भी नहीं, अति शीघ्र विकास ज़्यादा से ज़्यादा लोगों और जानवरों को अपने नियंत्रण में ला कर हमारी ज़रूरत के लिए सदा सबकुछ प्रदान करनेवाली पृथ्वी को संकट में डाल देता है। अब मनुष्य के सामने जो संकट उभर कर आ गया है इसकी विकसित देशों को सही जानकारी है। लेकिन अब सारा संसार जानवरों के प्रति काफी सजग है। उसका विचार यह है कि सभी जीवजंतु परस्पर संबद्ध हैं। इन सबसे महत्वपूर्ण विचार यह है कि सभी जीव पवित्र हैं। किसी भी जीव का नाश भयानक संकट की ओर ले जाएगा।

भारतीय विश्वास में भी पृथ्वी माता है। भूमाता की आराधना सब करते हैं। ईश्वर द्वारा निर्मित है पृथ्वी। ईश्वर का ही अंश है प्रत्येक जीव। यहाँ बीज और वर्षा के समान, जीव एवं प्रकृति के समान मनुष्य और ईश्वर एक साथ मिलकर रहते हैं। यहाँ प्रत्येक जीव को रहने का अधिकार है। सभी जीव-जन्तुओं की स्थिति से यहाँ संतुलन संभव हो जाता है। वेदों में असहाय प्राणियों और पशुओं की रक्षा को परम धर्म माना गया है। ऋग्वेद में कहा–

"पशून पाहि गां मा हिंसी, अजां, मा हिंसी।
अविं मा हिंसी, इंम मा हिंसी द्विपादं पशु।।
मा हिंसीरेक शफं पशुं मा हिंस्यात् सर्वाभूतानि।।"(ऋग्वेद)

पशुओं की रक्षा करो, गाय को मत मारो, बकरी को मत मारो, भेड़ को मत मारो, दो पैर वाले (मनुष्य, पक्षी आदि) को मत मारो, किसी भी प्राणी की हिंसा मत करो।" अथर्ववेद में कहा गया है कि अपनी चेतना का जितना अधिक विकास होगा, मनुष्य उतना ही जड़ वस्तुओं से चेतनवत् व्यवहार करेगा। महात्माओं और जड़वादी मनुष्यों का यह भेद प्रतिदिन प्रत्यक्ष देखा सुना जाता है। प्रकृति का द्वन्द्व कभी भी समाप्त न होनेवाला है। इसे हल करना मनुष्यचेतना की बात है। मनुष्य चेतना के उचित प्रयोग से शास्त्र को भी धर्मानुकूल बनाया जा सकता है। कला, संगीत, शास्त्र, धर्म आदि को मिलाकर सभी भेदभावों को टूटकर परस्पर द्वन्द्व के बिना मनुष्य के रहने से यह संसार सुखद बन जाएगा। इसलिए ऋग्वेद द्वन्द्वरहित एक संसार की ओर इशारा करता है–

"संगच्छध्वं संवदध्वं स वो मनांसि जानताम्।
देवा भागं य़थापुर्वे संचना भा उपासते।।
समानी व अकूतिः समाना हृदयानि वः।
समानमस्तु वो मनो यथा वः सुसहासति।। (ऋग्वेद 10/19/1/2)

इसका आशय यह है कि सब मनुष्य भली प्रकार मिल कर रहें, प्रेमपूर्वक आपस में वार्तालाप करें। सब के मनों में ऐक्य भाव हो और वे अविरोधी ज्ञान प्राप्त करे। जिस प्रकार विद्वान लोग सदा से ईश्वरीय ज्ञान प्राप्त करते हुए उनकी उपासना करते रहे हैं उसी प्रकार तुम भी ज्ञान और उपासना में दत्तचित्त रहो। सब लोगों के संकल्प, निश्चय, अभिप्राय एक से हों, सबके मनों में एक सी उच्च भावना पाई जाय और सब लोग सहयोगपूर्वक अच्छी तरह से कार्यों को करें।

इन सबका तात्पर्य यह है कि ग्रहों के अंतरों का चाल-चलन एवं छोटे से पौधे के स्पंदन को आत्मसात करने की शक्ति मनुष्य में है। इसलिए यदि मनुष्य सच्चो चेतना

संपन्न बन जाए तो जीव-जंतुओं के अस्तित्व के प्रति एवं पृथ्वी के संकट के प्रति चिंतित होने की ज़रूरत नहीं होगी। जब मनुष्य प्रकृति के साथ मिलकर रहता था तब प्रकृति का शोषण कम था। अथर्ववेद में लिखा गया है – "मैं तुम से जो खनिज लेता हूँ वह पुनः तुम में भर जाए। मैं जो क्षति तुम्हें देता हूँ वह तुम्हारी यादों और हृदय तक न पहुँचे। प्रकृति में धातुओं का जब खनन होता है तब यह ऐसी प्रार्थना की जाती है। भारतीय आध्यात्मिकता ग्रंथों एवं चर्चाओं तक सीमित नहीं है। वह उदार है, नित्य जीवन-शैली है। वह शैली जो वृक्ष, जानवर और पक्षी का नमस्कार करती है। पृथ्वी पर पाद स्पर्श करने के पूर्व 'पादस्पर्शम् क्षमस्वमे!' की प्रार्थना करता है। पौधों की शाखाएँ काटने के पहले 'इषेत्वोर्ज्जेत्वा' कहकर माफी माँगता है।

यद्यपि पाश्चात्य देशों में तथा भारत में भूमि को पृथ्वी माता मानने की परंपरा कायम है तो भी पाश्चात्य देशों में टेक्नॉलाजी एवं विज्ञान के विकास तथा ईसाई धर्म के प्रचार से यह विश्वास नष्ट हो गया। ईसाई धर्म में पृथ्वी और पृथ्वी की सारी चीज़ें मनुष्य के उपभोग के लिए हैं। उन्होंने इसके लिए विज्ञान और प्रौद्योगिकी का भी इस्तेमाल किया। भारत में ब्रिटिशों के उपनिवेश और इसके साथ आधुनिकता का जो प्रवेश हुआ, उससे भूमि पर बलात्कार शुरू हुआ। लेकिन पाश्चात्य देशों की तुलना में यहाँ विकास कम ही हुआ है।

आज प्रदूषण से पेड़-पौधों एवं जानवरों की कई जातियों एवं नस्लों का अंत हो रहा है। मनुष्य अपने आहार के लिए जानवरों की सीमातीत हत्या करता आ रहा है। दुनिया का कोई भी भाग इस संकट से मुक्त नहीं है। दुनिया भर में बड़ी तादाद में वनों का नाश हो रहा है, तालाब विषलिप्त हो रहे हैं। इसलिए तालाबों एवं पानी में मच्छलियाँ मर जाती हैं। जानवरों के फामों से उनका रोदन सुनाई देता है। वनों के नाश से उन प्रदेशों में प्रलय के पानी का गर्जन सुनाई देता है। इस प्रकार पृथ्वी देवी और उनकी संतानों की स्थिति बहुत खतरनाक बन गई है। हमारी प्रिय दुनिया में शाँति एवं क्षमता का वातावरण नष्ट हो गया। पृथ्वी-माँ अब काँप रही है, रो रही है। उसकी पवित्रता नष्ट होती जा रही है।

आध्यात्मिक दृष्टि के अनुसार पृथ्वी का शोषण किया जा सकता है, उसे सताया जा सकता है, लेकिन उसका पूर्ण नाश न हो। क्योंकि पृथ्वी अमर है। इस पहचान के साथ व्यवहार करना है। इसके लिए अतीत के सुवर्ण युग को ताजा करना है। भूमि केन्द्रित इस विश्वास के ज़रिए भूमि को बचाकर रखा जा सकता है। इसके लिए दो तरह का काम करना है। पहला है प्रकृति के साथ एक सामूहिक अवस्थिति को

बनाना। स्त्रियों को समझना चाहिए कि पृथ्वी उनकी माँ है और उसके साथ निरंतर संबंध में रहना है। माँ के पोषण के लिए ऋतुओं की शास्त्रविधियों के ज़रिए एकता का नवीकरण किया जा सकता। हमें तो देखना चाहिए कि पक्षीगण और वृक्ष प्राकृतिक दुनिया में बहुत खुशी के साथ ज़िन्दा रहते हैं। नगर जो पितृसत्तात्मक व्यवस्था का केन्द्र है वहाँ भी पृथ्वी की उपासना करने का हृदय दिखाई देगा। पर स्त्रियों को यह खुद अनुभव करने के साथ उसको दूसरी स्त्रियों के साथ बाँट देना चाहिए। इस प्रकार संपूर्ण विश्व में बहनापे का जाल बुनना ज़रूरी है। इस नेटवर्क से पृथ्वी माँ के साथ स्त्रियाँ ही नहीं पुरुष भी संबंध जोड़ेगा। इस तरीके से एक सामूहिक अवस्थिति पृथ्वी के साथ तैयार हो जाएगी। जब पृथ्वी की उपासना के द्वारा एक सामूहिक बोध उत्पन्न होगा, तब पृथ्वी को बचाने के लिए काम शुरू करना होगा। इससे पृथ्वी और पृथ्वी के अन्य जीवन-जंतुओं के साथ एक अच्छा संबंध स्थापित होगा। तब सभी जीव-जंतुओं को पवित्र पहचानेंगे, समान मान्यता मिलेगी। तब एकता के साथ यहाँ ज़िन्दगी गुज़ारना संभव हो जाएगा। यह एक नया संश्लेषण है। सब मिल जाएँगे। जड़ से लेकर शिखर तक मिलकर एक नया संसार बनेगा। इस दृष्टि में एक असाधरण शक्ति है सभी प्रकार के गहरे घावों को भी सुखाने की। पाश्चात्य देशों में इसका खूब प्रचार है। वहाँ ऐरेन डयमंड (Irene Diamond), ग्लोरिया फेमान ओरिनस्टैन (Gloria Faman Orenstein), अलेन स्मिम्मे स्प्रेटनेक, अबोट किंग आदि इस दृष्टि का समर्थन करने वाले हैं।

नारीवादी दृष्टि

नारीवादी दृष्टि का मुख्य लक्ष्य सबको समान न्याय की प्राप्ति है। वर्तमान दुनिया में न्याय मात्र उनको मिलता है जो अधिकार में है। लेकिन नारीवादी दृष्टि ऐसी एक दुनिया चाहती है जहाँ सबको समान मान्यता मिले। यह दृष्टि अध्यात्मिक दृष्टि से अलग है। अध्यात्मिकता में प्रकृति के सभी जीव-जंतुओं को समान स्थान दिया जाता है। लेकिन नारीवादी दृष्टि स्त्रियों की ज़िन्दगी को बेहतर बनाने की है। इसलिए वह ऐहिक स्तर पर अपनी दृष्टि को केन्द्रित रखती है। लेकिन यह जाहिर है कि यह दृष्टि एक महान अतीत का निर्माण नहीं कर सकती जिसे वह पुनः पाना चाहती है। अथवा इसके लिए एक विकसित अतीत नहीं है। इस दृष्टि में यह संकेत मिलता है कि अतीत में मनुष्य और प्रकृति के बीच में गहरा सम्बन्ध था। वह विकसित देशों का उदाहरण देकर प्रकृति और मनुष्य की पारस्परिकता पर विचार करती है। उसका मानना है कि

विकास के कारण पुरुष प्रकृति से अलग हो गया था। इससे जो खाई बनी वह विकास के कारण उत्तरोत्तर बढ़ गई। परिणामतः पुरुष ने प्रकृति को नज़र अन्दाज़ कर दिया। स्त्री भी नकारी गई। पुरुष सत्तात्मक समाज मज़बूत हो गया। वह स्त्री और प्रकृति का नाश और शोषण करने लगा। धीरे-धीरे पृथ्वी प्राण युक्त और पवित्र नहीं रह गई। फिर भी पृथ्वी का अपना स्थान इसलिए है कि जीने के लिए मनुष्य इसको आश्रय बनाता है। दुनिया के सारे जीव परस्पर संबद्ध हैं, इसलिए एक जीवन का नाश बाकी सभी को चोट पहुँचाता ही है।

आज पृथ्वी के शोषण से सबसे ज़्यादा चोट खानी पड़ती है स्त्रियों को। इसकी वजह यह है कि पुरुषाधिपत्य समाज का बुरा असर सबसे ज़्यादा स्त्रियों पर पड़ता है। इस दृष्टि का मुख्य केन्द्र स्त्री है जो सबसे ज़्यादा भयानक स्थिति में है। स्त्रियाँ गरीबी, नस्ल, शिक्षा या देश से दोगुनी कठिनाई अनुभव करती हैं। इसलिए विकासशील देशों में सबसे पहले शोषण की शिकार स्त्रियाँ बनती हैं।

पाश्चात्य ढंग से विकास की वजह से विकासशील देशों की स्त्रियों की स्थितियाँ बहुत शोचनीय बनती जा रही हैं। बन्दना शिवा ने इसको मुख्य समस्या के रूप में Mal development' शब्द का प्रयोग किया। उन्होंने वादा किया कि पाश्चात्यीकरण ने सचमुच विकासशील देशों की स्त्रियों की जीवन-रीति की गुणवत्ता को कम कर दिया है। पारंपरिक कृषि-रीतियाँ दूसरों के अधीन कर दी गईं। आजीविका के फसल की जगह पर्यावरण व्यवस्था को बरबाद करनेवाला फसल आ गया और प्राकृतिक संसाधन को नष्ट कर दिया गया। पुरुष नौकरी के लिए गाँव से शहर की ओर जाते है। तब स्त्रियों को अकेले कठिन काम लंबे समय तक अपने बच्चों की परवरिश के लिए करना पड़ता है। कठिन काम करने पर भी बहुत कम ही आमदनी वह प्राप्त कर पाती है। सोमालिया में इसके परिणाम स्वरूप बड़े पैमाने पर गरीबी आ गई। इससे यह साबित हो जाता है कि स्त्रियों को अपनी छोटी छोटी ज़रूरतों के लिए तथा अपने बच्चों की परवरिश के लिए विश्व भर में शोषण का शिकार बनना पड़ता है। यहाँ पेड़ों, जानवरों और मिट्टी को इसलिए नहीं बचाना है कि वे परिशुद्ध हैं, बल्कि इसलिए कि मनुष्य के अस्तित्व के लिए इनकी अनिवार्यता है। नेस्ट्र किंग ने कहा– "यह एक संवेदनात्मक आन्दोलन नहीं है... जीव वनों पर निर्भर हैं। संसार की अधिकांशतः स्त्रियाँ मिट्टी, जल, वायु और ऊर्जा को इसलिए बचाने का प्रयत्न करती हैं कि दुनिया के अतिजीवन के लिए इनकी सुरक्षा सबसे ज़रूरी है। यह भी देखा जा सकता है कि कैंसर जैसे भयानक रोग जहाँ काम करने पर लग सकता है वहाँ 'कैंसर-

प्रोन' शहर में स्त्रियों को काम करना पड़ता है। यदि कैंसर से पीड़ित हो जाए तो चिकित्सार्थ उनके पास पैसा भी नहीं होगा। यह स्थिति सबसे ज़्यादा काली स्त्रियों और बच्चों की ज़िन्दगी में आ जाती है। ये लोग पहले से ही पितृसत्तात्मक व्यवस्था में अधिकार के क्षेत्र में आने में सबसे कमज़ोर दिखाई देते हैं। यही नहीं, उचित चिकित्सा से वंचित होने के साथ ही बुराई, गंदगी और विषैले वातावरण में काम करने को मज़बूर स्त्रियों की ज़िन्दगी को पितृसत्तात्मक व्यवस्था बहुत ही भयानक ढंग से तहस नहस कर डालती है। ये लोग पितृसत्तात्मक पूँजीवादी उद्योगों के कूडे-कचरे जहाँ फेंके जाते हैं वहाँ रहने के लिए विवश हैं। उद्योगपति स्त्रियाँ राजनैतिक अधिकारों से संपन्न हैं, पर ये बेचारी स्त्रियाँ कोसों दूर हैं।

स्त्रीवादी दृष्टि नारीवाद के लिबरल, रेडिकल, सामाजिक एवं समाजवादी रूपों से निर्मित है। यह पितृसत्तात्मक व्यवस्था को अपना दुश्मन और स्त्री वर्ग को जान बुझकर बुरी स्थिति की ओर धकेल देनेवाली मानती है। इस बुरी हालत में जीवन गुज़ारनेवाले स्त्री और बच्चे गरीबी में डूबे रहते हैं। इसलिए वे बहुत कम उम्र तक जीवित रहते हैं। यह स्थिति उनके जीवन की सबसे डरावनी है। पर्यावरण का शोषण जो करते हैं उनके सामने स्त्रियाँ बलिदान की बकरियाँ मात्र हैं। स्त्रियों का कोमल शरीर और मृदु मानसिकता उनकी बरबादी को शीघ्र बना देते हैं। कोयला खदानों में काम करनेवाली स्त्रियों और उसके गर्भस्थ शिशुओं पर आ पडनेवाली विपत्तियों से भी नारीवाद काफी चिंचित हैं। अर्थकेन्द्रित विकासाधिष्ठित भौतिक व्यापार में स्त्रियाँ एवं बच्चे अरक्षित हैं। इसलिए इस शोषण का बुरा प्रभाव विश्व के अधिकांश भागों पर पड़ता है। अतः नेस्त्र किंग ने कहा – "मनुष्य को विमोचित करने के लिए पृथ्वी का अस्तित्व अनिवार्य है। पृथ्वी के अस्तित्व को बनाये रखने के लिए अन्य जीवों को विमोचित करना है। इसलिए पृथ्वी को बचाने से मनुष्य मात्र नहीं बल्कि अन्य जीव भी बच जाएँगे।" (पृ. 121) इस दृष्टि में तुरंत और सीधी प्रवृत्ति है। आध्यात्मिक दृष्टि में पहले पृथ्वी माता के साथ अवस्थिति का विवेक जताना है।

इस दृष्टि के अनुसार स्त्रियाँ पृथ्वी के आगे के शोषण के खिलाफ सशक्त कार्य करने में समर्थ हैं। सभी स्त्रियों से यही आह्वान है कि प्राथमिक स्तर से ही सभी प्रकट के प्रदूषणों एवं शोषणों के खिलाफ सही कदम उठाना है। इसका मतलब है कि यह सबसे निचले स्तर से अधिकार प्राप्त करने का राजनैतिक संचालन है। स्त्रियों के प्राथमिक स्तर के ऐसे आन्दोलनों के कई सन्दर्भ हमारे इतिहासों एवं साहित्यों में अनावृत हुए हैं। इनसे ऊर्जा ग्रहण कर सकते हैं। इसका एक उत्तम उदाहरण है भारत

का 'चिपको' आन्दोलन। साधारण लेवल पर लड़नेवाली स्त्रियाँ इसमें ज़्यादा सफल बनती हैं। क्योंकि वे अधिकार की संरचना से परिचित हो जाएँगी। वे इन्हें दूसरों की समस्याओं के साथ मिला कर देख सकती हैं, सबको जानकारी दे सकती हैं। इस प्रकार अधिकार आसानी से हासिल कर सकती हैं। केरल में प्लचिमडा में मैलम्मा नामक आदिवासी स्त्री के नेतृत्व में कोकाकोला कम्पनी के खिलाफ पानी को बचाए रखने के लिए जो आन्दोलन चलाया जा रहा है वह इस संदर्भ में विशेष उल्लेखनीय है। यूरोप एवं अमेरिका के स्त्रीवादी फ्रन्स्वा द यूबोण, नेस्त्रा किंग, मेरी डाली, सूसन ग्रफन, बारबरा डेमिंग आदि ने 'विमन पीस मूवमेंट' में शामिल होकर काम करके स्त्रियों पर जो आक्रमण हो रहा है उन्हें 'रेप ऑफ द एर्थ' नाम से अभिहित किया। ये सब सामाजिक इको फेमिनिस्ट हैं। लेकिन समाजवादी इको-फेमिनिस्ट प्रकृति के ऊपर अधिकार ज़माने के बदले उसके अतिजीवन अथवा अस्तित्व पर विचार करती है। अतिजीवन के साथ एक न्यायपूर्ण सामाजिक व्यवस्था को रूपायित करना अनिवार्य है। इसलिए फ्रेडरिक एंगेल्स ने कहा कि उत्पादन और प्रत्युत्पादन इतिहास का मुख्य निर्णायक तत्व है। उन्होंने 'Origine of family, private property and government' में व्यक्त किया कि जीवन की प्रत्युत्पादन-प्रक्रिया में मनुष्य को प्रकृति के साथ मिलकर काम करना है। जीवन की स्थिति के लिए आवश्यक जल, खाना आदि के साथ औषध सम्स्याओं के समाहार के लिए भी मनुष्य को प्रकृति के आश्रय में जाना है। पुरुषों से ज़्यादा स्त्रियाँ ऐसे कर्मों में भाग लेनेवाली हैं। इसलिए प्रकृति के शोषण के विरुद्ध जो आन्दोलन चलाया जाता है उसके आगे स्त्री है। एंगेल्स का 'डॉयलेटिक्स ऑफ नेचर' प्राकृतिक अवबोध का अच्छा दृष्टान्त है। मार्क्स भी प्रकृति के साथ मिलकर सृष्टिपरक संसार बनाने के पक्ष में थे। लेकिन प्रकृति के ऊपर मनुष्य जो जीत हासिल करता है उसे मनुष्य का विकास समझते हैं मार्क्स। इस धारणा का विरोध इको-फेमिनिस्ट करती हैं। इतिहास में प्रकृति के और मनुष्य के मशीनीकरण से प्राकृत भावों की उपेक्षा होती है। प्रकृति पर मनुष्य के उपनिवेश को स्वीकार करते हुए प्रकृति को स्त्री से तुलना भी की गई। यह बहुत शोचनीय स्थिति है। इसका विरोध इको फेमिनिस्टों ने किया है। प्रकृति को मार्क्स ने मनुष्य शरीर के रूप में स्वीकार किया था। लेकिन उस प्रकृति को मनुष्य अपनी मर्जी के अनुसार नियंत्रित करने एवं क्रमबद्ध करने लगा। प्रकृति के ऊपर आधिपत्य स्थापित करने और प्रकृति को नियंत्रित करने के प्रयत्न से बाद में वर्गों का जन्म हुआ। पुरुष वर्ग ने शारीरिक प्रयत्न से वन्य प्रकृति को पददलित कर दिया। उस प्रकार पुरुषाधिपत्य ज़ोर पकड़ने लगा और पूँजीवादी

व्यवस्था मज़बूत हो गई। इको-फेमिनिस्टों ने इसका विरोध किया। वंदना शिवा, मर्चेन्ट, रूथर आदि ने भी इस मार्क्सवादी विचार का विरोध किया। आज दुनिया की इस्टाबिलिशमेंट के विरुद्ध खुले युद्ध के लिए तैयारी करनेवाले सैनिक हैं इको-फेमिनिस्ट। इसलिए इको-फेमिनिज़्म एक क्रान्तिकारी सिद्धांत बन गया।

इको-फेमिनिज़्म के क्रान्तिकारी स्वभाव को प्रकट करनेवाली कई घटनाएँ दुनिया भर में घटित हो रही हैं। अमेरिका में बड़े न्यूक्लियर कोरपोरेशन के खिलाफ स्त्रियों द्वारा जो बैध चुनौती उठायी गई, वह इको-फेमिनिज़्म के क्रान्तिकारी स्वभाव को व्यक्त करता है। उत्तर भारत में वन को काटकर लकड़ी इकट्ठा करनेवालों के खिलाफ काम करनेवाली अरुंधति रॉय और बाँधों के निर्माण के खिलाफ एवं आदिवासी संरक्षण के लिए कई प्रकार के समर चलानेवाली मेधा पटाकर और 'माल डेवलपमेंट' के खिलाफ और आदिवासी, दलित, गरीब एवं दुखितों के लिए जीवनभर काम करने वाली महाश्वेता देवी आदि भी इस श्रेणी की हैं।

यह फेमिनिस्ट दृष्टि पीछे की ओर जाने की नहीं है। इसका लक्ष्य यह है कि प्रकृति के साथ एक अच्छे रिश्ते को विकसित करना और इसके ज़रिए मनुष्य की ज़रूरतों की पूर्ति करना है। भविष्य में एक ऐसे नये अवबोध की अनिवार्यता है कि मनुष्य और उसके जीवन की सहजता एवं पारस्परिकता जहाँ नष्ट होने की संभावना है वहाँ ऐसे विकास और वृद्धि की ज़रूरत है ही नहीं।

पारिस्थितिक दृष्टि

पारिस्थितिक दृष्टि आध्यात्मिक दृष्टि और नारीवादी दृष्टि की मध्यबिंदु है। लेकिन दोनों से भिन्न भी है। यह जीवन की गुणवत्ता और राजनीति पर सीधा प्रभाव डालती है। इस दृष्टि का महत्व है संतुलित जीवन और प्रकृति के साथ एकता। हमारी ज़रूरतों के लिए पर्यावरण व्यवस्था का नाश करने के बदले हमें अपनी ज़िन्दगी को इस व्यवस्था के योग्य बनाना है। हमारे बीच में यह विश्वास बहुत रूढ़मूल हो गया था कि अतीत में प्रकृति के साथ मिलकर यहाँ मनुष्य संतुलित जीवन बिताता था और मनुष्य प्रकृति से सीधे संबद्ध था, प्रकृति को और उसके संसाधनों को महत्व देता था। लेकिन आगे विकास ने इस सम्बन्ध को तोड़ा। फिर धरती के संसाधनों का शोषण किया गया। धीरे-धीरे पृथ्वी मरु प्रदेश बनती जा रही थी। आज भी यह शोषण चालू है, विशेषकर 'उपयोग करो और फेंक दो' के समाज में। काथेरीन कैल्लर ने इस शोषित धरती के एक रूप को यों दर्शाया - "शोषित एवं जीर्ण होकर पृथ्वी पड़ी है, इसके सारे सघन

संसाधनों का अपव्यय हुआ, इसके रस का उपभोग हुआ, जिसका समग्र तल फूट गया।" यह हमारे भविष्य की ओर संकेत है। सबका उपभोग हुआ तो भविष्य के लिए कुछ नहीं रह जाएगा।

पाश्चात्य देश में प्रकृति का शोषण एवं नाश उसके ऊपर मनुष्य के प्रभुत्व ज़माने की वृत्ति से उत्पन्न हुआ। उनका विश्वास है कि इस दुनिया की सृष्टि मनुष्य के लिए हुई है। इस विश्वास के पीछे का तर्क यह है कि जहाँ-जहाँ ईश्वर वास करता है वे सब मनुष्य के अधीन हैं। यह दृष्टि बाइबिल की सृष्टि संबंधी कहानी से ली गई। बाइबिल में यह कहा गया है कि अदम के नाम पर ईश्वर ने सभी जानवरों को जन्म दिया। इसलिए पुरुष अपनी कामयाबी के लिए पृथ्वी का इस्तेमाल करता रहा। मनुष्य की इस आराधना का परिणाम निकला विषैले उद्योग और नगरपालिका का कचरा, आण्विक हथियार, पृथ्वी के जीवों का नाश। उसने ईश्वर को भी मार डाला। मनुष्य ने अपने को सबके केन्द्र में प्रतिष्ठित कर खुद को ईश्वर माना। संसार के सभी मूल्यों, सत्यों और अर्थों की उत्पत्ति एवं मापनी के रूप में मनुष्य बदल गया।

यह पारिस्थितिक दृष्टि पृथ्वी और स्त्री पर होनेवाले आक्रमण से जुड़ी हुई है। पुरुषाधिपत्य के अनुसार, स्त्री की सृष्टि भी उनके उपभोग के लिए हुई है। पुरुष जो कुछ सुन्दर है उन सबको एक कुशल शिकारी के रूप में शिकार करके अपने अधीन कर लेता है। स्त्री पर करने की जो मानसिकता है वही मानसिकता है प्रकृति के बलात्कार में। साहित्यिक शैली में यदि कहा जाय तो दोनों बिंब एक ही हैं लेकिन स्त्रियाँ इसके खिलाफ बोलने एवं करने में समर्थ हैं। स्त्री पर आक्रमण करनेवाला पुरुष है तो प्रकृति के बलात्कार में पुरुष के समान स्त्रियाँ भी जिम्मेदार हैं। विकसित समाज में जीनेवाली स्त्रियाँ पुरुष के समान 'यूज एन्ड थ्रो' संस्कार की हैं। इसलिए आज पृथ्वी की स्थिति बहुत शोचनीय है। जिस पारिस्थितिक दृष्टि में पृथ्वी को बचाने की उम्मीदें थी, वे नष्ट हो गईं हैं। आशातीत रूप से पृथ्वी का नाश ज़ोरों से चल रहा है। हमें सोचना चाहिए कि आगामी पीढ़ी को बचाने का दायित्व हमारे ऊपर है। प्रकृति के उपयोग को सीमित कर अन्य जीवों की भी यहाँ जीने एवं विकसित होने का अवसर देना है। इसके लिए प्रकृति और मनुष्य की अवस्थिति की ज़रूरत है। इन दोनों के बीच के संबंध को पुनःसृजित करना है। हमारे स्थान एवं प्रकृति से हमें फिट करना है। हमारी रुचियों को उसके अनुसार तैयार करना है। सीमातीत इच्छाएँ एवं रुचियाँ हमें सीमातीत प्रकृति-शोषण के लिए प्रेरित करती हैं।

प्राकृतिक संतुलन के लिए व्यक्ति को खुद अपने को तैयार करना चाहिए। खुद

को तैयार करके दूसरों से नेटवर्क बनाये रखते हुए अनेकों को इसमें शामिल किया जा सकता है। पृथ्वी के अनुकूल जीने के लिए एक स्वस्थ सामूहिक जीवनशैली को बनाना है। इसका फल इको-घर होगा, वहाँ चीज़ों का अवशिष्ट कम होगा और इसके रीसाइक्लिंग से ऊर्जा एवं जैविक खाद्यान्नों का निर्माण संभव हो जाएगा। इससे जो भी मिलता है वह भूमि की रक्षा के लिए बचा कर रखा जा सकता है। इस दृष्टि से वे नायक हैं जो अच्छा उपभोक्ता और प्रकृति मित्र बनने के लिए संघर्ष करते हैं।

आज संसार भर के लोग पर्यावरण संकट से परिचित हैं। जनसंख्या वृद्धि के कारण संपूर्ण जनता की ज़रूरतों की पूर्ति के लिए आवश्यक चीज़ों की कमी एक ओर है तो दूसरी ओर विज्ञान एवं प्रौद्योगिकी की सहायता से ज़रूरतों से ज़्यादा भूमि की खुदाई से अर्जित करने का प्रयत्न चल रहा है। विकसित देशों में पृथ्वी का अंधाधुंध शोषण हुआ, लेकिन विकासशील देशों में पूर्ण नाश नहीं हुआ है। वे इससे अवगत हैं। विकसित देश विकासशील देशों के संसाधनों को लूट लेने का रास्ता खोजते रहते हैं। इस नये उपनिवेश में विकास की अदूरदर्शिता से पृथ्वी में पुनः प्रलय होने की सूचना मिल रही है। जैव वैविध्य संकट में है, साथ ही साथ विस्थापन आदि से उत्पन्न सांस्कृतिक एवं अन्य मूल्य संकट का सामना करते आ रहे हैं। भूमि, वायु और जल को प्रदूषण के साथ इनका दौर्लभ्य गन्दगी, ऊर्जा की विभीषिका, जंगल का नाश, भौमताप की सीमातीत वृद्धि आदि से उत्पन्न संकट के प्रति अंतर्राष्ट्रीय स्तर पर कई चर्चायाँ, उच्चकोटियाँ और सम्मेलन लोकनेताओं के बीच में यू.एन.ओ. आदि में चल रहे हैं।

इस संदर्भ में उल्लेखनीय है 24 अगस्त 1989 को जापान में मिनमात्ता में आयोजित सम्मेलन। इक्कीसवीं शताब्दी की जनता और पृथ्वी को बचाने के लिए जनता को खुद अपने को तैयार करना है। वैज्ञानिक प्रौद्योगिक विद्या से भोपाल और चेर्णोव की जनता से जो किया गया, वही मिनमात्ता की जनता के साथ भी हुआ है। ये तीनों दुर्घटनाएँ हमारे युग के लैंड मार्क हैं। भोपाल में अमेरिका की बहुराष्ट्रीकम्पनी ने वहाँ की जनता को विष में डूबीकर मारा। चेर्णोब में वहाँ की सत्ता ने खुद अपने देश में ही नहीं करीब संपूर्ण दुनिया में अणु शक्ति का प्रसारण किया।

विकास ने स्त्री की शक्ति को भी नष्ट कर दिया। विकास का मतलब अधिकार का केन्द्रीकरण बन गया। प्रजातंत्र सिर्फ शब्दों में सीमित हो गया। मनुष्य की शक्ति, स्वच्छंदता, क्रियात्मकता और मानवीयता भी नष्ट हो गई। दरिद्र एवं धनिक तथा दक्षिण एवं उत्तर के बीच का अंतर बढ़ गया। लघु समूह एवं छोटे देश का स्वातंत्र्य नष्ट हो गया। वे अंतर्राष्ट्रीय बाज़ारों एवं विश्वबैंक एवं विश्वशक्तियों के गुलाम हैं।

परिणामतः मनुष्य के साथ विश्व के संपूर्ण जीवों का रुदन सुनाई पड़ रहा है। इस भयानक स्थिति से संसार को बचाने में कई आंदोलन सक्रिय हैं। ग्रीनपीस जैसी संस्था अंतर्राष्ट्रीय स्तर पर काम कर रही है।

मनुष्य ने उपर्युक्त संकट को पार करने के लिए प्रकृति के साथ मिलकर जीने की रणनीति को अपनाया है। हमें तो प्रकृति का मित्र बनना है। अदूरदर्शिता की जो विकास योजनाएँ हो रही हैं उससे बच जाना है। संपूर्ण मानव समाज में परिवर्तन लाए बिना इस लक्ष्य तक हम नहीं पहुँच पाएँगे। यह दृष्टि पूर्णतः एक नई जीवनशैली का समर्थन करती है। इसके लिए सब की भागीदारी की ज़रूरत है। स्वस्थ पारिस्थितिक व्यवस्था के लिए पुरुष और स्त्री को कंधे से कंधा मिलाकर कोशिश करनी है। सभी तर्कों से मुक्त होना है। तब सबकी भलाई को स्थान देनेवाला एक समाज रूपायित होगा।

गोया कि इको-फेमिनिज़्म आध्यात्मिक दृष्टि, नारीवादी दृष्टि और पारिस्थितिक दृष्टि के परस्पर सम्बन्ध से निर्मित है। यह सम्बन्ध मुख्यतः पुरुष द्वारा स्त्री और प्रकृति के शोषण का है। पाश्चात्य ढंग के विकास एवं औद्योगीकरण ने पुरुष और प्रकृति के बीच की दूरी को बढ़ाया। इसने प्रकृति और स्त्री के शोषण को और गहरा एवं शीघ्र बनाया। यह अवबोध पारिस्थितिक नारीवाद की शक्ति है। यह स्थिति संपूर्ण दुनिया को नाश के कगार पर खड़ी करती है। इससे संसार को बचाकर एक नई राजनैतिक, सांस्कृतिक एवं आर्थिक वैचारिकता की सृष्टि करना पारिस्थितिक नारीवाद का नारा है।

भारत में पारिस्थितिक नारीवाद

भारतीय विश्वास में पृथ्वी एक वस्तु का नाम नहीं है। माता भूमिः पुत्रोहं पृथिव्याः। पृथ्वी हमारी माँ है और हम उसके पुत्र हैं। इस विश्वास के पीछे एक पूरी पारिवारिक अवधारणा है। आजकल की पारिस्थितिकी विज्ञान जब उसे एक समुदाय (Community) कहकर पुकारता है तो उसके पीछे भी वही संकल्पना कार्य कर रही है। पृथ्वी वस्तुतः अनुकूलन, समायोजन, सहकार और प्रतियोगिता की प्रक्रिया से संप्रेरित सामुदायिक भावना का मूर्तिमान जैविक-अजैविक पुंज है जो एक विशिष्ट इको-तन्त्र में आबद्ध है। स्त्री का क्षेत्र सीमित है तो भी प्रकृति का समानधर्मा है। भारतीय विश्वास में स्त्री शक्ति है, शक्ति अथवा ऊर्जा नहीं है तो शिव तत्व भी जड़ बन जाता है। इसलिए स्त्री और प्रकृति दोनों की उपासना की जाती थी। मोहनजोदाड़ो की खुदाई से प्राप्त एक मूर्ति

स्त्री की कुक्षी-सा उग आनेवाला वृक्ष है। यह पृथ्वी और स्त्री को एक ही मानने की परंपरा को द्योतित करती है।

पहले ही सूचित किया गया था कि भारतीय परंपरा प्रकृति के अचरों में भी चेतनता देखने की है। यहाँ अग्नि तत्व, जल तत्व, वायु तत्व सबकी उपासना की जाती थी, पानी की द्रवता, उर्वरता आदि को स्त्री रूप में देखा जाता था। महाभारत में नदियों को विश्व की माता कहा गया है। ऋग्वेद अग्नि की उपासना से शुरू होता है। हमारे वेदों-उपनिषदों से यह स्पष्टतः प्रमाणित हो चुका है कि जो ज्ञानी है अथवा जो चेतना का विकास करता है वह समस्त चर एवं अचरों में चैतन्य तत्व का दर्शन करेगा। वह कभी भी दूसरों का दमन या अपकार नहीं करेगा, वह सबका आदर-सम्मान करेगा, सबके हित में रहेगा। यह इसको सूचित करता है कि मनुष्य की चेतना का विकास आज संभव नहीं हो रहा है, इसलिए चैतन्य के स्रोत प्रकृति और स्त्री को शोषण के उपकरण बनाते हैं। शिक्षा से चेतना का विकास संभव हो जाएगा। क्योंकि चेतना का स्वातंत्र्य एवं संस्कार संभव हो जाएगा, लेकिन आज इसे शोषण का उपकरण बनाया गया है।

भारत में कहा जाता है कि स्त्री की स्थिति पुराने ज़माने में अच्छी थी। लेकिन यहाँ मातृसत्तात्मक संस्कृति उत्तर भारत में नहीं के बराबर है। इधर-उधर कहीं मातृसत्तात्मक व्यवस्था की सूचना मिलती है तो वह भी पूर्ण नहीं थी। उदाहरण के लिए केरल में विशेषकर 'नायर' जाति में मातृसत्तात्मक व्यवस्था थी। लेकिन वहाँ भी मामा और भाई का अधिकार परिवार में प्रमुख था। भारत में प्रकृति और स्त्री की उपासना होती थी, पर अब यहाँ ये दोनों शोषण के शिकार हैं। स्त्री इससे अवगत है। विकसित देशों में बड़े परिमाण में इन दोनों के खिलाफ आन्दोलन हुए हैं। इसका एक कारण आधुनिकता एवं औद्योगिक विकास वहाँ पहले शुरू हुआ था और भारत से पहले वे उसका दुष्परिणाम भोगने लगे थे।

भारत में प्रकृति के शोषण के खिलाफ जो 'चिपको' आन्दोलन सक्रिय एवं ज़ोरों पर चलता है, उसका आरम्भ स्त्रियों के द्वारा ही हुआ। उत्तराखंड के वनों की अंधाधुंध कटाई के विरुद्ध अथवा विकास के नाम पर बुलडोज़रों से पेड़ों पर हुए आक्रमण के विरुद्ध अपने शरीर को पेड़ों से चिपकाकर स्त्रियों ने अपना विरोध जाहिर किया था। पेड़ों का नाश मरणतुल्य है— यह स्त्रियों ने पहचान लिया। इसे चिपको आन्दोलन नाम से पूरे भारत में पर्यावरण सुरक्षा के लिए प्रसारित प्रचारित एवं संवर्द्धित किया गया। यह ग्रामीणों का, ज़मीन से जुड़ा हुआ सबसे पुराना आन्दोलन था। सचमुच इस

आन्दोलन में गाँधी के चिंतन को ही स्वीकार किया गया है। 'हिन्द स्वराज' में गाँधीजी ने प्रकृति के उपयोग पर अपना विचार स्पष्ट किया है। 1920-21 में यह आन्दोलन शुरू हुआ। गांधी-चिंतन को आधार बनाकर 1930 तक वह सशक्त हो गया। इसके नेतृत्व में गाँधी की सहयोगिनियाँ मीराबाई और सरला बाई थीं। वन संरक्षण के लिए वन के आश्रय में रहनेवाले आदिवासियों का प्रतिरोध हुआ था। चिपको आन्दोलन का मूल मंत्र है–

'ठक्या है जंगल के उपकार?
मिट्टी, पानी और बयार।
मिट्टी, पानी और बयार,
जिंदा रहने के आधार!

(सुन्दरलाल बहुगणा–धरती की पुकार)

चिपको आन्दोलन की शुरुआत स्त्रियों से हुई। इस आन्दोलन को आगे बढ़ाने में कई स्त्रियों ने योगदान दिया। कई स्त्रियाँ आज भारत में कई आन्दोलनों के ज़रिए प्रकृति और स्त्री तथा दमित एवं दरिद्रों को बचाने के प्रयत्न में निरत हैं। उनमें 'नर्मदा बचाओ आन्दोलन' की मेघा पाटकर, आदिवासी, कृषक, स्त्री के लिए तथा अदूरदर्शी विकास योजनाओं के खिलाफ काम करनेवाली महाश्वेता देवी, विकास के फलस्वरूप विस्थापित होते लोगों के लिए तथा पारिस्थितिक विनाश के खिलाफ लड़नेवाली अरुंधति राय आदि को इको-फेमिनिस्टों में दर्ज किया जा सकता है।

केरल में सैलेंटवाली आन्दोलन से लेकर प्रकृति संरक्षण तथा स्त्रियों, अनाथों के लिए काम करनेवाली कवयित्री सुगतकुमारी इको फेमिनिस्ट ही हैं। कोकाकोला जैसी बहुराष्ट्र कम्पनी के विरुद्ध पालक्काड के पास प्लाच्चिमडा में आदिवासी स्त्रियों के नेतृत्व में जो लड़ाई चल रही है, वह भी इस श्रेणी की है। मैलम्मा नामक स्त्री है नेतृत्व में। उनके पीने का पानी कम्पनी भूगर्भ में जाकर चूस रही है। पानी का अभाव सबसे पहले स्त्री अनुभव करती है। वैसे ही कासरगोड में एन्डोसल्फान के उपयोग के खिलाफ लीलावती अम्मा ने आवाज़ उठाई और मुकदमा चलाया। केरल में कई संगठन प्रकृति और स्त्री शोषण के खिलाफ काम करते आ रहे हैं।

वंदना शिवा भारत में इको-फेमिनिज़्म पर केन्द्रित आंदोलनों में भाग ले रही हैं। इससे बढ़कर देश-विदेशों में कई चर्चाओं में, सम्मेलनों एवं संगोष्ठियों में भाग लेकर उसे पोषित करने का कार्य वंदना शिवा कर रही हैं। उन्होंने मारिया मैस (Maria mies) से मिलकर 'इको-फेमिनिज़्म' नामक पुस्तक लिखी है। यह इको फेमिनिज़्म के विभिन्न

पहलुओं पर प्रकाश डालने वाली सशक्त पुस्तक है। वे असल में एक समाजवादी पारिस्थितिक नारीवादी (Socialist Eco-Feminist) हैं। वे 'विकास' को आज का नया धर्म मानती हैं। उस धर्म के मन्दिर हैं – बाँध, खदान, ताप विद्युत निलय (Energy plant) और सैनिक शक्ति। ब्यूरोक्रेट एवं टेक्नोक्रेट के अनुसार एक देश की आधुनिकता का आधार उपर्युक्त मन्दिर हैं। इस धर्म ने प्रकृति और मनुष्य के जीवन को बदल दिया। इस विकास ने जो पवित्र है उन सबको, विशेषकर पवित्र मिट्टी का नाश कर दिया। मनुष्य और संस्कृति मिट्टी की देन हैं, उसे जड़ से उखाड़कर समाज और समुदाय को दुर्बल कर देता है। मिट्टी पवित्र माँ है जो प्राकृतिक और सामाजिक जीवन का आधार है, उसको विकास ने भयानक रूप से बरबाद कर डाला। विकास ने इन सबको आदिम कहकर उसकी उपेक्षा की। लेकिन पवित्रता की जो विभिन्न अवधारणाएँ हैं, इनका संरक्षण अनिवार्य है। पवित्रता एक बंधन हैं जो छोटे-छोटे भागों को संपूर्णता से जोड़ता है। मिट्टी की पवित्रता को बनाये रखना है, मनुष्य की प्रवृत्तियों को सीमित करना है। नये धर्म के पुरोहितों ने, मिट्टी के साथ जो पवित्र संबंध है, उसे बाधा मानकार उसका अंत कर दिया। क्योंकि मिट्टी को जो लोग पवित्र मानते हैं, वे मिट्टी के साथ अपने आत्मिक सम्बंध को समाप्त करने न देते। विकास पुलिस और उग्रवादियों के मार्ग को अपना कर लोगों को उनके घर और गाँव से जबरदस्ती खींचकर बाहर करने को प्रयुक्त करता है। उन्हें औद्योगिक समाज के वेस्टलैंड की ओर पारिस्थितिक और सांस्कृतिक मोहाजिर बनाकर छोड़ देता है।

भारत में इस कुर्बानी का रूप अभी-अभी स्पष्ट हो रहा है। ज़रूर विकास के ये शिकार अपने विस्थापन को पहचानकर उसके खिलाफ अपना सख्त प्रतिरोध जाहिर कर रहे हैं। लेकिन विकास के शिकार बननेवाले लोगों और राज्यों की यह कुर्बानी देश के बहुतमत के हित के सामने बिलकुल नगण्य समझी जाती है। लेकिन साठ से ज़्यादा वर्षों के इस योजनाबद्ध विकास से उत्पन्न प्रकृति और समाज का शोषण लम्बे समय तक तुच्छ नहीं रहेगा। देश के बहुमत का हित अल्प संख्यक उच्च वरेण्य वर्ग का बन जाएगा, जिससे अधिकांश लोग अपने जन्मस्थान से विस्थापित हो जाएँगे। उनका मिट्टी के साथ जो संबंध है उसका पूर्ण बलिदान खान, बाँध, फैक्टरी और जानवरों के पार्क के लिए हो जाएगा। वन्दना शिवा के अनुसार, आज विकास का मतलब प्रकृति और समाज के साथ जो पारिस्थितिक और सांस्कृतिक संबंध है उसको तोड़ना है और आवयविक समूहों को अपने अस्तित्व की तलाश में लगे हुए विस्थापित और निर्वासित समूहों में परिणत करना है।

वन्दना शिवा के अनुसार, पितृसत्तात्मक पूँजीवादी विश्वदृष्टि से इस पृथ्वी के सारे जीवों के विमोचन एवं संरक्षण के लिए स्त्रियों को लड़ना चाहिए। इसके बिना स्त्रियों का विमोचन भी संभव नहीं है। इको-फेमिनिज़्म फेमिनिज़्म से भिन्न है। इको-फेमिनिज़्म पूँजीवाद एवं युद्ध के खिलाफ है। पूँजीवादी संरचना पर आधारित सभी प्रवृत्तियों का विरोध इको-फेमिनिज़्म करता है। वंदना शिवा इको-फेमिनिज़्म के तहत विकासशील देशों की स्थिति को उभारते हुए अफ्रीका के राज्यों में व्याप्त लेसबियनिज्म के दुष्परिणामों की ओर भी इशारा करती हैं। वंदना शिवा की प्रकृत्ति एवं सिद्धान्त भौगोलिक और राजनैतिक है और इसका एक ठोस लक्ष्य भी है। तीसरी दुनिया की स्त्रियों पर भूमंडलीकरण और उपनिवेशवाद का जो दुष्परिणाम पड़ा उसकी चर्चा उनकी कई किताबों में उन्होंने बहुत संजीदगी से की है। पाश्चात्य देशों में प्रचलित आध्यात्मिक इको-फेमिनिज़्म से इको-फेमिनिज़्म को अलग करके समाजवाद के परिप्रेक्ष्य में देखने का कार्य किया गया है।

साहित्य में पारिस्थितिक स्त्रीवाद

हम देख चुके हैं कि पारिस्थितिक स्त्रीवाद एक अन्तरःअनुशासनात्मक आंदोलन है जो प्रकृति, राजनीति, स्त्री, अध्यात्मिकता के संबंध में नये ढंग से सोचने के लिए प्रेरित करता है। यह सिद्धान्त सभी पितृसत्तात्मक व्यवस्थाओं को नकारता है और पुरुष द्वारा स्त्री का जो शोषण है उससे पर्यावरण शोषण को भी जोड़ता है। अमेरिका में यह सत्तर के दशकों में शुरू हुआ और कई स्त्रियाँ नारीवाद और पारिस्थितिकवाद को ज़्यादा जानने के लिए तैयार हो गईं। इसके पूर्व नारीवादी केवल पुरुष एवं स्त्रियों के बीच के अंतर पर ज़ोर देते थे तो पारिस्थितिक नारीवादी स्त्री के साथ प्रकृति के बारे में भी सोचते हैं। विज्ञान, समाजशास्त्र, इतिहास, राजनीति जैसे विभिन्न क्षेत्रों के विचारकों ने पर्यावरण के प्रति नारीवादियों की परंपरागत धारणा की आलोचना की। 1990 में अमेरिका में साहित्यिक विभागों में साहित्य में पृथ्वी केन्द्रित पारिस्थितिक दर्शन का अध्ययन शुरू हुआ। पारिस्थितिक दर्शन के अध्ययन में साहित्य और पर्यावरण के बीच का संबंध है। वैसे ही पारिस्थितिक स्त्रीवादी आलोचना भी प्रकृति से संबद्ध है।

पारिस्तिथिक नारीवादी आलोचकों ने प्रकृति में स्त्री-दृष्टि को खोजने के लिए सभी संस्कृतियों और इतिहासों से साहित्य को लिया। यह देखा गया कि अध्ययन के लिए सबसे ज़्यादा सामग्री उन्नीसवीं शती के अंग्रेज़ी और अमेरिकन साहित्य में दिखाई पड़ी। प्रकृति केन्द्रित स्त्री साहित्य सबसे ज़्यादा उन्नीसवीं शती में इंग्लैंड और अमेरिका में

समृद्ध हुआ। उस समय मध्य और उच्च वर्ग की स्त्रियाँ अपने घर के चारों ओर सस्यलताओं को उगाने एवं पालने का कार्य करती थीं और उनमें से अनेक इन प्राकृतिक दृश्यों एवं प्रकृति पर लिखती भी थीं। इनमें से कई रचनाकार विद्वान-रचनाकारों के बीच में भी प्रसिद्ध हो गईं। इनका योगदान इसलिए महत्वपूर्ण है कि उनके समकालीन पुरुष रचनाकारों से भिन्न नज़रिए से उन्होंने प्रकृति और जानवरों को देखा। उन्होंने यह भी देखा कि प्रकृति अपने घरेलू वातावरण से उनको विमोचित भी करती है।

उन्नीसवीं शती की स्त्री रचनाकारों ने थल को एक मुख्य पहलू बनाया जो उनके वास स्थान के चारों ओर का था। इनमें एक मुख्य रचनाकार हैं अमेरिका की उपन्यासकार सारा ओर्न जवेट (Sarah Orne Jewett)। उनके उपन्यास 'द कंट्री ऑफ द पोइन्टिंड फिरस' 1896 में डूनेट नामक शहर और चारों ओर का द्वीप है। सूसन फेनीमोर कूपर द्वारा लिखित 'रूरल हवेरस' प्रकृति पर केन्द्रित स्त्रीलेखन की उल्लेखनीय रचना है। अमेरिका की कई महिला रचनाकारों ने उस वक्त अपनी यात्राओं का अनुभव लिखा। वे भी पुरुष रचनाकारों से बिलुकल भिन्न थे, क्योंकि उनके प्रकृति एवं थल को देखने की दृष्टि अलग थी। किसी ने लिखा है कि स्त्रियों के घरेलू झंझटों ने स्त्री को प्रकृति के निरीक्षण और स्पर्श से अलग कर दिया। ऐसी रचनाओं में मुख्य है मारगरेट फुल्लर द्वारा रचित सम्मर ऑन द लेक्स (1843)। उन्नीसवीं शताब्दी के स्त्री लेखन में विविधता है, लेकिन सबसे उल्लेखनीय बात यह है कि उन सब में मनुष्य और चारों ओर के प्राकृतिक वातावरण से उनके संबंधों पर ये रचनाएँ खूब विचार करती हैं। इसलिए इन रचनाओं की आलोचना से प्रकृति और मनुष्य के बीच की अवस्थिति तथा जाति, लिंग, आधिपत्य एवं शोषण संबंधी कई विचार भी उभर आते हैं।

आज वेड्सवर्थ की बहिन डोरत्ती वेड्सार्थ की रचनाओं को इको-फेमिनिज़्म के धरातल पर परखा जाता है। अमेरिका की लेखिका मेरी ओस्टिन की 1903 में प्रकाशित द लैंड ऑफ लिटिल रेन (The land of Little Rain) इको-फेमिनिज़्म की रचना है। एनी दिल्लार्द, विल्ला कातेर, उरसुला लेग्विन, मारगरेट आटवुड, स्टॉर हौक, आलीस वाकर, लस्ली मोरमण डीलको, लूसी तापहोन्सो जैसी कई पारिस्थितिक स्त्रीवादी रचनाकार हैं। 1991 में लोरेन आन्डेर्सन द्वारा संपादित 'पृथ्वी की बहनें' (Sister of the earth) में अस्सी लेखिकाओं की रचनाएँ हैं। यह एक साहित्यशाखा

की समृद्धि को सूचित करता है। हाल ही में इको-फेमिनिज़्म के आधार पर साहित्य की आलोचना करनेवाले कई आलोचक भी नज़र आते हैं। ग्लोरिया अलसान दुवा, होगा हारवे, पाट्रीक मार्फी आदि का नाम आलोचना के क्षेत्र में ध्यान देने योग्य है।

हिन्दी साहित्य में इको-फेमिनिज़्म की झलकें

भारतीय साहित्य में पृत्वी को माता या देवी कहने की परंपरा है। पृथ्वी को ही नहीं पृथ्वी को संपन्न करनेवाली नदी भी देवी है, पुण्य की पात्रा है। जलतत्व के बिना पृथ्वी तत्व न के बराबर है। वैसे ही वायु, अग्नि सब पूजा के पात्र इसलिए हैं कि उनकी ऊर्जा के बिना जीवसंधारण असंभव है। साहित्य में स्त्री और पृथ्वी की समानता हर कहीं बिखरी पड़ी है तो भी हिन्दी साहित्य का पारिस्थितिक स्त्रीवाद की दृष्टि से अध्ययन अभी तक हुआ ही नहीं है। ऋग्वेद से लेकर आज तक साहित्य में स्त्रियों की रचनाओं की एक विशेषता यह है कि वह लोकचेतना से संपन्न है। वे हमारी मिट्टी, मिथक, प्रकृति एवं सहज जीवन की धुन से ओतप्रोत हैं। इसका कारण स्त्री के मिट्टी के साथ का संबंध ही होगा। ऋग्वेद में कई विदुषियों का योगदान है। उसमें सबसे उल्लेखनीय एवं पारिस्थितिक नारीवाद की दृष्टि से ध्यातव्य एक कथन है ऋग्वेद के प्रथम मण्डल के एक सौ छब्बीसवें सूक्त के सातवें मन्त्र की द्रष्टा ब्रह्मवादिनी रोमशा का। वे बृहस्पति की पुत्री और भावभव्य की पत्नी थीं। संपूर्ण शरीर में घने रोमों के कारण इनके पति ने उनकी उपेक्षा की थी। सूक्त के छठे मंत्र में भावभव्य कहते हैं कि जो जन सभा सेना और शाला के अधिकारी कुशल चतुर आठ सभासदों (युक्त) शत्रुओं का विनाश करनेवाले वीरों, गौ, बैल आदि पशुओं, मित्र धनी वणिक जनों और खेती करनेवालों की अच्छे प्रकार रक्षा करके अन्न आदि ऐश्वर्य की उन्नति करते हैं, वे मनुष्यों के शिरोमणि होते हैं। रोमेशा का उत्तर महत्वपूर्ण है कि हे पति राजन! जैसे पृथ्वी राज्यधारण एवं रक्षा करनेवाली होती है वैसे ही मैं प्रशंसित रोमोंवाली हूँ। मेरे सभी गुणों को विचारो। मेरे कामों को अपने सामने छोटा न मानो।'

"आगाधिता परिगधिता वा कशीकेव जंगहे।
ददाति मह्यं यादुरो याशूनाँ भोज्या शता। (6)
उपोपज में परा मृश मा मे द भ्राणि मन्यथाः
सर्वाहमस्मि रोमशा गन्धारीणा मिवाविका" ऋग्वेद (मं.-1, सूक्त 126, मंत्र, 6-7)

कहा जाता है; यह स्त्री विमर्श का प्रथम स्वर है। (*सुमन राजाःहिन्दी साहित्य का*

आधा इतिहास, पृ. 68) मुझे तो लगता है कि स्त्री विमर्श में पारिस्थितिक स्त्री-विमर्श का यह पहला स्वर है, जो पृथ्वी और स्त्री को समानधर्मा मानता है। वैसे ही ऋग्वेद में लोपामुद्रा, अपाला, अहिति, दाक्षायणी, घोषा आदि के मंत्रों में भी स्त्री शक्ति का परिचय मिलता है।

ऋग्वेद के बाद लोकचेतना से स्निग्ध नारी लेखन के नमूने पाली भाषा में लिखित 'तेरी गाथा' में मिलते हैं। यह 522 गाथाओं का संकलन है, जिसमें सौ थेरियों के उद्‌गार हैं। इनमें विभिन्न वर्गों एवं वर्णों की महिलाएँ शामिल हैं, जिन्होंने बुद्धभिक्षुगी बनकर अपने जीवन के संचित अनुभवों को इन गाथाओं में गाया है। इनमें कुछ राजवंशों की महिलाएँ थीं तो कुछ शाक्य और लिच्छवि सामन्तों की कन्याएँ थीं। कुछ ब्रह्मणवंश की थीं, गृहपति वर्ग की थी, गणिकायें थीं, सुनारिन तथा दासी भी थीं। थेरी-गाथाएँ थेरियों की आत्माभिव्यक्ति हैं, जीवन में जिन्होंने भोगा है। उसमें प्रकृति की स्मृति है, लोकजीवन की झलकें हैं। जो थेरियाँ निम्नवर्गों और निर्धन परिवार से आयी हैं, उनकी गाथाओं का स्वर और स्वाद अलग है। शिकारी पति माँस बेचकर आजीविका चलानेवाला था। उसके उस धन्धे पर व्यंग्य और परिहास करती पत्नी अपने बेटे को खिलाती है, "उसके पुत्र रो मत, आजीवक के पुत्र रो मत, माँस ढोनेवाले के पुत्र रो मत।" यह चापा थेरी की गाथा से है। इसमें जानवरों की हत्या का विरोध उपहास के स्वर में प्रकट होता है।

सुमंगलमाता की थेरी सचमुच स्त्री और प्रकृति के संबंध को द्योतित करती है। वह दरिद्र स्त्री थी, जिसका कोई नाम नहीं था। किसी छाता बनानेवाले से उसका विवाह हुआ था। एक पुत्र था जो बाद में प्रसिद्ध भिक्षु हुआ। उसका नाम सुमंगल था। उसकी माता के नाम से इसका परिचय दिया गया है। इसके द्वारा अंकित चित्र देखिए–

"अहो! मैं मुक्त नारी। मेरी मुक्ति कितनी धन्य है!
पहले मैं मूसल लेकर धान कुटा करती थी,
आज उससे मुक्त हुई!
मेरी दरिद्रावस्था के वे छोटे-छोटे बर्तन!
जिनके बीच मैं मैली-कुचैली बैठती थी
और मेरा निर्लज्ज पति मुझे उन छातों से भी तुच्छ समझता था
जिन्हें वह अपनी जीविका के लिए बनाता था
अब उस जीवन की आसक्तियों और मलों को मैंने छोड़ दिया।
मैं आज वृक्ष-मूलों में ध्यान करती हुई

जीवनयापन करती हूँ।

अहो! मैं कितनी सुखी हूँ

मैं कितने सुख से ध्यान करती हूँ! (सुमन राजेः हिन्दी साहित्य का आधा इतिहास, पृ. 99)

वैदिक ऋषिकाएँ गृहस्थ हैं, कहीं-कहीं अविवाहिताएँ भी हैं, परन्तु उनके हृदय में विवाह संस्था के लिए विरोध नहीं है, जबकि थेरियाँ उसे छोड़कर, ठुकराकर या विद्रोह कर अपनी मुक्ति का मार्ग तलाशती हैं। दोनों लोकगीतों की सहजात एवं सहधर्मी हैं।

भक्तिकाल में भी सामन्ती जीवन के बंधनों को छोड़कर मुक्त लोकजीवन का रस लूटती हैं। मध्ययुग में कृषि पर आधारित व्यवस्था थी। उस समय के कई लोक साहित्य प्राप्त हैं, वहाँ प्रकृति से मिलकर जीनेवाले मनुष्य की ज़िन्दगी का यथातथ्य चित्रण हुआ है। वहाँ स्त्री उत्पीड़न एवं स्त्री की शोचनीय स्थिति, गरीबी आदि का पूरा बयान उपलब्ध है। पूरी खेती और ज़मीन ज़मीन्दार कब्जा कर सकते हैं। तब ग्रामवधू उत्साह छोड़े बिना कहती है – "मैं चन्दा पर खेती करूँगी, सूरज पर खलिहान बनाऊँगी। यौवन को बैल बनाऊँगी, मेरे प्रिय खेत जाएँगे। सावन-भादो की झड़ी लगी है।" (रामनरेश त्रिपाठीः ग्रामगीत, भूमिका) इस प्रकार लोकसाहित्य में स्त्री और प्रकृति कितना घुल मिल गई हैं, यह दिखाया गया है।

आधुनिक हिन्दी साहित्य में सबसे उल्लेखनीय एक स्त्री रचनाकार है महादेवी वर्मा। स्त्री विमर्श की दृष्टि से उनकी 'शृंखला की कडियाँ।' विशेष ध्यातव्य है तो पारिस्थितिक स्त्रीवाद के नज़रिए से भी उनकी कई रचनाओं का इल्लेख करना समीचीन होगा। हिन्दी में स्त्री विमर्श की प्रारंभिक रचना का स्थान अवश्य उनकी रचना 'शृंखला की कड़ियाँ' को दिया जाता है। उस रचना में भारतीय नारी की शृंखला की कड़ियाँ क्या-क्या हैं और उनसे मुक्त होने का रास्ता भी वर्णित है। लेकिन इको-फेमिनिज़्म की दृष्टि से उनकी अन्य कुछ रचनाओं की ओर संकेत करने की ज़रूरत है। इको-फेमिनिज़्म का मूल मंत्र पृथ्वी के समस्त जीव-जंतुओं में चैतन्य देखना और करुणा एवं स्नेह के व्यवहार से वे जिस शोषण का सामना करते हैं, उन्हें उनसे बचाना है। जानवरों और पक्षियों के प्रति ममता एवं करुणा तथा उसके सौन्दर्य के प्रति आकर्षण महादेवी में, बचपन से प्रकट है। 'मेरा परिवार' इसके लिए अच्छा उदाहरण है। जब वे छोटी कक्षाओं में पढ़ रही थीं तब जब-जब वक्त मिलता था वे स्कूल के पास की प्रकृति में तथा वृक्षों के पास जाकर बैठती थीं और प्रकृति और जीव-जंतुओं का निरीक्षण करती थीं। 'मेरा परिवार' में महादेवी का जानवारों के साथ

जो घनिष्ठ संबंध है, वह स्पष्ट हो उठता है। उनके परिवार के सदस्यों में गाय, कुत्ते, मोर, बिल्ली, खरगोश, गिलहरियाँ, घोड़ा यहाँ तक नेवला भी है। उन सबको किसी न किसी प्रकार की विकट पारिस्थिति से उन्होंने बचाया, संभाला और स्वतंत्र जीवन बिताने का अवसर भी प्रदान किया था।

अपने रेखाचित्रों में मनुष्य द्वारा जानवरों और पक्षियों की जो हत्या की जा रही है, उस पर अपना सख्त विद्रोह भी जाहिर किया है। हरीतिमा में लहराते मैदान पर छलाँग भरते हिरणों का गतिशील सौन्दर्य बेजोड़ है। लेकिन जीवन के इस चल सौन्दर्य के प्रति शिकारी का कोई आकर्षण नहीं है। शिकारी जीवन की ऐसी सुन्दर ऊर्जा को निष्क्रिय और जड़ बनाने के कार्य में मनोरंजन ढूँढता है, "आकाश में रंग-बिरंगे फूलों की घटाओं के सामने उड़ते हुए और वीणा, वंशी, मुरज, जलतरंग आदि का वृन्दावन (आर्केस्ट्रा) बजाते हुए पक्षी कितने सुन्दर जान पड़ते हैं। मनुष्य ने बन्दूक उठाई, निशाना साधा और कई गाते-उड़ते पक्षी धरती पर ढेले के समान आ गिरे। किसी की लाल-पीली चोंचवाली गर्दन टूट गई है, किसी के पीले सुन्दर पंजे टेढ़े हो गये हैं और किसी के इन्द्रधनुषी पंख बिखर गये हैं (क्षत-विक्षत रक्तस्नात उन मृत-अर्धमृत लघुगानों में न अब संगीत है, न सौन्दर्य, परन्तु तब भी मारनेवाला अपनी सफलता पर नाच उठता है।" (*मेरा परिवार*, पृ. 47) महादेवी के अनुसार, जानवरों को पालने पर वह पशु न रहकर ऐसा स्नेही संगी बन जाता है, जो मनुष्य के एकान्त शून्य को तो भर देता है परन्तु खीझ उत्पन्न करने वाली जिज्ञासा से उसे बोझिल नहीं बनाता। उन्होंने इन जानवरों को अपने घर में स्वच्छ खुले वातावरण में पाला।

महादेवी जी जैसे जानवरों से प्रेम करती हैं वैसे है समाज के निम्न तबके की स्त्रियों के प्रति विशेष स्नेह रखती हैं। ग्रामीण स्त्रियाँ अपनी आजीविका के लिए कठिन प्रयत्न करती हैं तो भी कहीं अपनी दुर्बलता के कारण उपेक्षित हो जाती हैं। 'स्मृति की रेखाएँ' में समाज द्वारा उपेक्षित कई स्त्रियों के ज्वलंत चरित्रों को पेश किया गया है। भक्तिन, मुन्नु की माई, धोबिन, गूँगिया जैसी स्त्रियों की दर्दभरी कहानियाँ बहुत संवेदनात्मक हैं। वे उन सबके प्रति हमदर्दी जताते हुए यथासंभव उनकी मदद करती हैं। स्त्रियों का ही नहीं चीनी फेरीवाला, पहाड़ीपुत्र कूलियाँ, लोक कवि ठकुरी बावा 'अतीत के चलचित्र' का रामा बिन्दा, दो फूल, लछमा आदि के जीवन यथार्थों का बहुत ही सहजता के साथ जो रेखाएँ खींची हैं उन्होंने, वे सब संपूर्ण मानवता के परिष्कार को लक्ष्य करके ही की गई हैं। शृंखला की कड़ियाँ के 'अपनी बात' में उन्होंने लिखा है कि "विचार के क्षणों में मुझे गद्य लिखना ही अच्छा लगता रहा है, क्योंकि

उसमें अपनी अनुभूति ही नहीं बाह्य परिस्थितियों के विश्लेषण के लिए भी पर्याप्त अवकाश रहता है।" यह पूर्ण रूप से सही है। उपर्युक्त गद्य रचनाओं में वर्ग, लिंग, रंग, मनुष्य और मनुष्येतर प्राणियों के बीच के भेदभाव और शोषण को समाप्त कर एक संतुलित समाज को देखने की इच्छा प्रकट है। महादेवी ने खुद अपनी ज़िन्दगी के ज़रिए यह दिखाया भी है। जीवन भर सादगी को ही उन्होंने अपनाया था।

महादेवी स्त्री की लौह-शृंखला और पक्षी की लौह-शृंखला को एक ही मानती हैं। उसको तोड़ना बहुत ज़रूरी है :

"कीर का प्रिय आज पिंजर खोल दो।
हो उठी है चंचु छूकर
तीलियाँ भी वेणु सस्वर
बन्दिनी स्पंदित व्यथा से
सिहरता जड़ मौन पिंजर!
अब अलस बंदी युगों का
ले उड़ेगा शिथिल कारा
पंख पर सजल सपने तोल दो।"

महादेवी मझधार में पड़ी स्त्री को बचा पाने का आत्मविश्वास अनुभव करती हैं।

'दीपशिखा' में महादेवी यह कहना चाहती हैं कि यह संसार द्वन्द्वात्मक है। अंधकार और प्रकाश का द्वन्द्व चल रहा है। राजनीति, धर्म, शिक्षा, संस्कृति और सभी क्षेत्रों में तम का साम्राज्य है। अपना देश अंधकार का अभयारण्य है। यदि दूर-दराज में भी टिम टिमाता हुआ दीपक दिखाईं पड़ता हो तो वह हमारे लिए मूल्यवान है। उनके अनुसार, जब तक सूर्योदय होगा तब तक दीपक को जलना है। पूर्ण सूर्योदय अंधकार को पूर्णतः दूर करेगा। इसलिए महादेवी एक दीपक बनकर थोड़ा सा ही सही अंधकार को दूर करने, द्वन्द्व को समाप्त करने, समता लाने, मानवीयता की रक्षा करने तथा अपने कर्तव्य के प्रति सजग बनाने के लिए प्रयत्न करती हैं। वहाँ स्त्री की ही नहीं बल्कि संपूर्ण चराचरों की रक्षा वे चाहती हैं। जो शोषण के शिकार बनते हैं, जो जीने के लिए कठिन यातनाएँ सहते हैं उन सबका पोषण वे चाहती हैं। इसलिए महादेवी कहती हैं कि उस दीपक को प्रभात तक जलने दें—

"यह मन्दिर का दीप उसे नीरव जलने दो
झंझा है दिग्भ्रांत रात की मूर्च्छा गहरी
आज पुजारी बने, ज्योति का यह लघु प्रहरी

जब तक लौटे दिन की हलचल
तब तक यह जागेगा प्रतिपल।
रेखाओं में भर आभा-जल
दूत साँझ का इसे प्रभात तक जलने दो।"

यही है, महादेवी वर्मा की प्रत्याशा। उसी प्रत्याशा के साथ स्त्री जो काम करती है वह इको-फेमिनिज़म में दर्ज है।

सुमन राजे ने अपनी कविताओं में मिथक का उपयोग करके अपनी इको फेमिनिस्ट मानसिकता को प्रकट करने का कार्य किया है, क्योंकि मिथक बिम्बों एवं प्रतीकों की सीमा को लाँघ कर एक पूरा दर्शन प्रस्तुत करने की क्षमता रखता है। जैसे 'एरका' वह उपेक्षित घास है जो मानवीय मुट्ठियों का स्पर्श पाते ही अमोघ अस्त्र बन जाती है। इसमें लोक का रंग है, भाषा अवधारणा जैसी सभी दृष्टियों से। इस प्रकार मिट्टी की गंध उसकी कविता को प्रज्वलित करती है। देखिए—

"कितनी बार
करुए की टोंटी से
निकली सुर सुराती
सरदी कितनी बार
शिवरात्रि को
सिउ-सिउ करती
सत्तर हाथ गहरे कुएँ में समा गयी
कितनी बार
खिड़कियों के जबड़े हिले
और दरवाज़े की दरदरी
काँपी कितनी बार
छज्जों से फिसली उम्र
मुट्ठियों की पकड़
डगमगा गयी
कितनी बार
बादलों ने पछोरकर
छिटका दिए बूँदों के बाने
सूप में भर-भर उलीचीं

हवा ने फुहारें
कितनी बार छुई-मुई
उड़ती फिरी
पत्तों पर
छत्तों पर
अकड़ूए की बोडिड़यों की
रुई-सी धूप
कितनी बार
चरुए पर गोबर और जौ से सजाई गई मानव भविष्य की इबारत
कितनी बार
दाने चुग लिये गये भुट्टों से
पड़े रह गये सनों के छूँछ
कितनी बार।" (एरका)

स्नेहमयी चौधरी घर-परिवार में विद्रोही स्वर उठाती हैं। उसके बाहर भी उनका विद्रोह पनपता है और वे इस नतीजे पर पहुँचती हैं कि वर्तमान संस्कृति ही इस पूरी विवशता के लिए जिम्मेदार है, इसीलिए वे कहती हैं–

"धीरे-धीरे मैं
सारी सभ्यताओं के खिलाफ होती जा रही हूँ
सारी विकास योजनाओं और व्यवस्था के विरुद्ध होती जा रही हूँ
जानती हूँ किस कदर अकेली होती जा रही हूँ।"

समकालीन स्त्री रचनाकारों में कई दृष्टियों से अनामिका महत्वपूर्ण स्थान अलंकृत करती हैं। वे प्रतिभा धनी कवयित्री, आलोचक उपन्यासकार हैं। वे लोकप्रिय युवा रचनाकार हैं। उनकी लोकप्रियता का मुख्य कारण उनकी रचनाओं में भरी पड़ी उनकी लोकदृष्टि है। वे लोकजीवन को विशेषकर स्त्री जीवन को थल बनाती हैं। स्त्री जीवन में भी अनछुए एवं अनदेखे अनुभव सन्दर्भों को वे कविता में समूर्त कर लेती हैं, जैसे ऋतुमती होना, गर्भधारण करना, दूध पिलाना, बच्चे बड़े करना, पिटना, बलात्कार, गालियाँ, नोच-खसोट और भी तरह तरह के जो अनुभव स्त्रियाँ चुपचाप झेलती हैं। रोटी बेलने, जुएं चुनने, झाड़ू देने, सेफ्टीपिन के इस्तेमाल की अनुभूतियाँ भी उनके लिए विशिष्ट हैं। अपनी स्मृतियों के आलोक में स्त्री-संसार के विशिष्ट अनुभवों को वे कविता में अपनाती हैं। लोकगीतों की सी परिहास वृत्ति उनकी कविता की एक बड़ी उपलब्धि है।

इसके ज़रिए स्त्री का स्पेस वे तैयार करती हैं। वे लोक-नारी के समान बोलती हैं, और उसमें लोक जीवन पूरी शक्ति और रंगों के साथ उजागर हो उठता है। उनकी भाषा स्त्री भाषा है। उसमें अनामिका जी की एक लय होती है। वह सचमुच स्त्री-जीवन की लय है। इसलिए वे चिट्ठी लिखती हुई औरतों में से एक हैं—

औरतों को डर नहीं लगता
कुछ भी कह जाने में, उनको नहीं होती शर्मिन्दगी
मानने में
कि उनमें
पानी है मिट्टी भी
पानी और मिट्टीः इन दोनों में से
किसी का
कोई ओर-छोर नहीं होता।
लिखती हैं औरतें
खुद एक धारावाहिक चिट्ठी होती तो है
ईश्वर की
हम सबके नाम!"

(अनुष्टुपः चिट्ठी लिखती हुई औरत, पृ. 48)

कवयित्री कितने आत्मविश्वास और निडर बोलती हैं कि स्त्रियों के पास लिखने में पानी और मिट्टी है। स्त्रियों का जो अनुभव है वह लोक अनुभव है। उन्होंने कितना झेला और देखा उसे अपने आँसू से मिलाकर लगातार लिखते जाने पर भी समाप्त नहीं होता। वह अनुभव की अजस्र धारा हैं, इस पृथ्वी के दलितों और शोषितों की कहानी हैं। पानी और मिट्टी के प्राप्त होने पर प्रत्येक पौधा बड़ा होकर लहलहाता है, वैसे ही है स्त्री-लेखन। केदारनाथ सिंह ने जो कहा, वह यहाँ उद्धृत करती हूँ – "अनामिका अपने परिवेश से बाहर प्रायः नहीं जाती – लेकिन उस परिवेश में वाश-बेसिन से लेकर मंगल-सनीचर और चौराहे पर अचानक मिल जानेवाले ईश्वर तक सब शामिल हैं। वस्तुतः उनका अपना मानसिक परिवेश ऐसा है, जिसके रंग-रेशे लोक-स्मृतियों में दूर तक फैले हुए हैं। कविता उनके यहाँ कहीं से भी शुरू हो सकती है – फुटपाथ पर दुकान सजाए देसी डॉक्टर, बस में भीख माँगते बच्चे या फिर वर्णमाला के सबसे उपेक्षित अक्षर ङ से ही।" (*अनुष्टुप : फ्लेप*) यहाँ अनामिका की कविता का थल अनावृत है। वही है स्त्री का थल। यह थल स्त्री की मिट्टी के साथ, लोकजीवन के साथ, स्त्री की सहजता का, स्त्री और स्त्री के बीच

के अच्छे बहनापे का परिणाम है। यह मानसिकता अनामिका की कविता को इको-फेमिनिज़्म में दर्ज करता है।

अनामिका की स्त्री-विमर्श संबंधी पुस्तकें भी इस लोकदृष्टि को मज़बूत करती हैं। हाल ही में प्रकाशित उनकी किताब 'स्त्री-विमर्श का लोकपक्ष' इसलिए विशेष विचारणीय है। इस पुस्तक का प्रत्येक विचार यह सिद्ध करता है कि स्त्री जिस रास्ते पर आगे बढ़ती है जिस मार्ग को अपनाती है, वह समस्त दलित-शक्तियों के प्रति अपने कर्तव्य को निभाते हुए हैं, "कम-से-कम स्त्री-विमर्श पर अलगाववाद का ठप्पा नहीं लगाया जा सकता। स्त्री-समाज एक ऐसा समाज है जो वर्ग, नस्ल, राष्ट्र आदि संकुचित सीमाओं के पार जाता है और जहाँ कहीं दमन है – चाहे जिस वर्ग, जिस नस्ल, जिस आयु, जिस जाति की स्त्री त्रस्त है – उसको अंकवार लेता है। बूढ़े-बच्चे-अपंग-विस्थापित और अल्पसंख्यक भी मुख्यतः स्त्री ही हैं – यह मानता है। (*स्त्री-विमर्श का लोकपक्ष*, पृ. 23-24) यहाँ लेखिका कहती हैं कि उनका यह विचार 'लंगड़ो चलै मूक पुनि बोलै, रंक चलै सिर छत्र धराई' की पहली ईश-निरपेक्ष व्याख्या है। जो भी हो भारतीय स्त्री इसे अपने आंदोलन का लक्ष्य मानती है और अपने आंदोलन के लिए स्त्री हमेशा अहिंसात्मक मार्ग अपनाती है। विदेश में जन्मे इको-फेमिनिज़्म को उन्होंने अपने ढंग से परिभाषित किया। अनामिका की उपर्युक्त स्त्री-विमर्श संबंधी परिभाषा को भारतीय ढंग की पारिस्थितिक स्त्रीवाद की परिभाषा मान सकते हैं। यह है गाँधी का विचार। यह हिन्दस्वराज में पूर्णतः प्रकट है। लेखिका के अनुसार ये उपेक्षित वर्ग अपने ही देश तथा समाज में दूसरी श्रेणी की नागरिकता झेल रहे हैं। आन्दोलन से जुड़े ये सारे उपसमूह कोढ़ में खाज की तरह आर्थिक संकट और अस्मिता पर प्रहार साथ-साथ झेलते हैं – राजनीतिक शरणार्थियों और अन्य विस्थापितों के ही समानान्तर हैं।

अनामिका कहती हैं कि उपर्युक्त परिस्थिति के कारण वैयक्तिक बिछोहों को घर-संस्कृति और भाषा के सामूहिक बिछोहन में प्रतिच्छायित देखता है–स्त्री-आन्दोलन। वह मानती है कि संस्कृति, इतिहास, परिवार और निजी अस्मिताएँ होती हैं–पूश्तैनी घर बेचने के समय किसी देवदार की पेटी में अचानक ही मिल जानेवाले पुराने कागज़-पत्तरों की तरह एक-दूसरे से चपकी हुई, पीली, जर्जर परत-दर-परत नत्थी। इसलिए अनामिका स्त्री लेखन की मुख्य स्पंदक की भूमिका स्मृतियों को ही मानती हैं। जब स्मृतियों का फलक किसी बड़े ऐतिहासिक मोड़ पर खुलता है और धीरे-धीरे वह संकीर्ण होता हुआ अन्तरतम संघर्षों या पारिवारिक विघटन पर जा ठहरता है। इसी

बिन्दु पर 'निजी' और 'सार्वजनिक' का गठबंधन होता है। वैयक्तिक तकलीफों का सामाजिक सन्दर्भ, सुख-दुख में साथ खड़ा हो लेने का उदात्त सखी भाव स्त्रियों में नैसर्गिक होता है। तभी तो जहाँ परितप्त है, स्त्री-आन्दोलन अपने आँचल की छाया में उसे समेट लेता है। अनामिका की स्त्री-आन्दोलन संबंधी यही परिकल्पना है, पारिस्थितिक स्त्रीवाद की भी। अनामिका जी स्त्री-आन्दोलन से जुड़े दलित, पर्यावरण आदि की ओर इशारा करती हैं। भूमंडलीकरण के खिलाफ संघर्ष करती तीसरी दुनिया के साधनहीन लोगों की चिंता भी है। मौखिक साहित्य, क्षेत्रीय साहित्य, देशीय परंपराएँ, रीति रिवाज़ और मिथक आदि ज्ञान-प्रत्याख्यान के वैकल्पिक स्रोत हैं। स्त्रीवाद ने इनके वैकल्पिक स्रोतों का संधान और इतिहास लेखन का प्रजातन्त्रीकरण किया। घरेलू चिट्ठियों, तस्वीरों, कथानकों, अर्द्धकथानकों और अनावृत दस्तावेज़ों के आधार पर कैनोनिकल और कोलोनियर दोनों पर चिमटे की चोट की है। अनामिका के अनुसार जो चौथी दुनिया उभरी है, उसमें, ऑस्ट्रेलिया की एबोरिजिन्स, न्यूज़्लैंड की माओरी स्त्रियाँ, भारत की आदिवासी और दलित स्त्रियाँ हैं। इनके कई उपविभेद हैं—राजनीतिक विस्थापन की शिकार बनी औरतें, युद्ध और दंगे से सतायी गई औरतें, वेश्यावृत्ति के लिए मज़बूर औरतें। ये सब अलग-अलग हैं तो भी इन सबसे जुड़ा है स्त्री आन्दोलन। वर्ण, वर्ग, नस्ल, धर्म, संप्रदाय आदि विभाजक रेखाएँ पुरुषमेधा समाज की सृष्टि हैं। इसलिए इस विभाजक रेखा को लाँघकर समन्वयात्मक भावना से अहिंसात्मक मार्ग को अपनाना है। भाषणधर्मिता के खिलाफ संवादधर्मिता का आन्दोलन है स्त्रीवाद। वह ऐक्शन-बेस्ट रिसर्च है। इसके लिए ममता पर केन्द्रित अहिंसावादी आन्दोलन को अपनाना है।

स्त्री की भाषा है प्रत्येक भाषा की संपत्ति। भाषा और दृष्टि का संबंध नाभी-नाल का है। स्त्री-भाषा का बिंब और शब्द-चयन, प्रवाह, टोन और डिक्शन सब अलग है। अनामिका लिखती हैं – "स्त्री-भाषा देवदार की पेटी से जैसे कि पुराने बर्तन, पुराने मुकदमे के कागज़, अजब-गजब लोकोक्तियाँ, लोरियाँ और लोकगीत। भाषा की दीवार पर हाथों की मरियाली थपकन से सपनों और जातीय स्मृतियों का अतिवात लिखती है स्त्रियों की भाषा। स्त्रियाँ न हों तो भाषा की जातीय अनुगूँजें ही गायब हो जाएँ। अकारण नहीं है कि नानी-दादी, घर या मुहल्ले की वृद्धाओं की संगति में पलनेवाले बच्चों की भाषा में एक अलग अनुगूँज होती है। भाषा के साथ 'मातृ' का प्रयोग उसे एक अलग तरह की ताकत देता है – माँ के दूध की ताकत बतरस की लहक! आँचल का दूध, आँखों का पानी और बतरस – तीनों मिल-जुलकर भाषा का

दशमूलारिष्ट और ग्राइपवाटर पिला देते हैं। नवजातक की तरह अपनी जंघा पर उलट-पलट कर भाषा की तेल मालिश करती हैं, स्त्रियाँ अनौपचारिक सी उमंग और संवादधर्मिता डेमोक्रैट के गुण हैं। कन्धे पर हाथ रखकर घरेलू बिंबों में सहज ढंग से कोई डेमोक्रेट ही बतिया सकता हैं। इससे यह सहज प्रमाणित होता है कि स्त्री दृष्टि एक प्रजातांत्रिक दृष्टि है और आज प्रजातांत्रिक दृष्टि और प्रजातंत्र की ज़रूरत स्वयं सिद्ध है।" (*स्त्री-विमर्श का लोक पक्ष*, पृ. 29-30) स्त्री की भाषा आज की अनिवार्यता है। स्त्री के विचार, भाषा और संस्कृति से संपन्न एक सहज, स्वाभाविक, अहिंसात्मक, ममतापूर्ण वातावरण सर्वत्र अनिवार्य है, चाहे वह राजनीति का क्षेत्र हो, अर्थ का, समाज का या हो। यही प्रकृत दृष्टि है पारिस्थितिक स्त्रीवाद की।

स्त्री आन्दोलन ने 'भाईचारे' को 'बहनापे' का विस्तार दिया। वह 'Universal Sisterhood' का नारा बुलंद करता है। इसका लक्ष्य मौजूदा चेतना का प्रछालन है। यह एक लंबी प्रक्रिया है। इस आन्दोलन के ज़रिए ही एक द्वंद्वरहित समन्वयात्मक धरती को बनाया जा सकता है। यहाँ पुरुष द्वारा निर्मित समन्वीकरण नहीं है, वहाँ केन्द्र में पुरुष है। लेकिन स्त्रीवाद में समाज की सब इकाइयाँ समानधर्मा एवं समान अधिकारिणी है।

'स्त्री-विमर्श का लोकपक्ष' में एक अध्याय हैं 'लोक साहित्य का वातायन और स्त्री का मन'। यह विशेषतः ध्यातव्य है। कई लोकगीतों के ज़रिए स्त्री जीवन को लोक के साथ जो तालुक है यह जाहिर होता है। ऐसे लोकगीतों में पूरी प्रकृति उसकी सहयोगिनी है। स्त्री और प्रकृति की अवस्थिति इन सबमें कूट-कूटकर भरी हुई है। स्त्री की लोकभाषा और लोकविचार देखिए—

> *"कूटो, कूटो, धान कूटो*
> *साहब गोरा आये*
> *तो उसे भी कूट दो"* (पृ. 224)

इस लोकगीत में कितना उपहास छिपा हुआ है। पुरुषसत्तात्मक साम्राज्यवाद को कूट डालने की ध्वनि उसमें बुलंद है।

अनामिका स्त्री-आंदोलन एवं स्त्री-साहित्य के संदर्भ में किसी भी विशेष आंदोलन की ओर इशारा नहीं करती हैं। लेकिन अनामिका के विचार में लोक धुन है, प्रकृतिबोध है, बहनापा, मानवीयता, अहिंसा, ममता, समन्वयात्मकता हैं। सभी नारीवादियों के महान आशयों का समन्वय है उसमें। इसके साथ एक नये प्रजातंत्रीय समाज एवं सत्ता की सृष्टि की ओर इशारा है। उसमें सभी उपेक्षित शामिल हैं। इन

सबके कारण अनामिका का स्त्री विमर्श संबंधी विचार पारिस्थितिक नारीवाद से अलग नहीं है।

निर्मला पुतुल की आवाज़ में संशली संवेदना कूट-कूटकर भरी हुई है। वे अपनी जाति की अस्मिता को अपनी धरती की अस्मिता के साथ मिलाकर देखती हैं। उनकी कविता में पारिस्थितिक स्त्रीवाद प्रत्यक्ष रूप से प्रकट है। उनकी कविता में आदिवासी, स्त्री, जंगल, पृथ्वी आदि के शोषण का प्रतिरोध खुले तौर पर दर्ज किया गया है। उनकी कविता 'अपने घर की तलाश में' अपनी ज़मीन या अपने स्पेश की तलाश में भटकनेवाली औरत दिखाई पड़ती है। वह धरती नहीं है तो भी पूरी धरती को अपने में समेटकर तथा वह घर नहीं है तो भी स्वयं एक घर बनकर सदियों निरंतर अपनी ज़मीन और अपने घर को तलाशती है। अपना अर्थ भी उसे जानने की इच्छा है। इस प्रकार स्वयं स्पेस बनाने में कोशिश करती हैं कवयित्री। वह 'आदिवासी स्त्रियाँ' शीर्षक कविता में प्रकृति के साथ उनके संबंध को प्रकट करती हैं। वे प्रकृतस्य ही हैं, प्रकृति से अलग नहीं हैं। देखिए –

"वे करती प्रेम जंगलों से, नदियों से, पहाड़ों से
मिट्टी से, गीतों से, फसलों से
उनके नाते-रिश्ते की परिधि में आते
गाय, बकरी, सुअर भी
घर की परिधि से बाहर भी
दूर क्षितिज तक फैली होती
उनकी दुनिया
जहाँ होता पहाड़-सा दुख पहाड़-सा धीरज!
जंगल की सी वीरानियाँ!"

(अपने घर की तलाश में, पृ. 6)

प्रकृतस्थ बनकर जीनेवाली आदिवासी स्त्रियों की ज़िन्दगी दुःखों की है। वे आजीविका के लिए कड़ी मेहनत करती हैं दिन-रात। लेकिन मर्दों की लात मार भी झेलनी पड़ती है। उनकी मेहनत की चीज़ें नवीन अर्थतंत्र में सस्ती बनकर दिल्ली पहुँचती हैं। इनका पता उन्हें नहीं। मासूम प्रकृतस्थ इन स्त्रियों और वहाँ की प्रकृति का एक साथ शोषण नवीन पूँजीवादी व्यवस्था में हो रहा है। इन सबसे अनभिज्ञ ये स्त्रियाँ काम करती ही रहती हैं। दिल्ली में उनकी तस्वीरें भी बेची जाती हैं–

"वे नहीं जानती कि

कैसे पहुँच जाती हैं उनकी चीज़ें दिल्ली
जबकि राजमार्ग तक
पहुँचने से पहले ही
दम तोड़ देती उनकी
दुनिया की पगडंडियाँ।
नहीं जानती कि कैसे सूख जाती हैं
उनकी दुनिया तक आते-आते
नदियाँ
तस्वीरें कैसे पहुँच जाती हैं उनकी दिल्ली
नहीं जानती वे! नहीं जानती!!" (वही, पृ. 8)

कवयित्री 'बेटिया मुर्मू केलिए' कविता में मुर्मू को आदिवासियों, उनके इलाके और उनके जंगल के शोषण को समझाने का प्रयत्न करती हैं। अब अंधकार में है आदिवासी, उनको जगाने का दायित्व कवयित्री इस कविता में करती हैं–

"देखो! अपनी बस्ती के सीमान्त पर
जहाँ धराशायी हो रहे हैं पेड़
कुल्हाड़ियों के सामने असहाय
रोज़ नंगी होती बस्तियाँ
एक रोज़ मांगेगी तुमसे तुम्हारी खामोशी का जवाब
सोचो...
तुम्हारी पहुँच से दूर होती।
दिखती हैं
तुम्हारी ही चीज़ें...?" (वही, पृ.10)

आदिवासियों की चीज़ों को उनकी आँखों के सामने से ठेकेदार लोग ले जाते हैं। वे अभाव में, गरीबी में दिनरात तड़पते हैं। हमारे बहुमूल्य प्राकृतिक संसाधनों को जंगलों से छीनकर अवैधानिक रूप से व्यापार करते आ रहे हैं। जंगलों को काटकर भूमि वसूल करते आ रहे हैं। इन सबके ऊपर बस्ती के प्रधान लोग एक बोतल विदेशी दारू में पूरी बस्ती को गिरवी रखते हैं। 'चुड़का सोरेन से' शीर्षक वाली कविता में शराब के लिए पत्नी को बेचनेवाले पति, बहनों को बेचनेवाले भाई का चित्र खींचा गया है। दिल्ली ले जाकर कितनी लड़कियों की इज्जत लूटी जाती है। अन्य प्रदेशों में आदिवासी स्त्री बेची जाती है। आदिवासियों के भोलेपन से लाभ उठानेवाले हैं नगर के

लोग। उनसे सावधान रहने के लिए कवयित्री चुड़का सोरेन से कह रही हैं–

"बचाओ अपनी बहनों को
कुंवारी माँ बनी पड़ोस की उस शीलवंती के
मोहाल से
पूरी बस्ती को रिझाती जो
बैग लहकाए जाती है बाज़ार
और देर रात गये लौटती है
खुद को बेचकर बाज़ार के हाथों
किसके शिकार में रोज़ जाते हो जंगल? किसके?" (वही, पृ. 16)

कवयित्री अपनी संथाल जाति की अस्मिता जो नष्ट हो रही है, के प्रति खूब चिंतित हैं। अब उनके तीर-धनुष-मांदल-नगाडा-बांसुरी सब लोग संग्रहालय के लिए बटोर रहे हैं। उनके सारे के सारे अधिकार अफसर, चमचे, ठेकेदार बिचौलिए आदि मिलकर छीन लिये। अब वहाँ केवल भूख एवं आदिवासी लड़कियों की अधूरी इच्छाएँ हैं।

"संथाल परगना
अब नहीं रह गया संथाल परगना!
बहुत कम बचे रह गये हैं।
अपनी भाषाओं, वेशभूषा में यहाँ के लोग
बाज़ार की तरफ भागते
सब कुछ गड्डमड्ड हो गया है इन दिनों यहाँ
उखड़ गये हैं बड़े-बड़े पुराने पेड़
और कंक्रीट के पसरते जंगल में
खो गई है इसकी पहचान।" (वही, पृ. 24)

कवयित्री अपनी धरती को बचाने के लिए वहाँ के आबाला-वृद्ध जनों से आह्वान करती हैं। कहीं कहीं नाम लेकर आमंत्रित करती हैं तो कहीं कहीं सबको एक साथ बुलाती हैं। नंगी होती बस्ती है शहर की आबो-हवा से। भूमंडलीकरण की रफ्तार से जो शहरीकरण हो रहा है उस आबो-हवा में संथालों की बस्ती बाज़ार बनती जा रही है। झारखण्डी भाषा और मिट्टी का रंग भी बदल रहे हैं। उनके तीर, धनुष, बाजा, कुल्हाडी सब संग्रहालय की ओर जा रहे हैं। अथवा बिक्री की चीज़ें बन रही हैं। पूरी तरह उनका संस्कार नष्ट हो रहा है। कवयित्री पहचानती हैं कि अब भी बचाने के लिए

हमारे पास बहुत कुछ शेष हैं। इसलिए सबको कंधे से कंधा मिलकर काम करना है। देखिए किन-किन को बचाना है—

"जंगल की ताजा हवा।
नदियों की निर्मलता
पहाड़ों का मौन
गीतों की धुन मिट्टी का सौंधापन।
फसलों की लहलहाहट
नाचने के लिए खुला आंगन
गाने के लिए गीत
हँसने के लिए थोड़ी सी खिलखिलाहट
रोने के लिए मुट्ठी भर एकांत
बच्चों के लिए मैदान
पशुओं केलिं हरी-हरी घास
बूढ़ों के लिए पहाड़ों की शांति।" (वही, पृ. 26-27)

कितनी कविताओं में अपनी जाति, धरती और आदिवासी लड़कियों को बचाने का मोह उन्होंने दर्ज किया – तुम कहाँ हो माया, मेरा कसूर क्या है? जंगल, नदी, पहाड़ और गुमसुम बूढ़ी पृथ्वी का दुख, गंगा, आदि। यहाँ स्त्री है, संथाली स्त्री है, संथाली समाज है, पूर्वांचल का सकल आदिवासी समाज है, हमारे जंगल है, नदियाँ हैं, सब हैं। कवयित्री अपने शब्दों के बल पर सबको जागृत करने की कोशिश में हैं, अपने शब्दों पर उन्हें पूरा भरोसा है। इनके तेज़ तरार ये शब्द पारिस्थितिक स्त्रीवाद के सशक्त उदाहरण हैं।

हिन्दी कथा साहित्य में पारिस्थितिक नारीवाद

हिन्दी उपन्यास में मृदुला गर्ग द्वारा लिखित कठगुलाब में गोधड़ नामक एक गाँव का निर्माण कर आदिवासी समूह के उद्धार में सक्रिय स्त्रियों की कोशिश अनावृत्त है। मैत्रेयी पुष्पा के अधिकांश उपन्यासों में नायिकाओं के द्वारा ग्रामीण जीवन एवं ग्रामों में विकास योजनाओं से जो भयानक स्थितियाँ उत्पन्न होती हैं उनसे बचाने का प्रयत्न दर्ज है, उदाहरण के लिए 'इदन्नमम' का मंदा वहाँ के लोगों को एकत्रित कर पॉवर प्लांट एवं क्रेशर के खिलाफ लड़ाई करती हैं। 'अलमा कबूतरी' में कबूतर जनजाति के शोषण के खिलाफ नायिका द्वारा सजग बनाने का कार्य ध्यातव्य है। चाक्, बेतवा बहती रही,

अग्निपाखी आदि में भी ग्राम्य जीवन की ताजगी को बनाये रखने का प्रयत्न है। नासिरा शर्मा के 'कूइयाँजन' भी इससे भिन्न नहीं है। अलका सरावगी के उपन्यास 'कलिकथा वया बाइपास' में भी पर्यावरण संबंधी कई पहलू उभर आये हैं।

पारिस्थितिक स्त्रीवाद में विस्थापन संबंधी रचनाएँ सम्मिलित होनी चाहिए। उनमें उल्लेखनीय तीन उपन्यासों की ओर ध्यान आकृष्ट करना ज़रूरी है। वे हैं चन्द्रकांता का 'कथा सतीसर' क्षमाकौल का 'दर्दपर' और मनीषा कुलश्रेष्ठ का 'शिगाफ'। इन उपन्यासों में कश्मीरी पंडितों के अपने घर से निष्कासित होने तथा शरणार्थी शिविरों में दड़बेनुमा ज़िन्दगी जीने की दारुण स्थिति का बखान किया गया है।

कहानी में मृदुला गर्ग की 'इक्कीसवीं सदी का पेड़', 'विनाशदूत', 'करार' तीन किलो की छोरी', 'बर्फ बनी बारिश', 'मेरे देश की मिट्टी, अहा,' 'कली में सत' आदि पारिस्थितिक नारीवाद के नज़रिए से पठनीय हैं। चित्रा मुद्गल का 'जिनावर' और 'जंगल' भी ध्यान देने योग्य हैं।

अभी तक स्त्रियों द्वारा लिखित रचनाओं का जिक्र किया गया है तो पुरुष द्वारा लिखित रचनाओं में भी पारिस्थितिक नारीवाद के प्रतिमान प्राप्त हैं। उनमें सबसे उल्लेखनीय रचना है प्रसाद की 'कामायनी'। जगदीश चन्द्र माथुर का 'पहला राजा' (नाटक), संजीव का 'घर' (उपन्यास), राजेश जोशी का 'कपिल का पेड़' (कहानी), स्वयं प्रकाश की 'बलि' (कहानी), बटरोही का 'कहीं दूर जब दिन ढल जाए' (कहानी), चन्द्रकान्त देवताले की 'माई की विशाल छाती पर अग्निवृक्ष उड़ते हैं' (कविता) आदि पारिस्थितिक नारीवाद की दिशा में महत्वपूर्ण योगदान हैं।

गोया कि पारिस्थितिक नारीवाद जगत् के संपूर्ण चराचरों के कल्याण को लक्ष्य करता है। आकाश के नीचे जो शोषण के शिकार बनते हैं, उन सबको बचाकर एक संतुलित जीवन शैली को बनाने का प्रयत्न स्त्री द्वारा किया जा रहा है। वहाँ द्वन्द्व को स्थान नहीं, वहाँ समन्वय की दृष्टि है। वह किसी को केन्द्र में प्रतिष्ठित नहीं करती। लेकिन आज के विकट राजनैतिक, सामाजिक, सांस्कृतिक एवं आर्थिक महौल में स्त्री और प्रकृति को गठित करना है। उसके लिए स्त्री को नेतृत्व में आना चाहिए। अपने कर्तव्य के प्रति सजग स्त्री ही इस विकट परिस्थिति में विश्व भर में व्याप्त आज के संकट को निवृत्त कर सकती है। ममता, अहिंसा और बहनापे के हथियार को अपना कर एक आमूल परिवर्तन की कामना इस विमर्श से लक्षित है। यद्यपि भारत में 'पारिस्थितिक नारी विमर्श' इतना व्यापक नहीं हुआ तो भी कई रचनाकारों की रचना

में यह नाम मुखर है। इस दृष्टि से साहित्य जगत् में गहन चर्चाओं की पहल करना आज की अनिवार्यता है।

संदर्भ ग्रंथ

1. The Second Sex
2. Silent Spring
3. Introduction to Feminism & Ecology – Mary Mellor
4. Introduction of Ecofeminism – Maria Mies & Vandana Shiva
5. Uprooting the Patriarchy – Joy Pincus
6. Feminism and Art – Ynestra King
7. New Woman/New Earth – Ruther
8. Woman and Nature – Caroline Merchant
9. The Death of Nature – ...
10. Eco Feminism: Women, Culture, Nature – Warrem
11. ऋग्वेद
12. अथर्व वेद
13. धरती की पुकार – सुदंरलाल बहुगुणा
14. हिन्दी साहित्य का आधा इतिहास – सुमन राजे
15. श्रृंखला की कडियाँ – महादेवी वर्मा
16. मेरा परिवार – महादेवी वर्मा
17. स्त्री; विमर्श का लोकपक्ष – अनामिका
18. अनुष्टुप – अनामिका
19. अपने घर की तलाश में – निर्मला पुतुल
20. Eco Feminism As politics, nature, marx and the post modern – Ariel Salley.

कामायनी का इको-फेमिनिज़्म

हर समुदाय के मानस में एक प्रलय की स्मृति अवश्य रहती है। हमारी स्मृति में जलप्लावन की स्मृति जगाती है कामायनी। कामायनी आज इसलिए प्रासंगिक है कि आज हम और एक प्रलय के कगार पर खड़े हैं। अब गाँव, जंगल और पहाड़ भी शहर में बदल रहे हैं। वहाँ किसी दिन हमारा जीवन भी वैसे ही किसी जलप्लावन में डूब जाएगा जैसे हडप्पा या वैबिलोनी सभ्यताओं के विनाश की खबरें पुरातात्विक वृत्तांतों से प्राप्त होती हैं। अलग-अलग सत्ताओं द्वारा अभिग्रहीत है धरती। पूँजी और सत्ता के हर रोज़ फैलते साम्राज्य की अभियांत्रिकी के बुल्डोज़र्स किसी न किसी दिन मेट्रो रेल, फ्लाइओवर किसी शॉपिंग मॉल, बांध, खदान, उद्योग या किसी पांच-सात सितारा होटल के रूप में हर मलिन बस्ती में पहुँचते हैं। लेकिन सबसे बड़ा सत्य यह है कि जब हमारा जीवन किसी समृद्ध नगर या देश की संस्कृति को सुन्दर और विकसित बनाने के लिए उजाडा जाता है या ऊर्जा और ईंधन के लिए डुबा दिया जाता है तो सिर्फ हम नहीं—इस धरती से हिरण, तितलियाँ, पक्षी, हाथी, पीपल, पलाश, सागौन, शाल और तमाम वनस्पतियों समेत बहुत ऐसे देवी-देवता भी डूब जाते हैं जो हज़ारों वर्ष पहले पत्थरों और पांडुलिपियों में इसलिए बस गये थे कि वे हमारी पीड़ाओं को कम करें। हमारे चारों ओर का यथार्थ भयावह और सर्वव्यापी हिंसाओं से भरा हुआ है।

समृद्धों की सभ्यताओं ने जो इमारतें और संस्थाएँ बना हैं, उनमें सिर्फ वे ही रहते हैं। उन सभी जगहों से जन साधारण भगा दिया जाता है या कुचल दिया जाता है। मेहनतकश, दलित, गरीब, बेरोज़गार, असंतुष्ट, बेचैन और भुखे लोग उनके लिए अजनबी हैं। अतः हम आज उस महा-जलप्लावन या सर्वव्यापी-सर्वभक्षी महा-दावाग्नि की प्रतीक्षा में हैं। वह कोई नई ऐतिहासिक महाक्रांति होगी जो किसी नये निर्माण के लिए सदा अनिवार्य हुआ करता है। अतीत की इति और भविष्य के आदि के युगांतकारी पल की प्रतीक्षा करनेवाले हम जैसे पाठकों के सामने कामायनी नई

आकांक्षाएँ पैदा करती है। वह फिर से अपने समय के द्वन्द्वों, शंकाओं और पीड़ाओं का नया अर्थ जता देती है। वह हमें अपने होने की स्थिति से साक्षात् कराती है।

कामायनी के प्रलयपूर्व की स्थिति बिलकुल आज की स्थिति है। एक पूँजीवादी उपभोगवादी सवर्णजातीय संस्कृति का सर्वनाश कामायनी में अभिव्यक्त है। वे अपने उपभोग संस्कार की अति में सबकुछ भूल गये। आज के उन्नत चमकीले सौधों से युक्त शहरों के समान उस संस्कृति में भी भौतिकता का अतिरेक हुआ है जो चिंता सर्ग में सर्वत्र वर्णित है। उन्होंने सभी प्रकार का सुख संग्रहीत किया – "सब कुछ थे स्वायत्त, विश्व के/बल, वैभव, आनन्द अपार (*चिंतासर्ग*) इस प्रकार अपने अहंकार में वे सब कुछ भूल गये। रत्नजड़ित सौधों में रमणियों के साथ विलास लीला में देवता अपना सारा कर्तव्य भूल गये। जैसे सभी जीव-जंतुओं तथा संपूर्ण प्रकृति को अपने उपभोग के साधन मात्र समझकर हमारे संसार में जो भौम सदाचार कायम है उसका संहार करते हुए अपनी शक्ति एवं अहं पर गर्व करनेवाली जो साम्राज्यवाद एवं सुविधा भोगी शक्तियाँ आज हमारे समाज में विराजमान हैं। उनका पूर्व रूप है यह देव संस्कृति। भौमताप, वायू प्रदूषण, जलप्रदूषण, समुद्र प्रदूषण, जंगलों का नाश आदि के सामने आज के मनुष्य को मुँह फाड़े खड़े हो जाना ही पड़ता है। कारण अपनी शक्ति के प्रभुत्व में उसने प्रकृति और मनुष्य के बीच की अवस्थिति को अनदेखा कर किया। देव-संस्कृति का जो चित्र प्रसाद जी ने प्रस्तुत किया था, वह इससे भिन्न नहीं है –

"शक्ति रही हाँ शक्ति, प्रकृति थी
पद-तल में विनम्र विश्रांत
कँपती धरणी, उन चरणों से
होकर प्रतिदिन ही आक्रांत (चिंतासर्ग)

लेकिन सब कुछ उलट गये एक ही पल में। आधुनिकता के केन्द्र में प्रबल मानवीग शक्तियाँ प्रतिष्ठित हो गईं, पर दुर्बल एवं अल्प संख्यक बिलकुल नकारा गया, नहीं तो हाशिएकृत। अधिकार ज़माने या आधिपत्य स्थापित करने की प्रक्रिया ज़ारी रही। प्रकृति को वैज्ञानिक एवं प्रौद्योगिक उपकरणों से अपने कब्जे में कर लिया गया। अपने को प्रतिष्ठित करने के मोह में, अपने को बनाने में, हमारी ज़िन्दगी के लिए ज़रूरी चीज़ें प्रदान करने में काबिल प्रकृति का भी अनावश्यक उपभोग शुरू हुआ। इस आधुनिक उपभोग संस्कृति को प्रसाद जी ने देव-संस्कृति के नाम से अभिव्यक्त किया। वह देव-संस्कृति दरअसल पूँजीवादी-साम्राज्यवादी शक्ति है। उसे एक ओर प्रथम विश्वयुद्ध की स्थितियों के साथ मिला कर देख सकते हैं तो दूसरी ओर ब्रिटिश सम्राज्य

एवं जर्मनी-इटली की संयुक्त शक्ति के बीच के संघर्ष से उत्पन्न महाप्रलय के प्रतीक के रूप में कामायनी में। एक युद्ध की छाया विद्यमान है। विज्ञान के विकास से आविष्कृत औद्योगिक उपकरणों से प्रथम विश्वयुद्ध में जो नाश, हुआ वही भविष्य के महाप्रलय के कारण बनने की सूचना देने के साथ इससे बचने के मार्ग की तलाश भी कामायनी में है। दूसरी ओर भारत में उस समय ब्रिटिश साम्राज्य की नींव जो डाली गई उस उपनिवेशवादी ताकत का तानाशाही स्वरूप एवं उपभोग संस्कार भी कामायनी में प्रतीक बनकर समसामयिकता की झलक प्रदान करता है। इन सभी स्थितियों में प्रसादजी पूँजीवादी यंत्रयुग के अतिवाद की भर्त्सना अवश्य कर रहे थे। इसके साथ यह भी प्रतीकात्मक रूप में उभर आया है कि भारत में विद्यमान जो सामंती व्यवस्था थी, वह ब्रिटिश साम्राज्यवाद के सामने चूर-चूर होकर पूँजीवादी व्यवस्था में परिणत हो गई।

कामायनी में हरित आध्यात्मिकता (Deep Ecology or Spiritual Ecology)

पारिस्थितिक दर्शन का अर्थ मनुष्य और प्रकृति के बीच के संबंध को विभिन्न नज़रिए से परखना है। प्रकृति और मनुष्य को केन्द्र में रखनेवाली विभिन्न दृष्टियाँ हैं। अर्थात् पारिस्थितिक दर्शन की कई शाखाएँ हैं। उनमें मुख्य हैं – गहन परिस्थितिवाद (Deep Ecology), सामाजिक परिस्थितिवाद (Social Ecology) पारिस्थितिक मार्क्सवाद (Eco-Marxism) पारिस्थितिक स्त्रीवाद (Eco-Feminism)। इसके अलावा पारिस्थितिक उदारवाद (Liberal Environmentalism), कनजरवेटीव एनवेयरमेंटलिसज्म (Conservative Environmentalism), गाँधी, ईसाई, लेसबियन, गेय (Gay), सेन, बुद्ध जैसी विचारधाराएँ भी मौजूद हैं। ये परिस्थितिवाद आज व्यापक ज्ञान-क्षेत्रों में प्रवेश कर चुके हैं। दैवशास्त्र (Theology), राजनीति, सौन्दर्यशास्त्र, कला, साहित्य, नाटक आदि कई क्षेत्रों में इसका प्रभाव पड़ चुका है।

डीप परिस्थितिवाद मनुष्य को विश्व के केन्द्र से अलग करके एक नयी विश्वदृष्टि प्रदान करता है। विश्व में मनुष्य का जो प्रभुत्व है उसको यह वाद नकारता है। इसकी शुरुआत कोपरनिकस ने की है। इसकी कई शताब्दियों के बाद डारविन ने जैव संसार में मनुष्य के आधिपत्य पर सवाल उठाया। फ्रायड ने भी मानववंश के कार्यकारण सम्बन्धों के अवबोध पर प्रश्न किया। इस प्रकार मनुष्य भौतिक-जैव-बौद्धिक क्षेत्र के केन्द्र से निकाल दिया गया। मनुष्य के इस निष्कासन से गहन परिस्थितिवाद का जन्म हुआ। प्रकृति के अन्य चराचरों की दुनिया की एक कड़ी मात्र है मनुष्य। यह है गहन परिस्थितिवाद का मूल मंत्र।

कामायनी में प्रस्तुत मनुष्य प्रकृति से अलग किया गया मनुष्य है। प्रकृति मनुष्य के लालच को सदा पराजित करती आयी है। आदम और हौआ से लेकर जिस कृषक संस्कृति का इतिहास प्राप्त है उसमें धरती पर मनुष्य का अनावश्यक आक्रमण दिखाई देता है। बाईबिल में ऐसा उल्लेख भी हुआ है कि मनुष्य के कारण ही मिट्टी प्रदूषित हो गई और इसी वजह से मिट्टी को यह शाप भी मिला कि वहाँ काँटे ही उगें। औद्योगिक युग के आगमन से चिंतन के केन्द्र में तर्क को प्रतिष्ठित किया गया। परिणामतः प्रकृति की रहस्यात्मकता के सामने प्रश्नचिह्न लगाया गया। आर्य संस्कृति भी मिट्टी की उर्वरता को नष्ट करने वाली संस्कृति थी। उसने प्रारंभ काल में मिट्टी को जला जला कर उसकी उर्वरता को नष्ट किया है। उर्वरता के नष्ट होने पर मिट्टी वर्षा में बह जाती है और आसपास की नदियाँ उससे भर जाती हैं और धीरे-धीरे ही बहती हैं। प्रकृति के उपभोग के साथ उसका पोषण भी अनिवार्य है। नहीं तो पोषण के अभाव में उत्पन्न प्राकृतिक विनाश मनुष्य-वंश के विनाश का कारण बनता है। इसके अनेक उदाहरण हमारे इतिहासों में भरे पड़े हैं। नष्ट (Paradise Lost) प्रकृति के ऊपर मनुष्य के अनुचित आधिपत्य के परिणाम की ओर हमारा ध्यान आकर्षित करनेवाली अनेक साहित्यिक रचनाएँ हैं।

कामायनी काव्य की शुरुआत हिमालय से होती है। हिमालय समस्त चराचरों की समस्थिति का प्रतीक है। वहाँ हिम ही हिम है सर्वत्र। इस समरसता के वातावरण में शिव पार्वती समेत सदा साधना निरत हैं। तात्पर्य है कि जो शिव तत्व है वहीं सामरस्य है उसको पहचानना और उसमें उसका हो जाना ही समरसता है। उसी हिमालय के उत्तुंग शिखर पर बैठनेवाले मनु के सामने भी एक ही तत्व की प्रधानता है। इसलिए प्रसादजी कहते हैं–

"एक ही तत्व की प्रधानता
कहो उसे जड़ या चेतन।" (चिंता सर्ग)

पारिस्थितिक दर्शन में प्रकृति की अवस्थिति में जड़ और चेतन को समान स्थान दिया गया है। इन सब में व्याप्त एक ही तत्व की खोज पुराने समय से लेकर प्रकृति के प्रति जो आराधना भाव है, उसमें प्रकट है। प्रकृति से मनुष्य को अलग करना इसलिए कठिन है कि उसको प्रकृति के साथ मिलाने वाले एक आध्यात्मिक दर्शन से वह उलझा हुआ है। दुनिया भर के जन समूह प्रकृति की आराधना करनेवाले हैं। भारत की अध्यात्मिकता केवल ग्रंथों एवं बहसों तक सीमित नहीं है। वह एक उदार जीवन शैली है। पेड़-पौधे, जानवर एवं पक्षियों के सामने हाथ जोड़कर उनकी

आराधना करनेवाली एक प्रणाली है। धरती पर पैर रखने के पूर्व 'पादस्पर्शम् क्षमस्वमे' कहकर प्रार्थना करते हैं भारतीय। पेड़ की शाखाएँ काटने के पूर्व 'ईषोत्वोर्न्जेत्वा से माफी मांगी जाती है। गाय जैसे जानवर को शुभशकुन मानकर अच्छे कर्म में प्रवृत्त होते समय उसके सान्निध्य को अनिवार्य बनाने की प्रणाली भारत में है। पेड़, पत्थर एवं तलाब के बिना यहाँ कोई मन्दिर नहीं है। सोने के मन्दिर को जो स्थान है भारत में वही स्थान है कीचड़ भरी खेतों का हल जोतनेवाला किसान, कमंडल लेनेवाला संन्यासी और तलवार पकड़नेवाला राजा सब उपर्युक्त विवेक एवं ज्ञान से युक्त हैं। जब सत्ता पराजित हो जाती है तब उसे विवेकी ऋषि के समान सिर झुकाना पड़ता है। इसलिए इस भारतवर्ष में यद्यपि सहस्राब्दियों से कई नगरों, ग्रामों, जनपदों एवं संस्कारों के उदय एवं अस्तमान होते रहे हैं तो भी हमारे अरण्य संस्कार से नियमित एक भौमसदाचार बरकरार रहा था। इसलिए यहाँ हिंसात्मक वृत्ति बिल्कुल कम दिखाई पड़ी। प्रकृति की इस आध्यात्मिकता को गहन परिस्थितिवाद (Deep Ecology) अथवा हरित आध्यात्मिकता कहते हैं। कामायनी इस हरित आध्यात्मिकता का ज्वलंत उदाहरण है।

भारत में जितनी विचारधाराओं का जन्म हुआ है उन सब में चाहे वह बुद्ध की हो या गाँधी की या शंकर की, वे सब इस भेदबुद्धि को नकारकर समस्त चराचरों को समतुल्यता प्रदान करनावाली हैं। पाश्चात्य मिट्टी में उपजी मार्क्सवादी विचारधारा भी इससे भिन्न नहीं है। मार्क्स ने एक स्थान पर कहा है कि धन एवं निजी संपत्ति जहाँ आधिपत्य स्थापित करते हैं, वहाँ प्रकृति के प्रति दृष्टिकोण उपेक्षा का होगा। वह प्रकृति के नाश का कारण बन जाएगा। पूँजीवाद समस्त जीव-जंतुओं को अपनी संपत्ति के रूप में परिणत कर लेगा। जल की मछली, आकाश के पक्षी एवं भूमि के पेड़ पौधे भी उसके लिए अपनी निजी संपत्ति हैं। मार्क्स ने याद दिलाया था कि यह मानसिकता जीव-जंतुओं के प्रति अन्याय की है, उन्हें भी स्वतंत्रता चाहिए। मनुष्य भूमि का मालिक नहीं है, उसका पालक मात्र है। हमें जो धरती प्राप्त हुई है उसे और भी सुंदर बनाकर अगली पीढ़ी को देना है। मनुष्य का जन्म प्रकृति से है। उसका शरीर प्राकृत है। उसको अकाल मृत्यु से बचना है तो निरंतर प्रकृति से संवाद करना है। इस दृष्टि से देखें तो पता चलता है कि मार्क्स भी भौमसदाचार के पक्षधर थे। गोया कि द्वन्द्वात्मक भौतिकवाद भी साकल्यता का ही संवर्द्धन करता है। जड़ एवं चेतन की गति से द्वन्द्व उत्पन्न होता है। वही द्वन्द्व हमारी ज़िन्दगी या दुनिया की स्थिति की बुनियाद है। इस दृष्टि से विचार किया जाए तो कामायनी प्रकृति के ऊपर होनेवाले अन्याय के खिलाफ के

संघर्ष या प्रतिरोध का दस्तावेज़ ठहरती है। इसलिए पारिस्थितिक दर्शन के विभिन्न पहलुओं के तहत इस रचना का विवेचन अवश्य उसकी समकालीनता की परख होगी।

गहन परिश्तितिवाद में कहा गया है कि प्रकृति में आध्यात्मिकता है। यह आध्यात्मिकता चर एवं अचर की पारस्परिकता में है। इसलिए मनुष्य यद्यपि अपनी शक्ति पर मदमाता है तथापि वह प्रकृति के सामने आश्रयहीन एवं दुर्बल बनकर खड़ा हो जाता है। देव-संस्कृति की उन्मत्त भोगलिप्सा के प्रत्युत्तर के रूप में जो प्रलय हुआ उसमें मानव निर्मित सब समाप्त हो जाता है। उनके सारे भौतिक सुख साधन पल भर में विलीन हो गये। मानव का प्रतीक मनु आश्रयहीन, दुर्बल, भयभीत होकर प्रकृति की प्रचंड शक्ति के सामने किंकर्तव्यषिमूढ खड़ा हो जाता है। आज का मनु (मानव) समकालीन उपभोग संस्कृति शहरीकरण तथा उससे जुड़े हुए सौन्दर्यीकरण से उत्पन्न पर्यावरण संकट की चुनौतीपूर्ण स्थितियों का सामना कर रहा है। भूमि की उत्पत्ति से लेकर मनुष्य से जो आघात उस पर पड़ रहा है उसका विकसित रूप है आज का संकट। भौमताप, अम्लवर्षा, वंशनाश का सामना करनेवाले जीवजन्तु, पिघल-पिघलकर समाप्त होने को उद्यत ध्रुव प्रदेश, वर्षा, काननों का जलना, तेल स्रोतों से वंचित कुयँ, सूखी नदियाँ, टूटी हुई ओज़ोन परतें आदि मिलकर पृथ्वी एवं मनुष्यवंश के विनाश का नगाड़ा बजा रहे हैं। कामायनीकार ने चेतावनी दी थी–

"प्रकृति रही दुर्जेय, पराजित
हम सब थे भूले मद में
भोले थे, हाँ तिरते केवल
सब विलासिता के नद में"

फिर भी हम अपने मद में, विलासिता के नद में मूर्ख बनकर तैरते रहे, और तैर रहे हैं।

विलासिता एवं भेदबुद्धि से उत्पन्न सर्वसंहारी प्रलय से बच जाता है मनु। प्रकृति कभी भी जीवों का सर्वनाश नहीं करती। नये के सृजन के लिए एक बीज शेष रखती है। एक जर्जर संस्कृति का अंत कर एक नये का निर्माण वह चाहती है। जिस प्रकार पीले पत्तों के झड़ जाने के बाद नई कोंपलें जन्म लेती हैं वैसे हैं नये फल-फूल, नये मानव समुदाय, नई संस्कृति। यह प्रकृति का नियम है। मनु और श्रद्धा मिलकर नई संस्कृति, नये मानव समुदाय के सृजन में लग जाते हैं। तब भी मनु में भेदबुद्धि और अन्य जीव-जंतुओं पर अधिकार जमाने की कामना बनी रहती है क्योंकि वह मनुष्य

केन्द्रित संसार की आदतों से मुक्त होने में असमर्थ है। वह प्रलय को और प्रलय के कारणों को सुविधापूर्वक भूला देता है। इसलिए उसके जीवन में और एक प्रलय शुरू हो उठता है। वह है अधिकार ज़माने का। वह सबको अपने अधीन करने की चेष्टा शुरू करता है। औद्योगीकरण के दानव मशीनों के सहारे वह धरती, प्रकृति एवं स्त्री पर भी अधिकार ज़माने में उद्यत हो जाता है। वह आधुनिकता का प्रतीक-पुरुष बन जाता है। संसार के समस्त सुख-भोगों को अपने लिए सुरक्षित रखने की व्यग्रता में मनु फिर से तहस नहस हो जाता है। उसके द्वारा बनाये गये मज़दूरों से ही यह संभव हो जाता है। उस सन्दर्भ में समरसता अथवा सभी प्राणियों में निहित एकरसता को पहचानने की शक्ति श्रद्धा से मनु अर्जित कर लेता है। यह एक पुनःसृजन है। इसका मूल मंत्र है समरसता को पहचानना। यह पुरुष आदि प्रकृति के अपूर्व योग से ही संभव हो पाएगा। मनु यहाँ श्रद्धा की वजह से समरसता को पहचान लेता है–

"समरस थे जड़ या चेतन
साकार बना था;
चेतनता एक विलसती
आनंद अखंड घना था। (आनंद सर्ग)

प्रकृति से जो मनु अलग हो गया, उस मनु ने जब प्रकृति से अपने पार्थक्य-बोध को छोड़कर समस्त जीवजालों के साथ अपने को उलझाया या तन्मयी भाव प्राप्त किया, तब वह शांत हो जाता है और आनंद का अनुभव प्राप्त कर लेता है। इसे सिर्फ आध्यात्मिकता की दृष्टि से देखे बगैर परिस्थितिवाद के परिप्रेक्ष्य में परखें तो पता चलेगा कि यह गहन परिस्थितिवाद का हरित आध्यात्म है। इस हरित आध्यात्म की प्राप्ति श्रद्धा के ज़रिए ही संभव हो पाई है। अतः इस रचना का सबसे बुनियादी चिंतन पारिस्थितिक स्त्रीवाद है अथवा स्त्री के ज़रिए प्रकृति, पुरुष एवं स्त्री का अद्वैत।

गहन परिस्थितिवाद में पदार्थों के अस्तित्व और पदार्थ में भी चेतन तत्व को देखने की प्रवृत्ति ही डारविन के विकासवाद से अभिव्यंजित है। चिंता सर्ग के अंत में आकर प्रसादजी कहते हैं–

"परम व्योम से भौतिक कण सी
घने कुहासों की थी वृष्टि"

इसका तात्पर्य यह है कि अभी तक पदार्थों में चैतन्य या यहाँ पदार्थ-बोध नहीं था। धीरे-धीरे पदार्थ-बोध प्राप्त होने लगा। इससे आगामी प्राणियों की सृष्टि की ओर मनु

को प्रेरित करते हुए श्रद्धा कहती है–

"शक्ति के विद्युत्कण, जो व्यस्त
विकल बिखरे हैं, हो निरुपाय;
समन्वय उसका करे समस्त विजयिनी मानवता हो जाय"

मतलब कि प्रत्येक अणु शक्ति स्रोत है, उस अणु अणु के संयोग से एक बड़ी शक्ति पैदा होती है। उस अणु अणु की शक्ति को अथवा पदार्थ में निहित शक्ति को पहचानना अनिवार्य है। इससे मानव की जीत एवं विद्यमानता संभव हो जाती है या इन पदार्थों से ही मानव बनता है। चिंता सर्ग में प्रसाद यह सूचित करते हैं कि इन पंचभूतों से निर्मित मानव शरीर को पंचभूतों के भैरव मिश्रण से समाप्त कर दिया गया, तब प्रकृति और मनुष्य में क्या अंतर है। वायु, अग्नि, धरती, जल ये चार तत्व यहाँ विद्यमान हैं। सभी पदार्थों में इनका चैतन्य है। चार्वाक संहिता में चार्वाक ने आकाश तत्व को छोड़कर अन्य चार तत्वों से प्रकृति एवं मानव का निर्माण माना है। आकाश तत्व एक काल्पनिक तत्व है। इसलिए चार्वाक ने बिलकुल वैज्ञानिक दृष्टि से ऐसा विचार प्रस्तुत किया है। पंचभूतों का शांत मिश्रण ही हमारे शांतवातावरण के लिए अथवा सृष्टि हेतु बनता है। जब कभी उनमें से कोई बिगड़ता है तब विनाश शुरू होता है। पर विनाश के बाद भी सृष्टि कर्म में प्रवृत्त होनेवाले अणु का विश्राम रहित काम पदार्थवादी प्रसाद के उच्च वैज्ञानिक दृष्टिकोण के द्योतक होने के साथ ही प्रकृति के चराचरों के बीच के पार्थक्य-बोध को भी समाप्त करता है। जैसे–

"अणुओं को है विश्राम कहाँ
यह कृति मय वेग भरा कितना
अविराम नाचता कंपन है
उल्लास सजीव हुआ कितना!" (काम सर्ग)

प्रसादजी प्रकृति से अलग हुए मनुष्य को प्रकृति की ओर वापस लाने का दायित्व स्त्री पर सौंप देते हैं। इसलिए श्रद्धा के माध्यम से अचेतनता में चेतनता प्रकट हुई समरस्य के विराट रूप हिमालय में। वहाँ पाषाणी प्रकृति भी मांसलता या चैतन्यवत् बन गई –

"मांसल सी आज हुई थी
हिंमवती प्रकृति पाषाणी;
उस लासरास में विह्वल
थी हँस्ती सी कल्याणी।" (आनंद सर्ग)

कामायनी में पारिस्थितिक स्त्रीवाद

स्त्री और प्रकृति की अनन्यता भारतीय विश्वास में पहले ही जम चुकी है। प्रकृति सुन्दर है, प्रेरणा है, जन्मदात्री है, समस्त चराचरों का संपोषक है, सदानीरा है, आत्मदान का संदेशवाहक है, क्षमा का पर्याय है—ऐसे कितने विशेषणों से अलंकृत है प्रकृति। स्त्री भी उपर्युक्त सभी विशेषणों की अधिकारिणी है। संपूर्ण विश्व के रक्षारूप जिनमें विद्यमान है उन दोनों की स्त्रैणता का सीमातीत शोषण अनादिकाल से चलता आ रहा है। इन दोनों के सतर्क पोषण के अभाव में ये दोनों बंध्या हो चुकी हैं। अगर इन दोनों के समुचित पोषण की अनिवार्यता की पहचान सचमुच स्त्री में है तो वहाँ प्रगति, विकास तथा मानवीय दृष्टि में संयम आने में देर नहीं लगेगी। पाश्चात्य पारिस्थितिक दर्शन की प्रमुख शाखा के रूप में विकसित पारिस्थितिक स्त्रीवाद यही तो लक्षित कर रहा है। प्रकृति और स्त्री का अनुचित शोषण बड़े पैमाने पर हो रहा है, इन दोनों को बचाने का दायित्व स्त्री के ऊपर है। इस दायित्व को आधुनिकता के शुरुआती दशकों में ही प्रसाद ने पहचान लिया। पुरुष वर्चस्ववादी पूँजीवादी मानव केन्दित व्यवस्था में स्त्री को तथा प्रकृति के अन्य चराचरों को नकारा गया। इसलिए यह पहचान प्रसादजी ने अपने प्रिय पात्र श्रद्धा के ज़रिए कामायनी में अभिव्यक्त की और श्रद्धा के रक्षक रूप से पुरुष का ही नहीं, उसके द्वारा निर्मित आगामी पीढ़ी का भी उन्नयन हो जाता है। इसलिए कामायनी का पारिस्थितिक स्त्रीवाद की मुख्यधारा आध्यात्मिक पारिस्थितिक स्त्रीवाद, सांस्कृतिक स्त्रीवाद की दृष्टि से विवेचन किया जा सकता है।

कामायनी में श्रद्धा के जिस रूप एवं भाव का वर्णन प्राप्त है, वह एकदम प्रकृति के अनुकूल ही है। नृत्य एवं ललित कलाओं में रुचि रखनेवाली श्रद्धा हिमालय की गरिमा से भली भाँति अभिज्ञ है। वहाँ उसने विषमता के बदले समरसता को देखा और पहचान लिया कि वही इस भूमंडल के दुख को दूर करने का एकमात्र रास्ता है। हिमालय के प्रति श्रद्धा के आकर्षण का कारण यही है कि वहाँ तो एक ही तत्व की प्रधानता है। कोई पार्थक्य नहीं। सामरस्य ही सामरस्य यानी कि एकता ही एकता है। उसी सामरस्य में पर्वती के साथ साधना करनेवाला शिव एक दम प्रतीकात्मक है। शिव प्रकृति के समस्त चराचरों को समान दृष्टि से देखता है, वहाँ समरसता के लिए स्त्री की भी विद्यमानता है। पुरुषसत्तात्मक पूँजीवादी आधुनिक मानसिकता के स्थान पर प्रकृति से मिलजुलकर रहनेवाला शिव हमें यही संदेश देता है कि कोई भी पदार्थ अन्य नहीं है। श्रद्धा के हृदय की अनुकृति है उसकी बहुत ही उदार लंबी काया।

उसका अंग-प्रत्यंग प्रकृति के अवयवों से समता रखनेवाले हैं। गांधार देश के नील रोमवाले मेषों के मसृण चर्म से शरीर ढका हुआ है। प्रकृति के साथ ही उसकी पूर्ण अवस्थिति को शुरू में ही जाहिर किया गया है। प्रकृति से पूर्णतः मिलजुलकर रहनेवाली है श्रद्धा। हमेशा स्त्रियाँ ही प्रकृति के निकट संबंध में रहती हैं। श्रद्धा में एक आदर्श स्त्री के लिए योग्य सारे गुण मौजूद हैं। आगामी पीढ़ी की सृष्टि की अनिवार्यता को समझकर उस ओर वह मनु को प्रेरित करती है। पृथ्वी का सदुपयोग करके ज़िन्दगी को पुष्ट करना ही सही जीवन है। यह समझकर श्रद्धा आलस, अकर्मण्य एवं किंकर्तव्यविमूढ मनु को जीवन की सक्रियता की ओर आमंत्रित करती है–

"एक तुम, यह विस्तृत भूखंड
प्रकृति वैभव से भरा अमंद
कर्म का भोग, भोग का कर्म
यही जड़ का चेतन आनंद।" (श्रद्धासर्ग)

जाहिर है कि प्रकृति का वैभव हमारे भोग के लिए ही है। लेकिन सीमातीत भोग का परिणाम विनाश है। उसे सबको भुगतना ही पड़ेगा। जैसे प्रकृति खुद अपने उपभोग के लिए मनुष्य को आमंत्रित करती है वैसे ही श्रद्धा सृष्टि के लिए अपना पूर्ण समर्पण कर आत्मदान का संदेश देकर मनु को आमंत्रित कर रही है। वह अपने पूरे श्रद्धागुणों को बिना किसी हिचक के देने के लिए तैयार है। यही है स्त्री और प्रकृति का समान स्त्रैण भाव। वे दोनों सेवा में तत्पर हैं। दोनों चेतनता के नये इतिहास-लेखन की तैयारी में हैं।

यह संसार रूपी नीड़ मनोहर सृष्टियों का संगम-स्थल है। सृष्टियाँ इसे कर्म-स्थल बनाकर अनादि काल से बल संचित करती आ रही हैं। अब यह संसार या नीड़ मनु और श्रद्ध का गृह बन गया।

ग्रीक शब्द 'ओयकोस' से इकोलॉजी शब्द का उद्भव हुआ। 'ओयकोस' का अर्थ है गृह। गृह एक जैव-सत्ता है। प्रकृति के साथ मिलजुलकर रहने का एक सामूहिक आध्यात्मिक बोध इसमें निहित है। घर में आनंद एवं शांति की विद्यामानता के लिए काम की अनिवार्यता है। कामायनी काव्य इस मानसिकता का समर्थन कर रहा है। जीव को कर्मोन्मुख बनाने में काम का योगदान उल्लेखनीय है। जीवन-यापन के लिए मनुष्य को अनवरत कर्म करना पड़ता है। यह सहज एवं स्वाभाविक है। पर इस कर्म को सक्रिय बनाये रखने में तथा जिजीविषा को बनाये रखने में काम का स्थान निर्विवाद है। पाश्चात्य मनोवैज्ञानिक फ्रायड तथा अन्य विद्वानों ने यह साबित भी किया

है। भारतीय परंपरा में काम का स्थान महत्वपूर्ण है। प्रसाद जी ने इसको स्वीकारा है। जीवन में काम का स्थान पूर्ण रूप से प्रसादजी समझते हैं। मनुष्य का सर्वतोन्मुख विकास प्रकृति और मनुष्य की अवस्थिति पर होना चाहिए। इस स्वस्थ अवस्थिति में काम की भूमिका मुख्य है। वह सहचर है। उसके बिना कुछ भी पूर्ण नहीं बनता। काम खुद अपना परिचय यों देता है–

"मैं काम रहा सहचर उनका,
उनके विनोद का साधन था;
हँसता था और हँसाता था
उनका मैं कृतिमय जीवन था।" (काम सर्ग)

संभवतः कालिदास के बाद प्रसादजी ही दूसरे कवि हैं जिन्होंने 'काम' को इतना वैध सम्मान दिया है। वे काम के माध्यम से यह स्पष्ट करते हैं कि जीवन में जो तत्व आकर्षण बनकर रंजित करता है वह रति है। रति अर्थात् अनादि वासना। रति के कारण ही यह प्रकृति उन्मीलित होती है। प्रसाद जी श्रद्धा को कामगोत्रजा अथवा कामरति की संतान मानते हैं। कामना की अभिव्यक्ति के कारण कामायनी है। वह पृथ्वी पर प्रेम का संदेश सुनाने के लिए ही अवतरित हुई है–

"यह लीला जिसकी विकास चली
वह मूल शक्ति थी प्रेम कला
उसका संदेश सुनाने को,
संस्कृति में आई वह अमला।" (काम सर्ग)

इस प्रकार प्रसाद जी ने जहाँ बौद्धिक उत्पादन के स्थान पर सहज, प्रकृत एवं वास्तविकता का रूपायन लीलाभाव की ऐन्द्रजालिकता के रूप में किया है, वहाँ भारतीय जीवन के स्वप्न, मिथक, फैंटेसी, दर्शन, आदर्श आदि अपने सम्मोहक रूप में उपस्थित होकर कामायनी को उत्तर आधुनिकता से संदर्भित कर देते हैं। अर्थात् निराशा के स्थान पर आशा, जीने की प्रेरणा, कर्म की ओर उन्मुखता आदि को बनाये रखने तथा वर्तमान समय के जीवन मूल्यों के विघटन एवं नैतिक ह्रास से मानवराशि को संवारने और जिजीविषा को संवर्द्धित करने का जादू कामायनी में निहित है।

लेकिन धीरे धीरे मनु में अधिकार का भाव उभरने लगता है। गृह के साथ कई उपकरण जुटे हुए हैं। सस्य, पशु, धान्य, आदि का सान्निध्य है। जीव-जन्तुओं, पशु-पक्षियों एवं प्रकृति के साथ श्रद्धा का ऊष्मल संबंध स्थापित हो जाता है। स्त्री पुरुष से ज़्यादा प्रकृति और प्रकृति के जीव-जंतुओं के निकट आती है, उनके प्रति करुणा

और स्नेह प्रकट करती है। वेरी ओरटनर ने अपने लेख 'ईज फीमेल टु मेल आस नेचर टु कल्चर" में स्पष्ट किया कि स्त्री पुरुष से भिन्न होकर ऐतिहासिक एवं सांस्कृतिक दृष्टि से प्रकृति से ज़्यादा संबंध रखनेवाली है। मनु देख रहा है श्रद्धा को–

"एक माया! आ रहा था पशु अतिथि के साथ!
हो रहा था मोह करुणा से सजीव सनाथ!
चपल कोमल कर रहा फिरे सतत पशु के अंग।
स्नेह से करता चमर उद्ग्रीव हो वह संग"

पशु का शरीर कभी पुलकित रोमराजी से उछलता है। वह अपने भाँवरों से श्रद्धा के समीप जाल बनाता है, अपने भोले नयनों से श्रद्धा को निहारता है। उसके नेत्रों में स्नेह संचित है। देखते ही देखते दोनों बहुत निकट आ गये। यही है मनुष्य और जानवरों के बीच का स्नेह। यह स्नेह अनादिकाल से भौमसदाचार का मूलमंत्र बना हुआ है। लेकिन मनु में ईर्ष्या एवं अधिकार की उन्मत्तता जगने लगती है। अपने को केन्द्र में प्रतिष्ठित कर मनु दूसरे प्राणियों के प्रति उपेक्षा का भाव प्रकट करने लगता है–

"आह यह पशु और इतना सरल सुन्दर स्नेह
पल रही मेरे दिए जो अन्न से इस गेह।
मैं? कहां मैं? ले लिया करते भी निज भाग;
और देते फेंक मेरा प्राप्य तुच्छ विराग।" (वासना सर्ग)

श्रद्धा का स्नेह बंट जाना वह बिल्कुल पसंद नहीं करता। लेकिन श्रद्धा के स्नेहपाश में वह बंध गया था। लज्जा सर्ग की पंक्तियाँ यह प्रमाणित भी करती हैं–

"नारी! तुम केवल श्रद्धा हो।
विश्वास रजत नग पगतल में;
पीयूष स्रोत सी बहा करो
जीवन के सुन्दर समतल में"

यहाँ मनु के द्वारा उद्धृत इन पंक्तियों में स्त्री में निहित लोकरक्षक रूप अभिव्यंजित है। स्त्री इस संसार में अमृत प्रवाह बनकर अर्थात् स्त्री में जो स्त्रैणता एवं मानवीय पक्ष है वह खुद रक्षणीय बनकर इस प्रकृति के समस्त जीव-जंतुओं का पोषण एवं पालन करती है। इको फेमिनिज़्म का मूल तत्व भी यही है। उसमें स्त्री की अनन्य शक्ति को स्वीकार किया जाता है। कामायनी में मनु में पुरुषवर्चस्ववादी जो पूँजीवादी संस्कार कायम है वह स्त्री और प्रकृति की स्त्रैणता पर आधिपत्य स्थापित करता है। उस

संस्कार की पहचान अवश्य प्रसाद में है। मनुवादी संस्कार के पक्ष में बिल्कुल नहीं हैं प्रसाद। प्रसाद आधुनिक युग के संस्कार को मनुवादी संस्कार मानते हैं। उस संस्कार की कमज़ोरियों को प्रसाद कामायनी में अंकित भी करते हैं। लेकिन इस संस्कार को परिष्कृत कर सकल चराचरों से संपुष्ट एवं सबको समान अधिकार एवं स्थान देने में समर्थ एक प्रकृत संस्कार के गठन में स्त्री ही सक्षम है, यह पहचान कर प्रसादजी उसके ऊपर यह दायित्व सौंप देते हैं।

मनु श्रद्धा के उत्साह वर्द्धक वचनों एवं काम (प्रेम) की प्रेरणा से कर्मक्षेत्र में प्रवृत्त हो जाता है। श्रद्धा की खुशी एवं शांति के वातावरण को बनाये रखने में दत्तचिंत भी है। पर अब उसके मन में जो महत्वाकांक्षाएँ पूँजीभूत होने लगीं उसकी पूर्ति के लिए श्रद्धा का वचन उतना उपयुक्त नहीं लगता है। सोमरस के पान की लालसा एवं यज्ञ संस्कार उसे पुकारने लगे हैं। ये दोनों उस उपभोग संस्कार के हिस्से हैं जिन्होंने उसे पतन के गर्त में गिरा दिया था। दूसरी ओर मनु तर्कबुद्धि के तहत सत्य की खोज करने लगता है। आधुनिक युग में सत्य मेधा के क्रीडा-पंजर में पाला हुआ सुआ है। इसलिए मनु उसी तर्कशास्त्र का रट करने लगता है। आधुनिकता की सबसे बड़ी विशेषता भी यह तर्क है और उसकी पराजय का कारण भी। विज्ञान की मदद से तर्क के द्वारा अपने को प्रतिष्ठित करने का यह कार्य आधुनिकता में अन्यों को स्थान न देता है। पूँजीवादी संस्कार का बढ़ावा इसके ज़रिए संभव हुआ।

मनु के समान दो असुर पुरोहित आकुली एवं किलात भी जलप्लावन से बच गये थे। प्रसाद ने उन्हें असुर की संज्ञा इसलिए दी कि उनमें सभी आसुरी वृत्तियाँ मौजूद हैं। वे श्रद्धा के पशु को देखकर उसको खा लेना चाहते हैं—

"क्यों किलात! खाते-खाते तृण
और कहाँ तक जीऊँ
कब तक मैं देखूँ जीवित पशु
घूँट लहू का पीऊँ!"

दूसरे प्राणियों को भोग्य बनाने में आतुर आसुरी वृत्ति आधुनिकता की विशेषता है। सभी को अपनी वासना एवं भोग की चीज़ें बनाना व्यक्ति चाहता है। मनु यज्ञकार्य की ओर उन्मुख होना चाहता है। प्रसाद इस यज्ञ-संस्कार का बिलकुल विरोध करते हैं। यह धरती की जलन है। यह सवर्ण उपभोग संस्कार का प्रतीक है। यद्यपि श्रद्धा को वह अपना पुण्य-प्राप्य मानता है तथापि वह अपनी यज्ञ संबंधी आशा की पूर्ति के लिए उस निर्जन में पुरोहितों की खोज करता है। अंत में आसुरी वृत्तियों की मदद से

यज्ञकार्य संपन्न हो जाता है। उसमें श्रद्धा के पशु का वध किया जाता है। यह आधुनिक मनुष्य के इस विचार का परिणाम है कि इस संसार की सारी चीज़ें एवं जीव जन्तुएँ अपने सुखभोग के साधन हैं। यह सचमुच भौमसदाचार के ठीक विपरीत का है। वेदी की निर्मम प्रसन्नता, पशु की कातर वाणी मिलकर वातावरण बना था कोई कुत्सित प्राणी।" (*कर्म सर्ग*) पुरोडाश के साथ सोम पान करता है मनु। लेकिन श्रद्धा इन सबसे अलग रहती है। मनु के मन में यह विचार उदित होता है कि पशु यज्ञ के बाद भी अपने सुख में बाधा कैसे आती है। यह आज के मानव की सोच है। अपने सुख के लिए जो-जो कार्य किया जाता है उसके दूरगामी दृष्परिणामों पर वह सोचता नहीं। लेकिन श्रद्धा का मन बिल्कुल उदास है। यद्यपि मनु के प्रति वह आतुर है तो भी प्राणियों के ऊपर के अन्यायों को वह सह नहीं सकती। श्रद्धा सोचती है कि पूर्णता पाने की ललक में मनुष्य क्या क्या भूलें किये जा रहा है? नवीनता के लिए पूर्ण नाश की ओर जाना कहाँ तक ठीक है। श्रद्धा इसे मानवता नहीं मानती। समस्त जीव-जंतुओं के प्रति स्नेह है मानवता का लक्षण—

> *"वह विराग संबंध हृदय का*
> *कैसी यह मानवता!*
> *प्राणी को प्राणी के प्रति बस बची रही निर्ममता!"* (कर्म सर्ग)

श्रद्धा का यह सवाल संपूर्ण मानवता को बचाने में काबिलियत रखता है। मानव मात्र का एक जगत कभी संभव नहीं है। जो अन्य प्राणियों एवं सस्य लताओं से प्यार करता है वही तो मानव से भी प्यार करता है। नागार्जुन जैसे प्रगतिवादी रचनाकार भी अपने उपन्यास 'बाबा बटेश्वरनाथ' में यह सिद्ध करते हैं कि पेड़ के प्रति जो स्नेह रखता है, उसको पालता है, उसको बचाता है असल में वह मनुष्य-स्नेही एवं देश-स्नेही है। निस्सन्देह यह पदार्थ-स्नेह ही प्रसाद जी ने अभिव्यंजित किया है। स्त्री ऐसे पुरुषों का सामीप्य ही नहीं चाहती है जो दूसरो से निर्ममता का बर्ताव रखता हो।

मनु श्रद्धा को समझाने का प्रयत्न करता है कि सभी प्रकार के आकर्षणों से युक्त यह विश्व हमारे भोग्य के लिए है। यही आधुनिक व्यक्ति केन्द्रित उपभोगी मनुष्य का विचार है। वह यह पूरा संसार सिर्फ अपने लिए समझता है। मनु देव को प्रसन्न करने के लिए जानवर की बलि चढ़ाता है। श्रद्धा इसे सबसे बड़ा धोखा एवं अन्याय समझती है। श्रद्धा का यह सवाल देखिए—

> *"वे प्राणी जो बचे हुए हैं इस अचला जगती के,*
> *उनके कुछ अधिकार नहीं क्या वे सब ही हैं फीके!"* (कर्म सर्ग)

पारिस्थितिक दर्शन की दृष्टि से इससे उत्तम एवं महान विचार कहाँ प्राप्त है। इस संसार में जन्म लेनेवाले समस्त जीवों को इस धरती पर जीने का अधिकार प्रसादजी श्रद्धा के द्वारा मज़बूत करते हैं। क्या मुक्तिबोध द्वारा आरोपित मनुवादी प्रसाद कामायनी में कहीं भी देखने को मिलते हैं? मानवता के निर्माण के लिए उपभोग एवं तर्कबुद्धि से जो इंद्रजाल रचा जाता है उसका विरोध करते हुए एक समन्वयात्मक बुद्धि के पक्ष में आधुनिकता की प्रतिसंस्कृति को खड़ा करने में प्रसादजी कामायनी में आदि से अंत तक कोशिश करते हैं। इसलिए उत्तराधुनिक विमर्श का मूलाधार हिन्दस्वराज के निकट हैं प्रसाद।

मुक्तिबोध ने 'कामायनी : एक पुनर्विचार' में श्रद्धा को जड़ता का प्रतीक माना है। श्रद्धा की मानवीयता में द्वन्द्व के स्थान पर समरसता के आध्यात्मिक स्वरूप को निखारने के प्रसादजी के लक्ष्य की कठोर निंदा की गई है। लेकिन ध्यान देना चाहिए कि कामायनी का ज्वलंत पात्र श्रद्धा है। नई मानवता की सृष्टि समय की माँग है। उस मानवता को अब तक की गलतियों एवं खामियों से शुद्ध कर नये ढंग से संवारने के लिए मनु के परिष्कार के साथ आधुनिक बुद्धि तर्क के तहत नये के निर्माण में उद्यत इड़ा का परिष्कार भी श्रद्धा के ज़रिए संभव हो जाता है। पारिस्थितिक स्त्रीवाद संपूर्ण मानवता के परिष्कार को लक्ष्य करके चलता है। उसमें समस्त भेदभावों को समाप्त करने का उदात्त लक्ष्य निहित है। इस उदात्त लक्ष्य में द्वंद्व नहीं द्वंद्वातीतता परिलक्षित है। इसलिए श्रद्धा के कई सवाल इस संदर्भ में निशेष विचारणीय हैं–

मनु! क्या यही तुम्हारी होगी उज्ज्वल नव मानवता?
जिसमें सब कुछ ले लेना हो हंत, बची क्या शवता!"

एक दूसरे को खा जाने के आधार पर ही बनी हुई है तुम्हारी मानवता। इस शवता को मानवता कहने में श्रद्धा तैयार नहीं है। मनु जब व्यक्ति सुख को तुच्छ न मानने के लिए तैयार हो जाता है तब श्रद्धा की उक्तियाँ बहुत विचारणीय निकलती हैं–

"अपने में सब कुछ भर कैसे व्यक्ति विकास करेगा?
यह एकान्त स्वार्थ भीषण है अपना नाश करेगा! ...
सुख को सीमित कर अपने में केवल दुख छोड़ेंगे;
इतर प्राणियों की पीड़ा लख अपना मुँह मोड़ोगे।"

सुख को अपने में केन्द्रित कर व्यक्ति न तो संसार को सुखी बना सकता है, न स्वयं वह सुखी रह सकता है। मनु नई मानवता की रूप-रचना करने जा रहा है। इसलिए प्रश्न यह है कि उसकी नई मानवता एक-दूसरे को खा जाने के सिद्धान्त पर

बनेगी या सबके सुख पर केन्द्रित? अगर कलियाँ सारा सौरभ अपने में बंद कर लें, और मकरन्द-बिंदु सरस होकर उसको वितरित न करें तो क्या होगा? वे स्वयं ही खिल नहीं सकतीं—

"ये मुद्रित कलियाँ दल में सब सौरभ बन्दी कर लें;।
सरस न हो मकरन्द बिन्दु से खुलकर तो ये मर लें!
सूखें, झड़ें और तब कुचले सौरभ को पाओगे,
फिर आमोद कहाँ से मधुमय वसुधा पर लाओगे।"

इसलिए मनु द्वारा निर्मित होनेवाली सभ्यता का पूरा विरोध करती है श्रद्धा। अन्य का संतोष मनु के शब्दकोश में नहीं, वह अपना संतोष खोजता है। उनका प्रत्येक कर्म मानवता के खिलाफ ही है। असुर पुरोहितों की मदद लेना, शिकार खेलना आदि अन्य जीवों की उपस्थिति पर प्रश्नचिह्न डालता है। जीवों को बचाने की श्रद्धा की कोशिशों के पीछे किसी बौद्ध या गाँधी दर्शन का आरोप लगाने की ज़रूरत नहीं। यह एक स्त्री की मानसिकता है। असली स्त्री का गुण है। उस कर्तव्य पर तथा स्त्री के रक्षणीय भाव पर प्रसादजी ज़्यादा ज़ोर देना चाहते हैं। स्त्री को अपने अधिकारों को लेकर जितना सजग होना है उतना तो विश्व के संतुलन एवं प्रकृति के संतुलन के लिए अन्य जीव-जंतुओं एवं पुरुषों के अधिकार को लेकर भी सजग होना है। पुरुषाधिपत्य पर केन्द्रित पूँजीवादी व्यवस्था में इन सभी को बचाने के अपने दायित्व की समझ आज की स्त्री की अनिवार्यता है। लेकिन आज की स्त्री अपने अधिकार एवं स्वातंत्र्य के असली अर्थ से अनभिज्ञ है। इसलिए स्त्री-स्वातंत्र्य उच्छृंखलता में बदल जाता है। सशक्त समाज की सृष्टि में अपनी जो भूमिका है वह स्त्री भूल जाती है। ऐसे संदर्भ में प्रसादजी का स्त्री पात्र श्रद्धा का स्थान निःसन्देह रेखांकित करने योग्य है।

श्रद्धा इस विश्व के द्वन्द्वात्मक रूप को समझ लेती है। इससे संभावित सारी विडंबनाओं से वह अभिज्ञ है। इस द्वन्द्वात्मक स्थिति के लिए पुरुषाधिपत्य ही कारण है। यह मानसिकता ही स्त्री एवं प्रकृति के सभी चराचरों के सीमातीत शोषण का हेतु है। स्नेह जैसा बहुमूल्य भाव नष्ट हो गया। वह समझती है कि मानवता का निर्माण विरागी हृदय से संभव नहीं होगा। व्यक्ति केन्द्रित आधुनिक मानव इस संसार की सारी चीज़ों को अपने उपभोग एवं विकास के लिए समझता है। इस उपभोगी स्वभाव को मनु यों प्रकट करता है—

"आकर्षण से भरा विश्व यह
केवल भोग्य हमारा।"

श्रद्धा इस भाव को मानवता के लिए हानिकारक तत्व समझती है। मनु की नई मानवता के निर्माण में जितना खून बहा है, उसे देखकर श्रद्धा कहती है कि अगर कोई और नया परिवर्तन हुआ तो फिर और खून बहेगा। और भी हज़ारों मारे जाएँगे, रक्तपात होगा। श्रद्धा इस प्रकार के रक्तपात से संभव होनेवाले परिवर्तन को अथवा दूसरों के अनुचित शोषण से प्राप्त परिवर्तनों को कभी भी परिवर्तन नहीं मानती। ऐसे संघर्षों से पुनः प्रलय होने की सूचना श्रद्धा यों देती है–"कल ही यदि परिवर्तन होगा, तो फिर कौन बचेगा! इस भयानक यथार्थ की संवेदनात्मक अनुभूति श्रद्धा ने अन्यत्र यों प्रकट की है–

"विश्व विपुल आतंक-त्रस्त है
अपने ताप विषम से।
फैल रही है छनी नीलिमा अन्तर्दाह परम से।"

अपने स्वयं की ही अन्तर्दाह से, अपने ही गर्भ की ज्वालामुखियों के कंपन से, विश्व आतंक-त्रस्त है। विश्व के विभिन्न राष्ट्रों के बीच के तथा समाज के भीतर के विरोधों तथा वैज्ञानिक-तकनीकी विकास से उत्पन्न हथियारों एवं मशीनों के अंधाधुंध प्रयोगों से पृथ्वी का कण कण आतंकित है। उनका आपसी संतुलन नष्ट हो गया है। इससे उत्पन्न पृथ्वी का अन्तर्दाह ज्वालामुखी बनकर प्रकट हो रहा है। इसलिए प्रसाद जी की दीर्घदृष्टि की सराहना करना आज के संदर्भ में बिलकुल समीचीन सिद्ध होता है। आज पृथ्वी सचमुच मनुष्य के दुराग्रह से, समाज के तथा देश-देश के बीच की होड़ा-होड़ी से एवं लक्ष्य विहीन विकास योजनाओं के परिणाम स्वरूप सीमातीत फौसिल्स इंधनों के उपयोग से ज्वालामुखी समान जलकर अपनी अन्तर्दाह को प्रकट कर रही है। व्यक्ति की प्रतिष्ठा एवं साम्राज्य मोह के तहत सबको तहस-नहस कर डालने की आज की संस्कृति का घोर विरोध प्रसादजी करते हैं। उनके अनुसार प्रकृति से सबका रिश्ता होना अनिवार्य है। एक के बिना दूसरे का कोई अस्तित्व नहीं। सब एक दूसरे से संबद्ध है। अतः 'अन्य' के बिना 'मैं' का कौन सा अस्तित्व है ? यहाँ सार्त्र का अन्य तर्क है, तर्क अप्रासंगिक निकलता है। अन्य की उपस्थिति से ही 'मैं' सुख का संभव हो जाता है। प्रसादजी यही तो व्यक्त करते हैं–

"निर्जन में क्या एक अकेले तुम्हें प्रमोद मिलेगा।
नहीं इसी से अन्य हृदय का कोई सुमन खिलेगा।
सुख समीर पाकर चाहे हो वह एकांत तुम्हारा;
बढ़ती है सीमा संस्कृति की बन मानवता धारा।"

प्रसादजी कर्म सर्ग में यथार्थ मानवीयता का अनावरण करते हैं। उस मानवता में सब स्वतंत्र हैं, सबका अपना अधिकार है, उस अधिकार को परस्पर समझना चाहिए। स्त्री, पुरुष और इस संसार के समस्त जीव-जंतुओं को परस्पर सहयोग से, स्नेह से यहाँ रहने का एक वातावरण तैयार होना चाहिए। वहाँ विषमता नहीं होगी। जो दुःखी है उनके दुःख का निवारण वहाँ संभव हो जाएगा। समस्त मनुष्य एवं प्राणीजगत् का कल्याण विश्व के कल्याण एवं विद्यमानता के लिए अनिवार्य है। यही आज इको-फेमिनिज़्म का नारा है। प्रसादजी ने इस नारे की श्रद्धा द्वारा कामायनी में मज़बूत नींव डाली है। आगे के अध्यायों में इस सन्देश अथवा लक्ष्य को और व्यापक एवं गहरा बनाने की सोद्देश्यता प्रसादजी ने प्रकट की है।

ईर्ष्या सर्ग में मनु स्त्री प्रकृति को तथा प्रकृति के अन्य जीव-जंतुओं को अपने विकास की यात्रा में अपने अधीन एवं अपने भोग के लिए प्रयुक्त करते दिखाई देता है। उसका निर्मम व्यवहार श्रद्धा को बहुत पीड़ा देता है। सारी सहजता एवं प्रकृतस्थ ज़िन्दगी को वह जुगप्सा भरी दृष्टि से देखता है। हिंसात्मक मार्ग से वह सुख खोजता है। सजल अभिलाषा कलित अतीत की तृष्णा की ओर वह वापस जा रहा है। देखिए—

"मनु को अब मृगया छोड़ नहीं रह गया और था अधिक काम;
लग गया रक्त था उस मुख में हिंसा-सुख लाली से ललाम।
हिंसा ही नहीं और भी कुछ वह खोज रहा था मन अधीर;
अपने प्रभुत्व की सुख सीमा जो बढ़ाती हो अवसाद चीर।
जो कुछ मनु के करतलगत था उसमें न रहा कुछ भी नवीन;
श्रद्धा का सरल विनोद नहीं रुचता अब था बन रहा दीन।" (ईर्ष्या सर्ग)

आधुनिक व्यक्ति अपने करतल में जो कुछ सुन्दर है, श्रेष्ठ है उससे तृप्त नहीं है, वह अपनी प्रभुत्व कामना में इन सबको लात मारकर और किसी चीज़ में सुख प्राप्त करने के लिए या उपभोग की इच्छा को और तीव्र बनाकर आगे की ओर प्रयाण करता है। यह मनु-संस्कृति कभी भी समाप्त नहीं होती। यह प्रसादजी को अच्छी तरह मालूम था। इसलिए इसकी तीक्ष्णता एवं तीव्रता आगे अभिव्यंजित हो उठती हैं। लेकिन इसका प्रतिरोध श्रद्धा अवश्य करती है। इसके भयानक परिणाम के बारे में वह चिंतित है। इसलिए वह प्रकृति के हर उपकरण को मनुष्य के रक्षाकवच के रूप में प्रयुक्त करती है। एक आरण्य संस्कृति अथवा प्रकृतस्थ जीवन का सुख वह अनुभव करती है और उसकी गरिमा एवं अद्वितीयता को अपनी जीवनशैली के द्वारा

दिखाती भी है, जैसे गाँधीजी ने जिया और भोगा था। श्रद्धा गर्भवती है। आगामी पीढी को इस हिंसात्मक वृत्ति से अलग कर प्रकृतिप्रेमी एवं प्रकृतस्थ बनाने में वह लगी रहती है–

"जब देखो बैठी हुई वहीं शालियाँ बीनकर नहीं श्रांत
या अन्न इकट्ठे करती है होती न तनिक सी कभी क्लांत
बीजों का संग्रह और उधर चलती है तकली भरी गीत
सब कुछ लेकर बैठी है वह मेरा अस्तित्व हुआ अतीत!

श्रद्धा द्वारा गठित की जानेवाली संस्कृति में मनु की विलासिता की संस्कृति के लिए कोई अस्तित्व नहीं होगा। वहाँ खुद वस्त्र तैयार कर पहनने की और प्रकृति से बीजों का संग्रह कर खाने की संस्कृति है। वहाँ लालच नहीं। वहाँ मनुष्य का श्रम महत्वपूर्ण है। लघुउद्योग का महत्व है। तब मनुष्य सरल एवं सहज बनता है। औद्योगिक संस्कृति की अति में यह सहजता एवं सरलता नष्ट हो जाती है। मनुष्य अपने सुख का विस्तारमात्र चाहता है। अब मनु मृगया-से थके आ पहुँचने पर भी श्रद्धा से मिलना नहीं चाहता है। कारण श्रद्धा अब मातृत्वबोझ से झुकी हुई है। वह इस दुर्भर गर्भ में मधुर पीड़ा अनुभव करती है, आगामी संतान को श्रद्धावान बनाने की कोशिश में है, अथवा मनुसंस्कृति से मुक्त करने की तैय्यारी में है।

पारिवारिक जीवन का महत्व बड़ा है। आज इस के महत्व को समझे बिना पुरुष अन्यत्र भटक रहा है। देश के गठन में परिवार की भूमिका महत्त्वपूर्ण है। वहाँ स्त्री के साथ पुरुष का सहयोग अनिवार्य है। परिवार मानव मूल्यों की जन्मस्थली है। इसे सफलता पूर्वक बनाये रखनेवाली है स्त्री। श्रद्धा की वाणी इस ओर याद दिलाती है–

"दिन भर थे कहाँ भटकते तुम, बोली श्रद्धा मधुर स्नेह
यह हिंसा इतनी है प्यारी जो भूलवाती है देह-गेह।"

पुरुष अपने सुखों एवं महत्वाकांक्षाओं के लिए आगे की ओर जब प्रयाण करता है तब वह अपने सारे सुखों का मूल स्थान जो घर है उसको भूल जाता है। अथवा वह अपने यथार्थ कर्तव्य से भटक जाता है। घर से ही परस्पर स्नेह का सबक सीख लेता है। श्रद्धा इस ओर मनु का ध्यान आकर्षित करती है "देखो नीड़ों में विहग युगल अपने शिशुओं को रहे चूम!" पुरुष को अपने बच्चों को चूमना है, दुलारना है। जो बच्चा स्नेह अनुभव करता है, वही स्नेह देता है। मनुष्य के लिए प्रकृति पाठशाला है। प्राणी जगत से इस प्यार का महत्व और जीवन में घर का स्थान आदि पहचान लिया जाता है। भोगी मनु को श्रद्धा समझाती है कि प्रकृति के जीव-जन्तु अपने घर से, अपने

बच्चों से तथा गृहस्थी से गहरे में जुड़े हुए हैं। ये निरीह जीव-जंतु इस दृष्टि से बहुत ही ऊँचे स्तर पर हैं। लेकिन मनुष्य कितने गये बीते हैं—

"उनके घर में कोलाहल है मेरा सूना है गुफा द्वार?
तुमको क्या ऐसी कमी रही जिसके हित जाते अन्य द्वार?"

अपने शिशु के स्वागत के लिए श्रद्धा सभी प्रकार की परिष्कृत तैयारियाँ कर रही हैं। शिशु को नया संस्कार वह देना चाहती है। लेकिन श्रद्धा का यह रूप अर्थात आगामी शिशु को नये सिरे से संवारने तथा उसमें नई मानवीयता का संचरण कराने के इंतज़ार में बैठी श्रद्धा के इस रूप को स्वीकारने को मनु तैयार नहीं होता। उसे सदा अपनी भोग्य-वस्तु बनाकर अपने अधीन अपनी इच्छाओं के अनुसार सेवा-कार्य में तत्पर एक कठपुतली श्रद्धा ही चाहिए। इसलिए श्रद्धा के मूल्य संबंधी विचार एवं काम मनु के लिए जड़वत् है, 'चिरमुक्त पुरुष वह कब इतने अवरुद्ध श्वास लेगा निरीह।' पुरुषाधिपत्य पर केन्द्रण पूँजीवादी समाज की मानसिकता मनु यहाँ जाहिर करता है। यहाँ पुरुष चिरमुक्त है। उसे अपने कर्तव्य के प्रति सजग करानेवाली स्त्री जड़ है। श्रद्धा का घर संबंधी मोह मनु के अनुसार जड़ बंधन है। इसलिए तकली के साथ उलझी श्रद्धा मनु की नज़र में उसकी आगो की गति की रुकावट है। यह तकली प्रतीकात्मक शब्द है जिस प्रकार पूरी कामायनी प्रतीकात्मक है। वह श्रम, लगन, सेवा, आनंद, स्वावलंबन, सामूहिक बोध, मशीन का विरोध, सहजता, मानवमूल्य आदि अनेक भावों का प्रतीक है। श्रद्धा में ये सारे गुण मौजूद हैं। मनु के अनुसार, वह जानवरों को मारकर सुन्दर मृदुल चर्म उसे ओढ़ने के लिए ले आता है। मृगया से माँस ले आता है। फिर क्यों श्रद्धा बीज बीनती है। सचमुच श्रद्धा मनु के इस हिंसक रूप के खिलाफ है। साधारणतया अस्त्र हिंसकों से बचाने के लिए प्रयुक्त होता है। पर यहाँ प्रकृति के जीव-जंतुओं एवं मनुष्य के बीच के प्राकृत सहअस्तित्व को भूलकर जीव-जंतुओं की अनावश्यक हत्या के लिए अस्त्र शास्त्रों का इसतेमाल किया जाता है। श्रद्धा इसका घोर विरोध अपनी वाणी में जाहिर करती है। मनुष्य यदि इन जानवरों से ऊचे हैं तो इस संसार में उन्हें जानवर और मनुष्य के बीच के सेतु बनकर संसार के कल्याण के लिए प्रवृत्त होना चाहिए। लेकिन सच्चाई यह है कि मनुष्य एवं प्रकृति जीव-जन्तुओं का अनुचित शोषण एवं उपभोग करके उसका सर्वनाश कर रहा है। मनु के इस हिंसक व्यवहार की निंदा करते हुए श्रद्धा कहती है—

"पर जो निरीह जीकर भी कुछ उपकारी होने में समर्थ,
वे क्यों न जियें, उपयोगी बन इसका मैं समझ सकी न अर्थ!

चमड़े उनके आवरण रहे ऊनों से मेरा चले काम;
वे जीवित हों माँसल बनकर हम अमृत दुहें, वे दुग्ध धाम।
वे द्रोह न करने के स्थल हैं जो पाले जा सकते सहेतु;
पशु से यदि हम कुछ ऊँचे हैं तो भव जलनिधि में बनें सेतु।"

मनु इस क्षण भर के जीवन का खूब रस लूटना चाहता है और श्रद्धा को इसके लिए प्रेरित करता है। उसकी स्मृति में अब भी स्वर्ग सुखों पर जो प्रलय-नृत्य हुआ उसकी आशंका है। श्रद्धा की प्रशांत मंगल की अभिलाषा और संचित स्नेह आदि मनु समझ नहीं पाता। वह वासना तृप्ति के लिए अपनी मस्ती में भटकता फिरता है। पर श्रद्धा अपनी संतान के लिए सुन्दर कुटीर बनाती है। श्रद्धा मनु को वह कुटीर दिखाती भी है। प्रकृति की मनोरम गोदी में प्रकृति के उपकरणों द्वारा निर्मित है वह कुटीर। हवा के आने-जाने की व्यवस्था है। वह एक छोटी सी शांति-कुंज है।

"उसमें था झूला पड़ा हुआ वेतसी लता का सुरुचिपूर्ण;
बिछ रहा धरातल पर चिकना सुमनों का कोमल सुरभि चूर्ण।"

यहाँ एक स्त्री का सादगीपूर्ण जीवन के प्रति आग्रह और आगामी परिष्कृत संस्कृति के निर्माण में पूर्ण लगन प्रकट है। वह सरल जीवन प्रकृति की अवस्थिति में है। श्रद्धा मनु की उपभोग संस्कृति की पाशवीयता के स्थान पर सादगी के परिष्कृत संस्कार का गठन करती है। वही तो पारिस्थितिक स्त्रीवाद का मूलमंत्र है। वहाँ कोमलता है, कल्याण का भाव है, भेदभाव मिट जाता है। वह तकली में वस्त्र बनाकर अपनी भावी संतान को परिष्कृत बनाना चाहती है –

"अब वह आगन्तुक गुफा बीच पशु सा न रहे निर्वसन नग्न;
अपने अभाव की जड़ता में वह रह न सकेगा कभी मग्न"

एक माँ का वात्सल्य एवं स्नेह उसमें उमड़ रहा है। वही मातृरूप स्त्री को इस संसार की ममतामयी माँ बना देता है। माँ का हृदय संतान के लिए जितना स्नेह एवं आर्द्रता से भरा पूरा है उतना ही संपूर्ण जगत् के लिए। इसलिए इको-फेमिनिज़्म में संसार को बचाने का दायित्व स्त्री को सौंप दिया गया है। वह श्रद्धा में सार्थक सिद्ध होता है।

मनु श्रद्धा को अपने अधीन रखकर उसको बाँध लेना चाहता है। श्रद्धा के प्यार को बाँटते देख ईर्ष्यालु बन जाता है। वह कहता है–

"तुम फूल उठोगी लतिका सी कंपित कर सुख सौरभ तरंग;
मैं सुरभि खोजता भटकूँगा वन-वन बन कस्तूरी कुरंग।"

मनु कस्तूरी-मृग बनकर अपनी मस्ती और आत्म-सम्मोह में सौरभ खोजता रहेगा। वासनाबद्ध अहंकार के कारण ही उसकी कामनाएँ कभी तृप्त नहीं होतीं, इसलिए वह हरदम अपनी तृप्ति के लिए नव-नवीन सामग्री चाहता है। इसी वजह से मनु श्रद्धा को छोड़ता है। यहाँ श्रद्धा और मनु दो भिन्न-भिन्न संस्कृतियों का प्रतिनिधित्व करते हैं। श्रद्धा सादगी से संपन्न सहज द्वन्द्वविहीन समस्त जीव-जंतुओं के सामरस्य पूर्ण परिष्कृत संस्कृति की सृष्टि को लक्ष्य करती है और इसके लिए कटिबद्ध भी है। लेकिन मनु पूँजीवादी पुरुषाधिपत्य का व्यक्ति केन्द्रित उपभोग संस्कार का प्रतिनिधि है। वह स्त्री, प्रकृति एवं जीव-जंतुओं के प्रति अन्यायपूर्ण व्यवहार करता है। इस अन्याय को पहचान कर उसका प्रतिरोध करनेवाली श्रद्धा सांस्कृतिक पारिस्थितिक स्त्रीवादी ज़रूर है। इसलिए समकालीन संदर्भ में कामायनी हमारे सवालों का जवाब देने में समर्थ बनती है।

आगे की मनु की यात्रा को प्रेरित करनेवाला तत्व 'मैं' है। यह 'मैं', आशा सर्ग में ही पूरे ज़ोर से अपने रक्त की पूरी उष्मा से, स्वयं को संस्थापित करने लगा–

"मैं हूँ, यह वरदान सदृश्य क्यों
लगा गूँजने कानों में
गैं भी कहने लगा, 'मैं रहूँ' शाश्वत नभ के गानों में।"

श्रद्धा का समष्टिवाद या समरसतावाद मनु के अहं तथा इन्द्रियबोध को पराजित करने के काबिल नहीं हुआ। चलते चलते मनु इन्द्र द्वारा विजड़ीकृत सारस्वत नगरी पहुँच जाता है–

"पथ पथ में भटक अटकते वे आए इस उजड़ नगर प्रांत
बहती सरस्वती वेग भरी निस्तब्ध हो रही निशा श्याम
नक्षत्र निरखते निर्निमेष वसुधा की वह गति विगल वाम
वृत्रध्नी का वह जनाकीर्ण उपकूल आज कितना सूना
देवेश इंद्र की विजय कथा की स्मृति देती थी दुख दूना
वह पावन सारस्वत प्रदेश दुःस्वप्न देखता पड़ा क्लांत
फैला था चारों ओर ध्वांत"

यह सारस्वत नगरी एक ज़माने में समृद्ध थी। इन्द्र के नेतृत्व में आर्यों ने ही इस सभ्यता को पराजित किया था। भारत के मूल निवासियों की सभ्यता थी यह। लेकिन औपनिवेशिक साम्राज्यवादी ताकतों ने मूल निवासियों की सभ्यता का अंत कर डाला था। यह सिलसिला आज भी ज़ारी है। प्रसादजी ने भी कई स्थानों पर सूचित किया

कि जो बलवान है उनकी जीत होती है। एक नगरी के अंत से तात्पर्य है, एक जनसमूह की संस्कृति का अवसान। प्रसादजी सुरों को अहंवादी, साम्राज्यवादी, पूँजीवादी शक्ति मानते हैं। लेकिन असुर हमेशा इनके आक्रमणों को सहता आ रहा है। वे भौतिक विकास में ध्यान देनेवाले थे, लेकिन सुर आध्यात्मिक विकास में। इसलिए इन दोनों के बीच में द्वन्द्व होता रहा था। यह द्वन्द्व आज भी शोषक एवं शोषितों के बीच में चला रहा है। मनु उजड़ी सारस्वत नगरी को देखकर प्रलय की याद करता है और भयभीत हो जाता है। इसलिए मनु डर के मारे कहता है—

"हो प्रलय भीत तन रक्षा में पूजन करने की व्याकुलता।"

मनुष्य में आध्यात्मिक बोध तब जागता है जब अपने जीवन में विपत्ति होने की सूचना मिलती है। नहीं तो अहं में सब भूल जाता है। यहाँ द्वन्द्व के सामने डरनेवाला है मनु। सुर-असुरों का द्वन्द्व असल में विश्वयुद्धों का द्वन्द्व है, सामंतवाद एवं समाजवाद का द्वंद्व हो या वर्गगत द्वंद्व हो।

प्रसादजी इन द्वन्द्वों से डरते हैं। क्योंकि द्वन्द्व विनाश पैदा करता है, इसलिए द्वन्द्वरहित एक समाज की परिकल्पना प्रसादजी करते हैं। साम्राज्यवादी ताकतों के खिलाफ हैं वे सदा। सारस्वत नगरी के उजड़ जाने की घटना के बयान में यही उद्देश्य निहित है।

जब से मनु ने श्रद्धा को छोड़ा तब से उसे अपराध बोध घेरने लगता है। क्योंकि श्रद्धा ही असल में उनकी शक्ति है। प्रसादजी पूँजीवादी पुरुष-सत्तात्मक मानसिकता का विध्वंसात्मक रूप के यथार्थ की ओर इशारा करते हुए स्त्री और पुरुष के समान अधिकार और दर्जे की ओर काम की वाणी के ज़रिए मनु को यों अवगत करा देते हैं—

"तुम भुल गये पुरुषत्व मोह में कुछ सत्ता है नारी की
समरसता है संबंध बनी अधिकार और अधिकारी का।"

आखिर मनु अवश्य अपनी गलती पर पछ्ताने लगता है। पुरुष स्त्री की जड़ देह पर ध्यान देता है। वह सुविधापूर्वक यह भूल जाता है कि स्त्री में जो मानवीयता एवं सक्रियता की शक्ति निहित है, वही पुरुष को मनुष्य बनाता है। वह स्त्री की अस्मिता को नकारता है। उसको अपनी वासना को शांत करने का उपकरण मात्र समझकर उसके व्यक्तित्त्व विकास और उससे उत्पन्न होनेवाले सामाजिक विकास एवं मंगल के रास्ते को पुरुष जाने अनजाने रोक लगा दे रहा है। मनु भी यह कर रहा है। मनु ने भी अपनी उन्नति एवं विकास को लक्ष्य करके श्रद्धा ने जिन उदात्त मूल्यों एवं आदर्शों

को उनके जीवन में अमल किया था, उसका सदुपयोग नहीं किया। काम की वाणी से स्त्री के इस महत्व को प्रसादजी यों उजागर कर रहे हैं–

"मनु! उसने तो कर दिया दान
वह हृदय प्रणय से पूर्ण सरल जिसमें जीवन का भरा मान
जिसमें चेतना ही केवल निज शान्त प्रभा से ज्योतिमान
पर तुमने तो पाया सदैव उसकी सुन्दर जड़ देह मात्र
सौन्दर्य जलधि से भर लाए केवल तुम अपना गरल पात्र
तुम अति अबोध, अपनी अपूर्णता को न स्वयं तुम समझ सके
परिणय जिसको पूरा करता उससे तुम अपने आप रुके
'कुछ मेरा हो' यह रागभाग संकुचित पूर्णता है अजान
मानस जलनिधि का क्षुद्र दान।"

स्त्री के प्रति पुरुषत्व के ऐसे मोह का तीव्र विरोध कठोर शब्दों में प्रकट करते हुए प्रसादजी स्त्री में निहित सहज कल्याणकारी स्वरूप का समर्थन करते हैं।

प्रसादजी ने इस संसार को 'कल्याण भूमि यह लोक' कहा। यह समतल है। इसमें मनु अपने को दंभ का स्तूप बनाकर चल रहा है। 'यह स्तूप गिर जाएगा।' श्रद्धा यह रहस्य समझती है। इसलिए लोक सेवा के रास्ते के समतल को अथवा सामरस्य को वह चुन लेती है। काम द्वारा मनु को दिए गये शाप वचन में यह गूँजित है कि यह अहंग्रस्त द्वन्द्व मनुष्य को आजन्म अशांत बना कर छोड़ेगा।

स्त्री सभी कालों में, देशों में, परिस्थितियों में निर्माण की प्रेरणा बन कर रहती है। सारस्वत नगरी के निर्माण की प्रेरणा इडा है। मनु केवल कर्म करता है। मानव संस्कृति के निर्माण के लिए भी मनु को प्रेरित किया श्रद्धा ने। इसलिए पुरुष रूपी जड़ तत्व को शक्ति स्त्री के द्वारा प्राप्त होती है। भोगविलास के आधिक्य से प्रकृति पर जब आक्रमण हुआ तब प्रकृति ने ही अपनी शक्ति से उसको पराजित किया था। दूसरी स्थिति भौतिक हलचल से सारस्वत प्रदेश का उजड़ना है। पहली स्थिति से उबरने के लिए भारतीय मूल्यवादी सिद्धांत अर्थात् सबको समान स्थान देनेवाले सामरस्य के सिद्धांत को अपनाया गया। लेकिन भारतीय सिद्धान्त के महत्व को समझने के लिए यहाँ के लोग तैयार नहीं हैं। भारतीय सिद्धान्त पूर्णतः देहवादी नहीं है, वह आध्यात्मिक भी है। वह चर और अचर को समान रूप से मानता है। विश्व की समस्त इकाइयों को स्थान देता है। वह विकेन्द्रीयता का सिद्धान्त है। दूसरी स्थिति भौतिक विकास से उत्पन्न वैज्ञानिक उपकरणों एवं ज्ञान-विज्ञान के इस्तेमाल करने की

है। वहाँ व्यक्ति-केन्द्रीयता, शासक-केन्द्रीयता अवश्य है। इस भौतिक बुद्धिवादी निर्माण यानी कि विकास के केन्द्र में जो स्त्री है, उसका वर्णन देखिए–

"बिखरी अलकें ज्यों तर्कजाल
वह विश्व मुकुट उज्ज्वलतम शशिखंड सदृश था स्पष्ट भाल।
दो पद्म पलाश चषक से दृग अनुराग विराग ढाल
गुंजरित मधुप से मुकुल सदृश वह आनन जिसमें भरा गान
वक्षस्थल पर एकत्र धरे संसृति के सब विज्ञान ज्ञान
था एक हाथ में कर्म कलश वसुधा जीवन रस सार लिए
दूसरा विचारों के नभ को था मधुर अभय अवलंब दिए
त्रिबली थी त्रिगुण तरंगमयी आलोक वसन लिपटा अराल
चरणों में थी गति भरी ताल।"

आधुनिक नारी के इस रूप एवं विचारों के ज़रिए प्रसादजी आधुनिकता का पर्दाफाश करते हैं। लेकिन यह आधुनिकता कहाँ तक सफल हुई, उसमें कौन सा महत्व है, इन सबका बयान इडा तथा मनु द्वारा निर्मित सारस्वत प्रदेश और उसके नाश के ज़रिए करते हैं। इडा में विचारों की, बुद्धि की, तर्क की प्रधानता है। प्रकृति पर विजय की प्रवृत्ति दो तरह से व्यक्त हुई है – एक विज्ञान और विज्ञानवाद के विकास से, दूसरा भौतिक संपदा की निरंतर अभिवृद्धि के हेतु कर्म-संगठन और कर्तव्य की भावना से। इडा मनु से कहती हैं–

"हाँ तुम ही हो अपने सहाय
जो बुद्धि कहे उसको न मानकर फिर किसकी नर शरण जाय
जितने विचार संस्कार रहे उनका न दूसरा है उपाय
वह प्रकृति परम रमणीय अखिल ऐश्वर्य भरी शोधक विहीन
तुम उसका पटल खोलने में परिकर कस कर बना कर्मलीन
सबका नियमन शासन करने बस बढ़ा चलो अपनी क्षमता
तुम ही इसके निर्णायक हो, हो कहीं विषमता या समता
तुम जड़ता को चैतन्य करो विज्ञान सहज साधन उपाय
यश अखिल लोक में रहे छाय।"

यहाँ मार्क्सवादी विचार को सामने रखते हुए प्रसाद जी ने उसकी कमियों की ओर इशारा किया है। मार्क्स के अनुसार प्रयत्न प्रकृति और मनुष्य को मिलाने की प्रक्रिया है। मनुष्य के स्वप्रयत्न के द्वारा मनुष्य और प्रकृति के बीच के चयापचय को नियंत्रित

एवं मध्यवर्ती बना दिया जाता है। इसमें मार्क्स प्रकृति की उपेक्षा कर मनुष्य के साथ रहे। पर स्त्री के प्रयत्न को उन्होंने नकारा। इन दो कमियों को इको-फेमिनिस्ट मुख्यतः अपने अस्त्र बनाती हैं।

इडा ने विज्ञान द्वारा प्रकृति का अनुसंधान किया, उसके शक्तिस्रोतों का उपयोग किया। मनु को प्रेरणा तो वह देती ही रही। साथ ही इस प्रकार के कार्य के लिए जिस प्रकार की मानव व्यवस्था की आवश्यकता है, जिस नियमन और शासन की अवश्यकता है उससे भी वह भलीभाँति अवगत है। इडा की यह समझ बिलकुल मार्क्सवादी व्यवस्था के अनुकूल है। लेकिन इडा के सहयोग से मनु आधुनिक पूँजीवादी व्यवस्था का स्वामी बन गया। इडा विकास की यात्रा में है। उस विकास यात्रा में जो नष्ट हो गया या नष्ट हो रहा है, इससे प्रसादजी बिलकुल चिंतित हैं। चिंता की वजह से कई स्थानों पर श्रद्धा ने इस नियमन और शासन की निन्दा प्रकट की है। प्रकृति पर विजय हेतु, विज्ञान के व्यापक प्रयोग के फलस्वरूप अर्थात देश के औद्योगीकरण के परिणाम के रूप में ग्राम समाज की आत्म-निर्भरता लुप्त हो जाएगी, लोक-जीवन की सहजता खो जाएगी, प्रकृति के साथ मनुष्य की अवस्थिति सदा के लिए नष्ट होकर पुनः एक महाप्रलय के कगार पर मानवराशि पहुँच जाएगी। यह पहचान ही प्रसाद जी को बिलकुल प्रासंगिक बना देती है।

स्वप्न सर्ग में पुरुष द्वारा उपेक्षित प्रताड़ित एवं शोषित स्त्री अपनी ज़िन्दगी के लक्ष्य की ओर अग्रसर होते दिखाई देती है। वह कभी भी पराजित नहीं होती। हिन्दी के दो प्रकांड आलोचक आचार्य रामचन्द्र शुक्ल एवं मुक्तिबोध ने श्रद्धा को बुद्धिहीन कहा। लेकिन अपराजित स्त्री है श्रद्धा। बुद्धि तथा हृदय साथ साथ काम करते हैं। यही तो एक स्त्री की विजय का कारण है। वह तर्क के ज़रिए अपने को प्रतिष्ठित करने में उद्यत स्त्री नहीं है। उसको आगामी मानवीय संस्कार के निर्माण में थोड़ा बहुत दुःख भोगना पड़ा। उस कर्म में जो सुख अनुभव करेगी वह अन्यत्र नहीं मिलेगा। वह प्रयत्न भविष्य के कल्याण को लक्ष्य करके है। जिस शुक्लजी ने सबसे बड़ा सुख लोक कल्याण के लिए किए जाने वाले कर्म को माना इसे कैसे उन्होंने नहीं पहचाना? श्रद्धा लघु जीवन के मधुर-मधुर पल में आनंद अनुभव करनेवाली है। बड़े सुखों को लेकर चिंतित नहीं है।

स्वप्न सर्ग में इडा की बुद्धि से उत्पन्न विचारों को कार्यान्वित करता है मनु। मनु का नगर बसा है। बड़ा महल बना। सब सहयोगी बने। खेतों में कृषक खुशी के साथ हल चलाते हैं। धातु गलते हैं, आभूषण बनते हैं। अस्त्र नये बनते हैं। नवीन प्रसाधन

जुड़े हैं। सब अपना-अपना वर्ग बनाकर श्रम करते हैं। उनके एकजुट प्रयत्न से पुर की श्री और निखरी है। परिश्रम के बल की विस्तृत छाया में ज्ञान व्यवसाय बढ़े। जितना हो सका भूमि में उतना सुख साधन एकत्रित कर दिया गया। मनु ने इडा के सहयोग से सब सुख-साधन जुटा लिया। फिर भी उसका मन तृप्त नहीं है। उपभोग की चीज़ों, धन-धान्यों तथा अन्य आडंबर की वस्तुओं के बढ़ने के साथ मनुष्य की वासना भी बढ़ती जाती है। भौतिक विकास मात्र से मानसिक शांति संभव नहीं है। भौतिक विकास से वासना वृत्ति बढ़ती जाती है। इसलिए आत्मजा सदृश्य इडा के बलात्कार के लिए मनु उद्यत हो जाता है–

"आलिंगन। फिर भय का क्रंदन! वसुधा जैसे काँप उठी!
वह अतिचारी, दुर्बल नारी पारित्राण पथ नाप उठी!
अंतरिक्ष में हुआ रुद्र हुंकार भयानक हलचल थी, अरे आत्मजा प्रजा!
पाप की परिभाषा बन शाप उठी!"

यही तो समकालीन परिदृश्य भी है। सभी दृष्टियों से उच्च पद पर विराजमान स्त्री को भी पुरुष केवल भोग्यवस्तु समझता है। शासन एवं अधिकार की उन्मत्तता, सुख-साधन का अहंकार आदि में डूब कर मनु अपने सहजीवियों के अधिकार तथा समस्थिति को भूल जाता है,

'मैं शासक, मैं चिर स्वतंत्र तुम पर भी मेरा
हो अधिकार असीम
सफल हो जीवन मेरा।" (संघर्ष सर्ग)

हमेशा सत्ता तथा पूँजी मिलकर स्त्री पर अत्याचार करती है। स्त्री कहीं भी हो, जिस ओहदे पर हो पुरुष उसका उपभोग एवं शोषण ही करता है। उपभोग का यह संस्कार उच्च आडंबर प्रिय जीवन में बढ़ता जाता है। इसके लिए अपने मन को परिष्कृत करना अथवा अपनी आत्मा को स्वच्छ करना है। यह भौतिक विकास-योजनाओं के तहत संभव नहीं होगा। वह द्वैत भाव बढ़ता जाता है। संघर्ष सर्ग में मनु प्रकट करता है कि उसके सामने श्रद्धा का समर्पण भाव तथा इडा का नियम दोनों उसे परतंत्र नहीं बना पाते। वह इन बंधनों के परे है। वह सबको अपने अधीन बनाकर अपने भोग के लिए इस्तेमाल करना चाहता है। यह है आधुनिक मनुष्य। व्यक्ति केन्द्रित पूँजीवादी संस्कार में दूसरों का अस्तित्व समाप्तप्राय हो जाता है। वह अपनी महत्वाकांक्षाओं की पूर्ति के लिए सबका इस्तेमाल करता है। नियम से सबको बांधना संभव है– यह इडा का प्रगतिशील विचार था। लेकिन नियामक यहाँ नियम नहीं

मानता है। तब कैसे विकास संभव हो जाएगा। प्रसाद जी स्पष्ट करते हैं–

"चिति केन्द्रों में जो संघर्ष चला करता है,
द्वयता का जो भाव सदा मन में भरता है।"

यह द्वयता हमेशा चलती रहती है संसार में। तब शांति एवं सुख संभव नहीं होगा। वर्ग विभाजन द्वंद्व का कारण है। मैत्री उससे संभव नहीं है। ज्ञान-विज्ञान द्वयता से विकास की ओर अग्रसर होने के पक्ष में है। लेकिन वहाँ मानसिक द्वंद्व समाप्त नहीं होगा। समकालीन संदर्भ में सब कुछ के होते हुए भी मानसिक शांति नहीं है। इसलिए मन व्याकुल होकर अनिष्ट एवं अन्यायपूर्ण कार्य करता है। यहाँ मनु का यह कथन विचारणीय है – "मुझे ज्ञान देकर ही जीवित रह सकती हो!" आज मनुष्य शक्ति का खेल खेलने में आतुर है। इसलिए प्रकृति के संग निरंतर संघर्ष करता है। इस संघर्ष में विध्वंस अवश्य होगा। प्रसादजी ने पहला विश्वयुद्ध देखा और दूसरे विश्वयुद्ध की भूमिका भी देखी। इडा ने मनु को केन्द्र में प्रतिष्ठित कर सभी प्रकार का विकास कार्य किया। लेकिन उस केन्द्रीयता में उसे अपने अहं को और भी तीव्र बनाया, परिणामतः उसका मानसिक द्वन्द्व और भी बढ़ गया।

प्रसाद जी मनाते हैं कि भौतिक विकास वर्गों के माध्यम से संभव है, लेकिन वह दूरदर्शिता से रहित है, क्योंकि वहाँ ध्वंस अवश्य होगा। इस भौतिक सभ्यता ने, इस यंत्र-युग ने, जनता के हृदय में अपने योगक्षेम से अधिक संचय के लोभ को जाग्रत किया। जनता द्वारा सुख की खोज उसकी संवेदनशीलता के कारण है – और यह संवेदनशीलता वस्तुतः भौतिक सभ्यता ने, यंत्र-युग ने, उत्पन्न की है। उनके दुख बनावटी हैं, उनके दुख कृत्रिम हैं। फलतः उनके जीवन में कष्ट ही-कष्ट हैं। जैसे–

"तुमने योगक्षेम से अधिक संचय वाला,
लोभ सिखाकर इस विचार संकट में डाला।
हम संवेदनशील हो चले यही मिला सुख,
कष्ट समझने लगे बन कर निज कृत्रिम दुख।"

प्रसादजी का अभिप्रेत यह है कि आज जितने जन-संघर्ष चल रहे हैं, उनके पीछे ऐसा धन-लोभ काम कर रहा है जो मानव समुदाय के लिए अहितकर है। अपने लिए आवश्यक जितनी सामग्री है उससे अधिक संग्रह करने की लालसा जनता में पैदा हो गई है। प्रसादजी इस लालसा को गलत मानते हैं। लेकिन मुक्तिबोध ने प्रसादजी के इस मंतव्य को जनविरोधी प्रतिक्रियावादी और पूर्वाग्रहपूर्ण कहा। लेकिन समझना चाहिए कि प्रसादजी ने इसलिए अधिक संग्रह करने की लालसा का विरोध किया कि

यह हमारे उपभोग संस्कार को बढ़ावा देनेवाली वृत्ति है। इससे प्राकृतिक संसाधनों का अनावश्यक शोषण किया जाएगा। यह पर्यावरण संतुलन को अवश्य बिगाड़ देगा। पुनः एक प्रलय की ओर मानवराशि को उन्मुख होना पड़ेगा। सचमुच प्रसादजी ने इस वास्तविकता को यों जाहिर भी किया है–

"प्रकृत शक्ति तुमने यंत्रों से सबकी छीनी,
शोषण कर जीवनी बना दी जर्जर झीनी।"

अर्थात् यंत्रों ने मनुष्य की स्वाभाविक शक्तियों को नष्ट कर दिया, उसे यंत्र बना दिया, उसकी शारीरिक शक्ति का नाश किया और शोषण के ज़रिए उसकी ज़िन्दगी को जर्जर कर दिया। इस पूँजीवादी आधुनिक सभ्यता का प्रसादजी एकदम विरोध करते हैं। इससे दलित और गरीब और गरीब बनते जा रहे हैं–

"यहाँ शासनादेश घोषणा विज़यों की हुंकार सुनाती
यहाँ भूख से विकल दलित को, पद-तल में फिर-फिर गिरवाती।"

यहाँ प्रसादजी एक द्वन्द्वात्मक सामाजिक-व्यवस्था की अपेक्षा सादगी से युक्त ग्रामीण जीवन की ओर उन्मुख हुआ सा प्रतीत होते हैं। मनु यहाँ स्त्री एवं प्रकृति पर अधिकार जमाकर उपभोग का महामंत्र रटते रहनेवाले समकालीन उपभोगी विलासी पूँजीवादी व्यक्ति का प्रतीक बन जाता है। मनु ने जनता के कल्याण के लिए प्रकृति को जीतने का जो-जो उपाय किया, इन सबकी याद की। मनु अपने को बिलकुल परिष्कृत मानता है।

लेकिन सबसे बड़ी विडंबना यह है कि इन सबके प्राप्त होने के बावजूद मनु अनाथत्व का अनुभव कर रहा है। वही है आधुनिकता यानी कि भौतिकवाद का अनाथत्व। देखिए–

"तो फिर मैं हूँ आज अकेला जीवन रण में,
प्रकृति और उसके पुतलों के दल भीषण में।" (संघर्ष सर्ग)

प्रकृति और उसके जीव-जंतुओं से दूर-दूर होने के क्रम में मनुष्य अपने को अनाथ महसूस करता है, और द्वन्द्व में पड़ जाता है। मनु को वैसा ही अनुभव होता है। द्वन्द्वात्मक भौतिकवाद में मार्क्स प्रकृति के उपभोग से मनुष्य के विकास को लक्ष्य करते हैं। साथ ही पूँजीवाद को रोकने के लिए वर्गों के संघर्ष की अनिवार्यता की ओर भी इशारा करते हैं। लेकिन प्रसादजी विकास के खिलाफ नहीं बल्कि अतिरंजित विकास का विरोध करते हैं। हमें जितना चाहिए उतना बटोरना, उससे ज़्यादा नहीं। तब ही मनुष्य एक यंत्रचालित जीवन एवं दुनिया से बच सकता है। गाँधी चिंतन में भी यही

तत्व निहित है। पर मुक्तिबोध प्रसाद के इस महान विचार को मनुष्यविरोधी एवं प्रतिक्रियावादी मानते हैं। लेकिन आज की परिस्थिति में हम जब प्रकृति की ओर वापस जाने का नारा बुलंद करते हैं, तब मार्क्सवादी मुक्तिबोधीय विचारधारा के स्थान पर मूल्यों पर केन्द्रित प्रसाद का विचार काफी संगत लग रहा है। यहाँ प्रसादजी यह सिद्ध करने में समर्थ हुए हैं कि पुरुष केन्द्रित पूँजीवादी सारी व्यवस्थाएँ पराजय की ओर जा रही हैं। वे पुरुष को स्त्री और प्रकृति के अधिकारी मानने के सारे विचारों की सख्त भाषा में भर्त्सना करते हैं। प्रसादजी के विचारों में यह समीकरण बुलन्द दिखाई देता है कि पुरष/स्त्री = प्रकृति। यह समीकरण आधुनिक इको फेमिनिस्ट एरियल साले के विचारों के मूल में है। एरियल साले के अनुसार इतिहास में सभी इको फेमिनिस्ट स्त्री का ही नहीं बल्कि प्रकृति और पुरुष का भी संरक्षक हैं। यही विचार श्रद्धा के ज़रिए सालों पहले ही प्रसादजी ने हमारे सामने प्रस्तुत किया है। जब जनता एवं मनु के बीच में संघर्ष शुरू होता है तब इडा ने ही उसको समाप्त करने का प्रयत्न किया। इडा को आधुनिक बनाने के प्रसाद के प्रयत्न में भी उसे स्त्रियोचित गुणों से अलग नहीं किया गया। इडा पुरुषाधिपत्य एवं राजा एवं प्रजा के बीच के संघर्ष का विरोधी है। लेकिन इडा इसे रोकने में असमर्थ निकलती है। इसका कारण है कि विज्ञान एवं पूँजीवादी औद्योगीकरण से उत्पन्न होनेवाला संघर्ष मनुष्यशक्ति से परे होकर पाशवीय रूप धारण कर लेता है। मनुष्य द्वारा निर्मित ये हथियार मनुष्य का ही विनाश करते हैं।

प्रसादजी संघर्ष सर्ग में आकर दो-तीन बिंदुओं पर विशेष बल देते हैं—

1. मनुष्य और प्रकृति एक है। प्रकृति से मिलजुलकर, प्रकृति के ताल-लय के अनुसार जीने का एक क्रम मनुष्य को चाहिए।
2. प्रकृति के ऊपर मनुष्य का जो आधिपत्य चल रहा है, वह अनुचित है। मनुष्य मनुष्यों के ऊपर भी अन्याय कर रहा है। इन सबको पहचानते हुए एक नवीन जीवन प्रणाली को रूपायित कर लेने की दृष्टि आधुनिक मनुष्य की अनिवार्यता है।
3. मनुष्य केवल मनुष्य के बारे में सोचता है। इसलिए मनुष्य-निर्मित मूल्यों को ही स्थान मिल रहा है। यह नज़रिया गलत है। मनुष्येतर प्राणियों के आतरिक मूल्यों को भी मानना चाहिए।

उपर्युक्त तीन संकल्पनाओं के मिलन से जो मूल्यव्यवस्था जन्म लेती है, वह है भारतीय मूल्य व्यवस्था। यह बौद्धिक या बुद्धि केन्द्रित मूल्य-व्यवस्था से बिलकुल

भिन्न है। यह पाश्चात्य पुरुष-केन्द्रित मूल्य व व्यवस्था का विरोध करनेवाली मूल्य-व्यवस्था है। आज की अनिवार्यता इस मूल्य-व्यवस्था की है। इसका दायित्व आज इको-फेमिनिस्टों का है या स्त्री का है। यह दायित्व श्रद्धा निभाती है।

एरियल साले के मुताबिक आज की राजनीतिक स्थिति बिलकुल निराशाजनक है। इसके सुधार का दायित्व सचमुच स्त्री का है। क्योंकि बुर्जुआ एवं मज़दूर क्रान्तियाँ अपनी-अपनी भूमिका निभाकर रंगस्थली छोड़ चुकी हैं। स्त्रीवादियों ने घोषणा की कि पुरुष है उनका दुश्मन। इस गलत समझ के रास्ते पर वे बढ़ रही हैं। स्वदेशी जनवादी परिस्थितिवादी एवं अराजकतावादी जैसे असंख्य नये नये आंदोलनकारी आज लक्ष्यविहीन कामों में लग कर अपनी ऊर्जा को बरबाद कर रहे हैं। इन एब्सेर्ड नाटकों के आस्वादक हैं आज के फैशनपरस्त उत्तर आधुनिक लोग। इन पर सियार की नज़रें डालकर आनंद का अनुभव कर रही हैं नवपूँजीवादी शक्तियाँ। उनकी इस गलत राजनैतिक शक्तियों के प्रतिरोध के लिए योग्य एक मज़बूत विचारधारा या आंदोलन का अभाव ही वर्तमान सन्दर्भ की सब से बड़ी कमी है। दुर्बल शक्तियों के प्रतिरोध के बीच में पूँजीवादी शक्तियाँ और प्रबल होती जा रही हैं। ऐसी प्रतिकूलताओं के सन्दर्भ में एरियल साले इको-फेमिनिज़्म पर उम्मीद रखती है।

कामायनी में प्रसादजी संघर्ष सर्ग के ज़रिए इसी उम्मीद के साथ श्रद्धा की ओर देखते हैं और यह कर्तव्य पूर्णतः श्रद्धा पर सौंप देते हैं। श्रद्धा ने इसके बाद जिस मार्ग को अपनाया उसके प्रति हिन्दी के अधिकांश आलोचकों ने आपत्ति उठायी है। लेकिन श्रद्धा के ज़रिए पुरुषवर्ग को बचाते हुए संपूर्ण विश्व को बचाने की जो मानसिकता प्रसादजी ने अपनायी थी, वही आज की अनिवार्यता है। इसके लिए उन्होंने प्रतीकात्मकता का सहारा लिया जो कलात्मक अभिव्यक्ति के लिए अनिवार्य है। अतः प्रसादजी ने कामायनी की भूमिका में कामायनी की रूपकता की ओर संकेत किया था। प्रतिभा-धनी कलाकारों की कलाओं में अन्तर्निहित यह गुण ही प्रत्येक युग के पाठकों की आकांक्षाओं को जगाने तथा उनके सवालों का सही जवाब देने में रचना को काबिल बनाता है। प्रसादजी की कामायनी में उनकी यह अपूर्व प्रतिभा सदा सक्रिय रहती है।

निर्वेद सर्ग में दरअसल आज का परिवेश और उसका यथार्थ उभर आये हैं। देखिए–

"वह सारस्वत नगर पड़ा था क्षुब्ध मलिन कुछ मौन बना,
जिसके ऊपर विगत कर्म का विष विषाद आवरण तना।"

विज्ञान पर केन्द्रित नवीन सभ्यता के उत्कर्ष, सुखोल्लास और सफलता के तुरंत

बाद समाज विनाश की ओर जा रहा था। जो भौतिक विकास प्राप्त हुआ वह समाज को द्वन्द्व की ओर ले जा रहा था। सीमातीत उपभोग, अदूरदर्शिता आदि धरती के विनाश के कारण बन गये। भौतिक विकास से उत्पन्न अति भीषण युद्धों से कितने नगर विनाश के कगार पर खड़े हुए हैं। वैसे ही भौतिक विकास के दुष्परिणाम के रूप में सारस्वत नगर मलिन और मौन पड़ा हुआ है। उसके ऊपर विगत कर्म का विष-विषाद छाया हुआ है। विगत कर्म पूँजीवादी सत्ता का प्रकृति और स्त्री के ऊपर अधिकार जमाने की कुटिल वृत्ति है। प्रसादजी अवश्य नवीन पूँजीवादी यथार्थ के ह्रासग्रस्त स्वरूप की भर्त्सना तीव्र शब्दों में करते हैं। वर्गभेद के विरोध करने के साथ साथ उसके अहंकार की निंदा भी जाहिर करते हैं। वर्ग-वैषम्य से वर्गहीनता तक पहुँचने के लिए उन्होंने जो उपाय सुझाया वह हर परिस्थिति में स्वीकार्य है। उस उपाय को कार्यान्वित कर रही है क्षद्धा।

प्रसाद कहते हैं कि परदेशी जो आया, वह शासक बनकर नियमन का आधार बना।

"सागर की लहरों से उठकर शैल श्रृंग पर सहज चढ़ा।
अप्रतिहत गति, संस्थानों से रहता था जो सदा बढ़ा।
आज पड़ा है वह मुमुर्षु सा वह अतीत सब सपना था।
उसके ही सब हुए पराए सबका ही जो अपना था।"

इससे स्पष्ट हुआ कि साम्राज्यवादी पूँजीवादी व्यवस्था का पतन हुआ। इसके लिए जिन्होंने सहयोग दिया, वे सब अलग हो गये। व्यक्ति का अनाथत्व है इसमें। सबकुछ हासिल करने पर भी वह हमेशा अनाथ है। अपनी व्यक्तिवादी प्रवृत्ति के कारण मनु की सारी गति-प्रगति रुद्ध हो जाती है। ऐसी अगतिक स्थिति में श्रद्धा उसके पास गतिशील व्यक्तित्व एवं आदर्श को लेकर पहुँचती है। श्रद्धा मानव-भविष्य के निर्माण के संघर्ष में लीन है। एक उज्ज्वल मानवीय संस्कृति के निर्माण में सभी प्रकार के कष्ट झेलने में वह तैयार है – "मैं लोक अग्नि में तप नितान्त आहुति प्रसन्न देती प्रशान्त।" श्रद्धा में जो आत्मीयता है, वह मनुष्य विकास के लिए सबसे ज़्यादा आवश्यक है। घायल मनु के पास पहुँचकर वह उस को सांत्वना देती है और मरहम पट्टी लगाकर पूरी ताकत प्रदान करती है। वही है स्त्री की ताकत जो नये संसार की सृष्टि में सहायक बनती है। यानी विज्ञान एवं तकनीकी उपजों के यंत्रयुग में नष्ट होनेवाले मानवीय संबंधों को पुनरुज्जीवित करने तथा कर्तव्यच्युत एवं लक्ष्यभ्रष्ट पुरुष को सही मार्ग पर लाना स्त्री का कर्तव्य है। इसलिए कामायनी में स्त्री का जो

स्वरूप किया गया, वह आज की समस्याओं के हल को लक्षित करके है–

"तुमुल कोलाहल कलह में मैं हृदय की बात रे मन !
विकल होकर नित्य चंचल, खोजती जब नींद के पल
चेतना थक सी रही तब, मैं मलय की बात रे मन!
चिर विषाद विलीन मन की, इस व्यवस्था के तिमिर वन की;
मैं उषा सी ज्योति रेखा, कुसुम विकसित प्रात रे मन!.....
चिर निराशा निरधर से, प्रतिच्छायित अश्रु सर में;
मधुप मुखर मरंद दुकुलित, मैं सजल जलजात रे मन!"

जाहिर है कि निराश-हताश, अनाथ एवं नाशोन्मुख अवस्था में स्त्री ही आलंबन बन कर सबको संवारने की क्षमता रखती है। यही तो है इको-फेमिनिज़्म की आत्मा।

प्रकृति पर आधिपत्य एवं नियंत्रण स्थापित करने की कोशिश बाद में वर्ग विभाजन का कारण बन गई। तब पुरुष समूह ने श्रमिक वर्ग को वन्य प्रकृति को अपने अधीन करने के लिए प्रयुक्त किया। इस प्रकार पुरुषाधिपत्य सशक्त हो गया। बाद में मनुष्य की ज़रूरतों की पूर्ति के लिए प्रयुक्त प्रवृत्ति उत्पादन में लाभ बनाने की मार्ग बन गई। सत्ता श्रमिकों का उपयोग कर यह संभव बनाने की प्रणाली को जन्म देती है। मनु ने भी यही किया। इडा के ज़रिए जिस सारस्वत प्रदेश का निर्माण हुआ वहाँ भी पूँजीवादी व्यवस्था को प्रबल होते तथा श्रमिक वर्ग को अपने बल पर गर्व करते दिखाई देते हैं।

प्रसादजी यह पहचानते हैं कि मनुष्य का भौतिक एवं आध्यात्मिक जीवन प्रकृति के साथ मिला हुआ है। मनुष्य प्रकृति का ही एक भाग है। यह अवबोध स्त्री देती है। यही है श्रद्धा का महत्व। इडा की दृष्टि भी मनुष्य की प्रगति पर केन्द्रित है, लेकिन वह केवल भौतिक है। इन दोनों के सामंजस्य से मंगल का उदय होता है। इसलिए श्रद्धा मनुष्य केन्द्रित अतिभौतिक मनु की पूँजीवादी मानसिकता में संतुलन लाने के लिए जीवन के वास्तविक रहस्य सामरस्य को दिखा देती है और उसके ज़रिए मनुष्य को एक संतुलित जीवन पद्धति की ओर प्रेरित करती है। केवल अपने पति का उद्धार नहीं है श्रद्धा का लक्ष्य, बल्कि समस्त मनुष्य का है। पर उनमें एक व्यापक सामाजिक दृष्टिकोण के अभाव का आरोप मुक्तिबोध लगते हैं, "श्रद्धा की व्यक्तित्व-सत्ता भावात्मक, अकर्मक और स्थित्यात्मक है।" (*मुक्तिबोध, कामायनी : एक पुनर्विचार*, पृ. 133) श्रद्धा इडा के हाथों अपना पुत्र मानव को सौंपकर इडा का ही नहीं बल्कि जिस सारस्वत नगर का संपूर्ण नाश हुआ उसके विकास एवं निर्माण के लिए सक्रिय हो उठती है। वह इडा के

दृष्टिकोण अर्थात् आधुनिक भौतिकवादी दृष्टिकोण में जो कमज़ोरियाँ हैं, इनके हल के लिए दत्तश्रद्ध है। वह युवा मानव है। यंत्रवत् बनकर वर्ग-केन्द्रित, शक्ति केन्द्रित संघर्ष एवं उत्पादन प्रणाली में कमज़ोर का दमन एवं मूल्यों का ह्रास संभव हो जाता है। इसके लिए गठित नया संस्कार है मानव। इस सामरस्य का सुख अनुभव करनेवाले सारस्वत नगर को हमने देखा। मुक्तिबोध ने इडा की गत्यात्मकता की तारिफ हमेशा की है। लोकिन उसी गत्यात्मकता से उत्पन्न दुःख में उस गत्यात्मकता की अदूरदर्शिता भी व्यंजित हो उठती है। श्रद्धा की गत्यात्मकता संपूर्ण मानव का कल्याण ही नहीं, समस्त जीव-जंतुओं अर्थात् कमज़ोरों का उन्नयन करने वाली है।

पूर्ण रूप से घायल (शारीरिक एवं मानसिक) मनु पलायन चाहता है। इसके लिए वह श्रद्धा की मदद माँगता है। लेकिन पलायन का नहीं दुखमोचन का मार्ग श्रद्धा मनु को देती है। जीवन के सुख और सौन्दर्य जिसके हित से उत्पन्न होते हैं उस सत्य को समझे बिना यथार्थ सुख नहीं मिलेगा–

"सब बाहर होता जाता है स्वगत उसे मैं कर न सका।
बुद्धि तर्क के छिद्र हुए थे हृदय हमारा भर न सका।"

मनु पहचानता है कि बुद्धि के उत्पादन से हृदय भरता नहीं, पर हृदय के भरने से ही असली सुख मिलता है। यह विश्व बहुत उदार एवं सुन्दर है। यहाँ सब स्वतंत्र है। लेकिन हम पराधीनता, दुःख-शोक आदि का गठन करते हैं–

"यह विश्व अरे कितना उदार, मेरा गृह रे उन्मुक्त द्वारा
यह लोचन गोचर सकल लोक, संस्कृति के कल्पित हर्ष शोक।"

इसलिए इन सत्यों को समझे बिना विश्व के आकर्षण एवं मादकता में फँसने से अवनति की ओर जाना स्वाभाविक है। संतुलित जीवन गति के बदले अतिशीघ्र जीवन की ओर आकृष्ट होनेवाला आज का मनुष्य सदा अशांत एवं अस्वस्थ ही रहेगा। इसलिए श्रद्धा ने इडा से कहा –

"मनु को मस्तक की चिर अतृप्ति, तुम उत्तेजित चंचला शक्ति।"

आज चारों ओर हमारी वासना एवं अतृप्ति को जगानेवाली मोहमाया की चकाचौंध है। इसे और भी उत्तेजित किए जानेवाले बाज़ार तंत्र और बौद्धिक उपादान हैं। तब अतृप्ति और भी तेज़ रफ्तार से बढ़ती रहेगी। शमन का मार्ग कहीं भी नहीं है। शमन के लिए आध्यात्मिकता की ओर मुड़नेवाले मनुष्य के लिए आध्यात्म को भी क्रयवस्तु बनाया जाता है। इस प्रकार के वातावरण में श्रद्धा का यह वचन सबसे ध्यान देने योग्य है। स्त्री के कर्तव्य से सचेत करना श्रद्धा का लक्ष्य है। इको-फेमिनिज़्म के

अनुसार धरती को बचने का दायित्व स्त्री का है। इसलिए दर्शन सर्ग में प्रसादजी रेखांकित करते हैं–

"नारी माया ममता का बल, वह शक्तिमयी छाया शीतल;
फिर कौन क्षमा कर दे निश्चल, जिससे यह धन्य बने भूतल;"

श्रद्धा और इडा द्वारा प्रयुक्त मार्गों में अंतर है। श्रद्धा के सम्मुख इडा अपने द्वारा प्रयुक्त आशय की गलती को स्वीकार करती है। आज इस गलती की ओर मार्क्सवादी पारिस्थितिक स्त्रीवाद की नारियाँ इशारा करती हैं। इडा 'जनपद-कल्याणी' नाम से प्रसिद्ध है। वह 'जनपद-कल्याणी' नाम इडा ने अर्जित किया जब पूँजीवादी सभ्यता के विकास का कारण वह बनी। लेकिन उसका अंत भी उसने देखा। यह सामाजिक विभाजन उसके ज़रिए जो हुआ वह ठीक नहीं सिद्ध हुआ। इसलिए श्रद्धा के सामने अपनी गलती को इडा स्वीकार करती है, जैसे–

"मैं जनपद-कल्याणी प्रसिद्ध
अब अवनति कारण हूँ निषिद्ध।"

इसका तात्पर्य यह है कि मार्क्सवाद की गलतियों की ओर इशारा करेवाली आज की नारी समाज को बचाने का दायित्व अपने ऊपर ले लेती है। इसका ज्वलंत उदाहरण है वंदना शिवा। वे मानव को बचाने के लिए प्रकृति और प्रकृति के जीव-जंतुओं को बचाने का दायित्व स्त्री पर ही छोड़ देती है। वे भारत में इस क्षेत्र में अगुआ हैं। इडा पूर्ण रूप से अपनी पराजय को श्रद्धा के सामने स्वीकार करती है। इडा स्वीकार करती है कि वह अभी तक भ्रम में थी। इसलिए इतना बड़ा संहार हुआ। जब सांसारिक जीवन की असलियत से हम अपरिचित हो जाते हैं, तब जीवन दूभर एवं दुःखद बनता है।

इडा अभी तक उसके द्वारा किए गये विकास के प्रयत्नों के बारे में यों कहती है–

"प्राणी विनाश मुख में अविरल चुपचाप चलें होकर निर्बल संघर्ष
कर्म का मिथ्या बल, ये शक्ति चिह्न, ये यज्ञ विफल" (दर्शन सर्ग)

श्रद्धा भी इसका समर्थन करती है कि प्रत्येक विभाजन बना भ्रान्त। इसलिए श्रद्धा इडा को बहुत सतर्कता से समझाती है कि यह जीवन धारा है, यह सुखद है, सत् है, सतत है वैसे ही गहरा भी है। इसे बुद्धि मात्र से समझ नहीं पाते। बुद्धि से जड़ता दूर नहीं हो जाती। तर्क से उठनेवाली लहरों को अगर हम गिनने लगें तो हम पराजित हो जाएँगे। इसलिए जीवन का सुख इन सबसे परे है। विभाजन, संघर्ष या विषमता से वातावरण अशांत हो जाता है। श्रद्धा की वाणी सुनिए–

"सुख दुख का मधुमय धूप छाँह, तू ने छोड़ी यह सरल राह।
चेतनता का भौतिक विभाग-कर, जग को बाँट दिया विराग।" (दर्शन सर्ग)

इस विभाजन से राग के बदले में विराग फैल जाता है। इसलिए यहाँ जो राग है, उसमें तल्लीन होना है। इससे जगत् का जागरण संभव हो जाएगा। राग के प्रज्वलन की आवश्यकता है। यह राग द्वैत से संभव नहीं है। चर एवं अचर के अद्वैत से ही यह शांति संपन्न होगी।

लोक कल्याण के लिए संघर्ष की अग्नि में जल-जलते, पथभ्रष्ट पुरुष एवं जनजीवन को सुखद जीवन प्रदान करने का रास्ता दिखाने के लिए जब श्रद्धा निकलती है, तब वह अपने पुत्र को इडा को सौंप देती है और कहती है–

"रह सौम्य! यही हों, सुखद प्रान्त,
विनिमय कर दे कर कर्म कान्त;
तुम दोनों देखो राष्ट्रनीति
शासक बन फैलाओ न भीति।"

दोनों मिलकर शासक बनकर भीति फैलाने के बदले उचित राष्ट्रनीति को अपना कर उचित शासन के द्वारा सत् कर्म के रास्ते पर आगे बढ़ने का आह्वान देती है। आज के शासकों के लिए दूरदर्शिता के साथ प्रसाद ने जो सन्देश दिया वह बिलकुल श्लाघनीय है। बुद्धि मात्र के रास्ते पर चलकर शासन करने से जनता भयाशंका में रहेगी। राष्ट्रनीति जब हम अपनाते हैं तब ममता भरे वातावरण की सृष्टि करने की ज़रूरत अनिवार्य बनती है। इडा और मानव का सहयोग इसलिए नई राष्ट्रनीति को जन्म देगा। यहाँ इडा का महत्व अवश्य है। इडा के अनुशासन के द्वारा ही श्रद्धा-पुत्र के व्यक्तित्व की पूर्णता संभव हो जाती है। दोनों स्त्रियों के द्वारा (बुद्धि एवं हृदय) मानव का व्यक्तित्व निर्माण संभव हो जाता है। अर्थात् स्त्री ही असली मानव के निर्माण में समर्थ है। इसलिए मनु की कमज़ोरियों को श्रद्धा पहचानती है। उन कमज़ोरियों को दूर करने का रास्ता वह दिखाती है। यही है स्त्री का कर्तव्य। आज के ज़माने में निरे स्त्रीवाद के सामने श्रद्धा एक दुर्बल आदर्शवादी पात्र होगी, लेकिन आज स्त्री समझने लगी है कि दुनिया में जब पाशवीयता एवं बर्बरता बढ़ती जाती है, पार्थक्य बोध एवं भेदबुद्धि से संघर्ष बढ़ता जाता है, वैज्ञानिकता के विकास से लोग दम घुटते रहते हैं, तब श्रद्धा जैसी स्त्रियों की भूमिका ही बढ़ जाती है। श्रद्धा आज की माँग है। श्रद्धा पुरुष के अधीन नहीं, दुनिया के अधीन नहीं, श्रद्धा है पथद्रष्टा और विजयिनी। श्रद्धा की जीत के साथ इडा की भी जीत होती है। जब कुमार श्रद्धा की गोद में बैठता है तो इडा श्रद्धा

के चरण धूल का नमस्कार करती है। इसका अर्थ गहरा ही है। आज की राजनीति एवं कई भौतिकवादी जो सिद्धान्त हैं वे सब निष्प्राण हैं। लोक कल्याण के लिए वे फायदेमंद नहीं निकले हैं। क्षणभर के लिए ये सफल सी प्रतीत होते हैं तो भी वे नित्य संघर्ष के साधन बन जाएँगे। मानव के नाश के लिए ये वजह बनते हैं। इसलिए इडा अपनी भूल समझकर श्रद्धा मार्ग को अपनाती है। समकालीन संदर्भ में अपने वास्तविक कर्तव्य को भूलकर गहन स्त्रीवाद के समर्थन में निकल पडनेवालों के लिए यह एक मार्मिक जवाब ही है। यहाँ तीनों एक हो जाते हैं, पार्थक्य-बोध समाप्त हो जाता है। तब तीनों जो सुख अनुभव करते हैं वह अनन्य है। इसलिए श्रद्धा कुमार से कहती है – सबकी समरसता, कर प्रचार, मेरे सुत! सुन माँ की पुकार! (दर्शन सर्ग)

मनु यद्यपि अपने कर्म पर पछाताता है तो भी इस द्वैतभाव से या व्यक्ति केन्द्रित मोह से मुक्त होना नहीं चाहता। पर उस समय सभी प्रकार की पीड़ाओं की अग्नि में प्रज्वलित एवं शुद्ध बने सोने को समान जाज्वल्यमान होकर खड़ी है श्रद्धा। श्रद्धा शैल शिखरों से भी ऊँची हो जाती हैं। अपने कर्म से वह सबसे श्रेष्ठ नज़र आती है। वही है असल में स्त्री। देखिए–

> “*कुछ उन्नत थे वे शैल शिखर,*
> *फिर भी ऊँचा श्रद्धा का सिर,*
> *वह लोक अग्नि में तप गलकर,*
> *थी ढली स्वर्ण प्रतिमा बन कर;*
> *मनु ने देखा कितना विचित्र।*
> *वह मातृमूर्ति थी विश्वमित्र*” (दर्शन सर्ग)

स्त्री को जितनी ऊँचाई तक प्रसादजी पहुँचा सके उतनी ऊँचाई तक पहुँचाया है प्रसाद जी ने, नहीं तो उनके मानव कल्याणकारी कर्म ने। प्रसादजी ने स्वीकार किया कि स्त्री है विश्वमित्र। यही है इको-फेमिनज़्म का मूलमंत्र भी। स्त्री की यह ऊँचाई अतिशयोक्ति नहीं है, असल में एक कामयाब स्त्री अर्थात अपने धर्माधर्म को पहचाननेवाली स्त्री प्रसाद जी द्वारा दी गई ऊँचाई तक पहुँचती है और पहुँच सकती है। आज के इको-फेमीनिस्ट इसे पहचानते हैं। श्रद्धा के इस मार्ग को आध्यात्मिकता की चाहरदीवारी में बाँध कर घटिया दिखाने की जो कोशिशें कई तरफ से हुई हैं, वे गलत सिद्ध होती हैं। स्त्री के संबंध में तथा उसकी शक्ति एवं क्षमता के संबंध में तुच्छ

विचार रखनेवालों को सही जवाब देते हैं प्रसाद जी—

"तुम देवी! आह कितनी उदार'
यह मातृमूर्ति है निर्वीकार
हे सर्वमंगले तुम महती,
सबका सुख अपने पर सहती;
कल्याण मयी वाणी कहती,
तुम क्षमानिलय में हो रहती;
मैं भूला हूँ तुमको निहार
नारी सा ही! वह लघु विचार।"

आज स्त्री संबंधी सभी लघु विचारों को प्रसाद जी के समान सही जवाब देने में इको-फेमिनिस्ट काबिल हैं। असल में पुरुष की गलतियों को ही नहीं बल्कि समाज की, शासन की, राजनीति की सबकी गलतियों को सुधारकर एक मानव-योग्य संसार के निर्माण में स्त्री कटिबद्ध है। इस शक्ति को प्रसादजी ने अपनी सूक्ष्म एवं तात्विक बुद्धि से पहले ही देखा, समझा और स्वीकार किया। मनु जब तुच्छता अनुभव करता है, तब श्रद्धा संबल बनकर मनु की मुक्ति के लिए उसकी तुच्छता को अपने बड़पन से दूर करती है। यहाँ यह भी सिद्ध होता है कि स्त्री है सबसे बड़ा सत्य। द्वन्द्व को शांति का सत्य ही मिटा सकता है। इसलिए सारे विषमों एवं संघर्षो से मुक्ति के लिए संयमी स्त्री की मदद चाहिए। तब मनुष्य कर्मोन्नति में पहुँच जाएगा। इसके लिए भेदबुद्धि को समाप्त करना है। जब यह समाप्त होता है तब अखंड आनंद नृत्य होता है। इसके लिए भ्रमित बुद्धि से मुक्त होकर मन को वश में करना है। इस आनंद नृत्य का दर्शन मनु को श्रद्धा कराती है। श्रद्धा द्वारा मनु ज्ञान विज्ञान से अलग होकर आस्तिक बनता है तब वह कहता है—

"मिटते असत्य से ज्ञान लेश,
समरस अखंड आनंद वेश।"

प्रसादजी औद्योगीकरण से जो शहरीकरण हुआ उस शहरीकरण का विरोध करते हैं। वहाँ तुमुल संघर्ष एवं विभाजन काम करते हैं। ऐसे वातावरण में मानवीय मूल्यों को कोई स्थान नहीं रहेगा। सत्ता और सामाजिक व्यवस्था बिलकुल व्यक्ति-केन्द्रित होंगी। वहाँ न्याय नहीं होगा। उस मलिन वातावरण से दूर ग्रामप्रांत की ओर या पहाड़ी प्रदेश के शांत जीवन की ओर श्रद्धा मनु को ले जाती है। प्रसादजी ने शहरी जीवन के खोखलेपन और प्रदूषित वातावरण को पहले ही महसूस किया था।

जब ग्राम के शांत वातावरण में श्रद्धायुत मनु पहुँचता है, तब सांसारिक जीवन का रहस्य खुल जाता है। इस जीवन की सार्थकता एवं निरर्थकता का भेदाभेद समाप्त हो जाता है। नगर जीवन के भयानक रूप का सत्य प्रकट हो जाता है। वहाँ मनुष्य स्वार्थप्रेरित, यशप्रेरित कर्म करता है। वहाँ मनुष्य यंत्रवत् है। प्रसादजी वर्तमान जीवन के घोर यथार्थ को यों पेश करते हैं—

"श्रममय कोलाहल, पीड़ामय विकल प्रवर्त्तन महायंत्र का;
क्षण भर भी विश्राम नहीं है प्राण दास है क्रिया तंत्र का।"

इन सबसे परे हिंसा बढ़ रही है, तृष्णाजनित ममत्व-वासना ज़ोरों पर है। समाज मतवाला है। स्थूल रूपों का निर्माण हो रहा है, बड़े-बड़े कारखाने, आलीशान महल आदि से आज के लोग दम घुट रहे हैं, उसका भयानक रूप प्रसादजी ने कर्म के रहस्य के रूप में अभिव्यक्त किया है। इस भीषण कर्मलोक में सत्ता भी अपना वास्तविक दायित्व निभाती नहीं। दलित, पीड़ित, शोषित और भी पिछड़े बनते जा रहे हैं—

"यहाँ शासनादेश घोषणा विजयों की हुंकार सुनाती,
यहाँ भूल से विकल दलित को पदतल में फिर-फिर गिरवाती"।

लोग इस नगर जीवन में केवल उपभोग के पुतले हैं, जो सूक्ष्म भाव-धाराएँ हैं, उन्हें वे भूल जाते हैं। इस प्रकार के कर्म करने के लिए प्रेरित करनेवाला ज्ञान भेदबुद्धि का है। यहाँ न्याय निर्मम चलता है, जिसमें दीनता नहीं है। आस्तिकता एवं नास्तिकता पर केन्द्रित कई दर्शन यहाँ काम करते हैं। इन दर्शनों में भी ममत्व का भाव नहीं है। धर्म की तुला पर अधिकारों की व्याख्या एवं विभाजन का कार्य चलता है। सत्ताधारी भी जनकल्याण नहीं चाहता। वे निर्मम एवं स्वार्थी शासक हैं। इच्छाएँ अनन्य हैं। लेकिन मोह एवं आडंबर की ये इच्छाएँ विकास के लिए बाधक हैं। प्रसाद जी भी कर्म या विकास के विरोधी नहीं रहे। लेकिन अंधाधुंध कर्म, विकास, उपभोग और उसके लिए प्रयुक्त होनेवाले ज्ञान के विभिन्न दर्शन इन सबका सख्त विरोधी रहे हैं। यह है कामायनी की आज की प्रासंगिकता। कामायनी की आलोचना विभिन्न आलोचकों ने विभिन्न काल में विभिन्न नज़रिए से की है। लेकिन काल सीमा को पार करनेवाला एक सूक्ष्म जीवनतत्व संजीवनी के रूप में इसमें निहित है। उसको इन्होंने अनदेखा कर दिया। इस भूमंडलीकृत उपभोग संस्कार के ज़माने में कामायनी का संजीवनी मंत्र बहुत ही फायदेमंद निकलता है। तीनों लोकों का जो नकारात्मक वर्णन श्रद्धा द्वारा हुआ है उनका समन्वयत्मक संयमी स्वरूप हमारे जीवन में कितना अनिवार्य है, वह यहाँ जाहिर हो उठता है। आज इच्छा, ज्ञान एवं कर्म का उचित समन्वय नहीं है। योग्य

इच्छा की पूर्ति के लिए योग्य ज्ञान के सहारे कर्म करने से समाज का सुख संभव हो जाएगा। तब ही भोग के लिए कर्म, कर्म के लिए भोग का कामायनी का वाक्य सही सिद्ध होगा। प्रसादजी आज की 'अति' के प्रति निषेधात्मक रवैया जाहिर करते हैं। रहस्य सर्ग में हमारे जीवन की बिडंबना यों खुलती है—

"ज्ञान दूर कुछ क्रिया भिन्न है
इच्छा क्यों पूरी हो मन की;
एक दूसरे से न मिल सकें
यह विडम्बना है जीवन की।" (रहस्य सर्ग)

तब जीवन को सुखद एवं आह्लादित करने के लिए इच्छा, ज्ञान और क्रिया का उचित समन्वय अत्यंत वांछनीय है। जब श्रद्धा ने यह मूल मंत्र मनु को समझाया तब मनु भी अपने संघर्षात्मक जीवन से मुक्त हो जाता है। जीवन की सादगी में है सुख। वह सादगी एवं सहजता आज नष्टप्राय है। मोह एवं इच्छाओं के अतिरेक में ज्ञान-विज्ञान के अनुपयुक्त विचारों की मदद स्वीकार कर कर्मक्षेत्र में यंत्र के पुतले बननेवाले मनुष्य जीवन में केवल संघर्ष ही संघर्ष शेष रहेगा।

रहस्य सर्ग में ईश्वर के रहस्य का जो खुलासा होता है, वह सचमुच भौतिक जीवन का भी रहस्य है। सभी आनंदों की चरम सीमा एक समान है। इसलिए कामायनी का वह आनंद आध्यात्मिकता तक सीमित रखना अपराध की बात है। देखिए—

"स्वप्न, स्वाप, जागरण भस्म हो
इच्छा, क्रिया, ज्ञान मिल लय थे;
दिव्य अनाहत पर निनाद में
श्रद्धायुत मनु बस तन्मय थे।"

यही है सबको समन्वय से मिलनेवाला सुख अथवा आनंद। वहाँ पुरुष, स्त्री, सारी इच्छाएँ, ज्ञान-विज्ञान एवं क्रिया का द्वन्द्व समाप्त हो जाएगा। अनवरत संघर्ष से सदा अशांत वातावरण उत्पन्न होता है। संयम से इन सबका समन्वय संभव हो जाता है। यह शांत वातावरण नगरों की भीड़ एवं कोलाहल से दूर पहाड़ की तलहटी में प्राप्त होता है।

'आनंद' सर्ग का वातावरण प्रकृति का है। प्रकृति की अवस्थिति में सभी चराचरों से मिलजुलकर रहने से उत्पन्न होनेवाला वह सुख हरित आध्यात्मिकता का है। मनु और श्रद्धा के उस आनंद में भागीदार बनते हैं संपूर्ण सारस्वत प्रदेश के लोग। धवल धर्म के प्रतीक वृषभ को लेकर वे गये। आर्थात् मनुष्य के समानधर्मी है जानवर।

उनके परस्पर सहयोग में है संसार का संतुलन। एक संतुलित संसार एवं जीवन का गठन है कामायनी का लक्ष्य। वह श्रद्धा के द्वारा संभव हो जाता है। सारस्वत नगर के पुनःनिर्माण में श्रद्धायुत बुद्धि का प्रयोग किया गया है। इसलिए वह एक आदर्श नगर बनता है। यहाँ पूरा नगर श्रद्धा और मनु के दर्शनार्थ पहुँचता तो इसका तात्पर्य यह है कि श्रद्धा और मनु की समान-स्थिति में हैं सारस्वत नगर वासी भी। कारण वे सब श्रद्धायुत बुद्धि से निर्मित हैं। श्रद्धा का महत्व केवल मनु को बचाने में ही नहीं, एक नवपीढी के निर्माण में भी है। श्रद्धायुत मनु के तीर्थस्थान की ओर बिना थकावट के, अंत्यधिक उत्साह के साथ, सारस्वत नगर के आबालवृद्ध जन चलते हैं। उस तीर्थस्थान के बारे में जिज्ञासा प्रकट करनेवाले बालकों से मनु और श्रद्धा की कहानी सुनाती चलती है इडा। इडा इसलिए चलती है कि वह बुद्धि और श्रद्धायुत बन गई। यहाँ इडा के शब्दों से यह जाहिर होता है कि श्रद्धा के द्वारा मनु और पूरा वन शीतल एवं शांत बन गये। सारा रूखापन मिट गया। अब वन तपोवन वन गया। इस वातावरण में सब मुक्त हैं, जानवर भी। इसी मुक्ति में है आनंद। ज्ञान-विज्ञान के वादों के बोझ में उलझकर हमेशा संघर्ष में जीवन गुज़ारना प्रसादजी के अनुसार निरर्थक है।

सहज प्रकृति के उस सुन्दर माहौल से हम कब से वंचित हो गये हैं। यह उन सबको पुनः जीवन में ले आएँ तो फिर से आनंद ज़िन्दगी में आ जाएगा। देखिए—

"वह मंजरियों का कानन
कुछ अरुण पीत हरियाली;
प्रति पर्व सुमन संकुल थे
छिप गई उन्हीं में डाली
यात्री दल ने एक देखा
मानस का दृश्य निराला
खग मृग को अति सुखदायक
छोटा सा जगत उजाला।"

प्रकृति की इसी सुखद गोदी में कौन शांति अनुभव नहीं करेगा। प्रकृति के ऐसे मनोरम दृश्य में प्रत्येक का मानस भी प्रकृति के मानस के समान निराला बन जाएगा—

"भर रहा अंक श्रद्धा का
मानव उसको अपना कर;
था इडा शीश चरणों पर;" (आनंद सर्ग)

यह है श्रद्धा का महत्व। उसके सामने बुद्धि भी झुकती है। श्रद्धा की ममता इडा को उस ओर खींच लेती है। यहाँ प्रसादजी संसार की सबसे बड़ी शक्ति के रूप में स्नेह को मानते हैं, जिससे आज की दुनिया वंचित है। इस बुद्धिप्रवण संसार के संघर्षों के बीच वह शक्ति ही समता का सन्देश प्रदान करती है। उस शक्ति से प्रेरित होकर सारा सारस्वत नगर एक कुटुंब बन जाता है, जहाँ पहले संघर्ष ही संघर्ष कायम रहा था। बुद्धि मात्र से चालित दर्शन, विज्ञान और प्रौद्योगिकी जनता में सुख का संचार नहीं कर पाएँगे। यह नैमिषिक मात्र है। जटिल बुद्धि-व्यापार मनुष्य को संकीर्ण बना देता है। रास्ता अवश्य बुद्धि देगी, लेकिन उसे स्निग्ध बनानेवाला तत्व हृदय ही है। सारस्वत नगरी उसका सही प्रतिमान है। आचार्य रामचन्द्र शुक्लजी ने भी चिंतामणि के प्रथम भाग के आरम्भ में यह महत्वपूर्ण विचार प्रकट किया कि बुद्धि यात्रा के लिए निकलती है, हृदय को साथ लेकर। उस शुक्लजी ने श्रद्धा के संबंध में जो मत प्रकट किया "रस-पगी रही पायी न बुद्धि"– वह बिलकुल निंदनीय इसलिए है कि शुक्लजी की यह निंदा स्त्री जाति की निंदा है। लोक कल्याण के लिए मानवीय मूल्यों को अनुपेक्षणीय मानते हैं शुक्लजी। उसी मानवीय मूल्य का भरपूर वहन करनेवाली श्रद्धायुत बुद्धि से कामायनी में मानव की जीत हुई। उस श्रद्धा का शुक्लजी द्वारा परिहास शुक्लजी के साहित्यिक प्रतिमानों का ही परिहास है। मानवीयता की विजय के लिए आवश्यक सारे मंत्रों को कामायनी में फूँक-फूँक कर भरनेवाली है श्रद्धा। उसी श्रद्धा तत्व की जीत है कामायनी की कालातीतता का कारण भी।

मनु का अंतर्द्वन्द्व समाप्त हो गया। व्यक्ति-केन्द्रित महत्वाकांक्षा की जगह सभी चराचरों की समता का भाव मनु में जाग उठा। मनु का कथन देखिए–

"देखो कि यहाँ पर कोई भी नहीं पराया
हम अन्य न और कुटुम्बी
हम केवल एक हमीं हैं;
तुम सब मेरे अवयव हो
जिसमें कुछ नहीं कमी है
शापित न यहाँ है कोई
तापित पापी न यहाँ है;
जीवन वसुधा समतल है
समरस है जो कि जहाँ है।" (आनंद सर्ग)

गुरु-लघु भाव समाप्त हो गया। प्रकृति की छोटी इकाई भी अपने को संतुष्ट

पाती है। वैसी मनोभावना में पाप-पुण्य का भेदभाव भी नष्ट हो जाता है। सचमुच प्रसाद का यह दृष्टिकोण अर्थात् समस्त चराचरों को समान दर्जा देने का अहम कार्य उत्तराधुनिक विमर्श का सही उदाहरण है। मनु द्वयता को भूलकर सबकी सेवा करने का आह्वान देता है–

"सब भेद भाव भुलवा कर
दुख सुख को दृश्य बनाता
मानव कह रे, 'यह मैं हूँ'
वह विश्वनीड़ बन जाता!" (आनंद सर्ग)

मनु के यह द्वन्द्वरहित विचार श्रद्धा द्वारा निर्मित है। पूर्णरूप से भ्रमित, पथभ्रष्ट मनु का यह जागरण और मानसिक एकाग्रता का ग्रहण स्त्री के पारस संस्पर्श का परिणाम है। इसलिए श्रद्धा की यात्रा एकपक्षीय ऐकान्तिक नहीं है। वह संपूर्ण मानवीयता को अग्रसर करनेवाली यात्रा है। श्रद्धा मूर्ख नहीं वह तेजस्वी है। उसका त्याग, स्नेह आदि एक नई पीढ़ी के निर्माण के लिए है। कुछ पाने के लिए कुछ खोना पड़ता है। बुद्ध ने, गाँधी ने, कितने महात्माओं ने जनहित के लिए क्या क्या त्यागा था। यह त्याग अथवा जनसेवा ही श्रद्धा की विजय का भी हेतु है। इन सभी ने भारतीय मिट्टी के महान विचारों को स्वीकारा। भारतीय जीवन की निचोड़ ही सेवा और त्याग है। यहाँ विकास एवं आनंद संभव हो जाता है। यहाँ जन्म लेनेवाले सभी जीवों को समान अधिकार है। इसी को हमारी राजनीति तथा अन्य सभी अधिकार-क्षेत्रों में अमल करने की कोशिश भी श्रद्धा द्वारा हुई है। इसलिए प्रसादजी ने श्रद्धा को–

"वह कामायनी जगत की
मंगल कामना अकेली;
थी ज्योतिष्मति प्रफुल्लित
मानस तट का वन बेली।"

यहाँ श्रद्धा मंगल, कामना, बुद्धि, सौन्दर्य आदि का प्रतीक है। आज की स्त्रियों को इन गुणों की पहचान होनी चाहिए। केवल मांसल सौन्दर्य से स्त्री की अस्मिता की पहचान संभव नहीं है। वह जब बुद्धि से काम कर जन कल्याण की ओर प्रवृत्त हो जाएगी, तब समाज में स्त्री संबंधी अवधारणा बदल जाएगी। स्त्री-मुक्ति से तात्पर्य है अपनी देह से मुक्ति तथा अपनी प्रतिभा के बलबूते पर अपने कर्तव्य को पहचानना। श्रद्धा ने यही काम किया। इसलिए श्रद्धा को ऊँचा दर्जा मिला। इडा भी अपने धर्म को पहचानती है। स्नेह से वंचित होने पर संघर्ष जन्म लेता है, उस पर मरहम पट्टी

लगाकर स्वस्थ बनाने की शक्ति स्त्री में है। इससे स्त्री दुगुनी ऊँचाई पर पहुँच जाती है। आज के नारीवाद में स्त्री-स्वातंत्र्य के असली विचार से भटकाव दिखाई देता है।

प्रकृति के उस प्रांगण में सब अपने-अपने अलग अहंबोध से विरत होकर प्राणी-प्राणी मात्र के आनंद में लीन हो जाते हैं। तब सभी पहचान लेंगे कि—

"समरस थे जड़ या चेतन
सुन्दर साकार बना था;
चेतनता एक विलसती
आनंद अखंड घना था।" (आनंद सर्ग)

प्रसाद जी का यह महान संदेश श्रद्धायुत बुद्धि के प्रयत्न से संभव हुआ। यह सचेतनता का संदेश है। इसका आखंड विलास ग्राम प्रांतरों में प्रकृति के सहज वातावरण में छोटी-छोटी कुटिया में ही विकास प्राप्त है। वहाँ वह हँसती है, खेलती है। इसके बदले में शहर के अलीशान महलों में जहाँ जीवन की चेतनता का अभाव नज़र आता है, चेतनता के स्थान पर निर्जीव यंत्र अथवा रोबोट काम करता है। वहाँ स्नेह नहीं, शांति नहीं, संघर्ष ही संघर्ष है। उस संघर्ष पूर्ण चाल-चलन में यथार्थ चेतना नहीं है। इसलिए प्रकृति की सहजता की ओर वापस आने का निमंत्रण श्रद्धा देती है। लेकिन वापसी उतना आसान नहीं है। इसलिए प्रसादजी सारस्वत नगर के ज़रिए यह दिखाना चाहते हैं कि यह सहजता शहर में भी संभव है। प्रसादजी विकास के विरोधी नहीं हैं। लेकिन विकास योजनाओं में मानवीयता की रक्षा पर ज़ोर देते हैं। शोषण एवं पोषण का अनुपात एक ही होना चाहिए।

गोया कि चेतनता के विकास के इस इतिहास में संपूर्ण चराचरों की पारस्परिकता एवं समरसता से संतुलन स्थापित करते हुए मानवराशि को आगे ले जाने में स्त्री का नेतृत्व बहुत ज़रूरी है। कर्मजगत् में आस्तिकता मनुष्य को सहायक बनाती है। भारत जैसे देश मे आध्यात्मिकता से विच्छिन्न एक जीवनदर्शन को सफलता हासिल करना मुश्किल है। इसलिए लोग आज धार्मिक पागलपन की गिरफ्त में पड़कर वास्तविक आध्यात्मिकता से कोसों दूर चले जा रहे हैं। पर कामायनी सामरस्य से प्राप्त आध्यात्मिक आनंद को प्राप्त करने की ओर इशारा कर रही है। यह एक प्रकार की हरित आध्यात्मिकता है। इसे प्राप्त करने का श्रेय कामायनी में श्रद्धा को है।

स्त्री और प्रकृति का अद्वैत इको-फेमिनिज़्म का मुख्य बिंदु है। पुराने समय से लेकर भारत ही नहीं संपूर्ण दुनिया धरती को देवी माँ मानता आ रहा है। उस धरती के निकट ही है स्त्री। दोनों समान धर्मा हैं। धरती कितने चर एवं अचरों को जन्म देती है

और उनका पोषण करती है। वही प्रक्रिया स्त्री के द्वारा भी संपन्न होती है। स्त्री-शरीर में होनेवाला सारा परिवर्तन एवं प्रक्रियाएँ प्रकृति के ऋतु परिवर्तन एवं प्राकृतिक प्रक्रियाओं से संबद्ध हैं। स्त्री प्रकृति के सबसे निकट है। वह प्रकृति को अच्छी तरह पहचानती है। स्त्री को देवी माँ मानने की परंपरा विश्वभर में है। इसलिए प्रकृति पर लगने वाली चोट जितना स्त्री समझती है, उतना पुरुष नहीं। प्रकृति में जो भी नाश आवें जैसे प्रदूषित वायु, सूखा, दारिद्र्य, युद्ध से उत्पन्न नाश इन सबका असर स्त्री पर जितना पड़ता है, उतना पुरुष पर नहीं। क्योंकि बच्चों, वृद्धों एवं कमज़ोरों की देखभाल करने का दायित्व उस पर पड़ता है। इसलिए स्त्री को धरती को बचाने में सबसे आगे आना पड़ता है। वह प्रकृति के साथ पुरुष को भी मिला लेती है, नहीं तो प्रकृति और स्त्री नहीं बचेंगी। इसलिए आनंद सर्ग में प्रकृतस्थ मनु को दर्शाकर पृथ्वी को बचाने की श्रद्धा की कोशिशें सफल बनती दिखाई देती हैं–

"चिर मिलित प्रकृति से पुलकित
वह चेतन पुरुष पुरातन;
निज शक्ति तरंगायित था
आनंद-अंबु-निधि शोभन।" (आनंद सर्ग)

प्रकृति से चिर मिलित है मनुष्य। अतीतकाल से इस मिलन से मनुष्य को शक्ति मिलती थी और आनंद प्राप्त होता था। लेकिन आधुनिकता के आगमन से पुरुष प्रकृति से दूर चला गया। पृथ्वी पर आक्रमण शुरू हुआ, विभिन्न जीव-जंतुओं का अंत होने लगा। इन सबका दुष्परिणाम कामायनी में है। वहाँ कमज़ोर ज़्यादा कमज़ोर हो गया। इसलिए पृथ्वी को बचाने के लिए श्रद्धा मनु को हिमालय की ओर ले आयी। हिमालय में उस चिरपुरातन पुरुष का प्रकृति से चिरमिलित रूप सदा ताजा है। उस शिवत्व को, जो स्त्री और पृथ्वी को अपने में समाहित कर आनंद अनुभव करता है, मनु ने पहचान लिया। श्रद्धायुत मनु शिवरूप धारण करता है–

"अपने दुख सुख से पुलकित
वह मूर्त विश्व सचराचर;
चिति का विराट वपु मंगल
यह सत्य सतत चिर सुन्दर।"

यह अभेद की भावना परिस्थितिवाद का प्राणतत्व है। इसे आत्मसात कर समस्तों की भलाई के लिए उसका उपयोग करती है स्त्री। इसलिए श्रद्धा देवी सी है। इको-फेमिनिज़्म के अनुसार एक स्त्री द्वारा दूसरी स्त्री और उसके द्वारा तीसरी स्त्री के

समान शृंखला की एक-एक कडी को जागृत एवं परिमार्जित कर अपने लिए और औरों के लिए समर्थ बनाना है। वही कार्य कामायनी में श्रद्धा द्वारा हुआ। श्रद्धा के सर्वमंगलकारी रूप की अनुकृति में इडा अपने को परिष्कृत करती है और एक समाज को भी। इसलिए स्त्री के देवीरूप का समर्थन ही इको-फेमिनिज़्म करता है। यही है स्त्री का प्रगतिशील रूप। नगेन्द्र अपनी रचना 'प्रसाद और कामायनी : मूल्यांकन का प्रश्न' में 'प्रसाद की प्रासंगिकता' नामक निबंध में–

"आँसू से भींगे अंचल पर।
मन का सब कुछ रखना होगा।
तुमको अपनी स्मित-रेखा से
यह गँधि-पत्र लिखना होगा।"

श्रद्धा सर्ग की इन पंक्तियों के ज़रिए यह सवाल उठाते हैं कि श्रद्धा का आदर्श आज की नारी को मान्य है? इसका उत्तर भी उन्होंने जो दिया है, वह इस संदर्भ में उल्लेखनीय है– "कालजयी कलाकार 1988-89 की नारी को दृष्टि में रखकर रचना नहीं करता, वह तो मानव-जीवन की मूल मनोवृत्तियों को वाणी प्रदान करता है। उपर्युक्त छंद की व्यंजना यही है कि विश्व-कल्याण का मूल मंत्र है – प्रेम, और प्रेम का मूल मंत्र है – आत्मदान जिसमें अहंकार की चेतना और स्वार्थ-भावना का विसर्जन हो जाता है। अपने इसी आत्मदान के द्वारा ऐहिक स्तर पर 'जगत की मंगल-कामना के रूप में और आध्यात्मिक स्तर पर 'चित्तशक्ति' के रूप में श्रद्धा के व्यक्तित्व का उन्नयन हो जाता है।" यही तो कामायनी की प्रासंगिकता है। यह इसलिए है कि प्रसाद गंभीर जीवन-द्रष्टा थे। उन्होंने तत्कालीन हलचलों से दूर रह कर अपने युग के राजनैतिक-सामाजिक जीवन का अत्यंत गहन अध्ययन किया था। इसलिए उनकी रचना तथा उनके स्त्री पात्र कालिक बनने के साथ ही कालजयी बन गये।

कामायनी सचमुच मनुष्य की विकास यात्रा का सही दस्तावेज़ है। कामायनी में उसकी विकास यात्रा प्रकृति के प्रांगण से शुरू होती है। आगे यंत्र एवं बुद्धि चालित विकास प्रक्रियाओं से आहत एवं दम घुटकर वह पहचान लेता है कि प्रकृति के प्रांगण में आनंद तथा सहअस्तित्व का माधुर्य अनुभव करना ही वास्तविक जीवन है। यह मानव-चेतना की विकास यात्रा भी है। इसकी अभिव्यक्ति के ज़रिए प्रसादजी हर काल के मनुष्य की अनिवार्यता को रेखांकित करके कामायनी को कालातीत बनाते हैं। प्रसादजी ने कहा कि कामायनी रूपक है। यह रूपकत्व ही कामायनी को सदा समय के साथ मिला देता है। वह प्रत्येक आलोचक के लिए महामेरू है। वह खिलौना

नहीं, हल्का नहीं, वह कालजयी रचना है। उसमें बहुआयामी अर्थ सन्दर्भ है। हर काल के साथ संवाद करने की क्षमता है। आज के सन्दर्भ में कामायनी यह समझ देती है कि मनुष्य एवं प्रकृति के बीच के जैव-संबंध को दृढ़ करना इस भूमि की वर्तमानता के लिए अनिवार्य है। पुरुषाधिपत्य को दूर करके स्त्री, पुरुष और प्रकृति की जैविक पारस्परिकता से उभरने वाली नई सामाजिक व्यवस्था का सपना इसमें अनावृत हो उठता है। वही पारिस्थितिक स्त्रीवाद (इको-फेमिनिज़्म) का सपना है। कामायनी यह भी जाहिर करती है कि पूँजीवादी पुरुषाधिपत्य की संस्कृति का प्रतिरोध स्त्री के द्वारा संभव है। यह स्त्रीवाद का मुख्य विचार है। दूसरी ओर यह एक समाजवादी दर्शन है। इसमें भूमि के सारे दरिद्र, दुर्बल एवं शोषितों का उन्नयन लक्षित है। तीसरी ओर मनुष्य और प्रकृति को मिलानेवाला है पारिस्थितिवाद। वह साम्राज्यवाद एवं आधिपत्य को नये ढंग से पुनःगठित करता है। इस दृष्टि से कामायनी पारिस्थितिक स्त्री विमर्श की कसौटी पर खरा उतरती है। भाषा भी प्रकृति और स्त्री के अद्वैत से रंजित है। मानवराशि को आगामी प्रलय से बचाने की कामायनी की यह पूर्व सूचना बिलकुल प्रासंगिक सिद्ध होती है।

पारिस्थितिक स्त्रीवाद और महादेवी वर्मा

बीसवीं शताब्दी के अंतिम दशकों में संपूर्ण जीव-जंतुओं के विमोचन को लक्ष्य करके पाश्चात्य देशों में पारिस्थितिक स्त्रीवाद (इको-फेमिनिज़्म) का आरम्भ हुआ। यह स्त्री और प्रकृति के शोषण और अवमूल्यन को संबद्ध कर उसका विश्लेषण करता है। इसका दावा है कि स्त्री और प्रकृति के मोचन मात्र से जैव व्यवस्था और सामाजिक व्यवस्था तथा तद्वारा मनुष्य-जीवन में भी संतुलन आ जाता है। मेरी मेल्लोर के अनुसार – "इको-फेमिनिज़्म एक आन्दोलन है जो प्राकृतिक संसार के नाश एवं अवमूल्यन तथा स्त्रियों की पराधीनता एवं गुलामी को संबद्ध करके देखता है। इसने 1970 के मध्य में सेकेंड वेव फेमिनिज़्म और हरित आन्दोलन (परिस्थितिवाद) से जन्म लिया है। मानव की प्रवृत्तियों का जो दुष्प्रभाव मानवेतर जगत पर पड़ता है, यह हरित आन्दोलन से उसने लिया। वैसे ही फेमिनिज़म से पराधीन, शोषित एवं दमित स्त्रियों के प्रति मानवीयता भी ले ली।" (Introduction to Feminism & Ecology–Mary Meller) लेकिन इको-फेमिनिज़्म नामक संकल्पना की दार्शनिक व्याख्या 1974 में सबसे पहले फ्रेंच नारीवादी फ्रन्स्वा द युवोण ने प्रस्तुत की। उन्होंने इको-फेमिनिज़्म को मानवीयता के रूप में देखा। इसका लक्ष्य पुरुष के बदले में स्त्री को प्रतिष्ठित करना नहीं है, बल्कि इसका मकसद पुरुष केन्द्रित अधिकार और उसकी संरचना को शिथिल करना है। स्त्री-पुरुष भेद के बिना मनुष्य को मनुष्य के रूप में देखने, समझने और माननेवालों के एक संसार के सृजन में इको-फेमिनिज़्म काम करता आ रहा है। स्त्री को इस पारिस्थितिक स्त्रीवादी आन्दोलन के नेतृत्व में आना चाहिए। मार्क्स ने मज़दूर को जो दायित्व दिया वही स्त्री को यहाँ दिया गया है। फ्रन्स्वा के अनुसार स्त्रीत्व पर आधारित भूमि सबको सुरक्षा प्रदान करेगी। इसलिए बंगारी मथाई ने 1991 में जब स्वस्थ पृथ्वी के लिए विश्व वनिता सम्मेलन आयोजित किया उस समय इको-फेमिनिज़्म की प्रवृत्यात्मक स्थिति की अनिवार्यता की ओर संकेत करते हुए कहा कि कार्य अभी जल्दी नहीं चलेगा... स्त्रियों को कुछ ज़रूरी काम अवश्य करना है।

सम्यक दृष्टि से महादेवी वर्मा की रचनाओं पर विचार किया जाए तो मानवीयता, स्त्रीमुक्ति, संपूर्ण जीव-जंतुओं, पेड़-पौधों के जीने का अधिकार, दमितों, शोषितों के प्रति हमदर्दी आदि से परिपुष्ट हैं। वे विशेषतः उनकी गद्य रचनाएँ। वे 'अतीत के चलचित्र' और 'स्मृति की रेखाएँ' में मानवीय जीवन के पददलित एवं उपेक्षित रूप का पर्दाफाश करती हैं। उनमें समाज एवं पुरुष द्वारा प्रताड़ित एवं विनष्ट स्त्री जीवन का दर्दनाक रूप एक ओर है तो जीवन गुज़ारने के लिए संघर्ष करनेवाले कई प्रकृति-पुत्रों की ज़िन्दगी दूसरी ओर है। वहाँ भी जीवन की सहजता एवं सामूहिक बोध तथा सादगी को बनाये रखनेवाला ग्रामीण एवं लोकजीवन का अत्याकर्षक एवं खुरदरे यथार्थों का हृदयावर्जक चित्र है। 'मेरा परिवार' में मानवेतर जीव-जंतुओं के जीने के अधिकार पर ज़ोर देते हुए उनके प्रति ममता की अजस्र धारा महादेवी बहाती हैं। सबसे बड़ी खासियत यह है कि इन सभी रचनाओं में केवल एक साहित्यकार के रूप में नहीं बल्कि एक आन्दोलनकारी के रूप में अथवा अपने कर्म से इन सबके प्रति अपने कर्तव्य को निभाने वाली के रूप में प्रत्यक्ष हो उठती हैं। मानवीयता की सुरक्षा के लिए अथवा एक संतुलित दुनिया के निर्माण के लिए स्त्री के साथ अन्य सभी दलित लोगों तथा मानवेतर प्राणियों, वृक्ष-गुल्मों के विमोचन पर बल दिया गया है। इसलिए महादेवीजी के नेतृत्व के ये सारे प्रयत्न इको-फेमिनिज़्म के अंतर्गत दर्ज किए जा सकते हैं।

सूक्ष्मता से यदि 'शृंखला की कडियाँ' का अध्ययन किया जाए तो यह स्पष्ट हो उठता है कि इसमें इको-फेमिनिज़्म के सूक्ष्म तत्वों पर महादेवी ने प्रकाश डाला है और व्याख्यायित किया है। सबसे पहले तो स्त्री के कर्तव्यों पर उन्होंने गहराई से विचार किया है। स्त्री को अपने कर्तव्यों से परिचय प्राप्त करने के लिए उसे विवेकी एवं मुक्त होना चाहिए। उन्होंने 'शृंखला की कड़ियाँ' में 'अपनी बात' में स्पष्ट किया– 'मैं तो सृजन के उन प्रकाश-तत्वों के प्रति निष्ठांवान हूँ जिनकी उपस्थिति में विकृति अन्धकार के समान विलीन हो जाती है। जब तक प्रकृति व्यक्त नहीं होती, तब तक विकृति के ध्वंस में अपनी शक्तियों को उलझा देना वैसा ही है जैसा प्रकाश के अभाव में अंधेरे को दूध से धोकर सफेद करने का प्रयास। वास्तव में, अन्धकार स्वयं कुछ न होकर आलोक का अभाव है, इसी से तो छोटा-से-छोटा दीपक भी उसकी सघनता नष्ट कर देने में समर्थ है।" (पृ.9) इसका तात्पर्य यह है कि प्रत्येक के अंधकार को दूर करने पर ही सब स्वतंत्र, प्रकाशपूर्ण एवं विवेकी बन जाएँगे। अंधकार को दूर करने के लिए शिक्षित होना है। जब शिक्षा से विवेकी बन जाएगा तब वह छोटा सा दीपक बनकर

दूसरे के अंधकार को मिटा देने के लिए जलता रह सकता है। एक दीपक दूसरे दीप को जलाता है, दूसरा तीसरे को, इस प्रकार संपूर्ण दुनिया की स्त्रियाँ दीपक बनकर जलने लगेंगी। इस बहनापे में दुनिया के सारे दुःखदर्द मिट जाएँगे। इस बहनापे में सूर्य की तपिश रहेगी। इसलिए महादेवी एक छोटा सा दीपक बनकर जलती हैं। दीपशिखा में यों कहती हैं—

"यह मन्दिर का दीप उसे नीरव जलने दो
झंझा है दिग्भ्रांत रात की मूर्च्छा गहरी
आज पुजारी बने, ज्योति का यह लघु प्रहरी
जब तक लौटे दिन की हलचल
तब तक यह जागेगा प्रतिपल।
रेखाओं में भर आभा-जल
दूत साँझ का इसे प्रभात तक चलने दो।"

यह प्रत्याशा है। इस प्रत्याशा में महादेवी यह प्रकट करती हैं कि भारतीय नारी जिस दिन अपने संपूर्ण प्राणवेग से जाग सके, उस दिन उसकी गति को रोकना किसी भी शक्ति के लिए संभव नहीं होगा। जैसे कि तेज़ नदी के प्रवाह को तथा सूर्य की तीक्ष्ण किरणों को रोकना असंभव है। तब विवेकी स्त्री अपनी कोमलतामयी सदाशयता और सहानुभूति से समाज के सन्तप्त जीवन के लिए शीतल अनुलेप का कार्य कर सकती है। वही है स्त्री का दायित्व। वे कहती हैं – "स्त्री के व्यक्तित्व में कोमलता और सहानुभूति के साथ साहस तथा विवेक का एक ऐसा सामंजस्य होना आवश्यक है जिससे हृदय के सहज स्नेह की अजस्र वर्षा करते हुए भी वह किसी अन्याय को प्रश्रय न देकर उसके प्रतिकार में तत्पर रह सके। ऐसा एक भी सामाजिक प्राणी न मिलेगा जिसका जीवन माता, पत्नी, भगिनी, पुत्री आदि स्त्री के किसी न किसी रूप से प्रभावित न हुआ हो। इस दशा में उसके व्यक्तित्व को कितने गुरु उत्तरदायित्व की छाया में विकास पाना चाहिए, यह स्पष्ट है।" (शृंखला की कड़ियाँ, पृ-19) इको-फेमिनिज़्म स्त्री को सौंप देनेवाला दायित्व भी यही है। इस दायित्व को निभाने के लिए अथवा सामाजिक प्राणी स्त्री को बनने के लिए उसे राजनीतिक तथा सामाजिक दोनों क्षेत्रों में समान रूप से अधिकार प्राप्त करना चाहिए।

आज कई स्त्रियाँ पुरुष सत्तात्मक पूँजीवादी व्यवस्था से बाहर आकर निर्माणात्मक कार्य में लगी हुई हैं। महादेवी ने इस ओर इशारा किया है – "पश्चिमीय तथा पूर्वीय

जाग्रत देशों में स्त्रियों ने उन बेड़ियों को काट डाला है, जिनमें पुरुषों ने बर्बरता के युग में उन्हें बाँध कर अपने स्वामित्व का क्रूर प्रदर्शन किया था। उन देशों की महिलाएँ राजनीतिक तथा सामाजिक दोनों ही प्रकार के अधिकारों द्वारा अपनी शक्तियों का विकास कर, गृह तथा बाह्य संसार में पुरुषों की सहयोगिनी बनकर अपने देश और जाति के उत्कर्ष का कारण बन रही हैं, अपकर्ष का नहीं।" (वही, पृ-21) स्त्री से वैसे एक उत्कर्ष का कर्म इको-फेमिनिज़्म उम्मीद करता है। स्त्री जागरण निचले स्तर की स्त्रियों से शुरू होना चाहिए। मिलों, कारखानों में काम करनेवाली स्त्रियों तथा कृषक एवं अन्य श्रमजीवी स्त्रियों को भी अपनी ज़िम्मेदारी एवं अधिकारों से परिचित होना है। तब ही वे भी बहनापे के स्त्री-रूपी दीपकों की पंक्ति की कड़ियाँ बन पाएँगी।

इको-फेमिनिज़्म की दृष्टि से सबसे उल्लेखनीय एक बात है कि स्त्री द्वारा युद्ध को रोकना। संपूर्ण विनाश का हेतु है युद्ध। अगर एक युद्ध हो जाय तो उससे तथा उससे उत्पन्न होनेवाली विपत्तियों से बचाने के लिए लंबा समय लगेगा। दूसरे विश्वयुद्ध की हानियों से अब भी जापान मुक्त नहीं है। इसलिए ऐसे युद्धों के खिलाफ खड़ा होना स्त्री का कर्तव्य है। स्त्री का सहज स्वभाव युद्ध के खिलाफ है। लेकिन पुरुष उसे अपने अनुकूल बना देता है। महादेवेजी इसे बहुत ही आशंका के साथ देखती हैं। नारी को करुणा, दया, स्नेह जैसे अपने सहज गुणों के संहार किए बिना पुरुष में जो पाशविक बल है, उसके विनाश के लिए अपने इन गुणों का उपयोग करना है। मातृ-जाति को अन्य सन्तानों का गला काटने का कभी भी सहयोग नहीं देना चाहिए। इको-फेमिनिज़्म के आंदोलन में जो स्त्रियाँ सक्रिय हैं, वे सब इस पूँजीवादी साम्राज्यवादी जघन्य वृत्तियों का घोर विरोध करती हैं। महादेवी सबको तहस नहस करनेवाले संघर्ष का विरोध करती हैं। वे कहती हैं – "संघर्ष जीवन का आदि हो सकता है, अन्त नहीं। इसका अर्थ नहीं कि संघर्षहीन जीवन ही जीवन है। वास्तव में मनुष्य जाति को नष्ट करनेवाले संघर्ष से अपने आपको बचाती हुई विकास करनेवाले संघर्ष की ओर से बढ़ती जाती है" (वही, पृ. 53) आज विकास के लिए समस्त पर्यावरण को मनुष्य नष्ट कर रहा है। इसके खिलाफ हैं महादेवी। उनके अनुसार सामाजिक प्रगति का अर्थ भी यही है कि मनुष्य अपनी उपयोगिता बढ़ाने के साथ-साथ नष्ट करनेवाली परिस्थितियों की संभावनाओं को कम करता चले। स्त्री को भी अपने विकास में इस नीति को अपनाना चाहिए। उनका विकास अन्यों के नाश अथवा हमारे सामाजिक जीवन को असंतुलन के हेतु नहीं बनना है। उनकी विकास दृष्टि सब के संतुलन एवं तुष्टि केन्द्रित होनी चाहिए। यह इको-फेमिनिज़्म पहचानती है, "क्रान्ति की अग्रदूती और स्वतंत्रता की ध्वजा-धारिणी

नारी का कार्य जीवन के स्वस्थ निर्माण में शेष होगा, केवल ध्वंस में नहीं।" (वही, पृ. 54) इसलिए महादेवी के अनुसार, स्त्रियों के उज्ज्वल भविष्य के लिए यह शर्त अनिवार्य रहेगी कि उसके घर और बाहर में सामंजस्य स्थापित हो। उसके कर्तव्य को मात्र घर तक सीमित न कर दे। घर और बाहर का यह सामरस्य ही दुनिया के संघर्ष को दूर करने में समर्थ होगा।

महादेवी वर्मा के पारिस्थितिक स्त्रीवाद का आधार बिलकुल भारतीय है। गाँधी और बुद्ध के विचार को उन्होंने अपनाया और उन विचारों के अनुसार स्नेह, करुणा, ममता, बहनापे पर आधारित एक नयी दृष्टि को रूपायित किया। उनके इन मानवीय मूल्यों पर केन्द्रित विचार अथवा समाज के उपेक्षित वर्गों के प्रति स्नेह और आर्द्रता उनकी गद्य रचनाओं पर ज़्यादा मुखर है। उनकी यह आर्द्रता मनुष्येतर प्राणियों के प्रति भी प्रकट है। उन्होंने लिखा– "अतीत में मिले-खोये व्यक्तियों या पशु-पक्षियों को स्मरण करते समय कभी-कभी मेरे इतने आँसू गिरे हैं कि लिखा हुआ कागज़ गीला हो जाने के कारण नष्ट हो गया है और कभी-कभी हँसी ने मुझे इतना अस्थिर कर दिया है कि लिखावट टेढ़ी-मेढ़ी हो गई है।" (*अपनी बात, महादेवी वर्मा*) इसका तात्पर्य यह है कि ज़िन्दगी में वे कष्ट अनुभव करती हैं, लेकिन उनकी सहज करतूतें कभी कभी हँसी पैदा करती हैं। उनके रेखाचित्रों में तीव्र आवेगों के गहरे चिह्न अलग-अलग पहचाने जा सकते हैं। लेकिन उनके रेखाचित्र मानवीयता को प्रज्वलित करने वाले हैं।

जानवरों, पक्षियों तथा प्रकृति के प्रति ममता एवं करुणा उनके सौन्दर्य के प्रति आकर्षण महादेवी में बचपन से ही प्रकट है। जब वे छोटी कक्षाओं में पढ़ रही थीं तब जब-जब वक्त मिलता था वे स्कूल के पास की प्रकृति में वृक्षों पर जाकर बैठती थीं और प्रकृति तथा जीव-जंतुओं का निरीक्षण करती थीं। महादेवी वर्मा ने '*मेरा परिवार की आत्मिका*' में कहा है – "कॉलेज के पश्चिमी सीमा पर आम, अमरूद, नींबू, कटहल आदि का एक बगीचा था जिसे किसी काछिन ने ठेके पर ले रखा था। अनुकूल परिवेश की खोज में भटकते मन ने वहाँ कब एक विश्रान्तिका पाई, यह मुझे तब पता चला, जब उस बाग के अभाव में सब कुछ रिक्त और फीका लगने लगा।" (पृ.15) वसन्त का सौन्दर्य आम की मंजरियों से उन्होंने महसूस किया। उस बाग के पूरे सौन्दर्य का आस्वादन कर उन्होंने पढाई की। बाग में पहुँचते ही वे पहले मुर्गी के बच्चों को गिन लेती थीं। फिर एक-एक को हाथ में उठाकर उसे चोंच से लेकर पंजों तक रूमाल से पोंछ देती थीं। उनके लिए दाना देती थीं। उन बच्चों में से एक को किसी के खा लेने से उसने बचाया था। पशुपक्षियों का जो शोषण हो रहा है,

उसका प्रतिरोध महादेवी ने किया था।

'*मेरा वरिवार*' की पहली रेखाचित्र नीलकंठ नामक मोर की है। इसमें नखास कोने का चित्र प्राप्त है। प्रयाग जैसे शान्त और सांस्कृतिक आश्रय-नगर में यह एक विचित्र स्थान है। यहाँ अनेक संस्थाएँ, दूकानें सब कुछ हैं। यह स्थान इतना प्रदूषित है कि दुर्गंध सुगन्ध में समरसता यहाँ स्थापित है। इस स्थान से महादेवी इसलिए आकृष्ट हैं कि वह स्थान उनके प्रिय जीवजाल खरगोश, कबूतर, मोर, चकोर आदि का कारागार है। अस्पताल के सामने की पटरी पर कई छोटे-छोटे घर और बरामदे हैं, जिनमें ये जीव-जन्तु तथा इनके कठिन हृदय जेलर दोनों निवास करते हैं। छोटे-बड़े अनेक पिंजरे बरामदे में और बाहर रखे रहते हैं, जिनमें दो खरगोश के रहने के स्थान पर पच्चीस और चार चिड़ियों के रहने के स्थान पर पचास भरी रहती है। इन छोटे जीवों को हँसने-रोने की भिन्न ध्वनियाँ मिली हैं। अतः इनका महा कलरव महा-क्रन्दन भी हो तो आश्चर्य नहीं। इन जीवों के कष्ट निवारण का कोई उपाय न सूझ पाने पर भी महादेवी अपने-आपको उस ओर जाने से नहीं रोक पातीं। किसी पिंजड़े में पानी न देखकर उसमें पानी रखवा देती हैं। कुछ चिड़ियों को खरीदकर उड़ा देती हैं। जिनके पंख काट दिए गये हैं, उन्हें ले आती हैं। वहाँ से दो मोरों को उन्होंने खरीद लिया था। नहीं तो उन्हें मारने के लिए देने की तैयारी हो रही थी। संकीर्ण पिंजड़ों में बन्दकर ये मोर शावक गोल क्रम में कसे-जड़े चित्र जैसे लग रहे थे। महादेवी ने इन्हें अपने पढ़ने-लिखने के कमरे में छोड़ा। इस प्रकार बहुत स्वतन्त्रता देकर वे प्रत्येक का पालन करती हैं।

वैसे ही हिरणों की हत्या कर उन्हें अपनानेवाले शिकारियों की कठोर भर्त्सना '*सोना हिरनी*' में प्राप्त है। हरीतिमा में लहराता मैदान पर छलाँग भरते हिरणों का गतिशील सौन्दर्य बेजोड़ है। लेकिन जीवन के इस चल सौन्दर्य के प्रति शिकारी का कोई आकर्षण नहीं है। शिकारी जीवन की ऐसी सुन्दर ऊर्जा को निष्क्रिय और जड़ बनाने के कार्य में मनोरंजन पाता है। "आकाश में रंग-बिरंगे फूलों की घटाओं के सामने उड़ते हुए और वीणा, वंशी, मुरज, जलतरंग आदि का वृन्दावन (आर्केस्ट्रा) बनाते हुए पक्षी कितने सुन्दर जान पड़ते हैं। मनुष्य ने बन्दूक उठाई, निशाना साधा और कई गाते-उड़ते पक्षी धरती पर ढेले के समान आ गिरे। किसी की लाल-पीली चोंचवाली गर्दन टूट गई है, किसी के पीले सुन्दर पंजे टेढ़े हो गये हैं और किसी के इन्द्रधनुषी पंख बिखर गये हैं। क्षत-विक्षत रक्तस्नान उन मृत-अर्धमृत लघुगानों में न अब संगीत है न सौन्दर्य, परन्तु तब भी मारनेवाला अपनी सफलता पर नाच उठता है। (*मेरा परिवार*, पृ. 47) इस प्रकार पशु जगत और पक्षी जगत में मनुष्य की जो

निष्ठुर ध्वंस लीला चल रही है, इस पर गहरा दुःख महादेवी वर्मा प्रकट करती हैं। मनुष्य द्वारा कुत्ते का जो शोषण हुआ वह '*नीलू*' नामक रेखाचित्र में अंकित है।

महादेवी के परिवार का अंग गाय, कुत्ता, मोर, बिल्ली, खरगोश, गिलहरिया, घोड़ा, यहाँ तक नेवला भी बना है। उनके ऊपर दया, स्नेह आदि प्रकट कर उन्हें स्वतंत्र जीवन बिताने की अनुमति महादेवी वर्मा देती हैं। इनके बीच का सहसंबंध एवं संवेदनाएँ स्पृहणीय हैं। उनके अनुसर जानवरों को पालने पर वह पशु न रहकर ऐसा स्नेही संगी बन जाता है, जो मनुष्य के एकान्त शून्य को तो भर देता है परन्तु खीझ उत्पन्न करनेवाली जिज्ञासा से उसे बोझिल नहीं बनाता – "साहित्य ही नहीं लोकगीतों की मर्मस्पर्शिता में भी मृगों का विशेष योगदान रहता है। पशु मनुष्य के निश्छल स्नेह से परिचित रहते हैं। उसकी ऊँची-नीची सामाजिक स्थितियों से यह सत्य मुझे सोना से अनायास प्राप्त हो गया।" (पृ. 51, *सोना हरिणी*) मनुष्य से ज़्यादा महादेवी ने जानवरों से स्नेह किया। वे जानवर उनके भोजन के बर्तन से खाने के लिए भी हिचकते नहीं हैं। एक-एक जानवर के मरते वक्त वे कितना दुःखी हो जाती हैं – "अपने पालित जीव-जन्तुओं के पार्थिव अवशेष मैं गंगा को समर्पित करती रही हूँ। ...यदि दीर्घ निश्वास का शब्दों में अनुवाद हो सके, तो उसकी प्रतिध्वनि कहेगी 'आह मेरा गोपालक देश'।" (पृ. 75, *गौरा गाय*)

इको फेमिनिज़्म में मुख्यतः स्त्रीवाद एवं परिस्थितिवाद हैं। परिस्थितिवाद के मुख्य प्रतिमान हैं जैव संकट, सामाजिक संकट तथा सांस्कृतिक संकट। *मेरा परिवार* में महादेवी ने जैव संकट पर विचार किया है। जैव संकट में मुख्यतः पेड़-पौधों तथा पशु-पक्षियों के शोषण से उत्पन्न पारिस्थितिक असंतुल पर विचार किया जाता है। महादेवी जी पशु-पक्षियों एवं पोड़-पौधों के प्रति स्नेह केवल रचना में ही नहीं वास्तविक जीवन पेश करते हुए एक उत्कर्ष कोटि की पारिस्थितिक स्त्रीवादी का काम करती हैं। देखिए – "गर्मियों में जहाँ-तहाँ फेंकी हुई आम की गुठली जब वर्षा में जम जाती है, तब उसके पास मुझसे अधिक सतर्क माली दूसरा नहीं रहता। घर के किसी कोने में चिड़िया जब घोंसला बना देती है, तब उसे मुझसे अधिक सजग प्रहरी दूसरा नहीं मिल सकता। मेरे चारों ओर न जाने कितने जंगली पेड़-पौधे, पक्षी आदि मेरे सामान्य जीवन-प्रेम के कारण ही पनपते, जीते रहते हैं। जिसका दूध लग जाने से आँख फूट जाती है, वह थूहट भी मेरे सयत्न लगाए आम के पार्श्व में गर्व से सिर उठाए खड़ा रहता है। धँसकर निकलनेवाले काँटों से जड़ हुआ भटकटैया, सुनहले रेशम के लच्छों में ढके और उजले कोमल मोतियों से जड़े मक्का के भुट्टे के निकट साधिकार आसन

जमा लेता है।" (*स्मृति की रेखाएँ—ठकुरी बाबा*) यही है महादेवी का मनुष्येतर प्राणियों के प्रति स्नेह। लेकिन आज स्वार्थ प्रेरित मनुष्य ने अपने सुख के लिए इन सबका उपभोग कर इनका नामोनिशान भी नहीं के बराबर कर दिया है। यह पारिस्थितिक विनाश आगामी पीढ़ी की ज़िन्दगी पर गहरा आघात अवश्य पहुँचाएगा। यहीं पर महादेवी जी हमारे लिए अच्छा आदर्श बन जाती हैं।

ऐसा सनकी व्यक्ति मनुष्य-जीवन के प्रति कितने मोही होगी, मनुष्य के सुख-दुःख, जीवन-मृत्यु आदि के संबंध में बहुत कुछ जानने और उनकी सेवा में लगे रहने में वे सदा उत्सुक हैं। स्त्री-जीवन की पीड़ाओं, उनकी कई रेखाओं में बहुत ही मार्मिक ढंग से अनावृत हुईं। कई प्रकार की कठिनाईयों का सामना करते हुए जीवन को संवारने में कटिबद्ध, पर समाज द्वारा उपेक्षित कितने स्त्री पात्र महादेवी वर्मा के रेखाचित्रों में हैं। बहुत कम पात्र ही हार मानती हैं। अधिकांश पात्र चुनौतीपूर्ण जीवन ही बिताती हैं। '*स्मृति की रेखाएँ*' की भक्तिन, मुन्नु की भाई, चीनी फेरीवाले की बहिन, बिबिया, गुँगिया तथा अतीत के चलचित्र की दो फूल, लछमा जैसी रेखाएँ हमारे हृदय को झकझोरनेवाली हैं। पुरुष सत्तात्मक सामाजिक एवं शासन व्यवस्था एक परिश्रमी, ईमानदार, साहसी, आत्माभिमानी स्त्री को कैसे पराजित करती है, यह है 'भक्तिन' रेखा में। लेकिन उस स्त्री को महादेवी जी ने अपनी आजीवन सेविका के रूप में स्वीकार किया। मुन्नु की माँ जैसी परिश्रमी नारी को आजीविका के लिए स्कूल में महादेवी ने नौकरी दिलवाई। उस अरैल गाँव में बच्चों के लिए स्कूल खोलने की कोशिश उनके द्वारा हुई। आगामी पीढ़ी को शिक्षित बनाने का उनका यह प्रयास मानवीय संस्कार को परिष्कृत करने के उनके महत्वपूर्ण श्रमों में है। पुरुष वर्चस्ववादी समाज द्वारा नष्ट की गयी धोबिन बिबिया की ज़िन्दगी को पराजित ज़िन्दगी मानने के लिए महादेवीजी तैयार नहीं हैं। गूँगी होने के कारण अभिशप्त जीवन बिताना पड़ा धनपतिया को। अपनी संतान के लिए तड़पनेवाली धनपतिया के मातृहृदय की वेदना महादेवी वर्मा अच्छी तरह पहचानती हैं। उनकी मदद करने के लिए वे तैयार हो जाती हैं। '*दो फूल*' में अनाथ माँ और उसके शिशु के दायित्व को स्वीकार करती हैं महादेवी। उनके सारे स्त्री-पात्रों के उपेक्षित जीवन का कारण हमारी पुरुष धिपत्य की सामाजिक व्यवस्था है। सारी स्त्रियाँ परिश्रमी हैं, अपने परिश्रम के बल पर जीना चाहती हैं। लेकिन समाज उसे जीने नहीं देता। महादेवीजी उन सबका आसरा भी बनती हैं।

इको-फेमिनिज़्म का लक्ष्य स्त्री और प्रकृति को बचाना मात्र नहीं बल्कि समस्त

उपेक्षित एवं पीड़ित वर्ग, जाति, नस्ल आदि का पोषण करना है। '*रामा*' में बुन्देलखंड का ग्रामीण बालक विमाता के अत्याचार से आतंकित होकर जब इंदौर आया, तब उस अनाथ बालक को महादेवीजी की माँ ने ममता देकर घर का बनाया। लेकिन उनके पिताजी उसे देखकर विस्मय-होकर बोरप हँसने लगे। कारण उसका रूप बहुत विचित्र था। उस ममतामयी माँ की मानवीयता का चित्र महादेवी ने यों खींचा – "माँ के कारण हमारा घर अच्छा-खासा 'ज़ू' बना रहता था। बाबूजी जब लौटते, तब प्रायः कभी कोई लँगड़ा भिखारी बाहर के दलान में भोजन करता रहता, कभी कोई सूरदास पिछवाड़े के द्वार पर खँजड़ी बजाकर भजन सुनाता होता, कभी पड़ोस का कोई दरिद्र बालक नया कुरता पहनकर आँगन में चौकड़ी भरता दिखाई देता और कभी कोई वृद्धा ब्राह्मणी भंडारघर की देहली पर सीधा गठिया मिलती।" (*अतीत के चलचित्र, रामा*) 'सिस्तर के वास्ते' कहते आनेवाले चीनी फेरीवाले की चीज़ों में उनका कोई रुचि नहीं है। फिर भी उसकी मर्मान्तिक दास्तान सुनने और उसकी मदद करने के लिए वे तैयार हैं। वे दीन कुरूप पर्वत पुत्रों की ममतामयी माँ बनती हैं। कल्पवास के समय ठकुरी बाबा को महादेवी जी अपनी कुटियों में ही 'भानमती का कुनबा' जोड़ने को देती हैं। ये सब यह सूचित करते हैं कि स्त्री की यह ममता और करुणा-विशेषकर समाज के निचले तबके के लोगों के प्रति-मानवीयता से विरहित इस समाज में नये जागरण पैदा करेगी। यह पारिस्थितिक स्त्रीवाद की माँग है।

महादेवी आज के सांस्कृतिक संकट पर इशारा करते हुए लोक संस्कृति की सहजता एवं सामूहिक बोध का समर्थन करती हैं 'ठकुरी बाबा' में। ठाकुरी बाबा का बड़ा परिवार जब कल्पवास के लिए आ जाता है तब गीत-सम्मेलन होता है। कबीर, सूर, तुलसी जैसे महान कवियों से लेकर अज्ञातनामा ग्रामीण तुक्कों तक के पद बाबा को स्मरण है। एक जो कड़ी गाता था, उसे सबका समवेत स्वर दोहरा देता था। गायकों का क्रम था और गीतों में गानेवालों की अवस्था के अनुसार विविधता। इन मानव-हृदयों में उमड़ते हुए भाव-समुद्र की स्पर्श मधुर तरंगें महादेवी को छू लेती थीं। वे अनेक कवि सम्मेलन देख और सुन चुकी थीं। लेकिन उनको लगा कि वे सब बुद्धि-प्रयास थे। वे सब बाह्याडंबर मात्र थे। उन स्थानों पर कविता एवं संगीत का व्यवसाय चलता है। महादेवी के अनुसार, भाव को मनुष्य की क्षुद्रता, दुर्भावना और विकृतियों को बहा देना चाहिए। ग्रामीण लोक संगीत की तारीफ में वे कहती हैं कि ग्रामीण समाज अपने रस-समुद्र में व्यक्तिगत भेदबुद्धि और दुर्बलताएँ सहज ही डुबा देता है। इस भावस्नान के उपरान्त वह अधिक स्वस्थ रूप प्राप्त कर सकता है।

ग्रामीण एवं शहरीय कवि सम्मेलनों का अंतर यों वे दिखाती हैं – "हमारे सभ्यता-दर्पित शिष्ट समाज का काव्यानंद छिछला और उसका लक्ष्य सस्ता मनोरंजन मात्र रहता है, इसी से उसमें सम्मिलित होनेवालों की भेदबुद्धि एक दूसरे को नीचा दिखलाने के प्रयत्न और वैयक्तिक विषमताएँ और अधिक विस्तार पा लेती हैं। एक वह हिंडोला है जिसमें ऊँचाई-नीचाई का स्पर्श भी एक आत्मविस्मृति में विश्राम देता है। दूसरा वह दंगल का मैदान है जिसका सम धरातल भी हार-जीत के दाँव-पेंचों के कारण सतर्कता की श्रांति उत्पन्न करता है।" (*स्मृति की रेखाएँ, ठाकुरी बाबा*) ग्रामीण जीवन का जो सामूहिक बोध है, वह शहरीय जीवन के प्रत्येक सम्मेलन में लुप्त होता दिखाई देता है। ग्रामीण संस्कृति प्रकृति की सहजता में पनपती है। उसमें मन रमता है तथा सारा रागद्वेष उससे बह जाता है। लेकिन शहर का रिश्ता यंत्रवत् है वह क्षुद्रताओं को बढ़ावा देता है। पारिस्थितिक स्त्रीवाद में इस ग्रामीण प्रकृत सभ्यता की ओर वापस आने और उसे बनाये रखने का विचार बुलंद है। कारण स्त्री की सहजता उस वातावरण में बलवती और स्वस्थ बनती है।

महादेवी मानवीयता के संसार का निर्माण करना चाहती हैं। उस संसार के निर्माण के लिए सबसे पहले स्त्री को स्वतंत्र होना चाहिए। जिस प्रकार वे स्वतंत्रचेता बनकर समाज में और अपनी रचनाओं में जागरण का दीप प्रज्वलित करती हैं वैसे ही प्रत्येक स्त्री को प्रज्वलित होना है। स्त्री की लौह-शृंखला चिड़िया की ही है। दोनों को स्वतंत्र होना है–

"कीर का प्रिय आज पिंजर खोल दो।
हो उठी है चंचु छूकर
तीलियाँ भी वेणु सस्वर
बन्दिनी स्पंदित व्यथा से
सिंहरता जड़ मौन पिंजर।
अब अलस बंदी युगों का
ले उड़ेगा शिथिल कारा
पंख कर सजल सपने तोल दो।"

मंझधार में पड़ी स्त्री को बचना है। उसके बचने मात्र से एक संयमी एवं सामरस्य के विश्व की सृष्टि संभव होगी। इसलिए स्त्री के सामने बड़ा दायित्व है। दुर्बलों, दीन-दुखितों एवं शोषण के शिकार बननेवाली प्रकृति एवं प्रकृति के समस्त जीव-जंतुओं को मरहम पट्टी लगाकर स्नेह का लेपन कर सहज एवं प्रकृतस्थ स्थिति की ओर ले

आने का दायित्व स्त्री का है। उसके लिए स्त्री को संघर्ष करना पड़ेगा। लेकिन उस संघर्ष में सबका तिरस्कार एवं निंदा का मार्ग नहीं अपनाना है। स्त्री की कोमलता एवं स्नेहप्रियता की तिलांजलि किए बिना उन दोनों की शक्ति से द्वन्द्वातीत एक समाज एवं विश्व के निर्माण करने का बड़ा दायित्व वे स्त्री को सौंप देती हैं। वे खुद इर.का निदर्शन हैं। उनकी सोच, चिंतन एवं कर्म इसी कसौटी पर कसे हुए हैं। यह है पारिस्थितिक स्त्रीवाद का भारतीय रूप।

अतः हम निस्सन्देह कह सकते हैं कि हिन्दी के पारिस्थितिक नारीवादी-विमर्श के सिंहासन पर बैठने योग्य प्रथम व्यक्तित्व महादेवी वर्मा का है।

कठगुलाब में इको-फेमिनिज़्म

आनादि काल से प्रकृति और मनुष्य का सहसंबंध निर्विवाद का रहा। लेकिन औद्योगिक क्रांति से पूँजीवादी वर्ग ने प्रकृति को लूटते हुए अपना उत्पादन बढ़ाना शुरू कर दिया। तब से प्रकृति और मनुष्य के बीच का संबंध शिथिल होने लगा और पारिस्थितिक विनाश मनुष्य के विनाश का हेतु बन गया। 1963 में प्रकाशित रेचल कर्सन के 'साईलेंट स्प्रिंग' नामक ग्रंथ ने पाश्चात्य दुनिया में पारिस्थितिकी संबंधी चर्चाओं की शुरुआत की थी। 1978 में 'इको-क्रिटिसिसज़्म' शब्द का प्रयोग सबसे पहले विलियम रिकोर्ट ने किया। 1990 में इको-क्रिटिसिज़म एक आलोचनात्मक पद्धति के रूप में अमेरिका में उभर आया। इसकी कई शाखाओं में मुख्य शाखा है इको-फेमिनिज़्म।

फ्रेंच फेमिनिस्ट फ्रान्स्वा द यूवोण ने इको-फेमिनिज़्म की संकल्पना को सबसे पहले एक दार्शनिक विचारधारा मान ली। फ्रान्स्वा ने सिद्ध किया कि भूमि के नाश का कारण पुरुष है। पुरुष के आक्रमण से भूमि को बचाकर मानव की रक्षा करने में स्त्री समर्थ है। अब स्त्री और प्रकृति पर अधिकार जमाकर पुरुष दोनों का शोषण कर रहा है। इसलिए मानव की भलाई के लिए स्त्री एक शोषण मुक्त समाज की सृष्टि करेगी। उनके अनुसार यह इको-फेमिनिज़्म सभी मानवों का परिष्कार करता है। फ्रान्स्वा के शब्द देखिए — "And the planet in the feminine will flurish".

अमेरिका में इको-फेमिनिज़्म बीसवीं सदी के सातवीं दशक में रूपायित हुआ। प्रकृति एवं स्त्री के ऊपर पुरुष का जो अधिकार है, उसे समाप्त करने के लिए रूपायित इको-फेमिनिज़्म सैद्धांतिक होने के साथ राजनैतिक भी है। कहा जाता है कि अंग्रेज़ी साहित्य में इको-फेमिनिज़्म पर केन्द्रित अध्ययन पिछली शताब्दी में ही शुरू

हुआ। वेर्ड्सवर्थ की बहिन डोरती वेर्ड्स की कृतियों का मूल्यांकन एवं पुनर्मूल्यांकन आज़कल इको-फेमिनिज़्म के आधार पर किया जा रहा है। अमेरिकन लेखिका मेरी ओस्टन की 1903 में प्रकाशित "The Land of Little Rain" आरंभिक इको-फेमिनिस्ट कृति है। आनी दिल्लाई, विल्ला कातेर, उरसुला लिग्विन, लूसी तापहोन्सो आदि प्रसिद्ध इको-फेमिनिस्ट रचनाकार हैं। आजकल इस विचारधारा के आधार पर आलोचना करनेवालों में मुख्य हैं—ग्लोरिया अलसान दुवा, डोणा हारवे, पाट्रिक मर्फी आदि।

मृदुला गर्ग का उपन्यास '*कठगुलाब*' को फेमिनिज़्म के परिप्रेक्ष्य में महत्वपूर्ण रचना मानकर कई प्रकार के अध्ययन हुए हैं। इस उपन्यास को नारी शोषण में सीमित करना उचित नहीं है। इसमें संपूर्ण मानवजाति का शोषण बड़े पैमाने पर अभिव्यक्त हुआ है। मानवजाति की रक्षा का प्रयत्न गोधड़ गाँव के निर्माण के ज़रिए उपन्यास के अंत में हुआ है। स्त्री द्वारा प्रकृति एवं स्त्री की रक्षा एवं विकास करते हुए एक महान उद्देश्य की पूर्ति करने की उपन्यासकार की कोशिश सराहनीय है। इसलिए इसे इको-फेमिनिस्ट रचना के अंतर्गत दर्ज किया जा सकता है। '*कठगुलाब*' शीर्षक भी बंजरता का प्रतीक है। लेकिन जब भूमि की बंजरता दूर हो जाएगी तब बंजर कठगुलाब भी फूल उठेगा। नायिका स्मिता का मन गोधड़ गाँव के निर्माण तक बंजर था, जिस प्रकार गोधड़ की धरती बंजर थी। उस गाँव की धरती इस उपन्यास की नायिका स्मिता, असीमा जैसे पात्रों के समान शोषण से या वास्तविक देखरेख के बिना शून्य एवं एकदम ऊसर थी। जब धरती पेड़-पौधों एवं हरितिमा से ओतप्रोत हो जाती है, तब वहाँ की गरीब अशिक्षित जनता भी विकास की ओर अग्रसर होने लगती है। इस प्रकार '*कठगुलाब*' एक फंतासी है, जो स्त्री एवं धरती को ऊसरता से उर्वर बना देती है। पुरुष प्रधान इस समाज में स्त्री के द्वारा धरती को बचाने के इस प्रयत्न में स्वयं स्त्री भी बच जाती है। उसका मन लहलहाता है।

नायिका स्मिता ने अपने बचपन में जब उसके माँ-बाप थे तब कठगुलाब को फूलते देखा था अथवा उसकी ज़िन्दगी खुशहाली से भरी हुई थी। सालों बाद कई कष्टों को झेलते-सहते ऊसर मानसिकता के साथ गोधड़ गाँव तक आ गई। वहाँ पुनः उसने कठगुलाब के फूलने का सुख अनुभव किया। मृदुलाजी लिखती हैं – "कठगुलाब की झाड़ी मन के भीतर फैलती, घनराती गयी पर बीज मुट्ठी में बंद रहा। अतीत की स्मृति और आगत की अभिकल्पना ने आपस में गडमड्ड होकर एक अपूर्व फंतासी को जन्म दिया था। फंतासी की झाड़ी, बचपन की असली झाड़ी से ज़्यादा गुंफित और

गुंजान थी। उसकी छाँव में पनाह पाने के लिए, भीड से भागना नहीं पड़ता था। गर्म-से-गर्म रोशनी और सर्द-से-सर्द अँधेरे में वह उसका आह्वान कर सकती थी। सोचने-भर की देर थी, वह झाड़ी के नीचे होती, जहाँ इष्ट एकान्त में सौहार्द्र साहचर्य होता।" (*कठगुलाब*, पृ. 258)

संवेदनशील स्मिता के जीवन का सपना था कि कठगुलाबों से भरी झाड़ी के समान ज़िन्दगी में सदा बहार हो। बाँझ के प्रतीक कठगुलाब को न तो जीवन से नकारा जा सकता है, न जीवन के मोह से। वह काष्ठ का ऐसा फूल है जो अपनी उत्पत्ति के साथ ही अपने विनाश का कारण भी है। फिर भी उसका फूल है जो पनपता है, लहलहाता है – खिल उठता है। स्मिता ने कठगुलाब का बीज अपने पास रखा, लेकिन उसको बोने का अवसर तभी मिला जब गोधड़ गाँव में सृष्टि की भूमिका उसने निभाई।

माता-पिता के मृत्योपरांत बड़ी बहन के साथ रहने के लिए स्मिता विवश हो जाती है। उसका जीजा इस विवशता का लाभ उठाता है। जीजा के द्वारा पूर्ण रूप से अपमानित और घायल स्मिता घर से भाग जाती है और बाद में आत्मनिर्भर बनकर अमेरिका पहुँचती है। वहाँ अपने पति द्वारा वह छली जाती है। उसकी रूह की परछाई का भी नाश हुआ। तब उसमें प्रतिशोध की जो आग धधकी, वह अंत में पूरे एक गाँव को बचाने लायक शक्ति बनकर प्रज्वलित हुई। उसने कई स्त्रियों की रौंदी हुई ज़िन्दगी को देखा। अमेरिका में मरियन नामक स्त्री भयानक रूप से पति के शोषण का शिकार बनती है। अपनी ज़िन्दगी के अधिकांश भाग पति की महत्वाकांक्षाओं की पूर्ति के लिए उसने बरबाद किया और अपनी समस्त आशाओं एवं अभिलाषाओं को धूली में मिला दिया। लेकिन पति से धोखा खाकर वह पराजित नहीं हुई, इसके बदले और सशक्त होकर कई कामयाबियाँ उसने हासिल कीं। वैसे ही नौकरानी नर्मदा की कहानी भी बहुत दर्दनाक और मर्मभेदी है। असीमा इस शोषण से बचने के लिए शादी नहीं करती है।

इन स्त्री-पात्रों के बीच में उपन्यास का एकमात्र शीर्षधारी पुरुष विपिन खड़ा है। उसे चुपचाप समर्पण करनेवाली स्त्रियाँ जहीन नज़र आती हैं। वह असीमा के पुरुषार्थ से प्रभावित होकर स्वयं गर्भधारण करने का इच्छुक हो उठता है। विपिन विवाह नहीं करता परन्तु स्त्रियों के संपर्क में है, वह असीमा से जुड़ना चाहता है। स्मिता के प्रति उसमें अनुराग पनपता है। अपने से आधी उम्र की नीरजा और उसके बीच बच्चे को जन्म देने का समझौता होता है। यह समझौता बिलकुल मशीनी औद्योगिक उत्पादन जैसा है। समकालीन सन्दर्भ में सारे संबंध यंत्रवत बन गये हैं। वहाँ आर्द्र भावों को

कोई स्थान नहीं है। यहाँ स्त्री-पुरुष के बीच के इस सहज संबंध को यंत्रवत बना दिया गया। नीरजा बच्चा देने का उपकरण मात्र बन गई। इसलिए विपिन और नीरजा के बीच का संबंध बिना स्नेह से ऊसर होकर नष्ट हो गया। शयनकक्ष में जो सहयोग नीरजा से चाहती थी वह नष्ट हो गया। नीरजा नियम से आव्यूलेशन टैस्ट करवाती रही थी। उसके परिणामस्वरूप सृजनशील संभोग की संभावना को वह नकार रही थी, इसलिए शयनकक्ष में विपिन के योगदान की आवश्यकता नहीं पड़ी थी। विपिन इस जड़वत् एवं निर्विकार यंत्र समान बननेवाली नीरजा से कहता है – "संयुक्त स्मृति के उन अंशों को जो प्रासंगिक नहीं रहे, हम अविकार नहीं करेंगे तो जड़ हो जाएँगे। सोचने-विचारने, निर्णय लेने लायक नहीं रहेंगे यानी मनुष्य ही नहीं रहेंगे। मनुष्य बने रहने के लिए, संयुक्त स्मृति को संपूर्ण नहीं, चयन करके ग्रहण करना होता है। वरना मनुष्य और बाकी जानवरों में फर्क क्या रह जाएगा?" (पृ. 259) नीरजा को यंत्र से वापस इनसान बनाने का खूब प्रयत्न विपिन के माध्यम से हुआ। लेकिन विपिन ने ही उसे बच्चा देनेवाला यंत्र बनाया था। अब उसमें बच्चा देने की शक्ति नहीं है। इसलिए वह स्वयं उसे छोड़ रही है। अब नीरजा रूपी यंत्र में बहुत शक्ति होती है। टूट-फूट, रुकावट-खराबी का सुधार किया जा सकता है। भावावेग, मानसिक उथल-पुथल, आकर्षण-विकर्षण के द्वन्द्व उसकी ऊर्जा का हनन नहीं करते। लेकिन विपिन अपने जीवन के अंत तक गोधड़ आकर यंत्र को मनुष्य बनाने के प्रयत्न में जुडे रहे। अर्थात् मनुष्य के साथ रहने के लिए तैयार हो जाता है। नीरजा में यह परिवर्तन इसलिए आ गया कि गर्भवती बनने के लिए एक के बाद एक टेस्ट हो रहे हैं और यांत्रिकता से साफ जाहिर था कि उसके साथ कुछ असुन्दर और अपमानतापूर्ण घटना घट रही है जो उसका लालित्या, रस और तिलिस्म सोख ले रही थी। जिनका नतीजा नकार में है, क्योंकि समय बीतता जा रहा था और नीरजा गर्भवती नहीं हो रही थी।

मृदुला जी सहज प्राकृतिक प्रक्रियाएँ जो नष्ट हो रही है इसके प्रति चिंतित हैं। मनुष्य को यंत्र बनते देखने से वह भयानक पीड़ा अनुभव कर रही हैं। विपिन के शब्द सुनिए – "टेस्ट-ट्यूब शिशु। शुक्राणु संग्रह। मनचाहे बच्चे की पैदाइश। शुक्राणु और अंडा, दोनों दान लिए जा सकते हैं, गर्भाशय उधार। रंग-रूप, कद-काठी, यहाँ तक कि प्रबुद्धता तक का चयन करके, अपनी पसन्द का बच्चा पैदा किया जा सकता है। अजन्मे मादा बच्चे के बीजकोष का इस्तेमाल करके मनचाहे बच्चे के निर्माण पर शोध हो रहा है। तब तो, कुछ समय बाद, हम यह अधिकार भी चाहेंगे कि अगर, किसी वजह से, बच्चा हमारी अपेक्षा के अनुरूप न हो या हमारी अपेक्षाएँ ही तब तक बदल

जाएँ तो हम उसका वध करके, दूसरे नमूने का बच्चा निर्मित कर लें। रचना और निर्माण के बीच सूक्ष्म अंतर होता है। उस अन्तर को मिटाने से जिस भयानक प्रक्रिया का सूत्रपात होगा, उसकी कुछ झलक हमें फासिज्म के दौरान मिल चुकी है। हिटलर के सूपर-रेस के सिद्धान्त ने दुनिया पर जो कहर ढाया, हमारा देखा-भोगा हुआ है। फिर भी, हम सुपरमैन बनाने की दुर्बुद्धि से बाज नहीं आ रहे। मनुष्य के बजाय, हम यंत्रों को जन्म देंगे तो हमारे दुःख की सीमा नहीं रहेगी। मैं जानता हूँ। खूब भोगा है मैंने। मनुष्य को यंत्र बनते देखने से भयानक पीड़ा और नहीं है।" (पृ. 261) यहाँ आज रोबोट्स हैं सब। कोई मानुषिक हाव-भाव एवं संवेग नहीं हैं। स्त्री-पुरुष लैंगिक संबंध की सहजता नष्ट हो गयी। काम मनुष्य की प्राथमिक आवश्यकताओं में एक है। वह मनुष्य की सबसे बड़ी शक्ति है। जब मनुष्य को इस सहज संबंध से सुख नहीं मिलेगा तो उससे अतृप्ति और अशांति फैल जाएगी। यह समकालीन जीवन की सबसे बड़ी विडंबना है। यह मनुष्य की उच्छृंखलता की वजह भी बनती है। आज मनुष्य की क्लोनिंग भी हो रही है। इस संदर्भ में उपन्यासकार के भय एवं आशंका अकारण नहीं हैं।

यहाँ उपन्यासकार ने यंत्र बननेवाली मनुष्यता का जो प्रश्न उठाया है वह हम सबको कचोटता है और हमें सोचने के लिए मज़बूर भी करता है। लेकिन उपन्यास में खुद लेखिका इसके हल का मार्ग भी हमारे सामने पेश करती हैं। इस बड़ी भयानक समस्या का हल है गोधड़ नामक गाँव। मनुष्यता एवं सहज प्रकृति हमेशा साथ साथ चलती हैं। इन दोनों के निर्माण के लिए स्मिता के नेतृत्व में जो कोशिश हुई, वह मनुष्य की बंजरता और प्रकृति की बंजरता दूर करती है। स्त्री ही यह कर सकती है। उपन्यास में विपिन कहता है – "मैं जानता था कि उत्कट भावानुभूति मुझे पुरुष में नहीं, स्त्री में मिलेगी, इसलिए मैं स्त्रियों का साथ ढूँढा करता था।" अतः बंजरता को दूर करनेवाली स्मिता की कोशिश एवं उसकी सफलता को हम इको-फेमिनिज़्म की दृष्टि से पहचान कर सकते हैं।

ऑक्सफॉम की सहायता से गुजरात में गोधड़ नाम के कस्बे में गरीब औरतों के लिए कुछ लघु उद्योग खोलने और स्कूल चलाने की योजना स्मिता और असीना के नेतृत्व में शुरू हुई। वे इस पर विश्वास करती हैं कि औरत के जीवन का निर्धारण बचपन में ही हो जाता है। शिक्षा मिलने पर उसमें यह आत्मविश्वास पैदा हो सकता है, जिससे वह अपने निर्णय खुद ले सके।

गोधड़ गाँव के पहले ही गुजरात की एक स्थानीय संस्था ने बन्थाल गाँव में

गरीब-गुरबा के लिए प्राईमरी स्कूल चलाने में अभूतपूर्व सफलता पाई थी। यहाँ तक कि उसमें बड़ी तादाद में बालिकाओं की भर्ती हुई। बन्थाल और उसके आसपास का इलाका सूखा-पीड़ित प्रदेश कहलाता है। प्रदेश के विकास का काम कुंवरजी ने किया। स्मिता और असीमा ने बन्थाल जाकर वहाँ के स्कूल और विकास के कार्यक्रम को अच्छी तरह समझ लिया। वहाँ से प्रेरणा प्राप्त कर स्मिता और असीमा पिछले तीन बरसों से गोधड़ गाँव में काम कर रही थीं। गोधड़ में काफी बदलाव आ गया था। असीमा के रिपोर्ट समाचार पत्रों में आते रहते हैं। गोधड़ में नारी-शक्ति, गोधड़ गाँव का कायापलट, स्कूल से पंचायत तक, एक और चिपको, नल-नाली-खुशहाली जैसे आकर्षक समाचार सर्वत्र फैलने लगे। असीमा के नेतृत्व में बालिकाओं को शिक्षा और वयस्क औरतों को काम दिलाने का बीड़ा उठाया गया था। स्मिता ने एकदम सहज-स्वाभाविक ढंग से पेड़-पौधों, प्रकृति और पर्यावरण को अपना हमसफर बना लिया था। प्रकृति और परिवेश के सामंजस्य में आस्था रखनेवाला उसका स्वभाव, गाँव की आदिवासी औरतों को अपना-सा लगा था। वेशभूषा, हाव-भाव और व्यवहार में अलग होने पर भी, उनके साझे लगाव ने उन्हें ऐसे सूक्ष्म और मार्मिक तन्तु से जोड़ दिया था कि अनायास उन्हें एक-दूसरे पर विश्वास हो गया था। इस प्रकार गोधड़ गाँव को एक नई दृष्टि मिलने लगी।

बन्थाल में किये गये शोध-अनुसन्धान के आधार पर, स्कूल के हर पहलू को गाँव के रहन-सहन और ज़रूरतों के मुताबिक ढाला गया था। भेड़-बकरियों के चराने के समय से लेकर उनकी माँओं के सालाना जापों तक का खयाल रखकर टाइम-टेबल बनाया गया था। लड़कियाँ पढ़ने तभी आ सकती थीं, जब अपने छोटे भाई-बहनों को साथ ला पाएँ। उसके लिए स्कूल के साथ 'क्रेश' का भी बन्दोबस्त किया गया था, जहाँ बच्चों के खेलने-खाने का बढ़िया इन्तज़ाम था। उसके साथ ही गाँव की औरतों की आय और आत्मविश्वास को बढ़ाने के लिए, उन्हें हैंडपंप मैकेनिक की ट्रेनिंग देने की पेशकश भी की गयी थी। ये सब असीमा ने किया। लेकिन इन कार्यों में असीमा को पूरी सफलता नहीं मिली। स्मिता बूढ़ी औरतों की मदद से गाँव में धीरे धीरे परिवर्तन लाने लगी। बंजर इलाके में पेड़-पौधे उगाने के लिए वे तैयार हो गईं। पहले मर्दों से डरकर स्त्रियाँ किसी कार्य में भाग नहीं लेती थीं। लेकिन जब बूढ़ी औरतों को स्मिता ने साथ लिया तो धीरे धीरे स्त्रियाँ पौधों को लगाने आदि में रुचि लेने लगीं। पेड़ उगाने और उन्हें बचाए रखने के लिए गाँव की औरतों की एक सहकारी संस्था बना ली गई। नाम दिया गया कुटुंब। यह संघर्ष की शुरुआत थी। गाँव का तंत्र बहुत विषम,

असहिष्णु, विकट और प्रतिक्रियावादी होता है। दलित तबके को सिर उठाते कोई नहीं देख सकता। औरतें तैयार हैं, उनके मर्द बिलकुल खिलाफ होंगे। कुटुंब को हर तरह की ताड़ना, लांछन, अपमान, विरोध और तोड़-फोड़ सहन करनी पड़ी। पहले घर के मर्दों ने औरतों को पीटा, फिर बाहर के मर्दों ने उन्हें सहकारी ज़मीन से वंचित करने का अभियान शुरू कर दिया। पर वह आदिवासी इलाका था। औरतों को पेड़ों से उतना ही मोह था जितना अपने बच्चों से। पारम्परिक तौर पर, स्त्री-पुरुष के बीच की विषमता उतनी विकट नहीं थी, जितनी शहरी संस्कृति से प्रभावित गाँवों में। गोधड़ में पेड़ों के हरे होने के साथ लोगों को अपनी अधभूली प्राचीन परम्परागत तकनीकें याद आने लगीं।

धीरे धीरे गाँव के पुरुष भी सहयोग देने लगे। स्मिता गाँव के लोगों की माँ बन चुकी। पेड़-पौधों से उसका लगाव और ग्रामवासियों के संघर्ष में उसका मुक्त उल्लास सभी भेदभाव को दूर करते थे। पुरुष और औरतों को जोड़ने में स्मिता का नैसर्गिक भाव सहायक हुआ। अब गाँव बदल गया। स्मिता सबकी सहिष्णु माँ है तो असीमा स्कूलवाली मोटी बेन है। गाँव जिस प्रकार प्रगति की ओर अग्रसर होने लगा वैसे ही दोनों में आत्मविश्वास बढ़ने लगा। औरतों को मैकेनिक की ट्रेनिंग देने की योजना भी सफल होने लगी। धीरे-धीरे कुटुम्ब को अपने पर इतना विश्वास हो गया था कि उसने अपने उगाये पेड़ों के बचाव के लिए नियम बनाने शुरू कर दिए तो उन्हें पूरा गाँव सर्वसम्मिति से मानने को तैयार हो गया। पाँच साल के लिए नये पेड़ों की टहनी-पत्ती तोडने और मेंड़ के भीतर मवेशी चराने का निषेध लगा दिया गया। नियम तोड़ने पर अपराधी को पाँच पेड़ों की रोपाई के लिए गड्ढे खोदने का श्रमदान करना पड़ता, यही उसका जुर्माना होता। जैसे-जैसे पेड़ों ने कद निकाला, उनके पाँव तले घास हरी होने लगी तो गाँववालों को हर रुकावट, कठिनाई और मुसीबत से जूझने की प्रेरणा मिलने लगी।

इस कार्यक्रम में सबसे बड़ी चुनौती वन-विभाग से हुई। उन्हें पेड़ों की बढ़ती संख्या पर खुशी नहीं थी, क्योंकि उनके हिसाब से कुटुंब द्वारा हरी की जानेवाली बंजर ज़मीन वन-विभाग की थी। लेकिन वन विभाग ने क्यों अभी तक एक पेड़ भी रोपा नहीं? उसको तर्क में दिलचस्पी नहीं है, न वन उगाने में। उसकी आड़ में गाँव का समृद्ध तबका, अपनी परम्परागत, अभावग्रस्त श्रमिक निधि को अपनी दया पर आश्रित बनाये रखने का युगों पुराना खेल खेल रहा था। वन विभाग ने कुटुंब की हरी होती ज़मीन खाली करने की नोटिस दी। इसके खिलाफ औरतों-बच्चों का मोर्चा

अहमदाबाद और दिल्ली गया। अंत में यह आश्वासन मिला कि भूमि पर अधिकार वन-विभाग का रहेगा, पर उस पर पेड़ और घास रोपने और उनकी कटाई एवं वितरण करने का अधिकार कुटुंब का होगा। खुश होकर गाँववालों ने नये पेड़ों के झुरमुट को देवस्थान घोषित कर दिया।

अभियान का दूसरा चरण शुरू हुआ। यह योजना बारिश के पानी की बूँद-बूँद बचाकर, उससे सूखे कुओं को दोबारा पानीदार बनाने और उनके चारों तरफ पेड़ उगाने की थी। हर खेत में छोटे-छोटे पोखर बनाकर पानी सँजोया गया। लंबी-पतली नालियाँ बनाकर बारिश के पानी को दिशा दी गयी। तीन साल के भीतर नये उद्यानों में इतनी घास पैदा होने लगी कि मवेशियों के लिए चारा काटा जा सके। पहली बार जब घास कटी तो उस दिन का उत्सवी माहौल होली-दीवाली को मात दे रहा था। सबने मिलकर निर्णय लिया कि गाँव का हर परिवार, बारी-बारी से एक दिन एक आदमी या औरत को घास काटने भेज सकता था। दोबारा काटने को मना किया गया था। गँवई ढंग की इस समाजवादी वितरण-प्रणाली को लागू करने के लिए कुछ बूढ़ी औरतें आगे आयीं।

वहाँ करीब पच्चीस स्थानीय प्रजातियाँ उगाई जा चुकी थीं जिनमें कैर, बाँस, बेरी, सफेद डामर, कपास, जायफल, नीम, बबूल, ढाक, कुम्हड़ा आदि मुख्य हैं। किस जाति का पेड़ कहाँ उगाना उपयुक्त रहेगा, वह बदलाने का काम गाँव के बूढ़े-बूढ़ियों के जिम्मे था। अपनी तरफ से स्मिता ने मिट्टी का विश्लेषण करवाकर वैज्ञानिक रूप से तर्क-सम्मत प्रजातियों की खोज भी ज़ारी रखी थी। इस प्रकार विज्ञान और परंपरागत ज्ञान एक साथ मिलकर गोधड़ की मिट्टी को उपजाऊ बना दिया। पूरे गाँववालों के लिए अब स्मिता बा बन गई। गोधड़ में वह अभी तक कठगुलाब नहीं बो पाई लेकिन कठगुलाब की फंतासी में वह जीने लगी।

एकांत में स्मिता कठगुलाब बो रही थी और कुटुंब में लहसून उगा रही थी। आनेवाले वर्ष के लिए उन्होंने तय किया था कि लहसून की खेती की जाए। शहर की मंडी में उसकी काफी माँग थी। चूँकि लहसून टिकाऊ किस्म की चीज़ थी, उसे तुरत-फुरत बेचना ज़रूरी नहीं था और इसलिए वाजिब दाम मिलने की काफी संभावना थी। हर दृष्टि से वह गोधड़ के लिए उपयुक्त व लाभदायक पैदावार थी। स्मिता विपिन से कहती है – "गोधड़ में मैंने कठगुलाब दुबारा देखे... चालीस साल बाद। कुछ ठहरा नहीं रहता, पर कुछ बदलता भी तो नहीं। मैं समझती हूँ, मिस्टर मजूमदार, बूढ़ा सिर्फ शरीर होता है। मन तो कठगुलाब की तरह है, सदाबहार। पर... कितना नष्टप्राय।

सूखता नहीं, बुढ़ाता नहीं, पर ज़रा हाथ लगने पर टूटकर बिखर जाने को तैयार रहता है।" (पृ. 235) इससे जाहिर होता है कि स्त्री के द्वारा धरती, स्त्री और पूरे गाँव का निर्माण कर खुद वह भी खुशी महसूस करती है। जिस प्रकार इको-फेमिनिज़्म अनुसार स्त्री के हाथ में है, भूमि की सुरक्षा, वैसे ही कार्यरत होकर गोधड़ नामक गाँव की बंजरता दूर कर उर्वर बना देने के प्रयत्न में असीमा की मदद से स्मिता कामयाबी हासिल करती है। इसलिए यह एक सशक्त इको-फेमिनिस्ट उपन्यास है।

अंत में विपिन खुद गोधड़ जा रहा था। एक मार्च की रात को नीरजा ने सृजनशील संभोग की संभावना को नकारा। उसने नीरजा में बढ़ती हुई उदासीनता को देखा। यहाँ सबसे रेखांकित करने योग्य बात यह है कि जब सहजता एवं स्वाभाविकता नष्ट हो जाती है वहाँ विकर्षण संभव हो जाता है। हमारे इस यांत्रिक युग में इसलिए सभी संबंधों में विकर्षण नज़र आता है। उपन्यासकार मार्च महीने के आकर्षण पर प्रकाश डालते हुए प्रकृति एवं ऋतुएँ हमारे मन-मस्तिष्क पर डालनेवाले प्रभाव की ओर इशारा करती हैं – "मार्च महीने में प्रकृति तुम्हारी तरह तर्कातीत हो उठती है, यानी सांगोपांग स्त्री। तर्कातीत और श्रृंगाररत। जन्म देने को आकुल। जिद्दी और प्रचंड। भूले-बिसरे, सूखे-अधमरे पौधे भी अचानक जी जाते हैं। जीवित होने का सबूत देने के लिए, दो-चार कोंपल, पत्ती, फूल चटखा ही लेते हैं।" (पृ. 247) यह मार्च पुनर्जन्म, जागरण, त्योहार, हरीतिमा आदि की याद दिलाता है। इस महीने में नीरजा में दिखाई पड़ी यांत्रिकता उसे कचोटती रही। मार्च में यंत्र को मनुष्य बनाने का प्रयत्न पूर्णतः असफल हो गया। नीरजा ने जो कठगुलाब उसको दिया उसके काले, बदसूरत बीज उसकी मुट्ठी में बंद है। विपिन गोधड़ की सहजता, ग्रामीणता एवं हरीतिमा से आकृष्ट हो गया। गोधड़ उसे उस ओर बुला रहा है। प्रकृति की गोदी में मनुष्य को जो सुख मिलेगा वह यांत्रिकता में या शहरीय सभ्यता में उपलब्ध नहीं है।

इस उपन्यास की खासियत इसमें है कि जो नगरीय सभ्यता एवं जीवन से आत्मविश्वास खोकर वीरान हो गये, वे सभी गोधड़ की प्रकृति के प्रांगण में वहाँ की जनता के बीच में अपने जीवन को पुनः पुष्पित सा प्राप्त हुए। प्रकृति की ओर वापसी की ज़रूरत समकालीन सभ्य जनता की अशांति एवं बंजर मानसिकता का इलाज बनकर प्रकट है। विपिन ने कठगुलाब के बीज मुट्ठी में बंदकर आँखें भी बंद कर ली – "गोधड़ जाकर ज़मीन में बीज रोपेगा और कुछ दिन बाद...बन्द आँखों से उसने देखा... बीज अंकुरित हुआ और बढ़ता चला गया। ज़रा देर में उसकी शाखाएँ आसमान को छूने लगीं। किस दैत्य के घर जा पहुँची, एक-एक टहनी पर हज़ार-हज़ार

पीले फूल खिल आए। सीधे-सादे, चार पंखुडियों में सीमित, एकसार पीले फूल। मामूली, पर एक सुकूनदेह आभा लिए। बिला शोखी या ताप, सूरज का रंग बिखेरता आच्छादन। पत्तों का खड़साल बजाते, हवा के द्रुत और विलंबित सुर। इतनी सरल-सहज-सादा कब हो पायी है ज़िन्दगी? या प्रकृति? झर-झरकर पीली फूल झड़ने लगी। आसमान तक उठी टहनियाँ सूखने लगीं। दैत्य हँस रहा था। जो जन्मा है, मरेगा ज़रूर। फूल, पत्ती, टहनी। पर क्या जड़ समेत पेड़ भी? पेड़ सूखा पर सिकुड़ा नहीं। सूखी टहनियाँ, ताने आसमान को चुनौती देता रहा। वृक्ष ने खुद अपने पुष्पों का आविष्कार कर लिया। शाखाओं को घुमाया-लचकाया और गुलाब का आकार दे दिया। हर शाखा पर हज़ार-हज़ार कठगुलाब।" (पृ. 264)

विपिन ने सदाबहार स्मिता द्वारा निर्मित गोधड़ को देखा। उसने महसूस किया कि बंजरता कहीं भी नहीं है। उसने कठगुलाब की झाड़ी देखी और स्मिता का घर देखा। लेकिन इसी फंतासी के बीच में उसको जल्दी लगा – "हाथों का सहारा देकर, उसने कठगुलाब की झाड़ी को सँभालनेवाले बाँस सीधे करने चाहे, पर वे उसके हाथ से फिसल गये। देखते-देखते घर मकबरा बन गाया। और नीरजा? उसके बीच दफन हो गयी। पर वह तो स्मिता को ढूँढ़ रहा था न? वह रही नीरजा। शहर की दूसरी मंजिल पर बने, ईंट-गारे के फ्लैट के तंग छज्जे से झाँक रही है। कह रही है, कहाँ बोओगे बीज? ज़मीन कहाँ है?" (पृ. 26) नीरजा यांत्रिकता में जी रही है, उसके आकर्षण में है। वहाँ कहीं भी सुख नहीं मिलेगा। सब उम्मीद के साथ स्मिता की ओर देख रहे हैं। कारण स्मिता के पास कठगुलाब के बीज बोने के लिए ज़मीन है। उस ज़मीन में बाँझ का प्रतीक कठगुलाब भी खिलेगा। इस उपन्यास के प्रत्येक पात्र कठगुलाब हैं। वे अपने को खिलकर देखते हैं गोधड़ में, वहाँ की ज़मीन में। समाज-सेवा का व्रत निरर्थक जीवन को अर्थ देने के लिए काफी है। किसी का भी जीवन निरर्थक नहीं है। कोई भी बाँझ नहीं है। अपनी शक्ति खुद जीवन को अर्थ देने के लिए लगा देता है तो उसका जीवन अर्थपूर्ण बन जाता है। कोई अपना जीवन रसपूर्ण एवं अर्थपूर्ण बना देता है तो वह कभी भी बाँझ नहीं बनेगा।

विपिन ने गोधड़ में जाकर वहाँ कठगुलाब बोने का सपना देखा – "सबकुछ होगा। पेड़-पैधे लहलहाएँगे। विपिन लहसून की खेती करवाएगा। बाज़ार में लहसुन बिकेगा। गोधड़ के घर-परिवारों की आय बढ़ेगी। बच्चे स्कूल जाएँगे। औरतों को काम मिलेगा। बदहाली कम होगी। बहुत कुछ होगा। विपिन करेगा सब कुछ, बस पाएगा कुछ नहीं। बंजर ज़मीन पर कठगुलाब की झाड़ी उगेगी, पर विपिन को उसके नीचे

फैला बंजर ही दीखेगा। वह समझ गया था, वह गोधड़ का इंतज़ार नहीं कर रहा, सिर्फ गोधड़ जा रहा है। वहाँ जो-जो करना होगा, वह करेगा। लड़ाई, संघर्ष, युद्ध, मेहनत, तैयारी, परिकल्पना, मार्गदर्शन, अनुगमन। बहुत शक्ति है उसके पास। दुःख की निस्सीम शक्ति। वह आज़ाद है। चक्रीयदुःख-सुख की शृंखला से मुक्त। समय की जो-जो माँग होगी, वह करेगा। निडर, निःशंक करेगा, क्योंकि अब, कभी किसी चीज़ का इंतज़ार उसे नहीं होगा।" (पृ. 265) बिलकुल गोधड़ गाँव स्मिता, असीमा और विपिन को फूलने-फलने की जगह है। उनकी फंतासी है।

ज़ाहिर है कि कठगुलाब धरती और मनुष्य की बंजरता को दूर करनेवाला फंतासी है। इसके माध्यम से प्रकृति और मनुष्य दोनों फूलों जैसे हिलते डुलते हैं। कर्मसुख है सबसे बड़ा सुख। वह कर्म प्रकृति एवं मनुष्य की प्रगति एवं विकास के लिए है तो सबसे अच्छा होगा। इस उपन्यास में प्रकृति के साथ मिलकर वहाँ की सहजता में कर्मरत होकर स्त्रियाँ उस ग्रामीण जनता की भलाई के लिए जीवन समर्पित करती हैं। उससे जनता और प्रकृति परस्पर पूरक बनकर सबके आनंद के लिए कारण बनती हैं। इस प्रकार यह उपन्यास इको-फेमिनिज़्म का सशक्त दस्तावेज़ बन जाता है।

पहला राजा : स्त्री और धरती की उर्वरता

अनादि काल से धरती को स्त्री-रूप में देखने की प्रणाली यहाँ विद्यमान रही है। स्त्री शक्ति है, सौन्दर्य है, समस्त प्राणियों के लिए माँ है। क्षमा एवं स्नेह का प्रतिरूप है, सभी गुणों का खान है, जैसे अनेक विशेषणों से वह अलंकृत है। भूमि के लिए सर्वं सहः, सभी प्रकार की संपत्तियों का खजाना, सबके लिए आश्रयदाता, स्नेह-निर्झर की अविरल धारा, सभी प्राणियों की विहारभूमि, उदारमना जैसे कितने विशेषण हैं। इससे एक बात जाहिर है कि दोनों समानधर्मी हैं। इसलिए दोनों का पालन-पोषण यथावत् होना चाहिए। उनकी रक्षा से ही संपूर्ण जगत् की सुरक्षा, कल्याण एवं विकास संभव होगा। प्रागैतिहासिक युग से लेकर स्त्री एवं प्रकृति की पूजा की जाती थी। हड़प्पा-मोहनजोदडो से प्राप्त मिट्टी की मुद्राओं में एक मुद्रा में भूमिदेवी की कुक्षि से एक वृक्ष निकलता हुआ दिखाया गया है। वह पृथ्वी का सस्योत्पादक रूप है। मातृपूजा परवर्ती आर्य जीवन में घुल-मिल गई, किन्तु इसके आदि-स्वरूप की झाँकी अब भी राजस्थान के भीलों की बनायी उन विचित्र एवं वीभत्स मूर्तियों में मिलती है जिनकी वे लोग आज भी आराधना करते हैं। वह संसार की शक्ति है, उसे ऊर्जा नाम से अभिहित कीजिए, वह है स्त्री। वह धन की देवी, विद्या की देवी आदि कई रूपों में परिभाषित है। वह कभी-कभी प्रचंड भद्रकाली रूप धारण कर आसुरीवृत्तियों का दमन भी करती है। यदि स्त्री अपनी शक्ति को सही ढंग से पहचानती है तो वह दुर्जेय बन जाती है। वैसी ही है धरती भी यानी प्रकृति। लेकिन जब इन दोनों का बलात्कार करके उन्हें पराधीन करने की कोशिश की जाती है, तब मानव जाति की ही पराजय होती है।

जब कभी मनुष्य में उपभोग की वृत्ति उसकी अति की सीमा को भी पार करती है तब प्रकृति पर उसका अत्याचार बढ जाता है। पुराने ज़माने में स्त्री संपत्ति एवं ज़मीन की अधिकारिणी थी। धीरे-धीरे ज़मीन का अधिकार पुरुष ने छीन लिया। संपत्ति से वंचित स्त्री ने इसलिए बेसहारा बनकर पुरुष की अधीनता को स्वीकार किया। वैसे ज़मीन एवं स्त्री पुरुष के अधीन बन गईं और पुरषाधिपत्य समाज कायम हुआ। तब से पूँजीवादी मानसिकता एवं व्यवस्था की शुरुआत हुई, स्त्री एवं धरती का भीषण शोषण शुरु हुआ।

उन दोनों के अनुचित दोहन का परिणाम यह निकला कि मानव जाति की भलाई के लिए उनसे यथायोग्य जो कुछ प्राप्त होना था, उससे मनुष्य वंचित रह गया।

जगदीशचन्द्र माथुर द्वारा रचित 'पहला राजा' नामक नाटक धरती एवं स्त्री के समानधर्मी स्वरूप पर प्रकाश डालता है। नाटक के आरम्भ में ही सूचित किया गया है कि सरस्वती नदी सूख गई है। हमारे पुराणों एवं इतिहासों में सरस्वती नदी का उल्लेख यत्र-तत्र हुआ है। लेकिन यह नदी आज सूखी हुई दिखाई देती है। इसके पीछे की ऐतिहासिक घटना यह है कि हड़प्पा-सभ्यता से पराजित नागरिकों को ही आर्यों का शत्रु माना गया था। सरस्वती की धारा में कालीबंगा तथा लगभग अट्ठारह अन्य स्थानों में उस प्राचीन सभ्यता के अवशेष प्राप्त हुए। इससे यह स्पष्ट हो गया कि आर्यों के आने से पहले सिन्धु, रावी और सरस्वती के तटों पर एक नागरिक सभ्यता लहलहा रही थी, जिसे शायद आर्यों ने नष्ट किया होगा। बाद में आर्यों की सभ्यता में उस नागरिक सभ्यता के अनेक तत्व और रूप समाविष्ट हो गये। आर्य लोग पशुपालन के अभ्यस्त थे और नित्य नये चारागाहों की खोज में ही उन्हें मानव-जीवन की प्रगति के आभास दीखते थे। प्रारंभ में उनकी खेती का तरीका भी आजकल की नागा तथा कुछ आदिवासी जातियों की झूम पद्धति से मिलता-जुलता था, यानी जंगलों को यथावश्यक जलाना कुछ बरस पैदावार करना और जब भूमि बंजर हो जाय तो उसे छोड़कर फिर नये जंगल को जलाना। जंगलों में चारागाहों की खोज करनेवाले आर्यों की यह पद्धति भारत के घने जंगलों में चलाने में कोई आश्चर्य की बात नहीं थी। लेकिन इसी प्राचीन निवासियों ने इस रेगिस्तान के बीच में भी नदी-घाटियों में खेती की हरियाली और वाणिज्य का उसी भाँति विकास किया था जैसे उनकी समकालीन दजलाफरात और नील नदी की घाटियों की जातियों ने किया था। धरती की उर्वर शक्ति का संचय जल के माध्यम से करना उनके लिए अनिवार्य था, लेकिन आर्यों को नहीं था। संभव हुआ होगा कि आर्यों की जंगल जलाने की पद्धति के कारण ही सरस्वती नदी सूखती चली गई और अकाल भी हुआ। भूविशेषज्ञों ने सरस्वती की सूखी धरती में मिट्टी की जाँच करके अनुमान किया कि प्राचीन सरस्वती में एक और धारा मिलती थी जिसका यमुना की धारा से भी संबंध था। यही शायद वह दृषद्वती थी जो बाद में यमुना की ओर मुड गयी और सरस्वती को उसका जल मिलना बन्द हो गया। ऊपर से बहकर आई हुई मिट्टी ने सरस्वती की धारा को अवरुद्ध किया होगा। इस प्रकार शायद सरस्वती नदी के किनारे में बसी कालीबंगा की नगरी उज़ड़ गई होगी।

उपर्युक्त तथ्यों के आधार पर यदि 'पहला राजा' में प्रवेश करें तो यह विदित हो जाता है कि पृथु ही पहला राजा थे, जिन्होंने समस्त भूमिवासियों को समानता प्रदान

कर इस धरती में उच्च-नीच, पार्थक्य आदि के बगैर धरती एवं मनुष्य की पारस्परिकता को कायम करने की कोशिश की थी। आर्य एवं आर्येतर जातियों के बीच की प्रतिकूल नीतियों एवं संघर्षों के नैरंतर्य के कारण यहाँ धरती का विनाश हुआ था। ठीक उसी प्रकार आज के परिप्रेक्ष्य में यदि विचार किया जाए तो पता चलेगा की पूँजीवादी उपनिवेशवादी ताकतों के आक्रमण से आदिवासी सभ्यता एवं प्रकृति की अन्य सहज संस्कृतियाँ लुप्तप्राय होती जा रही हैं। वैसे ही पूँजीवादी-आर्य संस्कार के सामने उस समय की अनेक वन्य-जातियों की संस्कृतियाँ मिट गयी थीं। पूँजीवादी कृषि-व्यवस्था एवं संस्कार में प्रकृति के जल तत्व का क्रमातीत उपभोग किया गया। जल तत्व से प्रकृति को बचाने के बदले अग्नि से धरती को सुखाकर जंगलों का भी अंधाधुंध नाश किया गया। साथ ही उसको बचाए रखने में तत्पर सभ्यता को पराजित भी किया गया। इसीलिए सरस्वती नदी का अंत हो गया। आज भी कितनी नदियाँ सूख रही हैं। नदियों का दोहन कई प्रकार से हो रहा है। बाँध का निर्माण, रेत का अनावश्यक उपभोग, पानी का प्रदूषण आदि से नदी मर रही है। उपभोग संस्कार के कारण जो अंधाधुंध प्राकृतिक विनाश चल रहा है उससे पृथ्वी भी मरणासन्न स्थिति में पहुँच रही है।

'पहला राजा' में पृथ्वी अपने परित्राण के लिए राजा पृथु से विनती करती है। अर्चना पृथ्वी रूपी उर्वी को अपनी सखी बनाना चाहती है। लेकिन वह उसे नकारती है। वह कहती है – "मेरी सखी एक ही है, ...धरती। ... धरती जो नशे की तरह मुझमें घुल-मिल जाती है... और ब्रह्मावर्त में धरती पर जो बीतनेवाला है, उसे मैं झेल नहीं पाऊँगी... नहीं... नहीं..." (*पृ.39*) इससे यह स्पष्ट हो उठता है कि भारत में धरती की जो अनुचित लूट हो रही है, उससे उसकी रक्षा करने में समर्थ नेताओं के अभाव में धरती विनाश के कगार पर खड़ी हुई है। यहाँ उर्वी धरती का प्रतीक है, अथवा धरती उसके रग-रग में व्याप्त है। खुरदरी चमड़ी के उसके गोमुख में धरती की भाँति रस छलकता है। वह अच्छी तरह जानती है धरती के रस और खजाने को। उसके मित्र थे पहाड़ी प्रदेश के पृथु और कवष। पृथु में सभ्य आर्य संस्कार की सारी खासियतें मौंजूद हैं। वेन के मंथन से प्राप्त पृथु में एक तेजस्वी प्रतापीराजा के समस्त गुण समाहित हैं। कवष वेन का दूसरा अंश है। उसमें वन्य जातियों एवं सहज पृथ्वी का स्नेह मौजूद है। वह सचमुच पृथ्वी की वन्यता है। उन दोनों के मिलन से ही पृथ्वी का बचाव संभव हो पाएगा। इसलिए दोनों उर्वी के मित्र भी हैं। उन दोनों के प्रति स्नेह है उर्वी में। उर्वी के इन शब्दों को देखिए – "मेरे मन का मेघ दो चालों के दर्पण में झाँकता है। ये दो दर्पण ये दो मित्र हैं। आचार्यों ने जब पृथु को कुछ शर्तों के तहत राजा

बनाया तब उनका एकमात्र लक्ष्य अपनी रक्षा ही थी। संसार के अन्य जीव जन्तुओं एवं निम्नजातीय लोगों की रक्षा पर वे सोचते ही नहीं थे। सवर्ण जातीय पूँजीवादी आर्य संस्कार में यज्ञ एवं धरती की जलन का महत्वपूर्ण स्थान था। सम्राट बने पृथु का लक्ष्य यज्ञशालाओं की रक्षा या ब्राह्मणों एवं मुनियों की रक्षा मात्र नहीं था। उनके सामने समस्त प्राणी थे। उनके लिए वे कवष की मदद माँगते हैं। लेकिन इसके पहले ही सभी मुनियों को मांत्रिमंडल में स्थान दिया गया था। शुक्राचार्य ने पृथु आजगव नामक धनुष भेंट करते हुए कहा– "एक दिन इन्द्र ने इसी धनुष से सरस्वती, सिन्धु और रावी नदियों के तट पर दस्युओं के नगरों का ध्वंस किया था। आज आपके हाथों उसी दिशा से आये डाकुओं का संहार होना है।" (पृ. 48) शुक्राचार्य के इस कथन से यह पता चलता है कि एक बार इन्द्र ने यहाँ की मूल निवासियों की सभ्यता का अंत कर डाला था। ये मूलनिवासी यहाँ की धरती का पालन कर एक उच्च संस्कार का गठन कर रहे थे। हमारे इतिहास के अनुसार, भारत में पहला विदेशी आगमन आर्यों का था। उन्होंने ही हमारी धरती की संपत्ति का अंधाधुंध शोषण शुरू किया था। विदेशियों के लिए सबसे बड़ा आकर्षण हमारी मिट्टी के संसाधन एवं वैभव हैं। उनकी मानसिकता उपभोग की है। इसलिए मिट्टी की उर्वरता को बनाये रखने के बदले वे उसे लूट लेना चाहते हैं।

लेकिन पृथु संपूर्ण जनता को साथ लेना चाहते हैं। वे जानते हैं कि भारतवर्ष के जनपदों को तथा प्रत्येक गाँववासी को बचाना है। इसलिए वे कवष को अपना सेनापति बनने का निमंत्रण देते हैं। कवष उस निमंत्रण को इसलिए स्वीकार नहीं करता कि वह जानता है कि मुनिगण जो हैं, वे उच्च वर्ग हैं, सारी पूँजी के अधिकारी हैं। जब तक वे मंत्रिमंडल में रहेंगे, तब तक वह सेनापति बनना नहीं चाहता। मुनियों की दृष्टि में वह निषाद एवं जंघापुत्र है, वह असभ्य है, चोर है, डाकू है, दस्यू है। इसलिए कवष जंगलियों का सरदार बनना अपना परम कर्तव्य समझता है। पृथु के सामने भारत को डाकुओं के आक्रमण से बचाना मुख्य धर्म है। लेकिन कवष का आरोप यह है कि पृथु अब मुनियों के चंगुल में हैं और उनके मुखौटों को वे सत्य मान रहे हैं। असलियत तो यह है कि जिन्हें पृथु और आचार्यगण दस्यु या डाकू कहकर अपमान करते हैं, ये डाकू नहीं हैं। ये भारत को या हिमालय को मटियामेट करने वाले नहीं हैं। वे ही इस देश के निर्माता हैं। उर्वी से जो जानकारी कवष को प्राप्त हुई, उसे वह पृथु को यों समझा देता है – "एक ज़माने में ब्रह्मावर्त के आर्यों और इन्द्र ने इनके नगरों को नष्ट किया... सिन्धु, इरावती और सरस्वती के तट पर वे जगमगाते नगर वीरान हो गये।

उन्हें डर है कि अब ब्रह्मावर्त के मुनि अपने यज्ञों के नाम पर जंगलों को काट रहे हैं। मिट्टी बहकर सरस्वती की धारा को बंद कर रही है। इस तरह उनकी बची-खुची खेती ही मटियामेट हो जाएगी।" (पृ. 50) गोया कि उपभोग संस्कार से आवेष्टित पूँजीपति सवर्ण लोगों के दोहन से पृथ्वी को बचाने का जो प्रयत्न ये प्रकृतस्थ लोग करते हैं तो उन्हें डाकू कहकर भगाने का षड्यंत्र रचा रहे हैं सवर्ण पूँजीपति लोग। असली डाकू को पहचानने में आज भी हम जैसे आम आदमी असमर्थ हैं। इसलिए दस्युकन्या समझी जानेवाली उर्वी में जो पृथ्वीबोध एवं पृथ्वीधर्म विद्यमान हैं, उसी के तहत कवष सरस्वती की धारा को घेरनेवाले रेगिस्तान के विरुद्ध लड़ने और पृथु एवं उर्वी के बीच के झगडे की जड़ों को उखाड़ फेंकने के लिए तैयार हो जाता है।

पृथु के देश में अकाल और भूख है। दूर-दूर के गाँवों से भी जनता उनके सामने अपनी अपनी यातनाएँ लेकर आती है। अभी तक पृथु ने जो कार्य किया, वे सब मुनियों के कल्याण के लिए थे। मुनियों के मंत्रोच्चारण से घड़ा रीता होता जा रहा है और उस छेद का पता ही नहीं जिससे होकर बूँद-बूँद जल रिसता था। मुनिगण अपने प्राकृतिक उपभोग को आगे बढ़ाते रहते हैं। उससे वंध्यवंजर होनेवाली धरती के प्रति वे चिंतित नहीं हैं। मंत्रिमंडल में अत्रि मुनि का कहना है, "भूख की आग का इलाज है वैश्वानर आग, हमारे यज्ञों की अग्नि। ब्रह्मावर्त की भूमि बंजर हो रही है। लेकिन गंगा के उस पार पूरब दिशा में जंगल भरे पड़े हैं।" (पृ. 66) कृषि के लिए आर्य जंगलों को जलाकर धरती को उपजाऊ बनाकर उसका उयोग किया करता था, लेकिन जब वह धरती धीरे-धीरे ऊसर बन जाती है तो उसे छोड़कर दूसरे प्रदेश की ओर चला जाता है। इस प्रकार संपूर्ण धरती को वंध्यता बना कर छोड़ने में निश्चिन्त हैं उच्च सवर्णीय मुनीगण यानी मंत्रिमंडल। उनके सामने सबसे बड़ा शत्रु है पृथ्वी को बचाने के लिए लड़नेवाले दस्यु एवं भूचण्डिका। भूचंडिका पृथ्वीमाता है, वह दस्युओं की देवी है। यह भूमिदेवी अपनी शक्ति से ऋषिमुनियों की ऋचाओं को बेकार कर रही है। पृथु मिट्टी को वंध्या बनाकर उसे ऊसर बनाने की वैश्वानर आग की तथाकथित शक्ति की निरर्थकता समझ लेता है और मिट्टी की रसविहीनता को दूर करने के लिए पानी या नदी की ज़रूरत पर ज़ोर देने लगता है। उन्होंने समझ लिया कि भूख एक सत्य है तो उसे दूर करना अनिवार्य है। लेकिन शुक्राचार्य के अनुसार धरती दानवी बनकर उन्मत्त हो गयी है और अपना सारा रस अन्दर ही अन्दर खींच रही है। दस्यु की देवी नंगी नारी मूर्ति है, जिसकी कुक्षि से एक वृक्ष निकल रहा है। इस मूर्ति की पूजा को बंद कराने की कोशिश आचार्य की ओर से हो रही है। पर इस भूचंडी के भीषण अनुष्ठान का रक्षक

निषाद कवष है।

धनुष लेकर पृथु भूचंडी के अहंकार के दमन के लिए चण्डीगृह पहुँचता है तो वहाँ उर्वी देवी रूप में प्रकट होती है। पृथ्वी को माँ कहकर उर्वी पृथु को अपना परिचय करा देती है, "माँ!...भूमाता, धरती माँ!... जननी जिसकी देह में से कोटि-कोटि सन्तान के लिए उदय होती है, हरियाली! कुक्षि में से निकलता हुआ यह हरा-भरा वृक्ष।" (पृ. 79) लेकिन पृथु उर्वी को भूरे रंग के भारतवर्ष के रूप और क्षुधातुर और दीन प्रजा के करुण क्रन्दन को समझाने की कोशिश करते हैं। आर्य देवताओं की पूजा निरर्थक बनती है। तब उर्वी उसे समझाती है कि आसमान के देवता धरती माँ के कन्धों के बिना पंगु निर्जीव एवं निर्बल रह जाएँगे। कारण धरती है असली शक्ति। एक राजा का आर्य और अनार्य, नाग और निषाद, सभी का ताना-बाना ही तो उसका राजवस्त्र है। उन्हें मिलाओगे तो समाज का आधार मज़बूत होगा, अलग रखोगे तो समाज भी टूक-टूक होगा और धर्म भी। उर्वी अपने को धरती की आवाज़ और धरती के लिए खड़ी होनेवाली मानती है। पृथु मुनियों की ज़मीन जलाकर पृथ्वी को उपजाऊ एवं कृषि भूमि बनाने का समर्थन करता है। इसका मतलब है कि राजा भी उस सवर्ण मानसिकता से उबरता नहीं है। पृथ्वी की नब्ज को पहचाननेवाली उर्वी राजा को समझाती है कि यज्ञों से जली हुई मिट्टी को शीघ्र वर्षा का पानी बहा ले जाता है। इसलिए पुनः पुनः मिट्टी को जलाने की आर्य-परंपरा बिलकुल वैज्ञानिक नहीं है।

यहाँ सबसे उल्लेखनीय बात यह है कि पूँजीपति उच्चजाति भूमाता के वक्ष को जला जलाकर बंजर बनाती है। भूमाता को बचाने के लिए उसकी पूजा करनेवाली उर्वी पर शस्त्र का प्रयोग करने को भी उद्यत होनेवाला है राजा। पृथ्वी और स्त्री का बलात्कार पहले से अर्थात् आर्य संस्कृति की शुरुआत रो चलता आ रहा है। इसलिए उर्वी राजा पृथु से पृथ्वी की समुचित देखभाल कर उससे पृथ्वीवालों के लिए आवश्यक चीज़ों को दुह लेने का आह्वान करती है। उर्वी के शब्द देखिए – "उठाओ धनुष, और इसकी कोटि से उखाड़ो शिलाओं को, ऊँचे-नीचे टीलों को समतल करो। खेती में पानी ठहरेगा। मिट्टी में नमी आएगी। हरियाली फैलेगी। बालू से रुकी हुई नदियों की धाराएँ फिर बह निकलेगीं।... और तब सर्वकाम दुहा गौ की धरती माँ के स्तनों में सैकड़ों मानव संतान के लिए दूध उतरेगा।" (पृ. 82), इन शब्दों में गाँधीजी के शब्द गुंजायमान हो उठते हैं कि प्रकृति के पास सबकी ज़रूरतों के लिए आवश्यक चीजें हैं, लेकिन सबके लोभ को निपटाने की चीज़ें नहीं हैं। आर्य मुनियों ने लोभी बनकर पृथ्वी का अंधाधुंध दोहन शुरू किया था, इसलिए पृथ्वी ने भी अपनी चीज़ों को अंदर ही अन्दर

छिपा रखा। कामायनीकार ने जो कहा वह यहाँ पूर्णतः सही निकलता है कि प्रकृति दुर्जेय रही है। पराजित हम सब पृथ्वीवासी हैं। इस नाटक में भी भूख से और अकाल से दम घुटनेवाली जनता को बचाने में असमर्थ होकर असमंजस में पड़े राजा की शोचनीय स्थिति हम देख चुके हैं। राजा के साथ प्रकृति और पृथ्वी को समझनेवाला कोई भी नहीं था। मंत्रिमंडल के सारे के सारे आकाशवासी हैं। भूमिपुत्रों को दस्यू कहकर परिहास करनेवाले हैं राजा के साथी। कवष सूखी सरस्वती में नहर खोदकर जल निकाल रहा था। सरस्वती को सरस करने की सारी योजनाएँ पूरी हो गईं। भूमिरूपी गौ को अपनी आवश्यकताओं के अनुसार दुह लेने के लिए विभिन्न प्रकार एवं स्तर के जीवजन्तु तैयार होकर खड़े हैं। व्यापारी लोग सोना, चाँदी, ताँबा जैसी धातुओं को दुहेंगे, शिल्पी लोग अंलकारों के पात्र, विलासी लोग मदिरा-रूपी दूधी, ज्ञानी लोग वेद रूपी दूध को, कलाकार, गंधर्व, अप्सराएँ संगीत एवं सौन्दर्य का दूध दुहेंगे। पृथु पूछते हैं– "कौन नहीं होगा दोहक? सिद्ध और पितृगण, यक्ष और दैत्य, पशु और जीवजन्तु, वृक्ष और पर्वत।" (पृ. 84) भूमाता या प्रकृति एक अनंत खजाना है। प्रत्येक जीवजंतु के दोहन से भी वह खजाना समाप्त नहीं होता। पृथ्वी आनंद के साथ अपने को अपनी संतानों को दुहने देती है।

पृथु उर्वी एवं कवष की सहायता से सूखे और अकाल का चक्रव्यूह तोड़ रहा है। सरस्वती में जो नगर बनाया गया वह विस्तार प्राप्त कर रहा है। कई लोगों को काम भी मिल रहा है। वे बरसात के पहले ही दृषद्वती की धारा को मोड़नेवाला बाँध तैयार करने के प्रयत्न में हैं। पृथ्वी के साथ रहनेवाले दस्यू लोग ही पृथ्वी को बचाने का मार्ग जानते हैं। शासकों को सचमुच सभी जातियों, वर्गों एवं संस्कृतियों को अपने शासन में स्थान देना चाहिए। समाज के परत-दर-परत का विश्लेषण कर प्रत्येक समस्या के हल के लिए योग्य निपुण एवं कुशल लोगों को मंत्रिमंडल में स्थान देना अनिवार्य है। पृथु की इस अपूर्णता को दूर करने में पृथ्वी के अंग कवष और उर्वी सफल निकलते हैं। पृथु अभी तक उपनिवेशी ताकतों के अधीन थे। इसलिए हमारे समाज की बहुत सारी जातियों की उपेक्षा की गई। पृथु को भी अन्य कामकर लोगों के साथ मिलकर कुदाली लेकर काम करना चाहिए था।

लेकिन मंत्रिमंडल में पृथ्वी पुत्र कवष एवं पृथ्वी देवी उर्वी को शामिल करने से मुनिमंडल डरते हैं। किसी न किसी प्रकार बाँध के काम को शिथिल करने का निर्णय लेते हैं। हिमालय प्रदेशों में हुई घनघोर वर्षा के कारण दृषद्वती और यमुना में प्रचंड बाढ़ आ जाती है। बाँध के सिर्फ एक खण्ड में ही मिट्टी डलनी बाकी थी। लेकिन

मज़दूरों को जानबूझकर मुनियों ने नहीं भेजा। इसलिए दृषद्वती को सरस्वती की ओर मोड़ने के पहले ही प्रचण्ड लहरों के साथ हहराता हुआ जल प्रवाह कगार को गिरा देता है। उर्वी उसमें डूब जाती है। उसे बचाने के प्रयत्न में दूसरा कगार कवष के ऊपर की ओर गिर पड़ता है। दोनों बह जाते हैं। मतलब कि पूँजीवादी औपनिवेशिक ताकतों के चंगुल से प्रकृति को बचाना आसान कार्य नहीं है। वह सरकार और यथार्थ धर्तीपुत्रों के नाश का षड्यंत्र ही रचता रहता है।

गोया कि 'पहला राजा' मिथक के ज़रिए समकालीन ज्वलंत समस्याओं को अनावृत करनेवाला नाटक है। पृथ्वी का अनुचित दोहन भारतवर्ष में कई बार हो चुका है। पहली बार तब जब आर्य लोग आये उन्होंने यहाँ के मूलनिवासियों का नाश करके अपने उपभोग संस्कार को प्रतिष्ठित करने का कार्य किया। मूल निवासी ही इस धरती के सच्चे संरक्षक हैं। लेकिन सत्ता हमेशा उच्चवर्गीय तथा वरेण्य पूँजीपतियों के इशारे पर ही चलती थी। इसीलिए पृथ्वी के सत्य को समझने में सत्ताधारी राजा असमर्थ हो जाते हैं। राजा यद्यपि प्रकृतस्थ पृथ्वी के अराधकों एवं पृथ्वीरूपी स्त्री की मदद लेना तो चाहते हैं, फिर भी आर्य संस्कार उनके उस प्रयत्न को असफल बनाने का प्रयत्न ही करता है। उपभोग संस्कार के सीमातीत दोहन से पृथ्वी भी कुपित हो जाती है। आर्यों की अनुचित कृषि योजना एवं यज्ञ कार्यों से सरस्वती का सूख जाना इसका प्रमाण है। समकालीन संदर्भ में नदी के सूख जाने, पानी के कम होने, नदियों को संयोजित करने जैसी कई जीवंत समस्याओं में जनता एवं सरकार उलझकर एक सही निर्णय लेने गे असफल दिखाई देती है। नदी में विषैला पानी बहानेवाले, रेत की अंधाधुंध लूट करनेवाले माफिया संघ, नदियों को मिलाने का निर्णय लेनेवाले, बाँधों के निर्माण से विस्थापित होनेवाले लोग बाँधों के टूट जाने की भयाशंका में जीनेवाले कृषि एवं पीने के पानी के लिए तरसनेवाले जैसी पर्यावरण संबंधी कई समस्याएँ हमारे सामने हैं। दूसरी ओर बाहर से आये आर्यों का यहाँ के मूल निवासियों में मिल जाने तथा एक नये संस्कार के उभर आने का यथार्थ भी नाटक में अनावृत हुआ है।

आगे भी हमारी मिट्टी एवं प्राकृतिक संपदाओं की लूट विदेशियों से ही हुई थी। भारतीय मिट्टी की देखभाल या सुरक्षा उनका कार्य नहीं था। उनका लक्ष्य शोषण ही था। औद्योगीकरण शुरू हुआ। धीरे-धीरे मशीन मनुष्य के स्थान पर आ गये। इस मशीनी पूँजीवादी आधुनिकता ने भी प्रकृति को उपयोग की चीज़ ही मान ली। अर्थात् स्वतंत्रत प्राप्ति के साथ आधुनिकता ज़ोर पकड़ लेती है। बढ़ती जनसख्या की भूख को मिटाने के लिए जंगल काटकर कृषि भूमि तैयार की गई। इस नेहरू युग का उल्लेख है

नाटक में। नेहरू ने पाँचवर्षीय योजना के तहत कृषि एवं उद्योग को बढ़ावा दिया। गाँव शहर में बदलने लगा। कई कारखाने, बड़े-बड़े मकान आदि उभर आये। उपभोग संस्कार का अतिभयानक रूप प्रकट हुआ। भारतीय गाँव, लोक संस्कार एवं प्रकृति लुप्तप्राद होने लगे। हमारी संस्कृति की सहजता के स्थान पर छद्म संस्कृति का संचार होने लगा। धीरे धीरे प्रत्येक व्यक्ति एवं संस्कृति वस्तु में बदल गये।

भारतीय इतिहास में उपर्युक्त तीनों स्थितियों में सक्रिय रही है औपनिवेशिक मानसिकता। इस औपनिवेशिक मानसिकता में उपभोग का संस्कार सबसे प्रबल है जिससे पृथ्वी एवं पृथ्वी का खजाना रिक्त हो जाता है। पर पृथ्वी एवं स्त्री आगामी पीढ़ी के लिए अनिवार्य हैं। लेकिन पूँजीवादी मानसिकता से ग्रस्त पुरुष मानसिकता इन दोनों पर चढ़ाई करती हैं। अतः पृथ्वी एवं स्त्री को बचाने का दायित्व स्त्री का ही बन जाता है। नाटक की उर्वी ऐसा स्त्री तत्व है। वह इस धरती को अच्छी तरह समझनेवाली तथा सर्वमंगल कारिणी है। वह अपना धर्म समझती है। वह भी पृथ्वी के समान स्नेह जैसे मानवीय भावों का खजाना है। उसमें पृथ्वीतत्व ज़्यादा बुलंद है। पूँजीवादी परिवेश में हमेशा पृथ्वीतत्व नाश की ओर ही चला जाता है। उसे बचाने का महान कार्य स्त्री के हाथों में निहित है। इसलिए अंत में पृथु पृथ्वी रूपी माँ के महत्व को पहचानकर यों प्रार्थन करता है – "हज़ारों टहनियाँ और शाखाएँ किसी आकाश-वृक्ष पर फैली हैं। मेरी निगाह अन्तरिक्ष के उस अनंत फल-फूलवाले वृक्ष से हटा दे। पृथ्वी पर जो जीर्ण-शीर्ण पत्ते बिखरे हैं उन्हीं में खोजने दे, उसे जो मेरी सहचरी थी, मेरी प्राण थी... और, और... थी मेरी माँ। ... उर्वी, माँ...माँ! (पृ. 97) स्त्रीतत्व की रक्षा का मतलब समस्त चराचर का कल्याण है। यह कल्याण स्त्री के द्वारा ही संभव हो जाएगा। यही है स्त्री और प्रकृति की अनिवार्य पारस्परिकता। यही पारिस्थितिक नारीवाद है। पारिस्थितिक नारीवाद की मुख्य शाखा मार्क्सवादी पारिस्थितिक नारीवाद में इस नाटक को दर्ज किया जा सकता है। क्योंकि मार्क्सवाद के अनुसार मानव के विकास के लिए धरती का यथायोग्य उपभोग किया जा सकता है। लेकिन मार्क्सवादी पारिस्थितिक नारिवादियों ने इसका विरोध किया। उनके अनुसार धरती के उपभोग के साथ उसका पोषण भी अनिवार्य है। इस नाटक में स्त्री के माध्यम से इस शोषण और पोषण के तत्व को उभारा गया है।

मिथक और प्रकृति का सहसम्बन्ध

हर संस्कृति की अपनी पहचान होती है। इस पहचान में उस समाज का समूचा अनुभव उसकी पूरी परंपरा, उसके प्रागैतिहासिक काल की जानकारियाँ—इन सबका विशेष मिश्रण होता है। प्रागैतिहासिक काल की जानकारी हमारे सामने मुख्यतः मिथकों के माध्यम से उजागर होती है। वह अन्य संस्कृतियों से बिलकुल भिन्न होती है। वह निश्चित रूप से प्रत्येक संस्कृति की शक्ति और ऊर्जा भी होती है। इसलिए मिथक की शक्ति इसमें है कि एक तरफ वह किसी भी संस्कृति या जाति की अस्मिता का आधार होती है, दूसरी तरफ वह उसको किसी दूसरी संस्कृति से अलग और विशिष्ट रखने का भी एक साधन होती है। इसलिए हर संस्कृति एक अलग संस्कारी भाषा का गढ़न करती है। अज्ञेय के अनुसार, मिथक एक तरह का रहस्यमय शक्तिस्रोत है, क्योंकि मिथकों में अपनी अस्मिता की पहचान और उसकी रक्षा की दोहरी प्रवृत्ति होती है।

मानव जाति के सामूहिक अनुभवों का शब्दबद्ध रूप है मिथक। प्रकृत्ति से इनका घनिष्ठ संबंध है। प्रकृति में सृष्टि की उत्पत्ति, मानव समाज की उत्पत्ति, विकास आदि से सम्बन्धित सामाजिक तथ्यों का उद्घाटन मिथक के द्वारा होता है। प्रकृति की चमत्कारपूर्ण और अतिरंजित घटनाओं के प्रति मानव मन में उत्पन्न चिंताएँ, हर्ष, विषाद, भय, कूतूहल आदि की सशक्त अभिव्यत्ति मिथकों के माध्यम से हुई है। इसका तात्पर्य है कि मानत एवं प्रकृति की अवस्थिति से उत्पन्न है मिथक। इसलिए इस गहरे संबंध को आधुनिक मानव प्रकृति से अलगाव की स्थिति में भी मिथकों के ज़रिए अनुभव करता है। इस संदर्भ में निर्मल वर्मा के विचार से पूर्ण रूप में सहमति प्रकट करनी चाहिए कि "मिथक एक ही समय में मनुष्य के अलगाव को प्रतिबिंबित करते हैं और उस अलगाव से जो पीड़ा उत्पन्न होती है, उससे मुक्ति भी दिलाते हैं। प्रकृति से अभिन्न होने का नॉस्टालिजया, प्राथमिक स्मृति की कौंध, शाश्वत और चिरंतन से पुनः जोड़ने का स्वप्न – ये भावनाएँ 'मिथक' को संभव बनाने में सबसे

सशक्त भूमिका अदा करती है।" (*कला का जोखिम*, पृ. 15) इसलिए मिथक आज एक समग्र मानवीय दृष्टिकोण है जिसे असत्यकथा, मिथ्या अथवा कोरी कल्पना मानने की गलती नहीं करनी चाहिए। इसे मानव विकास के इतिहास की प्रारंभिक भूमिका तैयार करनेवाले सांस्कृतिक पक्ष ही समझना चाहिए।

भारतीय मिथकों में भारतीय जीवन संस्कृति निहित है, अर्थात् भारत की सत्ता अथवा भारत की पहचान है। जब भी, जहाँ भी हमारी सच्चाई की पहचान संदिग्ध होती है, तभी वहीं हम मिथक का सहारा लेते हैं क्योंकि मिथक यथार्थ की पहचान का हमारा सबसे पुराना साधन रहा है। वह तर्क बुद्धि से कहीं पुराना है। इसलिए अज्ञेय ने कहा – "हमारा होना, हमारा सचमुच होना, हमारा समर्थ होना मिथक के साथ जुड़ा हुआ था, इन तीनों की पहचान भी मिथक के साथ जुड़ी हुई थी। और मिथक के द्वारा ही हम उनकी रक्षा करते थे – अर्थात् नई सृष्टि करते थे या फिर से उत्कृष्ट होते थे।" (*स्रोत और सेतु*, पृ. 69)

संस्कृतियों में बहुत से रीति-रिवाज़ हैं जो मिथक के साथ जुड़ते हैं। मिथकीय तर्क में किसी आदिम प्रक्रिया को सिर्फ दोहराना नहीं है बल्कि उसके सहारे फिर से नवीन हो जाना है। कोई भी संस्कृति ऐसी बहुत सी चीज़ों को दोहराती है उसके सहारे उस आदिम स्रोत तक फिर पहुँच जाती है। मिथक की सत्ता का और मिथक के निरंतर नया होकर सामने आने का कारण यह भी है कि संस्कृतियाँ उसके सहारे अपना नवीकरण करती चलती हैं। साहित्य में बार-बार इन प्राक्बिंबों की चार्चा हुई है, उनका उपयोग करने का प्रयत्न हुआ है।

भारत के मिथकों में भारतीय प्रकृति है, विश्वास है, प्रथाएँ हैं अनुष्ठान हैं, आस्था-विश्वास है। यहाँ के देवी-देवता हमारी प्रकृति से निर्मित हैं, यहाँ के आदि-मानव के सामूहिक स्वप्न एवं बोध की उपज हैं। राम, कृष्णा, वरुण, इन्द्र, वायु, सूरज, चन्द्रमा, कितने नक्षत्र, अग्नि सब इस प्राकृतिक बोध एवं सामूहिक स्वप्नों के उदाहरण हैं। नारद, कुंभकर्ण, सीता, पांचाली, धृतराष्ट्र, गाँधारी जैसे कितने नाम हैं जो हमारे प्रतीक बनकर उस समय की बौद्धिक क्षमता को भी प्रज्वलित करते हैं। यह प्रत्येक मिथकीय चरित्र, घटना, काल, देश आदि भारतीय जनजीवन के प्रतीक हैं। संस्कृतियों में बहुत से रीति-रिवाज़ हैं जो मिथक के साथ जुड़ते हैं, जाने-अनजाने हमें इसी सत्ता स्रोत तक ले जाते हैं।

भारतीय धर्म एवं मिथकों के साथ गहरा संबंध है। भारतीय मिथक हिन्दू धर्म एवं मत संप्रदायों के काम में आये। इन मिथकों के माध्यम से हिन्दू धर्म एवं अन्य मत

संप्रदाय ने यहाँ की जनता की आस्था को बढ़ाने का कार्य किया। आज के समाज में मिथक की ओर बढ़ने का एक महत्वपूर्ण कारण यह हैं कि जहाँ-जहाँ आस्था के नष्ट होने से समाज अपने को टूटता हुआ पाता है, संस्कृति अपने को अरक्षित पाता है, वहाँ वह मिथक की ओर बढ़ता है। क्योंकि धर्म इसका उपयोग आध्यात्मिक शक्ति-स्रोत के रूप में इस्तेमाल करता है। इसलिए मिथक में जो रक्षणीय भाव निहित है वह आश्रय एवं आस्था-विश्वास की ओर ले जाएगा। उलटे धर्म जब मिथकों का दुरुपयोग करेगा तब जनता के बीच में अरक्षितभाव जगेगा। इसलिए धर्म के हाथ में मिथकों को उलझने नहीं देना है। ऐसा हुआ तो मिथक की शक्ति के प्रति सन्देह उत्पन्न होने की संभावना है।

स्थाई असर ऐसे ही मिथकों का होता है, जिनकी लंबी परम्परा है। स्थाई सत्ता का विकास उन्हीं में होता है। साहित्य में ऐसी लंबी परंपरा के मिथकों का इस्तेमाल होता है। भारतीय मिथक-परंपरा का श्रीगणेश ऋग्वेद से हुआ। भारतीय आचार्यों ने मिथक के सहारे जन्म-मरण, द्वैत-अद्वैत, लौकिक-अलौकिक, आत्मा-परमात्मा आदि की विशद व्याख्या की है। साहित्य के साथ नृत्य, संगीत आदि कलाओं का आधार भी मिथक है। भारत के नाट्यशास्त्र भी मिथकीय संवेदना से भरपूर हैं। भरतमुनि और राजशेखर ने काव्य मीमांसा में मिथक रचना का श्रीगणेश किया है। मिथकीय संवेदना में वस्तुसत्य भावसत्य के रूप में परिणत होता है। दोनों लोककल्याण की भावना से सिक्त हैं और जनसमुदाय की प्रगति के लिए समर्पित हैं। भारत में वाल्मीकि-व्यास के रामायण-महाभारत में, कालीदास के 'कुमारसंभव, तुलसीदास के 'रामचरितमानस', प्रसाद की 'कामायनी' और पंत के 'लोकायतन' में विभिन्न युगों के सामूहिक संस्कारों तथा भाषिक उगकरणों के अनुरूप परंपरा व्याप्त है। इस प्रकार आदिम मिथकों से लेकर आधुनिक काव्यों तक सृजनात्मक प्रक्रियाओं में समानता है। इसलिए यह कहा जा सकता है कि मिथक साहित्य का समानधर्मी है। ये दोनों मानव की समग्र चेतना की अभिव्यक्ति करते हैं। दोनों चिरंतन सत्य और सामयिक सत्य का संगम तीर्थ है अर्थात् दोनों युग का सत्य युगीन सत्य के साथ एकात्म होकर प्रकट होता है। इसका तात्पर्य यह है कि दोनों ही मानवजीवन की सार्वभौम अनुभूतियों को व्यक्त करते हैं।

एक समय में मिथक मनुष्य के सर्वांगीण संपूर्ण व्यक्तित्व का पोषक था, अब आत्मपीड़ित स्मृतियों के जाल में बदल गया है। मनुष्य के खण्डित, ज्वरग्रस्त स्वप्नों में उलझा हुआ है। यह सही है कि केवल आत्मचेतना के भीतर मनुष्य अपनी अस्मिता की पहचान निर्मित कर सकता है। लेकिन जब तक वह इस घेरे के भीतर

रहेगा, अस्मिता की यह पहचान हमेशा बहुत धुँधली और अस्पष्ट रहेगी। अनुभव के मिथकीय ढाँचे में एक व्यक्ति की स्मृतियाँ हमेशा दूसरे व्यक्ति की स्मृतियों में अंतःग्रथित और गुंफित होती हैं। वहाँ अस्मिता की पहचान मनुष्य की नियति और प्रकृति से अलग नहीं होती। लेकिन इस मिथकीय दृष्टि से मनुष्य आधुनिक युग में आकर अर्थात् दोनों विश्वयुद्धों के साथ विगलित हो गया और मनुष्य अपने को एक अराजक एवं विश्रृंखलित दुनिया में पाने लगा है। अथवा मनुष्य ने महसूस किया कि अपना अस्तित्व खतरे में है। इसलिए आधुनिकता के साथ साहित्य में मिथकों का प्रयोग बड़े पैमाने पर हुआ। हमारे अस्तित्व को प्रतिष्ठित करने के उद्देश्य से अतीत की पुनर्व्याख्या कर आधुनिकता ने उसे अपने अनुकूल बनाया। इसके द्वारा प्रकृति के बोध तथा सामूहिकबोध चिरंतन वर्तमान बनकर साहित्य के ज़रिए मानव जीवन में प्रतिष्ठित होगा। इस दृष्टि से आधुनिक साहित्य में विशेषतः आधुनिक नाटकों में अकेलापन एवं अजनबीपन अनुभव करनेवाले मनुष्य के अराजक मन को सांत्वना प्रदान करने एवं अरक्षित भाव से बचाने में हमारी सांस्कृतिक पहचान के मिथक निसन्देह समर्थ निकले हैं। दूसरे शब्दों में यदि कहा जाए तो सार्थक कला अपने सृजन के उदात्त क्षणों में मिथक होने का सपना देखती है, एक ऐसा स्वप्न, जिसमें व्यक्ति और समूह का भेद मिट जाता है अथवा मनुष्य मिथक द्वारा 'आत्मचेतना' की तानाशाही से छुटकारा पा सकता है।

तमाम आधुनिक हिन्दी नाटकों में मिथकों का प्रयोग हुआ है। सुरेन्द्र वर्मा के द्रौपदी, सूर्य की अंतिम किरण से सूर्य की पहली किरण तक, आठवाँ सर्ग, भीष्म साहनी के 'हानूश', कबिरा खड़ा बाज़ार में, माधवी, दुष्यंत कुमार का 'एक कंठ विषपायी', दया प्रकाश सिन्हा का 'कथा एक कंस की', गिरिराजकिशोर का 'प्रजा ही रहने दो', अज्ञेय का 'उत्तर प्रियदर्शी', वनोद रस्तोगी का 'सूतपुत्र', भारत भूषण अग्रवाल का 'अग्निलीक' नरेश मेहता का 'प्रवाद पर्व', प्रभातकुमार भट्टाचार्य का 'काठमहल', दिविक रमेश द्वारा रचित 'खण्ड-खण्ड अग्नि' जैसे समकालीन कई नाटकों एवं गीतिनाट्यों में मिथकों का प्रयोग हुआ है। इन सभी नाटकों एवं गीतिनाट्यों में समकालीन मूल्य विघटन का पर्दाफाश, मनुष्य के समूचे व्यक्तित्व को जो मिथक गौरवान्वित करता है, उसके ज़रिए करने की कोशिश है। यह मूल्य विघटन समकालीन जीवन के हर क्षेत्र को खा रहा है। इस गलत व्यवस्था के अधीन दम घुटनेवाला आदमी एक ओर है, इसके अधीन अरक्षित होनेवाली स्त्री दूसरी ओर है। व्यवस्था हमेशा पूँजीवाद की गिरफ्त में है। माधवी, कोमल, गांधार, अग्निलीक, द्रौपदी आदि में पुरुष-सत्तात्मक

समाज एवं व्यवस्था में स्त्री के प्रति होनेवाले अन्याय अतिभयानक है। वहाँ स्त्री केवल वस्तु यानी देह मात्र बनती है। अपनी अस्मिता के लिए प्रतिरोध करने की स्त्री की कोशिश इन रचनाओं में है। सत्ता की कूटनीति एवं तानाशाहीयत से प्रतिरोध करेवाली प्रजा प्रवादपर्व, काठमहल, अग्निलीक, कथा एक कंस की, आठवाँ सर्ग आदि में अभिव्यंजित है। आपात्कालीन व्यक्ति स्वातंत्र्य के हनन को इतिहास की सबसे बड़ी घिनौनी घटना के रूप में कई नाटकों के द्वारा इशारा किया गया है। जब कभी हमारे स्वातंत्र्य का हनन होता है, तब हम जागरण के लिए तैयार हो जाते हैं। जब हम ब्रिटिशों के अधीन थे, तब साहित्यकारों ने स्वतंत्रता एवं मानवाधिकार के लिए जमकर उत्साहवर्धक रचनाएँ की हैं। वैसे ही आज भी आपातकाल तथा तद्‌जन्य स्थितियाँ एवं नवउपनिवेश की अमानवीय दशा एवं दिशाओं पर बहुत सजीदगी से कई नाटकों में प्रकाश डाला गया है। इन सब के लिए मिथकों का इस्तेमाल इसलिए किया गया कि इन मूल्य विघटनों के कारण भारतीय अस्मिता में उत्पन्न होनेवाले अरक्षित भाव मिथक के ज़रिए कमज़ोर पड़ जाएँगे। भारतीयता के प्रति एक सकारात्मक दृष्टिकोण रूपायित होने में यह समर्थ बन जाएगा।

दूसरे शब्दों में यदि कहा जाए तो मिथक हमें कम से कम रेगिस्तान में मरीचिका सदृश्य उम्मीद प्रदान करता है। लेकिन मिथक को धर्म की आड़ में लेने के शॉर्टकट तैयार कर आज इसकी बिक्री सर्वत्र हो रही है। जीवन एवं कला में, वर्तमान सामाजिक व्यवस्था में मिथक विज्ञान का निषेध हो रहा है। विज्ञान और इतिहास के इर्दगिर्द घूमनेवाले आधुनिक समाज में मिथक के रूपक बोध लुप्त हो रहे हैं। लेकिन जिस प्रकार आधुनिक मानव प्रकृति एवं ईश्वर से अलग होकर खण्डित एवं निर्वासित चेतना का शिकार हो गया, वैसे ही मिथक के अभाव में कला एवं साहित्य का सामूहिक बोध नष्ट हो जाएगा। कला के सामूहिक प्रयोजन के लिए मिथक की उपादेयता पर सबसे ज़्यादा विचार निर्मल वर्मा ने 'कला, मिथक और यथार्थ' में ज़ाहिर किया है। इसलिए निष्कर्ष रूप में यह कहा जा सकता है कि कला के सामूहिक प्रयोजन के लिए आदिम काल की 'प्रिमिटिव' चेतना की ओर मुड़कर, यथार्थ के मौलिक सार्वभौमिक सत्य से साक्षात्कार कर, उस साक्षात्कार को कला के आत्मकेन्द्रित आलोकमण्डल में उपलब्ध करा कर हमें उसे एक व्यापक सामाजिक प्रक्रिया से जोड़ना है, वही है कला की असली पहचान।

हीली बोन की बत्तखें : स्त्री और प्रकृति की पारस्परिकता

वही रचनाकार क्लासिकल रचनाकार बनता है जो 'सदानीरा' के समान सभी कालों में पाठक-हृदय में जिज्ञासा पैदा करता है। हिन्दी के बहुआयामी प्रतिभासंपन्न रचनाकार अज्ञेय की प्रत्येक रचना में जब जब गोता लगाता हूँ तब तब नई नई मोत्तियों का ढेर मिल जाता है। अज्ञेय की रचनाओं के पूर्वप्रचलित प्रतिमान बदल रहे हैं। नित्य नवीन अनछुए विचारों एवं प्रतिमानों से अज्ञेय-रचनाओं का विश्लेषण करना अज्ञेय की रचनाओं के प्रति न्याय करने एवं समय की माँग की पूर्ति के लिए अनिवार्य है। जिस 'असाध्य वीणा' को प्रियंवद ने बजाकर प्रत्येक श्रोता के लिए अपनी-अपनी रुचि का संसार प्रदान किया वैसी ही है उनकी रचनाएँ भी।

"हीली बोन की बत्तखें' कई दृष्टियों से वर्तमान संदर्भ में बहुत प्रासंगिक है। अज्ञेय प्रकृति सौन्दर्य से जितने आकृष्ट हैं, उतने ही प्रकृति में व्याप्त एवं संचरित गुणों से परिचित भी हैं। इसलिए प्रकृति पर होनेवाले प्रत्येक आघात से वे चिंतित हो उठते हैं। हीली बोन 'खासिया' आदिवासी स्त्री है। वह एक पहाड़ी इलाके में जंगल के पास अकेले एक कुटिया में रहती है। उसके अकेले रहने के कई अर्थ हैं। वह स्वाधीन है। मातृसत्तात्मक व्यवस्था का पालन करनेवाले 'खासिया' परिवार की बड़ी बेटी है। जाति-संगठन स्त्री प्रधान होने के साथ-साथ सामाजिक सत्ता स्त्री के हाथों में है। वह अनुशासन में चलती है और अनुशासन को चलाती भी है। इसलिए उसमें आत्मविश्वास है, स्वावलंबन का भाव है, साहस भी है।

हीली बोन के हृदय में भी तरल भावनाएँ थीं। घर बसाने का आग्रह था। उसने भी प्यार किया था। उसने प्यार पाया था। लोग जब उसे स्त्री नहीं कहते तो उसके मन में व्यथाभार बढ़ जाता है। अब वह अपरूप साँप की बाँबी या अनर्थक मिट्टी का ढूह बन गयी। इतनी सुन्दर तेज-तरार लड़की सबके हास्य की पात्र बनती है। अज्ञेय ने सही कहा – "सोच सब बाद में होता है, जब सोचने को कुछ नहीं होता।" इसलिए इस उम्र में जब सारी उम्मीदें समाप्तप्राय हैं तब पहले जो नहीं हुआ, नहीं किया उसके

बारे में हीली बोन अवश्य सोचती है। इसलिए ही मनोविनोद के लिए पहाड़ आये कैप्टन दयाल के प्रति थोड़ा कोमल भाव शुरू में उसके मन में जगा।

खासिया आदिवासियों की जीवन शैली पर थोड़ा सा जो संकेत कहानी में मिलता है वह हीली बोन के व्यक्तित्व को आंकने में सहायक है, समर्थ है। हीली के पिता उस छोटे-से मांडलिक राज्य के दीवान रहे थे। तीन संतानों में बड़ी हीली दोनों बहनों की अपेक्षा अधिक सुन्दर थी। नाङ-थ्लेम की वह अधिष्ठात्री थी। '*नाङ-क्रेम*' के नृत्योत्सव में खासिया जाति के अधिदेवता नगाधिपति की बली सब पुरुष-स्त्री देते थे। उसके मर्त्य प्रतिनिधि अपने 'सियेम' का अभिनंदन करते थे। तब नृत्यमंडली में हीली नेत्री बनती थी, बाकी सारा स्त्री समुदाय उसी का अनुसरण करता था। उस नृत्य में अंग-संचालन की गति न द्रुत थी, न विस्तीर्ण, लेकिन कंपन ही सही, सिहरन ही सही, वह थी तो उसके पीछे सारी स्त्रियाँ अंग-भंगिमा के साथ नाचती थीं। लेकिन अब हीली-बोन अकेली थी। पिता का निधन हुआ, दोनों बहनें शादी करके अपने घरपरिवार संभालती थीं। स्त्री-सत्ता के नियम के अनुसार पिता की सारी संपत्ति की उत्तराधिकारिणी सबसे छोटी है। इसलिए आज चौंतीसवें वर्ष की उम्र में वह अकेली एक कुटिया में रहती है। अवश्य उसके प्रति अन्याय हुआ, परिवारवालों के लिए उसकी कुर्बानी हुई। वह सबसे बड़ी थी, इसलिए उत्तरदायिनी बन गई। स्त्री के अभिमान पर व्यंग्य करती है हीली। उसके अनुसार छोटी को स्त्री पर अभिमान करने का हक है। लेकिन वह हमेशा घर के उत्तरदायित्वों को संभालती है। इसलिए अतीत की यादें करते वक्त उसके चेहरे पर नीरस मुस्कान दौड़ आती है।

हीली अब बत्तखें पालती है। इतनी बड़ी और सुन्दर बत्तखें खासिया प्रदेश में और नहीं है। युद्धकाल में बत्तखों के अंडे से चार पाँच रुपए रोज़ आमदनी मिलती थी। इसलिए वह सुखी और निश्चिंत है। वह पहाड़ी है, इसलिए प्रकृति के सहज स्वाभाविक गुण उसमें मौजूद हैं। उसके सारे व्यवहार में वह कुलीनता एवं शालीनता है। वह मूल्यों का पालन करती है। इसलिए उस प्रदेश का वर्णन अज्ञेय यों करते हैं— "जिधर नयी धूप में चीड़ की हरियाली दुरंगी हो रही थी और बीच-बीच में बुरूस के गुच्छे-गुच्छे गहरे लाल फूल मानो कह रहे थे, पहाड़ के भी हृदय हैं, जंगल के भी हृदय हैं..."। सही है, पहाड़ी लोगों का जो हृदय है, जो स्नेह है, ईमानदारी है, मासूमियत है इन सबको पातालवासी शहरी लोग छीन रहे हैं।

दूसरे विश्वयुद्ध के दौरान संसार भर में यह हुआ कि फौजी लोगों की कामपूर्ति के लिए सभी देशों में स्त्रियों को नियुक्त किया गया था। नहीं तो फौजी को जहाँ-जहाँ

अवसर मिला तो वहाँ स्त्रियों से उन्होंने सुख लूटा था। इस पहाड़ी प्रदेश में भी अनेक स्त्रियों के सपनों को तहस-नहस कर दिया गया। युद्ध में जिस प्रकार शत्रुओं का संहार कई अस्त्र-शस्त्रों से किया गया, वैसे ही अपने हथियारों के शिकार बने कई पहाड़ी स्त्रियाँ एवं प्रकृति के अन्य जीव जन्तुओं को भी तहस-नहस कर डाला गया। यहाँ कैप्टन दयाल का शब्द सुनिए – "आपके पहाड़ बहुत सुन्दर हैं, लेकिन लड़ाई से लौटे हुए सिपाही को छुट्टी में कुछ शगल चाहिए।" इसी शगल के लिए स्त्री और प्रकृति के अन्य जीव जन्तुओं के प्राणों से वे खेलते हैं और इससे सुख भोगते हैं। हीली ने अपने पहाड़ में जो देखा वह भयानक था। देखिए – "युद्ध की अशांति के इन तीन-चार वर्षों में कितने ही अपरिचित चेहरे दीखे थे, अनोखे रूप, उल्लसित, उच्छ्वसित, लोलुप-गर्वित, याचक, पाप-संकुचित, दर्प-स्फीत मुद्राएँ... और वह जानती थी कि इन चेहरों और मुद्राओं के साथ उसके गाँव की कई स्त्रियों के सुख-दुःख, तृप्ति और अशांति, वासना और वेदना आकांक्षा और सन्धान उलझ गये थे, यहाँ तक कि वहाँ के वातावरण में एक पराया और दूषित तनाव आ गया था।" इसका मतलब है कि पहाड़ी वातावरण फौजियों के द्वारा दूषित किया जा रहा है। नीचेवालों ने हमेशा पहाड़वालों के साथ अन्याय ही किया था। हमेशा पातालवासी शैतान ही रहा था। पहाड़वासी देवताओं से ये पातालवासी असुर बदला लेना चाहते थे। आज भी यही अन्याय आदिवासियों के प्रति चल रहा है। कितनी लड़कियाँ अकाल में माँ बनती हैं, कितनी स्त्रियों की मासूमियत छीन ली जाती है, उसकी भूमियों को छीन लिया जाता है, उन्हें अपने अधिकारों से वंचित किया जाता है। यह प्रकृति तथा प्रकृतिजन्य संस्कार का शोषण है।

लेकिन हीली इन सबसे अछूती ही रही थी। वह सचमुच उन सहज प्रकृति के सारे गुणों को बचाकर रखती है। जब उनकी प्यारी बत्तखों का कत्ल होने लगा तो वह अपने आप टूट जाती है। अभी तक इन फौजियों की कोई मदद उसने स्वीकार नहीं की थी, लेकिन आज उसने कैप्टन दयाल की मदद से बत्तखों के हत्यारे को समाप्त करना चाहा। दयाल के लिए पहाड़ सदा विनोद की जगह है, वह फौजी है, इसी विनोद की एक कड़ी है बत्तखों का हत्यारा लोमड़ी की हत्या भी। उसकी दृष्टि में हीली भी उसके लिए मौज की वस्तु है, लोमड़ी और लोमड़ी का परिवार भी।

हीली ने जब लोमड़ी के अनाथ परिवार को देखा, स्तन्यपान के लिए तरसनेवाले मासूम बच्चों और पति की अकाल मृत्यु से शोकाकूल शिथिल गात्रा माता लोमड़ी

को उस शव पर झुकी हुई देखा तो उसका सामूहिक बोध एकदम जाग उठता है। अपनी सारी बत्तखों को जो उसकी आमदनी की मार्ग थीं, उस पर वह गर्व करती थी। उन्हें एक-एक करके मार डालती है। बत्तखों को मार डालना स्वाधीन होना है। यहाँ अज्ञेय की आइडियोलजी अनायास अनावृत हो उठती है। 'मैं' के अधिकार का दावा तो एक जैविक प्रेरणा है, ममेतर का दावा ही मनुष्यता की पहचान है। यह पहचान, दूसरे की स्वतन्त्रता के समान अधिकार की पहचान और उसका स्वीकार आत्म-चेतन व्यक्ति ही कर सकता है, यह आत्म-चेतन प्रत्यभिज्ञा ही मानव को आत्यन्तिक रूप से पशु-जगत् से अलग करती है, उसे मानवत्व देती है और स्वतंत्र बनाती है।" (*स्रोत और सेतु, व्यक्ति और समाज*, पृ.120) यहाँ हीली ममेतर के दर्पण में उसकी अपनी अस्मिता का सच्चा प्रतिबिंब देखती है। तब उसकी अस्मिता मानवीयता की अपनी चरम संभावनाओं की संपूर्ण उपलब्धि के शिखर तक विकसित होती है। यही है सच्ची स्वाधीनता। वह दयाल से 'दूर रहो, हत्यारे' कहकर यह प्रमाणित करती है कि पहाड़ एवं पहाड़ियों के हत्यारे रहे हैं हमेशा फौजी। इस 'हत्यारे' शब्द से निर्मम पशुता परिभाषित हो उठती है। हीली कहानी के अंत में आकर अपनी स्वाधीनता का यथार्थ परिचय देते हुए सामूहिक या सामाजिक बोध का निखरा रूप प्रदान करती है।

इस कहानी में अज्ञेय स्वतंत्रता के आधारभूत मानव-मूल्य को स्थान देकर उसकी आध्यात्मिक भित्ति को स्वीकार करते हैं। वे हीली बोन के ज़रिए व्यक्ति और समाज की परस्पर-निर्भरता पर प्रकाश डालते हुए इसके स्रष्टा और प्रतिष्ठाता के रूप में मानव को स्थापित करते हैं। इस सामाजिक बोध के बिवेक को रूपायित करने में प्रकृति के साथ हीली की अवस्थिति सहायक हुई। ग्रामीण एवं पहाड़ी इलाकों में जीवन बितानेवाले बहुत सामाजिक होंगे अथवा उनमें मानवीयता के मूल्य ज़्यादा प्रतिष्टित होंगे। अज्ञेय ने 'हरी घास पर क्षण भर' कविता में यों कहा – "यह हम हो भी तो यह हरी घास ही जाने :

(जिसके खुले निमंत्रण केवल जग ने सदा उसे रोंदा है और वह नहीं बोली)
नहीं सुने हम वह नगरी के नागरिकों से
जिनकी भाषा में अतिशय चिकनाई है साबुन की
किन्तु नहीं है करुणा।"
यह इस कहानी के संदर्भ में बिलकुल समीचीन सिद्ध होता है।

पारिस्थितिक स्त्रीवाद के संदर्भ में यह अत्यंत विचारणीय है। प्रकृति के साथ

मिलजुलकर रहनेवाली हीली बोन अपने में सीमित होकर रहना नहीं चाहती। उसकी आत्मचेतना जागृत हुई। वह सामूहिक बोध में परिवर्तित हो गई। वह अन्य जीव-जंतुओं की संवेदना से तब घुलमिल जाती है जब अपने अहम को समाप्त कर अपने को मुक्त कर देती है। उसकी अहं थीं बत्तखें। स्त्री की मुक्ति समाज की मुक्ति है। स्त्री के मुक्त होने पर उसकी ममता से पूरा विश्व मानवीयता से लबालब हो जाएगा। यहाँ प्रकृति की तलहटी में जीवन बिताकर प्राकृतिक गुणों को आत्मसात कर अपने को और अन्य जीव-जंतुओं को यथार्थ शोषक अथवा हत्यारे से बचाने की हिम्मत हीली ने प्रकट की। इसलिए पारिस्थितिक नारी विमर्श में यह कहानी खरी उतरती है।

स्वयं प्रकाश की कहानियों में प्रकृति और स्त्री

जीवन में प्रकृति की अनिवार्यता है। इन दोनों की पारस्परिक अवस्थिति से ही सुख एवं शांति से संपन्न निश्चित जीवन संभव हो पाता है। लेकिन आज शहरीकरण एवं विकास योजनाओं की अदूरदर्शिता के कारण प्रकृति पर कठोर चोट लग रही है। यह मानवीय जीवन को भी बहुत ही तीव्र रूप से झकझोर देनेवाली है। स्वयंप्रकाश की कहानी 'बलि' इस दृष्टि से ध्यातव्य है। यह एक आदिवासी गाँव केन्द्रित कहानी है। उस आदिवासी गाँव में औद्योगीकरण के पहले विविध प्रकार के पेड़ों से घनी हरियाली थी। धान के खेत, छोटे-बड़े पोखर और नदी थे। वहाँ बिच्छू थे, साँप थे और पोखरों में मछलियाँ भी थीं। प्रकृति के साथ वहाँ के बच्चे खेलते थे। वे भूत-प्रेत-चुड़ैलों, पंखोंवाले साँपों, परियों और राजा-रानियों की कहानियाँ सुनते थे। गोया कि वे बिलकुल सहज नैसर्गिक एवं समृद्ध ग्रामीण वातावरण में रमे हुए थे। पर औद्योगीकरण से वे सब पूर्णतः झुलस गये है।

उस आदिवासी गाँव में धातु का जो खजाना है उसको लूटने के लिए शहर से कुछ लोग आ जाते हैं। परिणामतः गाँव का माहौल एकदम बदलने लगता है। इसकी वजह यह है कि जो आये वे गाँव के शोषण में लगे हुए थे। यहाँ तक गाँव की संस्कृति में भी बड़े पैमाने पर अन्तर दिखाई देने लगे हैं। उत्खनन का कारखाना बन गया, पेड़ काटे गये। पक्के-पक्के मकान खड़े हो गये। भूमि समतल कर दी गई। सब कहीं बड़ी-बड़ी मशीनों की आवाज़ें गूँजती रहीं। उन्हें खूब मुर्गे चाहिए, मछली चाहिए, दारू चाहिए। धीरे-धीरे ग्रामलक्ष्मी बाहर गई। दरिद्रता फैल गई। अब जो कुछ उस गाँव में हैं सब बिकाऊ हैं। गाँववालों के लिए न सब्जी है, न दूध, न मछली। समाज बाज़ार बनता जा रहा है। लड़कियाँ साहब लोगों का नकल कर रही हैं। वे उनके घर काम करने जाती हैं। लड़के दरिद्र हो गये। वे चोरी के लिए मौका ताकते रहते हैं। औरतें जर्जर और कृशकाय हो गईं। अब वे तालाब में नहाने नहीं जातीं। सारे प्राकृतिक वैभव नष्ट होते रहे। धातु खनन के लिए बनाये गये कारखाने गरीब

आदिवासी लोगों की आवास-व्यवस्था को ही नष्ट करने लगे। गाँव धीरे-धीरे शहर में तब्दील होता रहा।

इस परिवर्तन से गाँववाले बिलकुल बेचैन हो गये। वे भी नगरवालों के समान परिष्कृत होने लगे। निर्धन आदिवासी लोग अपने बच्चों को शहरवालों के दफ्तर, घर-कॉर्टेस आदि में काम करने भेजने लगे। वहाँ उनका शोषण भी होने लगा। इस प्रकार बाल-मज़दूरों के दुःख दर्दों का भी अनावरण कहानी में हुआ है।

स्वयं प्रकाश कहते हैं कि जब उस गाँव में घनी प्रकृति एवं सहजता थी, तब कहानी की नायिका वह लड़की थी। लेकिन गाँव पूरा उपभोग संस्कृति में फँसकर बाज़ार बन गया, उसकी समृद्धि नष्ट हो गई, तब लड़की नहीं थी। मंगली नामक लड़की अभाव के कारण मामी के घर जाकर काम करने लगी। मामी द्वारा मंगली को दिये गये फ्रक के आकर्षण में पड़कर कहानी की नायिका लड़की भी मामी के घर जाकर काम करने लगी। लड़की ने साहब और मामी के घर जब जाना शुरू किया तब वह बहुत छोटी थी। मामी नहाने को साबुन और पहनने के लिए कपड़े देती थी। शहरवालों के कपड़े और उनके चाल-ढाल में गाँववालों को बड़ा आकर्षण था। मामी उसे शहर के तौर तरीके सिखाती है। गाँव में नदी है, पहाड़ है, तरह-तरह के पशु-पक्षी हैं, पेड़-पौधे हैं। वहाँ कीचड़ है, वर्षा है, ऋतुभेद है। लेकिन शहर में इमारतें हैं, ऊँचे-ऊँचे मकान हैं, कई तरह के कारखाने हैं, इससे निकलनेवाले खतरनाक धुएँ हैं, मोटर गाडियाँ हैं, प्रदूषित वायु, पानी और मिट्टी है। लेकिन गाँव के स्वच्छ वातावरण का महत्व गाँववाले नहीं पहचानते हैं, वे शहर की मोहकता एवं छलना के चंगुल में जल्दी ही फँस जाते हैं।

'बलि' की लड़की अपनी मामी के घर के वातावरण से बेहद असन्तुष्ट हो जाती है। वह अपने गाँव की प्रकृति के साथ अपनी सहेलियों के साथ मिलजुलकर खेलना चाहती है। लेकिन वे सभी सहेलियाँ काम पर गई हुई हैं और जो नहीं जाती थीं, वे उछल-कूद की बजाय पेड़ की घनी छाँव में छिपी बैठी गप्पें मार रही हैं। इस तरह गाँव की लड़कियों पर भी बाहरी जीवन का भारी प्रभाव पडा है। 'न पेड़ पर चढ़ने में, न पत्थर मारकर इमली तोड़ने में, न भैंस की पूँछ मरोड़ने में, न तालाब में नहाने और तैरने में। सारा कुछ एकदम सूना और भाँय-भाँय लग रही थी, जैसे हर तरफ धूल उड़ रही हो। हवा जैसे बहुत थकी हुई हो। आसमान जैसे बहुत बुढ़ा हो गया हो। तालाब जैसे बहुत गंदला हो गया हो। धरती जैसे बहुत खुरक हो गई हो।' (*बलि आधी सदी का सफरनामा*– पृ. 165) पहले लड़की मामी के साथ मिल नहीं पाई।

वह मामी का घर जाना छोड़ने को तैयार हो जाती। पहली बार जब पाँच रुपया मिला तब भी लड़की सचमुच खुश नहीं होती। दिन भर मामी के साथ वह तनाव महसूस करती थी, लेकिन उसकी माँ ज़्यादा वेतन पाकर पहले से अधिक प्यार करने लगती है। लड़की के घर की विपन्नता से वह अपरिचित थी। उसके बाप की ज़मीन कारखाना के बनने में चली गयी थी। नौकरी का आश्वासन अभी तक पूरा नहीं हुआ था। कारण ज़मीन के स्वामित्व को सिद्ध करने के लिए कोई प्रमाण पिता के पास नहीं था। अब पिता पटवारी-तहसील-कचहरी-वकील-दलाल-पंच-प्रधान आदि के चक्कर काट रहे हैं और जो भी अपने पास थे वे सब एक-एक करके उन्हें भेंट-चढ़ा रहे थे। इस प्रकार उस गाँव में मूर्ख बने लोगों की संख्या बहुत है। शहरीकरण से विस्थापित होनेवाले लोगों के दुःख-दर्द की कहानी है गाँववालों की।

लड़की में अभी तक द्वन्द्व था। वह शहर की सभ्यता को छोड़कर ग्रामीण वातावरण से बिलकुल मिलजुलकर रहना चाहती थी। परिवेश ने उस को सभ्य लड़की बना दी। वह मामी के घर की ही बन गई, सभ्यता की दृष्टि से। वह घर का सारा कार्य अच्छी तरह संभालती है। अब मामी को लड़की के बिना जीना भी असंभव सा हो गया। अब की बार जब साहब का ट्रान्स्फर हो गया, तब लड़की के माँ-बाप को अग्रिम पैसा देकर अनुमति के साथ वह लड़की को शहर ले गई। लड़की घर का पूरा काम शहर की सभ्यता के अनुरूप संभालती है। शहर में संभावनाएँ ज़्यादा हैं। इसलिए लड़की सैक्लिंग पढ़ना चाहती है। उसे पढ़ाने के लिए रामेश्वर नामक लडके की मदद माँगी जाती है। रामेश्वर उसे नेट क्लास में पढ़ाई करने और खुद आत्मनिर्भर होकर जीने का उपदेश देता है। लेकिन वह लडका भी लड़की का शोषण चाहता है। मामी समझती है कि उन दोनों के बीच की यह मित्रता लड़की के विनाश की वजह बनने की संभावना है। इसलिए वह लडकी के पिता को पत्र भेजकर उसको वापस ले जाने का प्रबंध करती है।

पिता के साथ लड़की जाना नहीं चाहती। वह इस परिवेश की संभावनाओं का उपयोग करना चाहती हैं। पर पिता के साथ वापस आयी लड़की गाँववालों की आँखों में गाँव के बाहर की है। उसके व्यवहार एवं आचरण में शुद्धता आई है। लेकिन लड़की अब न गाँव की है, न शहर की। जबरदस्ती शादी करवाई। पति के पशुतुल्य व्यवहार का प्रतिरोध करने में असमर्थ होकर उसने आत्महत्या कर डाली। मामी के तथा लड़की के घरवालों ने उसका शोषण किया था।

'बलि' कहानी औद्योगीकरण की वजह से एक संपूर्ण गाँव के विनाश एवं शोषण

की कहानी हमसे कहती है। प्रकृति और लड़की दोनों का समान रूप से सर्वनाश भूमण्डलीकरण के दौर की उपनिवेशवादी मानसिकता से उत्पन्न है। विकास योजनाओं की अदूरदर्शिता से पूँजीवादी व्यवस्था में ग्रामीण लोगों का मानसिक एवं भौतिक विस्थापन हो जाता है। इन दोहरी मनःस्थितियों की उपज है लड़की की आत्महत्या। मामी के लिए लड़की की मृत्यु एक खबर मात्र है। उन्होंने अपनी सुविधा के लिए उसका पूरा शोषण किया, जिस प्रकार उस आदिवासी गाँव की धरती का शोषणा किया गया। कहानीकार यह दिखाना चाहते हैं कि समकालीन संदर्भ में बाजारू प्रवृत्ति के चंगुल में फंसकर मिट जानेवाली ग्रामीणता एवं लोक-जीवन की भयानकता चिंतनीय विषय है। स्त्री और प्रकृति के शोषण की इस पहचान में पारिस्थितिक स्त्रीवाद स्पष्टतः परिलक्षित है। पूँजीवाद दोनों का फल यथासंभव दुहता आ रहा है।

'बली' कहानी सचमुच एक ग्रामीण समाज की औद्योगीकरण की बलि का बयान है। उस आदिवासी गाँव से लक्ष्मी के जाने, दबे पाँव दरिद्रता के आ जाने और गाँव के बाज़ार बन जाने की प्रक्रिया को बहुत ही व्यंग्यात्मक एवं प्रतीकात्मक शैली में स्वयं प्रकाश जी ने पेश किया है।

स्वयं प्रकाश की कहानी 'संधान' भी ग्रामीण वातावरण और वहाँ के जीवन के वैशिष्ट्य को उजागर करनेवाली है। इस कहानी में गाँव में रहनेवाले विश्वमोहन का मध्यवर्गीय परिवार नगर एवं नागर जीवन के प्रति आकृष्ट हो जाता है। प्रायः गाँव के रहनेवाले मध्यवर्गीय लोग शहर के चकाचौंध के जादू में फँस जाते हैं। उसमें छिपी हुई आपदाओं से वे बिलकुल अनभिज्ञ हैं। 'बलि' कहानी की लड़की को शहर के लोगों के घर में काम के लिए जाने की कोई ज़रूरत नहीं थी। लेकिन मंगली को नये-नये फैशन के फ्रॉक आदि पहनते देख उसमें भी भौतिक आकर्षण उत्पन्न होता है, वही उसे मामी के घर में काम करने को प्रेरित करता है। लेकिन बाद में शहरवाले और लड़की के घरवाले दोनों उसका शोषण करते हैं। आखिर उसे अपनी बलि देनी ही पड़ी। वैसे ही संधान कहानी के विश्वमोहनजी के घरवालों को गाँव का कुछ भी अच्छा नहीं लगता।

सरकारी नौकरी करनेवाले विश्वमोहन एक प्रकार के रूटीन का जीवन जीना पसंद करते हैं। पर उनकी पत्नी और बच्चे तो अपने गाँव में रहते-रहते ऊब चुके हैं। वे विश्वमोहनजी से कहीं बाहर घूमने तथा औरों जैसा कुछ करने को जबरदस्ती करते हैं। किन्तु वे इसे टालते रहे। पर अंत में वे घरवालों के साथ महानगर घूमने जाते हैं। महानगर उन्हें काफी सुखद रहा। वे भरपूर उस भीड़ भरी चमक में महानगर का

आनंद लेकर वापस अपने गाँव आते हैं। जब वे अपने कस्बे के स्टेशन पर उतरे तो उन्हें लगा कि "वे उतरे नहीं, गिरे हैं। गिर पड़े हैं। बल्कि पटक दिए गये हैं।" (*संधान : आधी-सदी का सफरनामा* पृ. 81) कई दिनों तक उन्हें अपने दूर की मोहक स्मृतियाँ मस्त बनाये रखती हैं। धीरे-धीरे वे अपने कस्बे की तुलना महानगर से करने लगते हैं। अपने कस्बे में रहना अपने लिए वे अभिशाप समझते हैं। उनको लगता है कि महानगर की ज़िन्दगी मस्त भरी एवं सुखद है। कस्बे में रहना वे अपनी हीनता समझते हैं। लेकिन उनकी यह धारणा गलत सिद्ध हुई, जब विश्वमोहन के बचपन का दोस्त सपरिवार महानगर से विश्वमोहन के घर दो-तीन दिन रहने आते हैं।

बचपन के मित्र के घर आने की खबर सुनकर उनको अच्छा नहीं लगा। लेकिन जब वे आये तो दो परिवारवाले क्षण भर में घुलमिल गये। मित्र के परिवार को वह कस्बा और वहाँ की सारी चीज़ें अच्छी लगीं जो विश्वमोहन के परिवार के लिए हीन एवं कम आकर्षक थीं। मित्र परिवार के मुँह से अपने कस्बे की प्रशंसा सुनकर विश्वमोहन के परिवारवाले अपने कस्बे का महत्व पहचान लेते हैं– "उनके जाने के बाद सहसा सब कुछ खाली-खाली हो गया। लेकिन इस बार विश्वमोहनजी के परिवार को ऐसा हरिगज़ नहीं लगा कि वे पीछे छूट गये हैं, या छोड दिए गये हैं। या बल्कि उतार ही दिए गये हैं।" (*संधान*, पृ. 95)

उपर्युक्त संधान कहानी में महानगरीय परिवेश के साथ गाँव का शहर में बदलने की प्रक्रिया को परोक्ष रूप में सूचित किया गया है। वर्तमान सन्दर्भ में मानव विकास के नाम पर गाँव को शहर में परिवर्तित कर रहा है और शहर अधिकाधिक जन संकुल होने जा रहे हैं। गाँव सामुदायिक सभ्यता एवं सहज जीवन का प्रतीक था, लेकिन शहर कृत्रिमता का है। शहर की भीड़-भाड़ में मनुष्य अकेलापन एवं अनाथत्व अनुभव करता है। पर गाँव स्नेहासिक्त वातावरण को बढ़ावा देता है। वहाँ लोग मिलजुलकर रहते हैं और उनमें सामूहिक बोध कायम है, शहरवालों के समान अशांत एवं अस्वस्थ नहीं हैं। वे परस्पर प्यार करने के साथ-साथ जीव जन्तुओं एवं प्रकृति के चराचरों से मिलकर एक हरित आध्यात्म का सुख अनुभव करते हैं। शहरवाले उपभोग संस्कृति के शिकार बनकर अपनी सुविधाओं को बढ़ाते रहते हैं। अब गाँववाले भी उपभोग संस्कार से आकृष्ट होने लगे हैं। बाज़ारीकरण के चक्कर में पड़कर वे शहर की सुविधाओं के पीछे भाग रहे हैं। इसलिए विश्वमोहन के परिवार को बड़े होटल में रहना, फोमवाले गद्दों पर सोना, घंटी बजाते ही जो चीज़ें चाहते हैं उनका उपलब्ध हो जाना, दर्शनीय स्थलों को एक साथ देखना, साउथ इंडियन,

चाइनीज़ फूड का आनंद लेना और शॉपिंग में तरह-तरह की वस्तुएँ कम कीमत पर लेना इतना अच्छा लगता है कि वे शहरवालों से ईर्ष्या करने लगते हैं और अपने को हीन, बदकिस्मत मानते हैं।

महानगर से आये विश्वमोहनजी के मित्र परिवार की सब्जी की बाड़ी में बैंगन, टमाटर के पौधे देखना, गली में बच्चों का खेलना, रात में ज़मीन पर लेटते हुए आसमान में ढ़ेर सारे तारे देखना, खुली जगह में जॉगिंग करना, खेत में गेहूँ के प्लान्ट्स देखना, दाल बारी चुरमा बनाकर खाना आदि के द्वारा यह व्यक्त होता है कि वे महानगरीय जीवन से कितने ऊब चुके हैं। समृद्धि और उससे प्राप्त साधन-सुविधाएँ मनुष्य को सुख-शांति नहीं दे सकतीं। ग्रामीण वातावरण में प्रकृति की अवस्थिति में ही शारीरिक एवं मानसिक शांति मिलती है। स्वयंप्रकाशजी कहना चाहते हैं कि हमारे पास जो कुछ है उसकी कीमत न जानकर कृत्रिम उपभोग की चीज़ों के पीछे हम भाग रहे हैं। आज हमारे बीच में विश्वमोहनजी के समान शहर की ओर आकृष्ट होकर अपने सहज एवं स्वाभाविक जीवन को नष्ट करनेवाले अनेक हैं। वहाँ के छल कपट में और बाज़ारू दुनिया में सभी प्रकार का मानव-मूल्य खोखला बन गया है। एक बार उस चक्रव्यूह में फँस जानेवाला आदमी वहाँ से बच पाने में बिलकुल असमर्थ दिखाई देता है। कभी-कभी जीवन पर्यन्त उसकी पीड़ा-यातनाओं में अपने को 'बलि' की लड़की के समान कुरबान करना पड़ता है।

महानगर प्रकृति के शोषण से निर्मित है। वहाँ कई तरह की पर्यावरण समस्याएँ हैं। पेड़-पौधों के काटने से, कारखानों की वृद्धि से, मोटर गाडियों के उपयोग से, जनसंख्या विस्फोट से वायु, जल, मिट्टी आदि का प्रदूषण होता है। इन सबसे बढ़कर वहाँ के लोगों की बुद्धि एवं विचार भी गंदे हो जाते हैं। 'बलि' कहानी का गाँव शहर में परिणित होने के बाद वहाँ की संस्कृति और जनजीवन में आये परिवर्तन से यह जाहिर हो उठता है कि ग्रामीण जीवन कितना सुखद था। वहाँ पर्यावरण सम्बन्धी समस्या बिलकुल नहीं के बराबर है। गाँव की भूमि कृषि योग्य है। वहाँ की कृषि संस्कृति है भारतीय संस्कृति। वहाँ लोग धन-धान्य से सम्पन्न हैं। शुद्ध पानी में नहा-धोकर शुद्ध वायु का सांस लेकर कीटनाशक के बिना उत्पादित खाना खाकर सामूहिक बोध से जीनेवाले लोग आज हमारा नॉस्टालजिया है। इस नॉस्टालजिया को जगानेवाली कहानियाँ हैं स्वयं प्रकाश की कहानियाँ। 'संधान' कहानी में विश्वमोहनजी अपने मित्र परिवार के चले जाने के बाद अपने वास्तविक जीवन को अधिक आकर्षक, सहज एवं प्रफुल्लतावर्धक बनाने के लिए घर के पीछे की ज़मीन में खेती करते हैं। अपनी थोड़ी

सी ज़मीन को घेर करके पत्नी के सहयोग से सब्जी की बाड़ी बनाते हैं। इस प्रकार उस ग्रामीण-कृषि संस्कृति की ओर वे हमें ले जाते हैं। यहाँ कहानीकार यह सिद्ध करते हैं कि छोटे कस्बाई शहरों एवं गाँवों के महानगरों के उपभोग संस्कार के लोगों की अपेक्षा गरीब मोहनतकश लोगों में गर्व करने की ढ़ेर सारी चीज़ें होती हैं।

स्वयंप्रकाशजी इस नव-उपनिवेश के दौर में बाज़ार की वस्तु बननेवाली हमारी प्रकृति, प्राकृतिक संपदाओं तथा स्त्री को बचाने की ज़रूरत की ओर हमारा ध्यान अपनी कई कहानियों के ज़रिए आकृष्ट करते हैं। प्रकृति एवं स्त्री ही समाज के सबसे मूल्यवान तत्व हैं। इन दोनों का जो भयानक दोहन हो रहा है। इसका प्रतिरोध आगामी पीढ़ी को अपनी भयानक आपदाओं से बचाने के लिए अनिवार्य है। यही कहानीकार का अभिप्रेय है, इको-फेमिनिज़्म का मूल अभिप्रेय भी इससे भिन्न नहीं।

गहन परिस्थितिवाद (Deep Ecology) और निर्मल वर्मा

प्रकृति को लेकर मनुष्य की जो आंतरिक दृष्टि और विश्लेषण की प्रवृत्ति है, वह उतना ही प्राचीन है कि जितना मनुष्यवंश। मनुष्य के विश्लेषण के परे की जो शक्तियाँ हैं, वे सब अतीन्द्रिय बन जाती हैं। इस क्रम में पृथ्वी को भी ईश्वरीय रूप प्राप्त हुआ। प्रकृति की आराधना धार्मिक साधनाओं का प्रमुख अंग बन गई। गोत्र समूह ने पृथ्वी में पितृत्व के अंश को ढूँढने की कोशिश की। पितृभूमि रक्तसंबंधों का निर्णायक केन्द्र भी बनी। भूमि के वृक्ष, जानवर, जल सब पितृ-पुत्र संबंध की कड़ियाँ बन गईं। अमेरिका के लालभारतीयों के सियाटिल प्रमुख (Chief Seattle) ने 1852 में अमेरिका के प्रेसिडेंट को जो पत्र लिखा उसमें उनका स्पष्ट अनुरोध यह था कि इस भूमि का नाश मत करना। क्योंकि यहाँ की नदियों का जल हमारे पितरों का रक्त है, ये सारे वृक्ष आपके भाई हैं। ये सच्चाई आगामी पीढ़ी को सिखानी है। गोया कि हमारे सामाजिक एवं आध्यात्मिक दर्शनों को प्रकृति से अलग नहीं किया जा सकता।

धीरे-धीरे प्रकृति की प्रक्रियाओं का व्याख्यान-विश्लेषण हुआ। उत्पाद में मनुष्य का हस्ताक्षेप हुआ। परिणाम स्वरूप प्रकृति के रहस्यों का अनावरण शुरू हुआ। प्रकृति के स्थान पर मनुष्य को प्रतिष्ठित किया गया। मनुष्य के विकास एवं अस्तित्व की कोशिशों को पराजित करनेवाली एक घृणित शत्रु के रूप में प्रकृति को माना जाने लगा। आदाब से शुरू होनेवाला जो कृषक संस्कार है वहाँ से प्रकृति पर मनुष्य के हस्तक्षेप के चित्र भी अनावृत हो उठते हैं। 'नोवम ओरगानम' नामक रचना में फ्रांसीस बेकन ने 'स्वर्ग का नष्ट' प्रकृति पर मनुष्यवंश के आधिपत्य के रूप में ठोस शब्दों में

चित्रित किया। मध्यकाल के कई दार्शनिकों ने प्रकृति पर मनुष्य के इस आधिपत्य पर विश्वास किया है। देकार्थे (1656) का सिद्धान्त भी इसका समर्थन करता है। ये दार्शनिक पद्धतियाँ प्रकृति के प्रति मनुष्य के उपनिवेशवादी विचारों को मज़बूत करने में सहायक हुईं। उपनिवेशवाद ही नहीं आधुनिकता की विचारधाराएँ भी इस बुनियाद पर रूपायित हैं।

पारिस्थितिक दर्शन में मनुष्य और प्रकृति के बीच के संबंध को विभिन्न प्रकार से परिभाषित किया जाता है। इसमें मनुष्य के अतिजीवन के लिए प्रकृति को बचाने की ज़रूरत पर बल दिया गया है। इस दर्शन की कई चिंतन पद्धतियाँ हैं। उनमें मुख्य है गहन परिस्थितिवाद, सामाजिक परिस्थितिवाद (Social Ecology) पारिस्थितिक स्त्रीवाद (Eco-Feminism) लिबरल परिस्थितिवाद आदि। इसके साथ मार्क्स, गाँधी, ईसाई, लेसबियन, गेय, सेन, बुद्ध आदि विचारों पर केन्द्रित परिस्थितिवाद भी यहाँ सक्रिय हैं।

गहन परिस्थितिवाद

यह परिस्थितिवाद मनुष्य को केन्द्र से अलग कर एक नयी विश्वदृष्टि प्रदान करता है। जॉन पा समोर (1974), गरट हारडीन (1972) जैसे षालो इकोलॉजिस्टों के खिलाफ नोरवे के परिस्थितिवादी आरनेस, आस्त्रेलिया के जॉनसीड, कानडा के अलनड्रग्स, जॉन सेशन्स आदि पारिस्थितवाद के क्षेत्र में आये। धरती पर मनुष्य के आधित्य की अस्वीकृति आधुनिक शास्त्र के विकास के साथ आरम्भ हुआ। कॉपरनिकस ने संसार के केन्द्र से मनुष्य को निकाल दिया था। डारविन ने जैव संसार में मनुष्याधिपत्य पर उंगली उठायी। फ्रॉयड् ने मानव वंश के कार्य-कारण अवबोध पर सवाल किया। इस प्रकार भौतिक-जैव-बौद्धिक मंडल से मनुष्याधिपत्य का बहिष्कार हुआ। यह गहन परिस्थितिवाद की वजह बन गया।

'Deep Ecology' यह शब्द 1973 में आरन नेस ने सबसे पहले प्रयुक्त किया। परिस्थितिवाद को उन्होंने दो भागों डीप और षालो में विभक्त किया। उनके अनुसार षालो इकोलॉजी का लक्ष्य विकसित देशों की जनता के स्वास्थ्य एवं संपत्ति की सुरक्षा है। इसके लिए प्रदूषण नियंत्रण, संसाधन संरक्षण और तकनीकी विद्याओं का सुधार पर्याप्त है। आरनेस ने पहचाना कि प्रौद्योगिक उपकरणों के परिष्कार से सुलझनेवाली समस्याएँ नहीं हैं पर्यावरण की। इस पहचान के तहत दूरदर्शिता के साथ रूपायित एक अवबोध की आंतरिक दृष्टि है डीप इकोलॉजी अथवा गहन परिस्थितिवाद।

'गहन परिस्थितिवाद' के मुख्य आधार अनुभव, अवबोध एवं आविष्कार हैं।

पारिस्थितिक दर्शन का आधार अनुभव की अग्नि में शुद्ध की गई आंतरिक दृष्टि है। प्रकृति के साथ निरंतर संवाद से अनुभव प्राप्त होता है। लियोपोल्ड की प्रकृति के साथ किए गये अपने संवाद से रूपायित अंतर्दृष्टि है कि जैव-लोक के विकास, सुरक्षा एवं सौन्दर्य की परिरक्षा में जो समर्थ नहीं है, उसको हम स्वीकार नहीं कर सकेंगे। प्रत्येक विकास योजना और राजनैतिक व्यवस्था प्रकृति के विकास, सुरक्षा एवं सौन्दर्य संरक्षण के लिए बाध्य है। प्रकृति के साथ तादात्म्य प्राप्त करने और समस्त चराचरों के साथ अपने को प्रतिष्ठित करने में मनुष्य को कामयाब होना चाहिए। प्रकृति के ऊपर नहीं, प्रकृति में है मनुष्य। इस पहचान से मनुष्य अपनी आत्मसत्ता का अवबोध प्राप्त करता है। प्रकृति केन्द्रित इस दृष्टि के ज़रिए मनुष्य अपनी सीमाओं से अवगत हो जाता है।

प्रकृति के साथ संवाद से मनुष्य गहन सवाल करने, निर्णय लेने तथा उसके अनुसार एक ज़िन्दगी को रूपायित करने में समर्थ हो पाता है। स्वत्वबोध हर व्यक्ति को प्राप्त करना है। इस प्रक्रिया को आरवेनेस 'self realisation' (आत्म पहचान) कहते हैं। Self (आत्म) संपूर्ण जगत को समाहित करता है। इसे प्रकृति स्वत्व कहा जा सकता है।

गहन परिस्थितिवाद अभिव्यक्ति प्रधान अंतर्दृष्टि की माँग करता है। व्यक्ति जीवन को प्रकृति के धर्मशास्त्र के अनुसार रूपायित करता है। नवीन वैज्ञानिक, प्रौद्योगिक विद्याएँ और आर्थिक, सामाजिक स्थितियाँ आदि जो चुनौतियाँ उठाती हैं उन पर सवाल करने को गहन परिस्थितिवाद प्रेरित करता है। हरित बाज़ार और हरित उद्योग को नकारना है। ये सवाल आरवेनेस के अनुसार चार प्रकार के हैं– (1) यह एक जीवनशैली है, (2) पारिस्थितिक अवबोध वह है जो रोज़ जीवन में पारिस्थितिक मूल्यबोध की बुनियाद पर खड़े होकर लगातार सवाल करने को प्रेरित करता है, (3) उनकी खोज प्रकृति को पवित्र मानने की संकल्पना पर खड़े होकर है, (4) आरवेनेस अपने अनुसंधान के प्रथम चरण में प्रकृति को एक धर्म-दर्शन के रूप में प्रस्तुत करता है। यह धर्म-दर्शन जीवन-दर्शन और जीवनाविष्कार में परिणत हो जाता है। आरवेनेस के अनुसार प्रत्येक व्यक्ति के पूरे कर्म-पथ में पारिस्थितिक जीवन दर्शन को प्रतिबिंबित करना है।

निर्मल वर्मा का गहन परिस्थितिवाद

निर्मल वर्मा उत्तर आधुनिकता के प्रथम प्रवर्तक हैं। मनुष्य और विचारधाराओं की केन्द्रीयता का विरोध उनके विचारों में सर्वत्र भरा पड़ा है। प्रकृति और उसके अध्यात्म

के साथ मनुष्य की अनिवार्य अवस्थिति उनके विचारों का मुखर स्वर है। प्रकृति को केन्द्र में प्रतिष्ठित करने के उनके विचारों में उत्तराधुनिकता का बहुलतावादी स्वर है। प्रकृति और ईश्वर से अलग होने से जो विभीषिकाएँ उत्पन्न हुई हैं, उन्हें उन्होंने 'कला का जोखिम' नामक उनकी चिंतन-प्रधान पुस्तक के प्रथम निबंध 'कला, मिथक और यथार्थ' में अभिव्यक्त किया है।

निबंध का आरम्भ ही गोएथे के शब्द '"We are our own demons, we expel ourselves from our paradise" से है। प्रकृति हमारा स्वर्ग है, उसका अपना रहस्य है। उस रहस्य को अनावृत करने की अनुमति वह किसी को नहीं देती है। इसके लिए मनुष्य यदि तैयार हो जाता तो वह खुद अपना शत्रु बनकर प्रकृति के स्वर्ग से बहिष्कृत हो जाएगा। गोएथे अपनी प्रसिद्ध रचना 'Divine comedy' में प्रकृति पर अधिकार स्थापित करने के मनुष्य के प्रयत्नों की निंदा करते हैं। कहा जाता है कि स्पिनोजा के ethics (एथिक्स) के अध्ययन से गोएथे को यह गंभीर विचार प्राप्त हुआ था। स्पिनोजा का मानना है कि मनुष्य अपनी अज्ञता के बूते पर एक अहं केन्द्रित मानवीयता को नहीं बना पाएगा। यहाँ निर्मल जी मनुष्य केन्द्रित दुनिया की सृष्टि के खिलाफ थे गोएथे के विचार को रेखांकित करते हुए कहना चाहते हैं कि उत्तराधुनिक युग में प्रकृति की ओर वापसी संभव नहीं है तो भी उसकी स्मृतियों को ताजा कर उसके अनुकूल एक जीवनशैली को अपनाने की अनिवार्यता है।

निर्मल वर्मा इस निबंध में मनुष्य के "मैं हूँ और मनुष्य हूँ' के आत्मबोध को उठाते हैं। यह आत्मबोध मनुष्य की अस्मिता से जुड़ा हुआ है। ईसाई-यहूदी परंपरा में धरती पर अकेला-अजनबी पड़ा मानव अपना विशिष्ट आध्यात्मिक स्वरूप खोजता है। इस चिन्तन की परिणति है 'रेनेसाँ'। तब से मनुष्य में यह विचार प्रबल हो गया था कि मैं धरती के केन्द्र में हूँ। रेनेसाँ का आत्मविश्वासी, गर्वीला मनुष्य अपने को कर्ता मानकर 'प्रकृति' पर वर्चस्व स्थापित करने को निकला था। उस वर्चस्ववाद के लिए उसे काफी कीमत चुकानी पड़ी। मध्यकाल में चर्च की चहारदीवारी में आदमी सुरक्षित था, कोई भयाशंका नहीं थी। पर यह चर्चवाद धर्म केन्द्रित था। लेकिन रेनेसाँ के बाद धर्म और सुरक्षा डगमगाने लगे। "लूथर ने जो आघात चर्च की आस्था पर किया था, वह कुछ इतना गहरा था कि उसकी भग्न दरारों के बीच पहली बार आत्म-शंका की छाया ने निकलकर यूरोपीय मानस को विचलित और उद्वेलित कर दिया था।" (*कला का जोखिम*, पृ.14) धर्म के ढहने से आदमी 'स्वाधीन' तो हुआ लेकिन 'असुरक्षित' हो गया। ईश्वरवाद ने ईश्वर और मानव के बीच जो संवाद सेतु बनाया था

वह टूटकर बिखर गया। इस विचलित स्थिति को पॉस्कल ने समझ लिया। पहली बार मनुष्य को चिंता हुई। इसका कारण था कि मनुष्य धर्म-चेतना के धूँधले हाशिए पर लुप्त हो गया था। दूसरी ओर मनुष्य का अपना मैं अपनी गौरवपूर्ण अस्मिता एक संकीर्ण, अहंग्रस्त दायरे में सिकुड़ गई। इसका मतलब है कि मनुष्य विश्व के केन्द्र में नहीं, अपने शून्य के केन्द्र में था और वहाँ वह बिलकुल अकेला था। मनुष्य का यह आत्मबोध इतिहास की एक प्रक्रिया भी है। इसमें स्वतंत्रता की आशा और अकेलेपन का अभिशाप दोनों हैं।

मनुष्य के अपने अस्तित्व बोध के परिणामस्वरूप उसको प्रकृति से भी अलग होना पड़ा। पहली बार जब मानव जाति प्रकृति से अपनी अभिन्नता से विच्छिन्न हो गई तब गहरी मानसिक दरार पैदा हो गई। आधुनिक सभ्यता का असली संकट वहीं से शुरू हुआ। वहाँ से मानव प्रकृति से छिटक गया। निर्मल वर्मा कहते हैं, "आज की सभ्यता का संकट और प्रदूषण उस ऐतिहासिक क्षण से शुरू हो गया था, जब मनुष्य प्रकृति से अलग छिटक गया था। यह मानव-सभ्यता और मनुष्य की यातना का समान स्रोत है, जो आज हमें घसीटकर 'अणु युग' तक ले आया है।" (पृ. 14) इस प्रकार प्रकृति से अलग होकर मनुष्य समाज से भी अलग हो गया, बिलकुल अकेला हो गया। मनुष्य और प्रकृति की अवस्थिति से ही मनुष्य समूह जीवित बनता है। प्रकृति के चराचरों से मनुष्य का संबंध होगा। वह मनुष्य को बेसहारा नहीं बनाता। प्रकृति एक 'समग्र इकाई' है। उसके साथ मनुष्य का रिश्ता टूट जाना मनुष्य के संबंध में सबसे बड़ा पतन है। प्रकृति पर आधिपत्य स्थापन आधुनिक मनुष्य की पीड़ा को गहराता है। प्रकृति के साथ मिल जुलकर रहने से प्राप्त मनुष्य का अनुभव गहरा है, वह मनुष्य चेतना का परिष्कार कर उसे विकास की ओर ले जाएगा। तब अकेलेपन की भयावह पीड़ा नहीं होगी। सभ्य मनुष्य और प्रकृति से टूटे आदिवासी के अंतरंग को निर्मल वर्मा यहाँ प्रकट करते हैं। आदिवासी का निजी अनुभव एक सामूहिक चेतना का ही अंश है, जिसमें वह दूसरों के अनुभवों से साझा करता है और दूसरे उसके अनुभवों में भाग लेते हैं। लेकिन एक सभ्य मनुष्य की अत्मचेतना केवल अपने तक ही केन्द्रित रहती है, उसका निजी व्यक्तित्व एक संपूर्ण ईकाई है, जिसके कारण वह अपने को दूसरों के साथ नहीं, दूसरों के विरुद्ध पाता है।

आधुनिक सभ्यता का असली संकट वहीं से शुरू हुआ, जहाँ से मानव प्रकृति से छिटक गया। मानव सभ्यता और मानव यातना का यही सही स्रोत मानव को घसीटकर 'अणु युग' तक ले आया। इस स्थिति-परिस्थिति ने मानव को अकेला,

असहाय और अनाथ बनाकर दम लिया। 'भयावह अकेलापन' मानव को भीतर से घुन बनकर खाने लगा। इसी बिन्दु ने ऐतिहासिक मनुष्य और प्रागैतिहासिक मनुष्य की पीड़ा का गहरा अर्थ ग्रहण करना शुरू किया। इसी पीड़ा से मिथकों का जन्म हुआ ताकि वह प्रागैतिहासिक मनुष्य के उस आघात को कम कर सके। मिथकों ने प्रकृति और देवताओं के मानवीकरण से उस पीड़ा को कम किया। निर्मलजी के अनुसार "प्रकृति से अभिन्न होने का नॉस्टालॉजिया, प्राथमिक स्मृति की कौंध, शाश्वत और चिरन्तन से पुनः जुड़ने का स्वप्न – ये भावनाएँ मिथक को संभव बनाने में सबसे सशक्त भूमिका अदा करती हैं। सच पूछें तो मिथक और कुछ नहीं, प्रागैतिहासिक मनुष्य का एक सामूहिक स्वप्न है और व्यक्ति के स्वप्न के समान वह काफी अस्पष्ट, संगतिहीन और संश्लिष्ट भी है।" (वही, पृ-15) यहाँ निर्मल वर्मा प्रकृति से मनुष्य की अभिन्नता और उससे प्राप्त सामूहिक बोध, इस सामूहिक बोध द्वारा मनुष्य को प्रदत्तकला सुरक्षा एवं आश्रय का भाव आदि पर विशेष रूप से ज़ोर देते हैं।

निर्मल जी ने याद दिलाया कि मिथक और इतिहास के बीच महाकाव्य एक सेतु है, जो पुरातन स्वप्नों को काव्यात्मक ढाँचे में अवतरित करता है। इसके सहारे मनुष्य यथार्थ का बोध प्राप्त करता है , बाहरी दुनिया से अपना रिश्ता जोड़ता है। आदि कवि वाल्मीकि को भी सामूहिक अवचेतना से जुड़े रूपक ने उनकी अन्तर्चेतना को अनुप्राणित और अलोकित किया था। रूपक से तथ्य और मिथक से तर्क की तरफ बढ़ती हुई मनुष्य की मानसिकता एक तरह से ऐतिहासिक विकास को रेखांकित करती है। इसके फलस्वरूप मनुष्य की सामूहिक अवचेतना धीरे-धीरे व्यक्ति की आत्मचेतना में परिणत होने लगी थी। लेकिन बाद में महाकाव्य प्रकृति से छिटक गया। महाकाव्य में मानव और नियति के बीच की खाई चौड़ी हुई। इसके उदाहरण के रूप में महाभारत में कर्ण की कथा तथा ईलियड आर्खलीस की कथा को पेश किया जाता है। इस परिवर्तन में 'कला' का स्वप्न बिखर गया। इसका तात्पर्य यह है कि मनुष्य को प्रकृति के साथ मिलानेवाले मिथकों के अभाव में अथवा मनुष्य एवं प्रकृति के संबंध को प्रकट किए बिना कला कला नहीं बनती है।

पहले जहाँ मनुष्य अपने भीतर समुची वास्तविकता लेकर चलता था, अब वहाँ सिर्फ खोई हुई दुनिया की एक अपाहिज-पंगु स्मृति शेष रह गई थी, यह दुनिया खो गई थी, लेकिन मनुष्य उसे भूल नहीं सका था। फिर नित्से का आर्तनाद उठा। ईश्वर की मृत्यु'। इस आर्तनाद से खौला अवचेतन-सामूहिक अवचेतन जिसे फ्रॉयडा ने सिद्धान्तों में प्रस्तुत किया। निर्मल वर्मा के मन में प्रकृति से मनुष्य का अलगाव उसका पहला

पतन है तो ईश्वर की मृत्यु की घोषणा दूसरा। पश्चिमी सभ्यता का विरोध वे करते तो हैं। पर उसी वक्त भारतीय चिंतनों के महत्व की बात भी उन्होंने किया है जहाँ मनुष्य और महाकाव्य में प्रकृति ताज़ी है। वे कहते हैं– फिर पश्चिम में शुरू हुआ अस्मिता की धुँधली पहचान का 'चक्र'। 'मैं' स्वर्ग है तो 'दूसरे' नरक। इस तरह हमेशा दूसरे को दूसरे के विरोध से परिभाषित किया जाने लगा।

यह 'पीड़ायुक्त मनुष्य' समय के प्रति सचेत हुआ-ऐसा समय, जो उसे भीतर बाहर से यन्त्र-युग की ओर ले जा रहा था। अब यह मनुष्य इतना ताकतवर हो गया कि वह इतिहास की गति का निर्माण करने लगा। पश्चिम की काल चेतना की वक्रगति ने सहसा निर्मल का ध्यान भारतीय समय की 'चक्राकार' गति पर लगाया। मृत्यु में समाया जीवन-पुनर्जीवन के चक्राकार का अनवरत क्रम चलता रहता है। शिव के डमरू नाद के दर्शन में वर्तमान में गुंफित अतीत और भविष्य है। काल-चक्र से बड़ा है महाकालेश्वर शिव। काल और कला का एक ही देवता है शिव। इस तरह फिर से भारतीय सांस्कृतिक संदर्भ उभर आता है। निर्मल वर्मा की पूरी मानसिकता में उभरा है 'इतिहास' के पश्चिमी वादी सोच का नकार और मिथक-चेतना में महाभारत का मॉडल। महाभारत की तरह निर्मल वर्मा का पाठ भी मिथक-चेतना का मॉडल है। उन्होंने अपने एक निबंध संग्रह को शीर्षक दिया 'आदि, अन्त और आरम्भ'। उसमें उन्होंने दिखाया कि भारतीय चिंतन चिरंतन वर्तमान का है। कारण कला की देवी पार्वती को निरंतर नये सौन्दर्य से गढ़ता है, उसे निर्मित करता है और विसर्जित भी। फिर विसर्जित को निर्मित भी करता है। इसलिए भारतीय विश्वास विसर्जित करने के बाद फिर निर्मित करने का है। भारत का संस्कार न 'प्रगति' के भविष्यवाद में है, न उस इतिहासवाद में जो संपूर्ण' को ढके हुए हैं। फ्रॉयड ने कहा है कि तमाम प्रभावों को हम विवश होकर अवचेतन की तहों में गाड़ देते हैं, वे कभी भी नष्ट नहीं होते। लेकिन कला में वे ऐसे प्रगट होते हैं मानो अभी जन्मे हों। इसलिए फ्रेंच उपन्यासकार प्रूस्त के उपन्यास 'In search of lost time' में स्मृतियात्रा की बारात चलती है। निर्मल की स्मृति में हिन्दू काल-चेतना का 'प्रकृति की कलाचेतना' वाला चक्र चल पड़ता है जिसमें आदि यथार्थ के मिथक, जादू-अनुष्ठान, जल-पूजा, नन्दी-शिव देवपूजा, वृक्षपूजा के मिथक सदा जीते रहते हैं। कुछ समय बाद सभ्यता के विकास के साथ 'मिथक' का स्थान 'आइडियालॉजी' ले लेती है ताकि 'इतिहास' की भूख को शान्त किया जा सके। हेगल और मार्क्स, दोनों इस सच को जानते थे। हेगेल मनुष्य को इतिहास के साथ एकाकार करना चाहते थे और मार्क्स इतिहास को बदलने की आकांक्षा रखते थे।

लेकिन दोनों को पता था, कि मनुष्य और इतिहास के बीच जो संबंध बना था वह टूट गया है और मनुष्य हो गया 'आत्म-निर्वासित'। यह निर्वासन इतिहास में हुआ है, इसलिए इतिहास में उसका निवारण नहीं हो सकता। इसी से पैदा हुआ 'आइडियोलॉजी का संकट'। और यह संकट डेनियल बेल के तर्क से कहें तो एक दिन 'आइडियालॉजी के अंत' में बिखर गया। इसलिए पूँजी ने 'आइडियालॉजी' की जगह ले ली। उत्तर पूँजीवाद ने 'विचारधारा' के केन्द्रवाद को ध्वस्त कर दिया। ब्रिटेन के केन्द्रवाद को उखाड़कर अमरीकावाद का डंका बजाया। तब तक सोवियत यूनियन अपने ही अन्तर्विरोधी-दमनकारी करतूतों से भूसे की तरह बिखर गया। पूरी तरह विश्व पर अमरीकी नव सांस्कृतिक साम्राज्यवाद एवं पूँजीवाद काबिज हो गया। अब कला, मिथक और इतिहास के बीच कोई दीवार नहीं रही। कला में शुरू हआ अनेकतावादी, बहुलतावादी खेल।

निर्माल वर्मा के अनुसार, आइडियोलॉजी के विरुद्ध कला ने ही चुनौती प्रस्तुत की है। कला के माध्यम से आधुनिक संकट में फँसे मनुष्य ने इतिहास की स्वेच्छाचारी विकृतियों के खिलाफ अपनी संपूर्ण अस्मिता को साबित और परिभाषित करने की चेष्टा की है। चेतना की उपज होते हुए भी वह कला अवचेतन की जड़ों में अपनी पवित्रता और सार्थकता ढूँढती है। आधुनिक सभ्यता के तार्किक और बौद्धिक अन्धविश्वासों पर वह प्रश्नचिह्न लगाती है। आदिकाल में मिथक चेतना जिस प्रकार मानव अस्तित्व के असंगत, अराजक और अर्थशून्य हादसों को उसके कालातीत मर्म के चौखटे में संयोजित करती रही थी, वही आज कला कर रही है। मिथक के समान कला यह सिखाती है कि मनुष्य पृथ्वी के केन्द्र में एक सार्वभौम प्राणी नहीं है। वह भी प्रकृति के अन्य प्राणियों की तरह अपना एक विनयशील, विवेकपूर्ण, अर्थसंगत कोना ढूँढ सकता है। यह है गहन परिस्थितिवाद का मूल मंत्र।

कला मिथक की भूमिका कमोबेश अदा कर सकती है, किन्तु उसकी जगह नहीं ले सकती। मिथक मनुष्य की 'सर्जना' उतनी नहीं, जितना वह मनुष्य की अज्ञात, अनाम सामूहिक चेतना का अंग है। मिथक-चेतना इस अर्थ में कलात्मक अनुभव से बहुत भिन्न है कि वह जीव-जगत का समूचा यथार्थ, उस यथार्थ का अनुभव बिंबों द्वारा अभिव्यक्त नहीं करती। अर्थात् मनुष्य का आदि अनुभव ही मिथक के बिंब-चित्रों में अंतर्निहित रहता है। लेकिन कला चेतना की उपज है। कला अपने सृजन के उदात्त तक्षणों में मिथक होने का स्वप्न देखती है "एक ऐसा स्वप्न, जिसमें व्यक्ति और समूह का भेद मिट जाता है।" (वही, पृ. 21) इसका तात्पर्य है कि उदात्त कला मिथक ही है

और सामूहिक चेतना का अंग एक विशिष्ट आलोक का स्रोत है। वह आज की माँग है। समन्वयात्मकता उसको पूरा करेगी।

निर्मल वर्मा कला और मिथक के बीच की दीवार को नष्ट कर आदि-मनुष्य की प्रिमिटिव चेतना के अवचेतन-लोक में जाने का स्वप्न देखते हैं। लेकिन इस वापसी के संबंध में वे सन्देह भी प्रकट करते हैं। इस वापसी के आग्रह से कुछ शॉर्टकट रास्ते से मनुष्य ने 'आत्मचेतना' की तानाशाही से छुटकारा पाना चाहा है। निर्मल वर्मा इन राहों की ओर संकेत करते हैं कि रूसो का 'नोबेल सौवज' रेनेसाँ का तेज नश्तर, जिसकी धार से 'भाव-इंद्रियों का सिलसिलेवार संहार' करना (systematic dearangement of senses) और अंत में सुपरियलिस्ट कवियों और चित्रकारों के अवचेतन में मुक्ति खोजना।" (वही, पृ. 22) ये सब उस अंधेरे की खाई को प्रकाशित करने में सफल हुए। लेकिन आत्मचेतना से आदमी मुक्त नहीं हो पाया।

एक बार पुनः चेतना का विकास कर निष्कपट उस कुंवारी अवस्था में पहुँच पाना मुश्किल है। रिल्के जैसे कवि और नीत्से जैसे दार्शनिक को यह आजीवन पीड़ित करता रहता था कि कलाकार की आत्म-चेतना कितनी विद्रूप और भयानक हो गई। उससे कलाकार को बच पाना संभव नहीं है। हर विश्वास अब सत्य से खाली हो गया है। विश्वास करना ही अपने को धोखा देना है। निर्मल का विश्वास है कि जब तक देहवाद और आत्मवाद के बीच के अंतर को हम तोड़ नहीं पायेंगे तब तक मिथकीय चेतना कला से दूर रहेगी। पार्थक्यबोध से हम प्रकृति से दूर चले जाते हैं अथवा हम आज द्वन्द्व में हैं। इस द्वन्द्व को समाप्त करना मुश्किल है। भौतिकवाद और अध्यात्मवाद का द्वन्द्व गहरा है। निर्मल वर्मा यह दिखाना चाहते हैं कि हममें अध्यात्मबोध जगानेवाला तत्व मिथक है। वह मिथक हमें प्रकृति के निकट पहुँचायेगा। यह मनुष्य के समूचे व्यक्तित्व को गैरवान्वित करेगा। द्वन्द्व से विगलित अहिंसा एवं शांति पर केन्द्रित अन्य चराचरों की सत्ता को कायम करनेवाली एक व्यवस्था मिथक चेतना से संपन्न हो जाएगी। लेकिन इसके लिए मनुष्य धर्म के नकली अवतारों की ओर जाकर शॉर्टकट अपनाता है। निर्मल वर्मा के अनुसार जो ईश्वर है, वह प्रकृति है।

सत्य जो है वह ईश्वर है। आत्म-दर्शन में सीमित मनुष्य के लिए दवा ईश्वर है। लेकिन वह ईश्वर धर्म द्वारा निर्मित अथवा कुछ संप्रदायों द्वारा निर्मित मनुष्य देवता नहीं है। निर्मल वर्मा राजनीश, बालयोगी जैसे ईश्वर की सृष्टि कर आत्मचेतना से बच जानेवालों के अध्यात्म को नहीं मानते है। आज ऐसे विश्वासों में फँसकर मनुष्य यथार्थ सत्य से दूर चला जा रहा है। निर्मल वर्मा के अनुसार, यथार्थ अध्यात्म प्रकृति में है।

इसे हम हरित अध्यात्म कह सकते हैं। प्रकृति तथा मनुष्य के बीच की अवस्थिति और सामूहिक बोध से संपन्न मिथक चेतना कला की अनिवार्यता है। आज उपभोगवादी, भौतिकवादी विश्वासों से संपन्न है कला। इसलिए मानवचेतना के परिष्कार में या द्वन्द्व रहित समाज की सृष्टि में कला का कामयाब होने की संभावना लुप्तप्राय है। देखिए– "क्या कला में मिथक चेतना को ऐसी सभ्यता से पुनर्जीवित किया जा सकता है, जहाँ स्वयं कला एक खण्डित, निर्वासित चेतना का शिकार हो गयी है और उसे ही अभिव्यक्त करती है, जो अपूर्ण है, आत्मविभाजित है, खुद अपने से अजनबी है? क्या हम आज एक ऐसी अंधी गली में नहीं पहुँच गये हैं जहाँ कला का मिथक बनने का स्वप्न अपने में ही संदिग्ध है, क्योंकि जिस समाज-व्यवस्था में हम रहते हैं, वहाँ कला के सामूहिक प्रयोजन का ही कोई अर्थ नहीं रह गया है? अतः जिस तरह आदि-काल की 'प्रिमिटिव' चेतना की ओर मुड़कर हम यथार्थ के मौलिक, सार्वभौमिक सत्य से साक्षात्कार नहीं कर सकते, उसी तरह उस 'साक्षात्कार' को हम कला के आत्मकेन्द्रित आलोक-मण्डल में भी उपलब्ध नहीं कर सकते, जब तक हम उसे एक व्यापक सामाजिक प्रक्रिया से नहीं जोड़ते। यहाँ मनुष्य स्वयं इतिहास का अतिक्रमण करके अपने में मुक्त हो सकता हो?" (वही, पृ.23) यहाँ निर्मल वर्मा इतिहास केन्द्रित भ्रामक विचारधाराओं से मुक्त होने का आह्वान करते हैं। वह विभाजित मन द्वन्द्वात्मक बनकर तर्क के सहारे विकास प्राप्त करना चाहता है। उससे प्राप्त विकास मनुष्य को और भी संकुचित एवं सीमित बनाता है। वह हमेशा अरक्षित एवं भय से आक्रान्त है। वह है आज का उत्तराधुनिक मनुष्य।

आज के मनुष्य को संत्रस्त एवं आशंकित स्थिति से बचने के लिए प्रकृति की ओर वापस जाना है। वह प्रकृति बहुस्वरता की है, आत्मकेन्द्रित नहीं, वहाँ एक-एक ईकाई का स्थान है। प्रत्येक चर और अचर के संतुलन मात्र से यहाँ शान्ति कायम होगी। लेकिन प्रकृति की ओर यहाँ तक आकर वापस जाना मुश्किल है। इसलिए कम से कम कला में मिथकीय चेतना को स्थान देकर प्रकृति-चेतना को अथवा हरित अध्यात्म को जगा सकता है। तब कला अपनी सफल भूमिका अदा कर सकती है। नाटककार क्लाइस्ट के शब्दों के सहारे उपर्युक्त विचार को निर्मल प्रकट करते हैं कि "एक बार फिर बोधवृक्ष का फल चखना पड़ेगा, ताकि हम पुनः अपनी निर्बोध अवस्था में पहुँच सकें?" (वही, पृ. 23) यहाँ व्यक्ति और नियति के बीच भयानक द्वन्द्व प्रकट हुआ है। यह द्वन्द्व प्रकृतिबोध अथवा हरित अध्यात्म के सहारे ही समाप्त हो पाएगा।

उपर्युक्त विचार से यह साबित होता है कि उत्तराधुनिक युग के बहुलतावाद का आधार हरित अध्यात्म की दृष्टि है। वहाँ प्रत्येक जीव की सत्ता और उसमें व्याप्त चैतन्य को स्वीकार किया जाता है। यह मनुष्य की चेतना का विकसित रूप है। अग्नितत्व, जलतत्व, वायुतत्व, भूमितत्व सब हमारे अस्तित्व के लिए अनिवार्य हैं। इनकी पूजा, इनके चैतन्य को पहचानना है। इसलिए–

"मुग्धा देवा उत शुनायजन्तोत गौरङ्गै पुरुषायजन्त।
य इमं यज्ञं मनसा चिकेत प्रणो वोचस्तमिहेह ब्रबः।।" (अथर्ववेद - काण्ड-75-5)

अविवेकी और मूढ़ यजमान पशु अंगों से हवन करते हैं, यह निश्चय ही मूर्खतापूर्ण और निन्दनीय है। अपने से आत्म-यज्ञ करनेवाला महापुरुष है। वे ही परमात्मा के सत्य स्वरूप का उपदेश करने योग्य हो सकते हैं।

अज्ञेय का पारिस्थितिक चिन्तन

इस धरती पर जन्म लेनेवाले समस्त जीव-जंतुओं को यहाँ जीने का समान अधिकार है। प्रकृति और जीवन जंतुओं के समवेत से पर्यावरण बनता है। पर्यावरण और मनुष्य के बीच की पारस्परिकता उसकी सुखद ज़िन्दगी के लिए अनिवार्य है। लेकिन औद्योगीकरण पर केन्द्रित वैज्ञानिक विकास क्रम से इसका विनाश भी शुरू हुआ है। डी.डी.टी के उपयोग से जब अमेरिका में प्राणियों एवं पक्षियों का विनाश हुआ, तब वहाँ का वसंत मौन हो गया। रेचल कर्सन ने सबसे पहले इस पर्यावरण विनाश से सजग होकर 1962 में 'Silent Spring' लिखा। यह पारिस्थितिक चिंतन के क्षेत्र में महत्वपूर्ण कदम था। फिर बीसवीं शताब्दी के अंतिम दशक तक इको-फेमिनिज़्म नामक दर्शन रूपायित होता है। उसके बाद विलियम रिकोट जैसे विद्वान के नेतृत्व में पाश्चात्य साहित्य के क्षेत्र में इसकी शाखाएँ विकसित होने लगीं। धीरे-धीरे इसने साहित्यिक चर्चा के केन्द्र में स्थान प्राप्त किया।

आधुनिकता के साहित्य में प्रकृति की सहजता नष्ट हो गई। छायावाद तक प्रकृति के चौखटे में मानवीय भावनाओं का चित्रण कवि करते रहे, पर आज के कवि मानवीय भावनाओं के चौखटे में प्रकृति को बिठा रहे हैं। कवि की दृष्टि में जैसे प्रकृति बदलने लगी वैसे ही आधुनिकता के प्रवेश से प्रकृति और मनुष्य के बीच की आत्मीयता टूटने लगी। मनुष्य प्रकृति से बहुत दूर जाने लगा। विकास योजनाओं की अदूरदर्शिता से वनों का नाश करना, पेड़ों को काटना, जानवरों को मारना, बड़े-बड़े कारखानों का निर्माण करना, उससे कई प्रकार के प्रदूषण उत्पन्न करना, नदियों को विषलिप्त करना, अनुचित शोषण से इनका सूख जाना, वायु को प्रदूषित करना, भौम संतुलन को बिगाड़ना जैसी नकारात्मक वृत्तियाँ तेज़ी से उभर आने लगीं। ये सब सचमुच विकास नहीं बल्कि मनुष्य का अपने लिए मकबरा तैयार करना है। मानव जीवन आज बहुत ही खतरनाक स्थिति का सामना करने जा रहा है। साहित्यकार सहज ही सूक्ष्म द्रष्टा होते हैं। वे इन प्रतिकूलताओं को जल्दी ही भाप लेते हैं और

अपनी सृजनात्मकता के ज़रिए उसका प्रतिरोध जाहिर करते हैं।

पारिस्थितिक दर्शन की संकल्पना के केन्द्र में अध्यात्म है। यह अध्यात्म धार्मिक अध्यात्म से बिलकुल भिन्न है। यह हरित अध्यात्म है। आज की ज़रूरत यह हरित आध्यात्मिकता ही है। प्रपंच सत्ता में जो अचेतन है, उनमें ही जीवन के बुनियादी तत्व निहित हैं। भारतीय दर्शन के मुताबिक चेतन और अचेतन में कोई अन्तर नहीं। जैसे कामायनीकार ने कहा– "एक तत्व की ही प्रधानता, कहो उसे जड़ या चेतन।" जेम्स लौलाक नामक वैज्ञानिक ने भूमि को एक जीव के रूप में सिद्ध किया है। लेकिन पाश्चात्य दर्शन के अनुसार प्रत्येक जीव मनुष्य के लिए है उसके उपभोग के लिए है। यही तो आधुनिकता है। आधुनिकता के मूल में 'मनुष्य' है। प्रकृति में मनुष्य ही श्रेष्ठ है। देकार्त ने अपने दर्शन से यह सिद्ध किया कि मनुष्य की मुक्ति 'प्रकृति पर स्वामित्व' में निहित है। संभवतः उसी दिन से मानववाद एक आक्रामक विचार बना। धरती का, प्रकृति का अनुचित उपभोग शुरू हुआ। आधुनिक विज्ञान यहीं से प्रकृति के खिलाफ एक युद्ध बन जाता है। इसलिए इकोलॉजी पत्रिका का संपादक एडवेर्ड गोल्डस्मिथ ने कहा कि धरती पर तीसरा विश्वयुद्ध आरम्भ हो चुका है। यह युद्ध प्रकृति के खिलाफ है। आज हम वनस्पति जगत् की मृत्यु देख रहे हैं। आफ्रीका तो अब मृत्यु के निकट है। यही युद्ध भारत, श्रीलंका, दक्षिण एशिया एवं दक्षिण अमेरिका में चल रहा है। यहाँ के विशाल मैदान रेगिस्तान में बदल रहे हैं। मनुष्य के इस उपभोग-संस्कार के संभावित दुष्परिणामों पर हिन्दी में सबसे पहले आधुनिक रचनाकार प्रसादजी ने लिखा और प्रकृति की दुर्जेयता की ओर इंगित किया, "प्रकृति रही दुर्जेय पराजित हम सब थे भूले मद में" (*कामायनी, चिन्ता सर्ग*)। आज के यांत्रिक युग में यंत्र के पुर्जे बनकर जीने के लिए अभिशप्त मनुष्य का सहज एवं स्वाभाविक जीवन नष्ट हो गया है और होता जा रहा है। प्रसादजी ने कामायनी के द्वारा सिद्ध किया कि प्रकृति और मनुष्य के बीच के पारस्परिक-अध्यात्म का अभाव है आज के मनुष्य की अभिशप्तता और अशान्ति। कामायनीकार के अनुसार, मनुष्य और प्रकृति के बीच के अध्यात्म से जो समरसता बनती है उसमें जीवन का वास्तविक शील या रस निहित है। वह रस-ग्रहण ही पारिस्थितिक सजगता का लक्ष्य या उद्देश्य है।

प्रसादजी के समान आचार्य रामचन्द्र शुक्ल ने भी यान्त्रिक युग में विकास के नाम पर प्रकृति और जीव-जंतुओं का जो अनुचित शोषण हो रहा है उसे साहित्य का सबसे श्रेष्ठ एवं उच्च विषय माना है– "मनुष्य सारी पृथ्वी छेंकता चला जा रहा है। जंगल कट-कटकर खेत, गाँव और नगर बनते जा रहे हैं। पशु-पक्षियों का भाग छीनता चला

जा रहा है। उनके सब ठिकानों पर हमारा निष्ठुर अधिकार होता चला जा रहा है। कुछ हमारी बस्ती के भीतर या आसपास रहते हैं और छीन-झपटकर अपना हक ले जाते हैं। हम उनके साथ बराबर ऐसा ही व्यवहार करते हैं मानो इन्हें जीने का कोई अधिकार ही नहीं है। अतः उनमें से किसी की चेष्टा विशेष में इन तथ्यों की मार्मिक व्यंजना की प्रतीति काव्यानुभूति के अन्तर्गत होगी।" (*कविता क्या है? चिन्तामणि, भाग-1* पृ. 122) इस प्रकार शुक्लजी कविता में एक प्रतिरोधात्मक संस्कृति को खड़ा कर कलाकार को लोकप्रिय संस्कृति को अंग बनाने की आवश्यकता की ओर इशारा कर रहे हैं।

आधुनिकता के समय के साहित्यकार अज्ञेय ने ही आधुनिकता में मानव की केन्द्रीयता पर सबसे ज़्यादा आलोचनात्मक नज़रिए से विचार किया था। उन्होंने 'प्रकृति-काव्य : काव्य-प्रक़ति' नामक अपने लेख में कहा कि वैज्ञानिकता के आधिक्य से कविता में प्रयुक्त प्रकृति भी यंत्रवत् बन गयी है। प्रकृति ही कविता को सरस एवं कालातीत बना देती है। लेकिन इसका नष्टबोध अज्ञेय को सदा सताता रहता था। यह नष्टबोध उनकी कविता 'हरी घास पर क्षण भर' में स्पष्टतः अभिव्यक्त है–

"क्षण भर भुला दें हम
नगरी के बेचैन बदकती गड्डमड्ड अकुलाहट
और न मानें उसके पलायन
क्षण भर देख सकें आकाश धरा, दुर्वा, मेघाली पौधे लता दोलती, फूल, झरे
पत्ते, तित्तली - फुनगे-फुनगी पर पूँछ उठाकर इतराती छोटी सी चिड़िया
और न सहा चोर कह उठे मन में-
प्रकृतिवाद है स्खलन
क्योंकि युग जनवादी है।"

मनुष्य के यंत्रवत जीवन की त्रासद स्थिति पर अज्ञेय बहुत खिन्न हैं। त्रिशंकु के 'संस्कृति और परिस्थिति' शीर्षक निबन्ध में गहराई से इस त्रासद अवस्था पर विचार किया गया है। उनके अनुसार, पुराने सामाजिक संगठन के टूटने से उसकी सजीव संस्कृति और परम्परा मिट गयी– हमारे जीवन से लोकगीत, लोकनृत्य, फूस के छप्पर और दस्तकारियाँ क्रमशः निकल गई हैं और निकलती जा रही हैं और उनके साथ ही निकलती जा रही है वह चीज़ जिसके ये केवल चिह्न मात्र हैं – जीवन की कला, जीने का एक व्यवस्थित ढंग जिसके अपने रीति-व्यवहार और अपनी ऋतुचर्या थी – ऐसी ऋतुचर्या जिसकी बुनियाद जाति के चिरसंचित अनुभव पर कायम हो। बात केवल इतनी नहीं है कि हमारा जीवन देहाती न रहकर शहरी हो गया है, जीवन

का ढंग ही नहीं बदला, जीवन भी बदला है। अब समाज न देहाती रहा है, न शहरी अब इसका संगठन ही नष्ट हो गया है। अपने पडोसियों से इसका कोई जीवित संबंध, धमनियों के प्रवाह का सम्बन्ध नहीं रहता, संबंध रहता है भौगोलिक समीपता का, बिजली, पानी, मोटर-ट्राम की मारफत। इस प्रकार यंत्रयुग की प्रगति का निर्मम हल पुरानी मिट्टी उपाटता जा रहा है। वहाँ सहजता, स्नेह, सामूहिकबोध जैसे गुण नष्ट होते जा रहे हैं।

विकास योजनाओं के तहत निर्मित कारखानों को देखकर अज्ञेय यह कहना चाहते हैं कि इनके ज़रिए कितने मानव जीवन विस्थापित हुए होंगे। पारिस्थितिक संकट के दो भेद हैं – जैविक संकट एवं सामाजिक संकट। त्रिशंकु में इस सामाजिक संकट पर ज़्यादा बल दिया गया है। शहरीकरण एवं विकास योजनाएँ जनता पर जो आघात पहुँचाती हैं, वे सामाजिक पारिस्थितिक संकट के विषय हैं। विस्थापित होनेवाले लोग दरिद्र या समाज के निम्न स्तर के हैं। इन योजनाओं से मुनाफा कमानेवाले पूँजीपति वर्ग हैं। ऐसी पूँजीवादी व्यवस्था में बहुसंख्यकों का अविकास हमेशा बना रहता है। शहरीकरण बड़ी भयानक विपत्ति को पैदा करनेवाला है। कई कष्टों को झेलते हुए मनुष्य संस्कृति व नगरीयता का वरण कर रहा है। उपभोग प्रधान नगरों की सृष्टि ग्रामीण उत्पादनों का शोषण करते हुए हो रही है। अज्ञेय ने लिखा – "यदि आपने उसे बनते हुए देखा है – लापरवाही और अवज्ञा से खडे किए गये उन कुरूप स्तूपों को, मानव जाति के और आसपास के प्रदेश के प्रति घोर उपेक्षा से मुँह बायें हुए, यदि आपने कलकत्ता के 'गार्डन रीच' या बंबई के 'बरली चार्ल्स जैसे दृश्य देखे हैं, तब आप समझ सकेंगे कि यह विनाशक क्रिया मानव जीवन की स्वाभाविकता का यह ध्वंस समाज-संगठन के ह्रास का ही बाह्य लक्षण है। (*त्रिशंकु*, पृ. 16) अज्ञेय जी मशीनों की वजह से मानव-संस्कृति के नष्ट होने की ओर सदा जागरूकरहे हैं। मशीन युग हमारे जीवन को सस्ता, घटिया और अर्थहीन बना रहा है। आज मनुष्य पुराणों एवं मिथकों से भी दूर चला जाता दिखाई देता है। लेकिन पुराण ही वह पहली सांस्कृतिक इकाई है, जिसमें से जीवन की बहुरूपता प्रस्फुटित हुई है।

अज्ञेय पेड़ों की रक्षा के लिए दिए जानेवाले बलिदान को वही महत्व देते हैं जो कभी आज़ादी के लिए दिया गया था। क्योंकि आज यह अनुभव करने की ज़रूरत है कि देश की आज़ादी उसकी वन संपदा के साथ उतनी ही जुड़ी हुई है जितनी उसकी प्रजा रूपी संपदा के साथ। विश्नोई शहीदों की नेत्री अमृता देवी ने राजा के लकड़हारों से वृक्ष की रक्षा करते हुए स्वयं कटकर प्राण दे दिया था। उनकी यह वृत्ति आज की

सबसे बड़ी अनिवार्यता समझी जाती है। इसलिए 'वन संपदा के साथ भारतीय समाज का संबंध बदला – पूरा समाज अनुभव करे कि "सिर सॉंटे रुख रहे तो भी सस्तो जाण।" शीश कटा कर भी वृक्ष वचाया जा सके तो भी सस्ता सौदा है।" (*युग-संधियों पर, अज्ञेय,* पृ. 46) अज्ञेय 'वन, जन और औपनिवेशिक मन' निबंध में पेड़ और मनुष्य के बीच की पारस्परिकता पर जोर देते हैं। इसलिए हर व्यक्ति को स्वयं अपने और हर पेड़ के बारे में नये ढंग से सोचने की और एक प्रथ्यक्ष नयी शिक्षा कायम करने की ज़रूरत है। अज्ञेय का मानना है कि मनुष्य के बिना पेड़ का जीते रहना तो संभव है, पर पेड़ के बिना मनुष्य का मरण निश्चित है। इस तथ्य को नज़र अन्दाज़ करने पर मनुष्य को इसके लिए बड़ा मूल्य चुकाना पड़ेगा। हम इस विभीषिका के साक्षी हैं कि सारा उत्तर भारत जीवनदायिनी गंगा के बावजूद एक विशाल मरुस्थल बन गया है। अब उसका जल उसमें जान न ला सकता सिर्फ बाढ़ ला सकता है।

अज्ञेय जी प्राकृतिक शोषण का मुख्य कारण जनसंख्या-वृद्धि मानते हैं। आज धीरे-धीरे हम यह पहचानने लगे हैं कि बढ़ती हुई जनसंख्या उत्सव करने की बात नहीं रही क्योंकि एक तरफ उपजाऊ हाथों के लिए करने को काम नहीं है, गोड़ने को भूमि नहीं है; और दूसरी तरफ पहले ही से संकटग्रस्त परिवार में खानेवाला एक मुँह और बढ़ जाता है।" (*युग-संधियों पर*, पृ. 47)। अज्ञेय वन संपत्ति के प्रति हमारी सरकार की उपनिवेशवादी मानसिकता का घोर विरोध करते हैं। उन्हें यह एक आर्थिक स्रोत मात्र लगता है, जिसे वह दिन-ब-दिन तेजी से दुहती चलती है। ब्रिटिश लोग अपने हित के लिए यह आर्थिक दोहन अपने ज़माने में करते थे। लेकिन आज भी सरकारें उसी मुनाफा वृत्ति से भारत के वनों का दोहन करती रहती हैं। यह भारतवासी के लिए हितकर नहीं। अंग्रेज़ों के न रहने पर भी ये प्रभु-वर्ग अंग्रेज़ियत में ही जी रहे हैं। उसका रवैया उपनिवेशवादी का ही है। अज्ञेय किसी भी प्राकृतिक संपदा को मनुष्य मात्र के दोहन की चीज़ नही मानते। वे उसे आय की दृष्टि से अथवा मुनाफे की दृष्टि से देखना अनर्थकर ही नहीं बल्कि एक तरह का आत्मघात ही मानते हैं।

अज्ञेय जी के मत में थोडे ही लोग देश की प्राकृतिक संपदा के साथ जन मात्र के संबंध के बारे में सही ढंग से चिन्तन करते हैं। गढ़वाल-कुमाऊँ में, सन्थाल परगाना में मारवाड़ा में, साबरकाँठा में, बस्तर में, पर्वतीय केरल में जहाँ-तहाँ कुछ स्वर उठ रहे हैं जिनके पीछे अध्यात्म का भी बल है, लेकिन केवल आध्यात्म का नहीं सारे संसार का उन्नत वैज्ञानिक चिन्तन भी उनके पक्ष में है। इस दोहन से उत्पन्न होनेवाला पारिस्थितिक असंतुलन से मानव-जाति के सर्वनाश का कारण बन जाता है।

आर्थिक-मनुष्य उपनिवेशवादी युग की उपज है। वह आज भी तीव्रतर गति से चलता आ रहा है। इसलिए अज्ञेय हमारे सामने सवाल उठाते हैं कि क्या कोई तरीका है कि समग्र पर्यावरण के साथ मानव जाति के संबंध के बारे में जहाँ-जहाँ जो नया आलोक फूट रहा है उसकी छुअन सरकारी अधिकारियों को उनके सुसज्जित लेकिन बंद दफ्तरों में भी पहुँचायी जा सके?

"सारे इस सुनहले चंदोबे से
पत्ता कुल एक झशः
पर उसी की अकिंचन
झरन के
हर कँपन में
मैं कितनी बार मरा!" (पृ. 50, युग, संधियों पर)

देश को मरुस्थल बनानेवाले पूँजीपतियों और उसके समर्थक सरकारों की घोर निंदा 'भालू चढ़ गया पहाड़ पर' नामक निबंध में अज्ञेय व्यंग्यात्मक एवं विनोदपूर्ण शब्दों में करते हैं। पहाड़ों पर पानी, बिजली नहीं है, क्योंकि ऊपर पहाड़ों पर सब जगह जंगल काट लिए गये हैं। पानी आये तो आए कहाँ से? वर्षा होगी तो बाढ़ आ जाएगी, क्योंकि पानी को रोकने और संचित रखनेवाले ऊँचे सदाबहार पेड़ और बाँज के पेड़ तो सब काटे जा रहे हैं, और वर्षा नहीं होगी तो... नदी-नाले, सोते-नाले सब यों ही सूख रहे हैं, क्योंकि ऊपर जंगलों में और पेड़ों की जड़ों, छोटे पौधों और झरे पत्तों में रुक कर पानी भूमि में बचेगा नहीं तो सोते और नाले कहाँ से भरेंगे? अज्ञेय इस बात पर ज़ोर देते हैं कि बिजली-पानी-पेड-पहाडी-वन से इनका अनिवार्य संबंध है। और ये सभी राष्ट्रीय संपदा हैं—सबका संरक्षण उसी बुद्धि से होना चाहिए, केवल मुनाफा के लिए नहीं या जिनकी अक्ल मुनाफे से आगे नहीं जाती उन्हें यह भी जानना चाहिए कि प्रजा का स्वास्थ्य और संरक्षण भी एक मुनाफा है, बहुत बड़ा मुनाफा, क्योंकि उस पर राष्ट्र का अस्तित्व निर्भर करता है। इस दृष्टि से पानी और पहाड़ ही नहीं, पहाड़ पर चढ़ता भालू भी राष्ट्रीय संपदा है, सारे वन-जन्तुओं और प्रकृति पक्षियों-पतंगों तक पर कृषि की, कृषक की और कृषि प्रधान इस देश की निर्भरता एक प्रमाणित वैज्ञानिक सचाई है, केवल अभिजात संस्कार या सौन्दर्य प्रेम नहीं। पर्वतीय वन की हत्या हिमालय की हत्या है और अपने पर्वतीय प्रदेश को पानी से वंचित करके हम उसे ही नहीं उजाड़ेंगे, बल्कि देश को भी मरु में परिवर्तित करेंगे। वनों के दोहन से जो भी मुनाफा होनेवाला हो, देश ही उजड़ने लगेगा तो वह मुनाफा भोगेगा कौन?

ऊँचाइयों पर पानी की रक्षा करनेवाले पेड़ नष्ट करके निचली घाटियों पर लगानेवाले पेड़ों की निरर्थकता की ओर भी अज्ञेय संकेत कर रहे हैं– "ऊँचाइयों पर पानी की रक्षा करनेवाले पेड़ नष्ट करके अगर हम निचली घाटियों और तराइयों (आह, क्या नाम था तराइयों – तल भी, तर भी, तरु भी! – क्या अब हम उन्हें सुखाइयाँ कहा करेंगे?) में ऐसे पेड़ लगायेंगे भी जो पानी को और सुखाते हैं – बाँज और देवदार के बदले सफेदा और युकालिप्टस, तो उससे क्या लाभ होगा? कागज़ की लुगदी के ठेकेदार उन पेड़ों के दाम तो अच्छे दे देंगे। पर उस कागज़ पर हम छापेंगे क्या केवल अपने उजड़ने के विवरण?" (पृ. 55, *युग-संधियों पर*) इस प्रकार पारिस्थितिक संकट के जैविक रूप पर उन्होंने गहराई से विचार किया है।

अज्ञेय ने नष्ट होनेवाली प्रकृति के प्रति अन्यत्र दुःख प्रकट किया है चाहे कविताओं में हो या उनके वैचारिक उद्‌गारों में। जैसे – "पत्थर के झरते पत्ते से अधिक सुन्दर किसी चीज़ की कल्पना नहीं कर पा रहा हूँ। वह धीरे धीरे लय के साथ डोलते हुए झरना, मानो धरती के गुरुत्वाकर्षण से मुक्त होकर, भारमुक्त होकर तिरना... कोई भी लययुक्त गति-फुलाचुरी का पंख फड़फड़ाते हुए क्षणभर को अधर में भटक जाना, अच्छी तौर की घुड़दौड़ की सरपत अषाषील की लहराती या बाज सी सीधी उड़ान, हिरण की छलाँग जो अपने शिखर पर एक साथ ही निश्चेष्ट और निरायास अग्रसर हो जाती है ...।" (*शाश्वती*)

यह महज एक लिरिकल उच्छावास नहीं है। यह एक ऐसी मर्मज्ञ आधुनिक दृष्टि है जिसके 'पीछे खोने की पीड़ा' है। साथ ही ऐसा तीखा बोध भी कि जिस युग और दुनिया में हम रह रहे हैं, उसमें लय का जो नैसर्गिक स्पन्दन है, उसको देखनेवाली दृष्टि धीरे धीरे धूँधली होती जा रही है। इस बिन्दु पर आधुनिक मशीनी संस्कृति के प्रति एक बुद्धिजीवी की वितृष्णा और पीड़ा सार्थक हो उठती है। अज्ञेय ने 'शाश्वती' में पेड़ काटकर, पहाड़ खोदकर आधुनिक बनने के लिए शोर मचानेवाले तथाकथित आधुनिकों पर व्यंग्य करते हुए कहा – "पेड़ के नीचे रुककर सुस्ता लिया, फिर काँपी निकाले तो मैं एक लंबी साँस सुनकर चौंका। पर आसपास कोई नहीं था। मैंने सोचा भ्रम हुआ होगा, हवा होगी। फिर लिखने की ओर दत्तचित्त हुआ। लंबी साँस फिर सुनाई दी। पेड़ ने लंबी साँस ली थी। मैंने कहा, क्यों, पेड़ क्या हुआ? पेड़ ने कहा–तुम कवि हो न? मैंने कहा, 'हूँ' भी तो क्या? वन प्रकृति का भक्त हूँ पेड़ों से प्रेम है। मुझे पेड़ रोककर बोला–होगा, होगा। तुम पेड़ पर कविता लिखो या पेड़ को बचाने के आन्दोलन के लिए ही कविता लिखो, छपेगी तो पेड़ की लुगदी पर ही, जब-जब कोई लिखता है मैं

लेबी साँस लेता हूँ, वह 'पेड़ काटने का एक और निमित्त बना... हमेशा पहले पेड़ को प्रणाम करके क्योंकि वही तुम्हारी बलि है...

अंधेरे में पहाड़ खोदता।
फरहाद हो गया है अन्धा
शीरी ने कर लिया है।
सुरमा बेचने का धन्धा" (वही, पृ. 21, 21)

इसलिए निर्मल वर्मा ने लिखा – "अज्ञेय का प्रकृतिबोध छायावादी बोध से बहुत अलग है। वे पहाड़ों को देखकर मुग्ध होते हैं, तो नीचे जंगलों में पेड़ों के कटने का आर्तनाद भी सुनते हैं, बल्कि यूँ कहें यह करने का बोध उन्हें प्रकृति के लगाव में एक गहरी दरार अंकित कर जाता है। उनकी कविताएँ अपने प्रतिद्वन्द्वी रूपकों के बीच एक तरह से क्रॉस रेफरेश बन जाती हैं, सचेत अन्तर्मुखी आधुनिकता और प्राकृतिक सौन्दर्य के बीच। मेरे विचार में समकालीन भारतीय लेखन की आधुनिकता की यह सबसे प्रामाणिक-कसौटी है कि परंपरा से विगलित हो जाने के बावजूद स्वयं आधुनिक उपकरणों पर यह कितनी गहरी चोट कर सकता है, स्वयं चोट खाकर कैसे अपनी प्रतिक्रिया प्रकट कर सकता है।" (*कला का जोखिम, अज्ञेय, आधुनिक बोध की पीड़ा, निर्मल वर्मा*, पृ. 13)। असाध्य वीणा, बन्धु है नदियाँ, हरी घास पर क्षण भर, हिरोशिमा, बावरा अहेरी, नंदा देवी जैसी कविताओं में मनुष्य, कला और प्रकृति की पारस्परिकता तथा प्रकृति के दोहन से आहत कवि-मन का आर्तनाद अनुगूंजित है। 'हीली बोन की बत्तखें' नामक अपनी कहानी में पहाड़ एवं पहाड़वासियों का शोषण करनेवाले नीचे के उपभोग संस्कार के लोगों को पातालवासी नाम से उन्होंने व्यंग्य किया है।

अज्ञेय की उपर्युक्त मान्यताओं से यह साबित हो जाता है कि मनुष्य और प्रकृति के सह अस्तित्व के अध्यात्म से ही यथार्थ कविता जन्म लेती है। आज की स्थिति में यह सह-अस्तित्व नष्ट होता जा रहा है। गौरवपूर्ण रचनाकार सदा इससे सतर्क रहते हैं। यह नवीन कला आधुनिकता के मूल्य संकट से मुक्ति की है। इसका आधार हमारे नाशोन्मुख संसार, समाज और ज़िन्दगी को पुनः अर्जित करने के लिए प्रयत्नरत भौम सदाचार है। रोगग्रस्त मन के गुफांधकार में घुसनेवाली कला उस मन को भ्रष्ट किए बिना उसको पुनः बाहरी संसार की ओर बढ़ा देती है। मन जब प्रकृति की ओर बढ़ता है, तब ही प्रकृति मन की ओर बढ़ेगी। तब दोनों एक नैरंतर्य की कड़ियाँ बन जाएँगे।

मिथ, फॉकलोर, लोक-जानकारी, प्रपंच के अद्भुत, प्रकृति की नाना प्रकार के जैव अजैव सत्ता, सामाजिक बोध, सहअस्तित्व और इतिहास-कला में वापस आएँगे। मनुष्य-चेतना पुनः मिथकीय बन जाएगी। इस प्रकार पुनः एनचान्टमेंट संभव हो जाएगा। यह पीछे की ओर गमन या अंधविश्वासों की पुनःस्थापना नहीं है। यह एक नये पारिस्थितिक स्वत्व की सृष्टि है। नई कला प्रतिरोध की जड़ों की सृष्टि करती है। गौरवपूर्ण सभी कलाएँ एक प्रकार से विस्मृति के खिलाफ स्मृति की प्रतिरोध ही है।

समाजवादी नारीवाद
(Socialist Feminism)

इटालियन नाटककार दारियों फो ने एक बार कहा था कि मज़दूर को सौ शब्द मालूम हैं, उसके मालिक को हज़ार शब्द। इसलिए वह मालिक है। यह बात मज़दूरों पर ही नहीं; बल्कि सभी पराधीन लोगों पर लागू होती है। विश्व के इतिहास में, सभी कालों में, जिस प्रकार स्त्री को गुलाम बनाकर, उसे मौन का पुतला बना दिया गया है– उसके लिए सबसे उपयुक्त हैं दारियों फो के ये शब्द। अभी तक स्त्री पुरुषों द्वारा निर्मित भाषा और व्याकरण का इस्तेमाल करती आ रही है। उसकी सत्ता पुरुष द्वारा निर्मित सत्ता है। इस संदर्भ में लोरा मलवी का स्त्री संबंधी यह निरीक्षण उल्लेखनीय है कि स्त्री सदा पुरुष द्वारा निर्मित अर्थों का सूचक मात्र रही है, वह खुद अर्थ की सृष्टि नहीं करती। पुरुष स्त्री को परिभाषित करने में समर्थ है; क्योंकि भाषा पर उनका पूरा अधिकार है। रोलांग बार्थ ने कहा है, "किसी भी सूचक के समान स्त्री भी एक वस्तु को नहीं, बल्कि संसार की एक विशेष वस्तु को सूचित करती है।" स्त्री शरीर अब एक शून्य स्थल नहीं रह गया है – उसको पढ़ा जा सकता है। (*एलिस बेर्थ लेंटको*) इन सभी कथनों से यह जाहिर होता है कि स्त्री अपने को पढ़ सकने में अभी तक समर्थ नहीं हो पाई है। पुरुष द्वारा निर्मित स्त्री संबंधी प्रतिमानों के अनुसार ही आज भी वह अपने को पढ़ती और सँवारती है। स्त्री, अपने को समझकर, अपने लिए जीना जब शुरू करेगी, तब सामाजिक व्यवस्था में परिवर्तन अवश्य आएगा।

स्त्री जब खुद को समझकर, अपनी परिभाषा देने के लिए तैयार होती है, तब वह समाज द्वारा तिरस्कृत कर दी जाती है। इसका अच्छा उदाहरण है क्रिस्टा वुल्फ का उपन्यास 'कस्सान्ड्रा'। अप्पोलो देवता की काम-पूर्ति का साधन बनने के लिए कस्सान्ड्रा जब तैयार नहीं होती, तब वह अप्पोलो के शाप का शिकार बन जाती है। ट्रोजन शासन के समस्त अन्याय एवं अत्याचारों का सूक्ष्म निरीक्षण कर उसे पेश करने की शक्ति कस्सान्ड्रा में थी। इसीलिए वह ट्रोजन शासन से प्रतिशोध लेने के

साथ-साथ यौन-शोषण के खिलाफ देवता से भी भिड़ने के लिए तैयार हो जाती है। उसे काफी यातनाएँ सहनी पड़ीं। परंतु अपने महान विचारों से जनता को उत्प्रेरित करने का कस्सान्ड्रा का प्रयत्न कामयाब नहीं हुआ; क्योंकि उसको पुरुष रूपी अपोलो देवता का शाप मिला था। युगों-युगों से पुरुष-प्रधान समाज के अन्यायों को सहते रहने वाली स्त्री जाति का प्रतीक है कस्सान्ड्रा। लेकिन कुंवारी 'मेरी' यूरोपीय समाज में पुरुष द्वारा निर्मित एवं परिभाषित स्त्री का प्रतीक है। पुरुष की अधीनता स्वीकार कर देव-वचन का अनुसरण करने वाली है कुँवारी मेरी। वह ईश्वर के निश्चयों का रंग-स्थल है। वह भूमि में बच्चे को जन्म देने वाली आदर्श माता का प्रतीक है। बच्चों को जन्म देने को समाज सबसे पवित्र धर्म समझता है। उस धर्म को किसी भी प्रकार के विरोध के बिना अचंचल होकर विनयपूर्वक आत्मसात् करने से कुंवारी 'मेरी' पुरुष-प्रधान संस्कृति के लिए सबसे प्रिय प्रतीक बन गई; जबकि पुरुषों की अधीनता स्वीकार कर प्रेमिका, पत्नी और माता का रोल अदा करने के लिए 'कस्सान्ड्रा' तैयार नहीं होती। इसलिए वह शाप की पात्रा बन जाती है। पुरुष द्वारा निर्मित स्त्री की परिभाषा में कुँवारी मेरी स्त्रीत्व का आदर्श है। पुरुष के आईने में अपने को देखने के बदले खुद को समझने का प्रयत्न 'कस्सान्ड्रा' ने किया। इस वजह से 'कस्सान्ड्रा' ट्रोजन समाज में हमेशा शापग्रस्त और अनाथ बनकर भटकती रही। इस दृष्टि से क्रिस्टा वुल्फ सबसे बड़ी नारीवादी लेखिका हैं। भारतीय मिथकों में भी जितनी आदर्श स्त्रियाँ हैं, वे सभी शोषित स्त्रियाँ हैं।

इस दुनिया में सबसे बड़ा शोषण है स्त्री-शोषण। वह वर्ग, जाति जैसे शोषणों की तुलना में अधिक दारुण है। स्त्री उच्च जाति की क्यों न हो, वह निर्मम ढंग से शोषित होती रही है। मलयालम में श्रीमती ललितांबिका अंतर्जन्म द्वारा लिखी 'अग्निसाक्षी' नामक उपन्यास स्त्री कामेच्छा का दमन करने वाले सवर्ण जाति के पुरुष-प्रधान समाज का एक ज्वलंत उदाहरण प्रस्तुत करता है। इस उपन्यास में पुरुष वर्चस्व वाली जाति (ब्राह्मण जाति) में जन्म लेने के कारण घर की चहारदिवारी में अपनी कामेच्छाओं का दमन कर घुटने वाली अनेक स्त्रियों की व्यथा कथा है। पुरुष-प्रधान समाज-व्यवस्था में पागल बन जाने वाली स्त्रियों की कथा इस उपन्यास में बहुत मार्मिक ढंग से कही गई है। लेकिन स्त्री की समस्त कामनाओं का दमन करने वाले पौरोहित्य और पुरुष वर्चस्व को चुनौती देते हुए घर की चहारदिवारी को तोड़कर समाज में प्रवेश करके स्त्री की स्वतंत्रता के लिए प्रयत्न करने वाली 'देवी बहन' समाजवादी नारीवाद की दृष्टि से प्रखर, तेजस्वी एवं साहसी स्त्री पात्र है।

स्त्री-शोषण के उन्मूलन के लिए पुरुष के मनोलोक को अत्यंत सूक्ष्म ढंग से परिवर्तित करना होगा। पुरुष की प्रधानता एवं सामाजिक जकड़बंदी से स्त्री की मुक्ति का आशय है, बुनियादी स्तर पर, इस विश्व की सबसे बड़ी मानव-मुक्ति। इस मुक्ति की ज़रूरत पहचानकर खुद स्त्री कई शताब्दियों से पुरुष वर्चस्व वाली समाज-व्यवस्था के खिलाफ लड़ने लगी। इस प्रकार पुरुष वर्चस्व वाले समाज में नारी का सशक्तीकरण जो चाहता है, उसे 'नारीवादी' नाम से अभिहित किया जाता है। नारी की समता-समानता, आज़ादी, समाज में पुरुष और महिलाओं की सापेक्ष स्थिति, परिवार, कानून और लिंग के संबंध में जो चुप्पी सर्वत्र व्याप्त है, उस पर नारीवाद प्रश्न उठाता है। इस प्रश्न को उठाने के लिए जिस चिंतन और शैली को अपनाया गया है, उसमें फर्क दिखाई देता है। इस भिन्नता के अनुसार नारीवादी सिद्धांतों के मुख्य तीन भेद है : उदारवादी नारीवाद, समाजवादी नारीवाद और रेडिकल नारीवाद।

समाजवादी नारीवाद

समाजवादी नारीवादियों के अनुसार आर्थिक क्षेत्र का उच्च और निम्न का भेद ही मनुष्य को दो वर्गों में विभक्त करता है। गरीबी एवं स्त्री-शोषण की समाप्ति के बिना उसका उन्मूलन संभव नहीं। यह नारीवाद एक उद्योगपति की पत्नी और एक मज़दूर या बेरोज़गार की पत्नी को एक वर्ग में नहीं रखता। पुरुष-प्रधानता एवं वर्ग-शोषण को परस्पर जोड़कर देखता है। समाजवाद को कुछ सीमित बिंदुओं के आधार पर परिभाषित नहीं किया जा सकता। यह बिल्कुल पूँजीवाद विरोधी सिद्धांत है। इसलिए समाजवादी नारीवाद मूलतः मार्क्स और एंगेल्स के विचारों का समर्थन करता है। इस नारीवाद के मुख्य सिद्धांतों पर विचार करने के लिए समाजवादी सिद्धांतों पर जिन-जिन विचारकों ने चिंतन किया है, उनके विचारों पर थोड़ा प्रकाश डालना आवश्यक है।

उन्नीसवीं शताब्दी के कार्ल मार्क्स एवं फ्रेडरिक एंगेल्स के विचारों को मुख्यतः हम समाजवादी सिद्धांत मानते हैं। लेकिन उनके पूर्व भी नारीवाद से जुड़े कई समाजवादी चिंतक हुए हैं। उनमें मुख्य हैं विलियम थॉम्पसन और चार्ल फारियर। थॉम्पसन के अनुसार, मनुष्य की समान सुविधाओं के लिए सहयोगी संगठनों के बीच संसाधनों का समान वितरण होना चाहिए। उनके विचार में भविष्य में स्त्री को समान सुविधाएँ प्राप्त करने के लिए उन्हें अपनी स्थिति को सुधारना होगा। इसके लिए अपनी पारिवारिक गुलामी से स्त्री को अपने आपको मुक्त करना होगा। इसके लिए नागरिक एवं राजनैतिक अधिकारों की समानता के लिए माँग करनी है। संगठनों में

पुरुष और स्त्री के एक साथ मिलकर प्रयत्न करने से स्त्री को संपत्ति में समान अधिकार मिल जाएगा। ऐसे समाज में स्त्री का सबसे बड़ा लाभ यह है कि वह पुरुष की अधीनता से बच जाएगी। वे बच्चों के पालन आदि का दायित्व सरकार पर छोड़ते हैं – न माँ और पिता पर। यहाँ थॉम्पसन के विचारों से यह बात जाहिर होती है कि वे स्त्री को पूर्णतः स्वतंत्र बनाना चाहते हैं।

चार्ल्स फारियर प्राचीन काल से स्त्रियों पर हो रहे अन्याय एवं अत्याचार को समझते हैं। उनके अनुसार किसी समाज के विकास के लिए मेरुदंड अर्थात् स्त्री को अपनी शारीरिक दुर्बलता सुधारनी होगी। बच्चों का पालन-पोषण माता-पिता से अलग कर एक विशेष प्रकार के श्रमिकों के द्वारा किया जाना अच्छा होगा। इन दोनों के विचारों को यहाँ प्रस्तुत करने का मकसद यह है कि मार्क्स और एंगेल्स के पूर्व ही कई समाजवादी विद्वानों ने मानव के विकास के लिए नारी जाति का विकास ज़रूरी माना है।

मार्क्स ने स्पष्ट कर दिया है कि समाजवाद पुरुष के समान स्त्रियों का भी स्वातंत्र्य लक्षित करता है। पूर्णतः यह जाहिर है कि मार्क्सवादी नारीवाद में आर्थिक क्षेत्र की असमानता को दूर कर सामाजिक परिवर्तन के द्वारा स्त्रियों को भी स्वतंत्र करने का विचार दर्ज है। 1884 में एंगेल्स ने 'द ओरीजिन ऑफ द फेमिली, प्राइवेट प्रॉपर्टी एन्ड द स्टेट' नामक पुस्तक में मार्क्स से भिन्न होकर महिलाओं के उत्पीड़न के सवाल को ज़्यादा योजनाबद्ध ढंग से हल करने की कोशिश की थी। एंगेल्स के अनुसार, महिलाओं की गुलामी के प्रश्न को जीव विज्ञान के बजाय इतिहास में समझना होगा; और अपनी रचना में उन्होंने उस उत्पीड़न को समझने की कोशिश की थी : "भौतिकवादी अवधारणाओं के अनुसार, अंतिम तौर पर इतिहास का निर्धारक तत्व जीवन के उत्पादन और पुनरुत्पादन में निहित होता है। एक ओर जीवन-यापन के लिए अन्न, वस्त्र और आश्रय के लिए साधन निर्मित करने का सवाल होता है, तो दूसरी ओर मनुष्य मात्र की स्वयं की उत्पत्ति का सवाल है अर्थात् उसकी प्रजाति को आगे बढ़ाने का सवाल। लोग जिन सामाजिक संस्थाओं के तहत जीते हैं वे दोनों किस्म के उत्पादनों से – जिसमें एक तरफ श्रम के विकास की अवस्था है तो दूसरी तरफ परिवार के विकास का सवाल दर्ज है – निर्धारित है। श्रम का विकास जितना कम होगा और उसके उत्पादन की मात्रा जितनी सीमित होगी, तब उसकी कुल संपत्ति भी सीमित होगी। वहाँ सामाजिक प्रणालियाँ बड़े पैमाने पर लिंग के हिसाब से निर्धारित होती दिखेंगी।

एंगेल्स का कहना था कि प्राथमिक किस्म के समाज में महिलाएँ घरों के अंदर उत्पादन के साधनों पर (घरेलू उपकरण और बरतन) और पुरुष घर के बाहर के अन्य उपकरणों—औजारों पर नियंत्रण रखते थे। घर के बाहर उत्पादन की अधिकता हुई। उसके परिणामस्वरूप पुरुष आर्थिक दृष्टि से ज़्यादा समर्थ बन गया। यह मातृसत्तात्मक परिवार के पितृसत्तात्मक परिवार में परिवर्तित होने की वजह बन गया। इस प्रकार घर के बाहर का उत्पादन अधिकाधिक महत्वपूर्ण होता गया। इसलिए एंगेल्स के मुताबिक नारी की मुक्ति तब तक संभव नहीं होगी, जब तक वह घर के बाहर मज़दूरी प्राप्त करने वाला काम नहीं स्वीकार करेगी।

क्रांति सिर्फ उत्पादक श्रम में भाग लेने वालों द्वारा की जाने वाली कार्रवाई है। मार्क्स की इच्छा थी कि महिलाएँ भी इस कार्रवाई में बराबर की हिस्सेदार बनें। उन्होंने कल्पना की थी कि जब-जब स्त्री श्रम करेगी, वह नियंत्रित होने वाली शक्ति से बदलकर नियंत्रणकारी शक्ति बन जाएगी; परिवार की पुरानी संस्था टूट जाएगी; नया परिवार जन्म लेगा और स्त्री-पुरुष संबंध एक नये उन्नत धरातल पर पहुँच जाएँगे। कई महिलाओं ने 'दुनिया के मज़दूरों एक हो' के संग्रामी नारे के साथ 'दुनिया की मज़दूरिनें भी मज़दूरों के साथ एक हो' का नारा भी जोड़ने की कोशिश की। इस प्रयास में उनका आग्रह रहा कि मार्क्सवाद शोषण और दमन की वर्गीय परिभाषा में लिंग संबंधी वर्ग को भी स्वीकार करे; ताकि सर्वहारा की क्रांति केवल पुरुष केन्द्रित न रह जाए। इन महिलाओं में स्वयं मार्क्स की बेटी एलिनर मार्क्स के साथ ओलाइव श्राइनर, एम्मा गोल्डमान, एंजेलिका बालावनोव, विक्टोरिया वुडहुड, वोल्टन क्राफ्ट, एलेग्जेंडा कोलताई, सीमोन द बोउवार तथा क्लारा जेटकिन जैसी कई विदुषियाँ शामिल थीं। कई पुरुष सिद्धांतकारों ने भी 'समाजवादी नारीवाद' की धारा विकसित करने और मार्क्सवाद को लैंगिक संघर्ष के प्रति संवेदनशील बनने में कई महिलाओं की मदद की। इन पुरुषों में मार्क्स और एंगेल्स के अलावा बेबल, एडवर्ट कारपेंटर, विलियम मारस और हैवलाक एलिस की उल्लेखनीय भूमिका रही। इन सब लोगों ने मिलकर अलग-अलग रूपों में जो विचार प्रस्तुत किए, वे मार्क्सवागद के आंतरिक जगत में एकता और संघर्ष की लंबी शृंखला के रूप में उभरे। महिलाओं ने बार-बार सर्वहारा क्रांति के विभिन्न चरणों में पुरुष क्रांतिकारियों का साथ दिया और उस प्रक्रिया में अपनी अलग-अलग भूमिकाएँ स्थापित कीं। चाहे वे फ्रांस में कम्यूनार्डो के साथ लड़ने वाली महिलाएँ हों; अथवा भारत में तेलंगाना में छापामार युद्ध चलाने वाली स्त्रियाँ हों, विडंबना यह रही है कि हर बार क्रांति पुरुष के हित में साबित हुई है। हर बार

महिलाओं का सहयोग ले लेने के बाद क्रांति के नायकों ने नायिकाओं को घर-परिवार की सीमाओं में लौट जाने के लिए कहा। ज्याँ डेरियन को हर बार अपनी भूमिका स्वयं ही शुद्ध कर लेनी पड़ी। हर बार वृंदा करात ने असंतोष की आवाज़ तो उठाई, लेकिन हर बार पुरुष केन्द्रित नेतृत्व ने उसे खारिज कर दिया।

नारिवादियों के लिए ओगस्ट बेबेल की पुस्तक 'वुमन एन्ड सोशलिज्म' एक तरह का प्रकाश-स्तंभ है, जो मार्क्सवाद की नारीवादी संभावनाओं को आलोकित करती रहती है। बेबेल ने स्वयं एंगेल्स के सहयोग से जर्मनी में महिलाओं के लिए प्रथम समाजवादी आंदोलन खड़ा करने के प्रयासों को प्रोत्साहित किया था। इन महान सिद्धांतकारों के कारण संभव हुए 'समाजवादी नारीवाद' के इस सांगठनिक आग्रह से 1891 में जर्मनी की पार्टी ने महिलाओं की समानता के अधिकार को स्वीकृति दी थी। बेबल ने ही सबसे पहले नारीवादियों के दिमाग में यह बात डाली थी कि उन्हें अपनी मुक्ति के लिए पुरुषों की तरफ देखना बंद कर देना चाहिए; क्योंकि जिस तरह मज़दूरों को पूँजीपति वर्ग से उम्मीद नहीं रखनी चाहिए, उसी तरह स्त्रियों को भी पुरुषों से कोई आशा नहीं रखनी चाहिए। यह एक क्रांतिकारी वक्तव्य था। इसके पहले मेरी वोल्टन क्राफ्ट और फ्लोरा ट्रिस्टन जैसी नारीवादियों को पुरुषों से अपनी मुक्ति उपहार स्वरूप मिलने की अपेक्षा थी। समाजवादी पुरुष कॉमरेडशिप के आवरण में सुरक्षित रहते हैं और नारी के शोषण को उसी तरह देखने और समझने के लिए तैयार नहीं हैं, जिस तरह पूँजीवादी सेवा-योजना अपने श्रमिक कर्माचारियों के शोषण को महसूस करने के लिए तैयार नहीं है। बेबल ने घोषित किया कि वे समाजवादियों की कॉमरेडशिप के आवरण में लैंगिक शोषण को ढँकने के लिए तैयार नहीं हैं। कॉमरेडशिप यौनिकता, प्रजाति और वर्ग की चेतना से जुड़े अंतर्विरोधों को हल करने के बजाय उन्हें छिपा देती है; और इस तरह नये समाज की रचना में विघ्न डालती है। बेबल ने एक ऐसे भविष्य का चित्र खींचा, जो आगे चलकर समाजवादी नारीवादियों के लिए स्त्री-पुरुष की समानता से परिपूर्ण जगत की संभावना का स्रोत बन गया। बेबेल का विचार था कि समाजवाद में घर और बाहर का अलग अस्तित्व घटता चला जाएगा। लोग सामूहिक रूप से खाएँगे-पिएँगे और सामूहिक तथा सामुदायिक गतिविधियों के लिए अनगिनत बड़े-बड़े हॉल होंगे। साथ-साथ खेलने, पढ़ने और संगीत का आनंद लेने, नाटक देखने और घूमने-फिरने के लिए सामूहिक व्यवस्थाएँ होंगी। परिवार का आंतरिक जगत बाह्य समाज में विलीन हो जाएगा। महिलाओं और परुषों की पृथक् भूमिकाओं का विभाजन समाप्त हो जाएगा। प्रेम सामाजिक न रहकर पूरी तरह निजी

हो जाएगा। यानी स्त्री-पुरुष के संबंधों में समाज का हस्तक्षेप नहीं रहेगा। बेबल जैसे नारी समर्थक पुरुषों और अनगिनत नारीवादियों को मार्क्स और एंगेल्स के जिन सूत्रों से प्रेरणा मिलती थी, वे इस प्रकार थे :

मार्क्स ने प्रकृति और मनुष्य के संबंधों की व्याख्या करने के लिए स्त्री का एक सूचकांक की तरह प्रयोग किया। उन्होंने पूँजीवादी परिवार के आंतरिक पाखंड और पूँजीवादी पुरुष की दोहरी नैतिकता का पर्दाफाश किया। 'इकोनॉमिक एन्ड फिलॉसफिकल मैन्यूस्क्रिप्ट', 'जेर्मन आइडियोलॉजी' और 'हॉली फेमिली' से लेकर 'दास कैपिटल' तक उन्होंने स्त्री-मुक्ति की वकालत की और सिद्धांत दिया कि स्त्री को उत्पादक श्रम में लाने से तीन बड़े परिवर्तन होंगे। पहला – पुरुष और स्त्री के बीच संबंध उच्चतर स्तर पर पहुँचेगा; दूसरा – एक नये तरह के परिवार का जन्म होगा और तीसरा – श्रमिक स्त्री अपने बाह्य जगत पर अपना नियंत्रण स्थापित कर सकेगी। मार्क्स ने स्वीकार किया कि जब तक उत्पादन के सामाजिक संबंधों के साथ-साथ प्रजनन के सामाजिक संबंध नहीं बदलेंगे, तब तक शोषण-मुक्त समाज की साथापना असंभव है।

एंगेल्स ने प्रजनन के सामाजिक संबंधों पर मार्क्स द्वारा छोड़े गये अधूरे विचारों को आगे बढ़ाया। उन्होंने औरतों की दासता की जड़ परिवार को करार दिया और सूत्र दिया कि परिवार के अंदर स्त्री सर्वहारा की तरह होती है और पुरुष पूँजीपति की तरह। वे इस निष्कर्ष पर पहुँचे कि व्यक्तिगत संपत्ति के खत्म होने के साथ ही परिवार का आधार खत्म हो जाएगा और नारी मुक्ति की संभावनाओं के द्वार खुल जाएँगे। एंगेल्स ने 'फ्री लव' की धारणा का भी प्रतिपादन किया, जिसमें निजी रुचि और प्रेम के आधार पर स्त्री और पुरुष की आत्यांतिक मैत्री को कल्पित किया गया था। मार्क्स और एंगेल्स के विचार नारी-मुक्ति के लिए संघर्षरत तत्वों के लिए उर्वर ज़मीन का काम कर सकते थे – यदि इनका आगे विकास किया गया होता।

नारीवादी महिलाओं ने मार्क्सवाद के नारी-प्रसंग की आलोचना को और आगे बढ़ाया और स्पष्ट किया कि–

1. मार्क्स नारी को पुरुष की स्थिति की व्याख्या करने के लिए प्रतीक की तरह प्रयुक्त करते हैं; लेकिन उनकी नायिका संघर्ष करती हुई, विद्रोह करती हुई और अपना प्रतिनिधित्व करती हुई नजर नहीं आती।
2. सैद्धांतिक रूप से मार्क्सवाद द्वारा औरत को मजदूर वर्ग में संपूर्ण अधिकारों के साथ प्रवेश दिया गया; परंतु व्यावहारिक रूप से वे असंभव निकले। परिवार में लौटकर पुनः पूँजीपति पुरुष के मुकाबले उसे सर्वहारा बन जाना

पड़ा और बाहर का जुलूस का साथी घर में घुसते ही उसके मालिक के रूप में बदल गया।

3. परिवार और प्रजनन की दुनिया में होने वाले यौन खेल की मार्क्सवाद ने पूरी तरह से उपेक्षा कर दी। उसने यौन मुद्दे को दार्शनिक विचार की वस्तु ही नहीं माना। ज्ञान शास्त्रीय विषय वस्तुओं में अरुचि और केवल उत्पादन संबंधों पर अत्यधिक ज़ोर देने के कारण मार्क्सवाद का केन्द्र नारी-मुक्ति के समग्र प्रश्न के मसले में भटक गया। फलस्वरूप नारी-मुक्ति एक विषय के रूप में मार्क्सवादी विद्वानों के बीच चर्चा का केन्द्र तो रहा, लेकिन व्यावहारिक मार्क्सवाद उससे भटकने लगा।

नारीवादी महिलाओं द्वारा किया जाने वाला मार्क्सवाद की सैद्धांतिक सीमाओं को उजागर करने का कार्य बीसवीं शताब्दी में उत्तरोत्तर प्रखर होता चला गया। नारीवाद यह काम इसलिए भी कर सका; क्योंकि वह पूरी तरह से मार्क्सवाद की संतान नहीं था। उन्नीसवीं सदी से मज़दूर आंदोलनों में नारीवादी महिलाओं की भागीदारी काल्पनिक समाजवादियों के आदर्शवादी विचारों के प्रभाव में ज़्यादा होती थी। मार्क्स की रचनाओं के व्यापक प्रचार-प्रसार के पूर्व ही क्रांति, मज़दूर वर्ग और मुक्ति के प्रश्नों पर बिना मार्क्सवादी प्रभाव के विचार करने की लंबी और समृद्ध परंपरा नारीवादियों के पास थी। एडवर्ड कारपेंटर की 1916 में प्रकाशित रचना 'लव्स कमिंग ऑफ एज' ने स्त्री यौन समस्या के अनछुए पहलुओं का उद्‌घाटन करके सभी को चौंका दिया।

इस तरह समाजवादी नारीवाद ने बीसवीं सदी में 'लव्स कमिंग ऑफ एज' की उद्‌घोषणा के साथ प्रवेश किया। 'अक्टूबर क्रांति' के बाद बने सोवियत संघ में एंगेल्स के 'फ्री लव' को एलेक्ज़ेंड्रा कोलंताई के द्वारा अमल करने की कोशिश की गई। शुरूआत में सोवियत संघ की कम्युनिस्ट पार्टी ने उनका साथ दिया। पार्टी ने सोवियत पार्टी का कामगार और किसान महिला विभाग स्थापित किया। परिवार की संस्था नये सोवियत संविधान में खारिज कर दी गई। स्त्री को मज़दूर वर्ग में पुरुष सर्वहारा के समान ही दर्जा मिला और एक बार लगा कि वह व्यक्तिगत संपत्ति की संस्था को कानूनी मान्यता से वंचित किए जाने के साथ ही आज़ादी के रास्ते पर चल पड़ी है। इसी के साथ इसकी सूचना भी होने लगी कि मार्क्स द्वारा 'कैपिटल' में किया गया वह दावा सही सिद्ध होने वाला है, जिसमें स्त्री के श्रमिक बनने की प्रक्रिया से नये स्त्री-पुरुष संबंधों और नये तरह के परिवार के जन्म लेने की भविष्यवाणी की गई थी।

लेकिन 1930 के आते-आते यह सुनहरा सपना धूल धूसरित हो चुका था। सोवियत पार्टी का महिला विभाग भंग कर दिया गया था और परिवार तथा विवाह की वापसी हो चुकी थी। 'अक्टूबर क्रांति' के परिणाम लगभग पूरी तरह पुरुष-प्रधान सत्ता की जकड़न में फँस चुके थे। कोलंताई की आवाज़ दबा दी गई थी। क्लारा जेटकिन जैसी विदुषियों के साथ बहस भी करने के लिए कोई तैयार न था। 'फ्री लव' से सोवियत कम्युनिस्ट बिदकते थे।

प्रतिष्ठानवादी मार्क्सवाद की उपेक्षा के बावजूद समाजवादी नारीवाद के सामने सबसे बड़ी चुनौती यह थी कि वह स्त्री को पुरुष श्रम से अलग कर पुनः परिभाषित करे और उत्पादन के सामाजिक संबंधों को बदलने के साथ-साथ प्रजनन के सामाजिक संबंधों को पुनर्गठित करने की कोशिश करे। उसने दावा किया कि स्त्री सर्वहारा पुरुष सर्वहारा के मुकाबले एक विशेष प्रकार के दमन का शिकार है, जिसे यौन-दमन के रूप में परिभाषित किया जाना चाहिए। इस दमन पर ध्यान केन्द्रित किए बिना मार्क्सवाद द्वारा प्रतिपादित सामाजिक संबंधों के दोहरे रूप यानी उत्पादन और पुनरुत्पादन (प्रजनन) के अंतः संबंधों को नहीं समझा जा सकता। इस तरह समाजवादी नारीवाद पूँजीवादी पितृसत्ता और प्रजातीय दमन का अंत:संबंध खोजने में लग गया।

श्रम और स्त्री श्रम का अंतर

एंगेल्स के अनुसार परिवार के अंदर श्रमिक पति का रूप पूँजीपति वर्ग के सदस्य जैसा हो जाता है और स्त्री का रूप सर्वहारा जैसा हो जाता है। स्त्री अपनी भिन्न लैंगिकता के कारण उत्पादन से भिन्न पुनरुत्पादन करने के लिए विवश है। इस भिन्न लैंगिकता और पुनरुत्पादन की बाध्यता का मार्क्सवाद विश्लेषण नहीं करता। परिवार की अंतरंग दुनिया का श्रम-संयोजन और सार्वजनिक जगत में स्त्री को हाशिये पर रखा जाना एक साथ घटित होते हैं। परिवार की पूँजी में स्त्री अपना श्रम लगाती है; मगर पारिवारिक निर्णय के क्षेत्र में उसकी बात का महत्व दूसरे दर्जे का होता है। एक पुरुष की तुलना में उसके निजी यौन जीवन में स्वतंत्रता भी कम रहती है। स्त्री के श्रमिक बनने से मार्क्स द्वारा अपेक्षित लाभ तब तक प्राप्त नहीं होंगे, जब तक मार्क्सवाद पितृसत्ता द्वारा स्त्री के माँ बनने की प्रक्रिया को तुच्छ करके देखने का समर्थन करता रहेगा। नारीवाद के अनुसार, एंगेल्स की परिवार संबंधी प्रस्थापना को घर के बाहर समाज में भी लागू किया जाना चाहिए। नारी आर्थिक रूप से आत्मनिर्भर होने के लिए जब दहलीज पार करती है, तब उसे पता चलता है कि घर का यौन-विभाजन बाहर समाज में भी उसका

दमन करने में लगा हुआ है। इसलिए स्त्री घर के अंदर और बाहर समान रूप से पराजित हुई। घर में रहते-रहते उसने कुछ ऐसे गुण विकसित कर लिए थे, जो स्त्रीयोचित गुणों की श्रेणी में डाल दिए गये थे। घर के बाहर उसकी श्रम क्षमता का मूल्यांकन इन्हीं कथित स्त्रीयोचित गुणों की सीमा के अंदर किया गया।

स्त्री के काम को स्त्रीयोचित परिभाषा का मानदंड बनाकर बाह्य कार्यक्षेत्र में भी उसके पारंपरिक गुणों का दोहन किया गया है। इसके कारण कार्यक्षेत्र में वह पुरुष से स्वतंत्र होने के बदले उस पर अधिक निर्भर होती जाती है। जैसे नर्सिंग का मॉडल स्त्रीयोचित है तथा चिकित्सा का मॉडल पुरुषोचित। कंपनियों में बॉस के निजी सचिव का पद वास्तव में माँ और पत्नी की भूमिका का ही तीसरा बिंदु है। स्त्री के कार्यक्षेत्र की परिसीमा में इसी लिए आज वेश्याओं को यौन-श्रमिक (सेक्स वर्कर) की संज्ञा दी गई है। मनोरंजन का क्षेत्र भी स्त्रियों का है। एयर लाइन्स, ट्रेवेल सर्विस आदि ऐसे ही क्षेत्र हैं। स्त्री-श्रम के लिंगीकरण का अर्थ यह निकलता है कि स्त्री एक प्रकार के अलगाव से पीड़ित हो जाती है। यह अलगाव मार्क्स द्वारा वर्णित अलगाव नहीं है; बल्कि यह अलगाव तो उसे स्त्री होने के कारण झेलना पड़ता है। श्रम के क्षेत्र में स्त्री-पुरुष के लिंग-विभाजन का अर्थ यह भी निकलता है कि जंगल, खदान और उद्योग आदि का नियंत्रण पुरुष श्रमिकों के हाथ में चला जाए और स्त्री-श्रमिकों के हाथ में केवल सेवा-व्यवस्था रह जाए। इस संदर्भ में सीमोन द बोउवर का यह कथन विचारणीय है : "स्त्री कहीं झुंड बनाकर नहीं रहती। वह पूरी मानवता का आधा हिस्सा होते हुए भी पूरी एक जाति नहीं। गुलाम अपनी गुलामी से परिचित है और एक काला आदमी अपने रंग से; परंतु स्त्री घरों, अलग-अलग वर्गों एवं भिन्न-भिन्न जातियों में बिखरी हुई है। उसमें क्रांति की चेतना नहीं; क्योंकि अपनी स्थिति के लिए वह स्वयं जिम्मेदार है। वह पुरुष की सह-अपराधिनी है। अतः समाजवाद की स्थापना मात्र से स्त्री मुक्त नहीं हो जाएगी। समाजवाद भी पुरुष की सर्वोपरिता की ही विजय बन जाएगा।" (द *सेकेंड सेक्स*) इसका तात्पर्य यह है कि उन्होंने भी मार्क्सवाद पर उम्मीद रखी; लेकिन उससे निराश हुईं।

समाजवादी नारीवादियों के अनुसार, श्रम को इसलिए पुनर्परिभाषित करना चाहिए; ताकि यौनवादी व्यवस्था को भी खत्म किया जा सके। भेद को मिटाने का यह अर्थ नहीं हुआ कि समकालीन पूँजीवाद में ज्ञान का स्वरूप पुरुषोचित हो जाएगा और प्रत्येक प्रकार का काम निर्वैयक्तिक, संवेदनारहित और यौन-आकर्षण से रहित हो जाएगा। स्वतंत्र उत्पादन श्रम की तरह समकालीन नारीवाद स्त्री श्रमिकों को उनकी भावना,

संवेदना तथा यौन-चुनाव की स्वतंत्रता देना चाहता है। इसलिए सभी पूँजीवादी मानसिकता को चुनौती देते हुए स्त्री ने संगठित हो शुरू किया। उन्होंने स्वयं को लैंगिक पहचान से मुक्त श्रमिक की संज्ञा न देकर स्त्री की संज्ञा दी। कामकाजी स्त्री की एक नयी इकाई उभरने लगी। इनका सबसे प्रमुख मुद्दा था कि काम के दौरान यौन-उत्पीड़न का विरोध किया जाना चाहिए। यौन-उत्पीड़न व्यवस्थित रूप से ज़ारी रहता है और प्रत्येक कामकाजी स्त्री को हर कहीं इसका सामना करना पड़ता है। पुरुष की हिंसा के सामने स्त्री का यों असुरक्षित होना इस बात का द्योतक है कि यह दो व्यक्तियों के बीच की घटना नहीं; और न ही यह दो व्यक्तियों का पारस्परिक संबंध है—बल्कि उत्पीड़न एक ऐसी सामाजिक घटना है, जिसको अनदेखा किया जाता है; ताकि कार्यक्षेत्र में पुरुष वर्चस्व बना रहे और बहुतेरे क्षेत्रों में स्त्री प्रवेश ही न कर सके। यह पुरुष की अपनी राजनीति है। शोषित का वह और अधिक शोषण करना चाहता है।

अधिकतर कामकाजी स्त्रियों के बच्चे हैं। चूँकि बच्चों के भरण-पोषण का अधिकतर बोझ माँ पर होता है; अतः स्त्रियों को दुगुनी मेहनत करनी पड़ती है। बाहरी जगत के श्रम का मूल्य पुरुष के मुकाबले स्त्री को कम मिलता है और घर का कामकाज उसे मुफ्त में करना पड़ता है। हर तरह से शोषित होने के कारण आज स्त्री की उत्पीड़ित चेतना और अधिक विकिसित हो रही है। इसलिए वह सत्ता के खिलाफ आवाज़ उठाने लगी है। स्त्री व्यवस्था से न केवल सुविधा माँग रही है, बल्कि व्यवस्था को बदलना भी चाहती है। पश्चिम में स्त्रियाँ बच्चों के भरण-पोषण की भी कीमत माँग रही हैं। गृहस्थी के काम के विनिमय में अर्थ की माँग की आवाज़ सबसे पहले 1970 में इटली में उठाई गई थी। अब प्रायः दुनिया के हर देश की स्त्री की यही माँग हो गई है। इस माँग के मूल में यह भावना है कि गृहकार्य को महत्व दिया जाए तथा केवल घर में काम करने वाली स्त्रियों की भी एक श्रमिक के रूप में पहचान बने। 1980 से यह आंदोलन कुछ धीमा सा दिखाई देता है; क्योंकि अधिकतर स्त्रियाँ बाहरी जगत में अपनी पहचान स्थापित करना चाहती हैं। समाजवादी नारीवाद लेनिन जैसे नेताओं से भिन्न होकर नयी सामाजिक व्यवस्था खड़ी करना चाहता है। उसका उद्देश्य है स्त्रियों के स्वतंत्र समूह की संरचना। ऐसा समूह, जो न केवल पूँजीवाद के विनाश के लिए प्रतिबद्ध हो; बल्कि पुरुष वर्चस्व के खिलाफ भी संघर्षरत हो। पुरुष वर्चस्व के खिलाफ उठाई गई हर आवाज़ को ये स्त्रियाँ समर्थन देना चाहेंगी – भले ही वह पार्टी के वर्चस्व के खिलाफ क्यों न हो। स्त्री पर यौन-आधिपत्य और अपने लिए आराम के घंटों की माँग पुरुष की है। वह घर-गृहस्थी के कामों से छुट्टी चाहता है।

स्त्री यह चाहती है कि पुरुषों को मिलने वाली यह सुविधा तुरंत खत्म हो; और इसी कारण समाजवादी नारीवाद ट्रेड यूनियन से हटकर इन अधिकारों को प्राप्त करने के लिए अलग से आंदोलन की ज़रूरत पर ज़ोर देता है।

मार्क्सवाद द्वारा वर्ग-संघर्ष की पहल एक प्रकार से स्त्री के वर्चस्व विरोधी व्यवहार को प्रोत्साहन देती है। वह दमन के खिलाफ आवाज़ उठाना सिखाती है। पुरुषों का साथ देकर समाजवादी नारीवाद केवल पूँजीवाद को खत्म कर सकता है; किंतु पुरुष जाति की तानाशाही को नहीं खत्म कर सकता। स्त्रियों पर होने वाली बेइंतहाँ हिंसा, यौन-उत्पीड़न, घर के काम-काज में बराबर की साझेदारी का अभाव, वर्चस्ववादी घटनाएँ तमाम क्रांतिकारी संस्थाओं में पाई जाती हैं। इस पुरुष-वर्चस्व का सामना करने के लिए अनिवार्य है कि स्त्री अपनी स्वतंत्र संस्था का निर्माण करे।

प्रजनन के सामाजिक संबंधों पर दार्शनिक विचार

समाजवादी नारीवाद प्रजनन के सामाजिक संबंधों पर दार्शनिक विचार की माँग करता है। लेकिन मार्क्सवाद यह स्वीकार नहीं कर सकता। मानव इतिहास के भौतिक आधार के रूप में वंशानुगत नैरंतर्य की ज़रूरत पर मार्क्स का ध्यान नहीं गया और न ही उन्होंने स्त्री-शक्ति को इस श्रम के प्रसंग से विश्लेषित किया। परिणामस्वरूप मातृत्व को पुरुष समाज एक विशिष्ट गुण के रूप में सर्वोच्च पद पर आसीन तो किया; परंतु कालांतर में यह एक औपचारिक महिमा-मंडन ही बनकर रह गया। माँ के रूप में स्त्री-श्रम से ठगी ही जाती रही। परिवार संबंधी मार्क्सवादी विचार स्त्री की समता एवं आज़ादी के लिए सहायक नहीं है।

परिवार एक अंतःसंरचनात्मक घटना है, जो पूँजीवादी संबंधों के दौरान स्त्री-शरीर के वस्तुकरण पर एवं विवाह के बाज़ार में स्त्री को जिस्म की तरह व्यवहृत होने पर प्रकाश डालता है। विवाह-बाज़ार में पुरुष एक व्यापारी है। मार्क्स पूँजीवादी विवाह-संस्था की तीखी आलोचना भी करते हैं; किंतु इस संस्था की वैकल्पिक प्रगतिशील रूपरेखा कैसी होनी चाहिए, इस पर उनके लेखन में महज भावनात्मक उच्छवास के अलावा हम औरतें कुछ नहीं पातीं। एंगेल्स के अनुसार, उत्पादन एवं पुनरुत्पादन दोनों मिलकर अनिवार्य निर्णायक तत्व के रूप में परिवार का स्वरूप निर्धारित करते हैं। किंतु वे उत्पादन की कोटि में पुनरुत्पादन को अंतर्निहित मान लेते हैं। एंगेल्स के

अनुसार, पितृसत्ता द्वारा प्रतिपादित विवाह-संस्था को स्त्री ने इसलिए सहर्ष स्वीकार किया; ताकि वह भिन्न-भिन्न पुरुषों के संसर्ग से बची रहे। यह स्त्री की आवश्यकता और कामना के संदर्भ में संकुचित परिभाषा है। एंगेल्स कहते हैं कि कामना एक ऐसी अनिवार्यता है, जिसे प्राचीन समय की स्त्री ने भी समझा था और यौन-उत्पीड़न से बचने के लिए पुरुष के आधिपत्य को स्वीकार किया था। साथ ही उसने पुरुष की इस शर्त को भी माना कि संतान का भरण-पोषण वह पुरुष की बीज-रक्षा हेतु करती रहेगी; ताकि संतति को पुरुष की विरासत मिले।

इतिहास का सबसे महत्वपूर्ण मुद्दा प्रकृति और मनुष्य के अलगाव को खारिज करना है। जिस अनुभवजन्य तत्व को मार्क्स खोजते हैं, उसके दो आयाम हैं – भूख और काम। पेट की भूख को शांत करने के लिए उत्पादन की ज़रूरत है; किंतु कामना की तुष्टि फौरी तौर पर की जा सकती है। उनके अनुसार, प्रजनन शक्ति के ह्रास या बंध्याकरण की प्रक्रिया से न तो मानवीय मूल्यों का उत्पादन होगा और न ही इतिहास का निर्माण। इस तरह जन्म को मार्क्स ने एक अधीनस्थ संबंध की तरह रखा। नारीवाद की प्रमुख आपत्ति इसी बिंदु पर है; क्योंकि इस धारणा के कारण मार्क्स एक विशेष प्रकार के अलगाव का विश्लेषण करने से चूक गये। उनकी दुनिया में श्रम के बल व्यक्ति एवं वस्तु के बीच का संबंध है। व्यक्ति जो उत्पन्न करता है, वह उसका नहीं। नतीजतन वह स्वयं उत्पादन करते हुए भी, स्वयं द्वारा उत्पादित वस्तुओं पर दूसरे व्यक्ति के स्वामित्व को सहन करता है। प्रजनन भी एक श्रम है। पुरुष अपनी सत्ता के नैरंतर्य के कारण अपनी रक्षा हेतु स्त्री के पुनरुत्पादन संबंधी श्रम का शोषण करता है। संतान पैदा करने का श्रम स्त्री करती है; किंतु वंश पुरुष के नाम से चलता है। संतान पिता की परंपरा एवं इतिहास के बोझ को ढोने के लिए बाध्य होती है।

पुरुष के लिए पितृसत्ता दोहरी स्वतंत्रता का द्योतक है। उसे अपने परिवार में पत्नी एवं संतान के रूप में मुफ्त श्रमिकों की उपलब्धि होती है। पुरुष आज भी अपने बच्चे को स्वीकारने या खारिज करने के लिए स्वतंत्र है। हालाँकि पुरुष जन्म के नैरंतर्य की गारंटी बच्चे के माध्यम से करता है; ताकि जन्म की प्रक्रिया से उसका अलगाव दूर हो सके। किंतु उत्पन्न संतान असहाय है और उसके भरण-पोषण की कुछ ज़िम्मेदारियाँ भी हैं। स्त्री बच्चे को न खारिज कर सकती है और न उससे मुक्ति पा सकती है। इस तरह वह पुरुष के नैरंतर्य को ढोने के लिए अभिशप्त हो जाती है।

प्रजनन की पूर्ण स्वतंत्रता की माँग

मार्क्सवादी क्रांति के दायरे में नारी की पूर्ण स्वतंत्रता को सुनिश्चित करने के लिए आवश्यक हो जाता है कि समाजवादी नारीवाद विशेष रूप से इस प्रश्न पर विचार करे कि पुरुष के वंश-नैरंतर्य और प्रजातीय-नैरंतर्य से बाँध देने वाली मज़बूरी यानी प्रजनन की बाध्यता से स्त्री स्वयं को मुक्त करे। प्रत्येक स्त्री को – चाहे वह किसी भी वर्ग या जाति की हो–प्रजनन की संपूर्ण स्वतंत्रता मिलनी चाहिए। प्रजनन की स्वतंत्रता का अर्थ हुआ अच्छे, सस्ते और आरामदायक गर्भ-निरोधक साधनों की उपलब्धि, गर्भपात की सुविधा और जबरदस्ती बंध्याकरण के चलन को खत्म करना, अच्छे सार्वजनिक शिशु-पालन केन्द्रों की उपलब्धि, परिवार-सुरक्षा, लोक कल्याणकारी राज्य, चिकित्सा की सुविधा आदि। इसका अर्थ यह भी हुआ कि स्त्री को यौन चुनाव करने की स्वतंत्रता मिले; ताकि वह माँ बनने की विवशता से मुक्त हो सके। प्राचीन काल में यह जिम्मेदारी केवल माँ नहीं, बल्कि समुदाय तथा परिवार की अन्य स्त्रियाँ भी मिलकर सँभालती थीं – जबकि आधुनिक पूँजीवादी सभ्यता में स्त्री का अलगाव एवं आणविक परिवार की अवधारणा एक ऐतिहासिक विशेषता है। इस अलगाव के कारण ही स्त्री बच्चे के भरण-पोषण के बोझ से दबकर बौखला उठी है; और इसी लिए वह चाहती है कि संतान का भरण-पोषण माँ और पिता दोनों मिलकर करें। नैसी शोडोरो के अनुसार, केवल स्त्री को ही भरण-पोषण की ज़िम्मेदारी देने का अर्थ हुआ परिवार में लड़के-लड़की में किए जाने वाले भेदभाव को बढ़ावा देना। परिणामस्वरूप, जहाँ लड़का बाह्य दुनिया में संवेदनात्मक लगाव एवं भाईचारे की भावना के साथ बड़ा होता है, वहाँ लड़कियाँ ज़्यादा भावुक और दूसरे की स्वीकृति और अनुमोदन पर निर्भर रहती हैं।

पुनरुत्पादन की नारीवादी अवधारणा वास्तव में सामाजिक जीवन में स्त्रियों की भागीदारी को प्रोत्साहित करेगी। स्त्री अब तक या तो पारिवारिक ढाँचे की यथास्थिति से समझौता करती रही है या संतान-विहीन या बंध्या जीवन जीने को बाध्य हुई है। समलैंगिक माँ या कुँवारी माँ की कल्पना भी पितृसत्तात्मक समाज नहीं कर सकता। स्त्री को प्रजनन संबंधी चुनाव को मिलना समाजवादी नारीवाद का सबसे बड़ा नारा है। इस संबंध में चित्रा मुद्‌गल के उपन्यास 'आवाँ' में एक पात्र सुनिता की याद मुझे आ रही है। यद्यपि सुनिता की भूमिका छोटी है, फिर भी वह नायिका जैसे पात्रों को भी पीछे कर सबसे सशक्त उद्दीपक पात्र के रूप में नज़र आती है। सुनन्दा का ब्याह उसके

मुसलमान प्रेमी के साथ इस वजह से नहीं हुआ कि सुनन्दा ने ससुराल वालों के दबाव में आकर इस्लाम कबूल करने से इंकार कर दिया। शादी किए बिना उसने एक बच्चे को जन्म दिया। जिस कम्पनी में वह काम कर रही थी, उस कम्पनी ने सुनन्दा को नोटिस ज़ारी कर दी और चेतावनी दी कि वह काम पर लौटे। यदि वह ब्याह का प्रमाण-पत्र नहीं प्रस्तुत करेगी, तो न कम्पनी उसकी जचकी की छुट्टियाँ कानूनन मंजूर करेगी और न छुट्टियों की तनख्वाह देगी। ब्याहता स्त्रियाँ ही जचकी के फायदे की कानूनन हकदार हैं। लेकिन सुनन्दा अपने अधिकार के लिए लड़ती है। वह इस बात पर अटल रही कि सुविधा का प्रावधान गर्भवती स्त्री और उसके बच्चे को लेकर है, न कि कुँवारी माँ या ब्याहता माँ के विशेषणों के लिए। कुँवारी माँ क्या ब्याहता माँ के ही समान जचकी के घोर कष्टों से होकर नहीं गुज़रती? माँ बनना किसी के निजी मामले के बजाय कम्पनी का मामला कैसे हो जाएगा? उसका मातृत्व ब्याह के टुच्चे प्रमाण-पत्र का मोहताज नहीं है। स्वतंत्रता और मातृत्व की भूमिका के चुनाव का अधिकार बाह्य जगत में स्त्री की और अधिक हिस्सेदारी बढ़ाता है। घर के बाहर उचित कार्यों को करने की सुविधा मिलने से न केवल स्त्री को आत्मविश्वास और आर्थिक सुरक्षा मिलेगी; बल्कि एक सुरक्षित माँ अपने बच्चों का पालन-पोषण भी अधिक आत्मविश्वास के साथ कर सकेगी।

1960 के बाद स्त्री-मुक्ति आंदोलन का पहला मुद्दा स्त्री के यौन-जीवन के संदर्भ में है। इस प्रसंग में लिंटा गार्डन का दावा है कि प्रजनन की स्वतंत्रता से प्रजातीय वर्गीय समाज का उन्मूलन संभव होगा। पूँजीवादी समाज में गर्भ-निरोध पर रोक का प्रगुख उद्देश्य था कि तह इस तर्गीय सुविधा को बनाये रखे। आज परिवार में हम सत्ता और सुविधा को किस प्रकार आने वाली पीढ़ी को सौंपते हैं। वहाँ न केवल धन की विरासत सौंपी जाती है, वरन् शिक्षा, आत्मविश्वास, राजनैतिक और सामाजिक संबंध भी पीढ़ियों द्वारा हस्तांतरित होते हैं। समाजवादी नारीवाद के अनुसार, विचार और व्यवहार, वर्ग और सेक्स, समाज और परिवार, उत्पादन और पुनरुत्पादन के संदर्भ में स्त्री-पुरुष के भेद का विरोध कभी भी पितृसत्ता के सामाजिक यथार्थ के अनुकूल नहीं बैठेगा। पुनरुत्पादन को महत्व देने का – स्त्री को प्रजनन की स्वतंत्रता देने का अर्थ होगा उत्पादन के पारंपरिक तरीकों में आमूल परिवर्तन।

आज मार्क्सवादी क्रांतियाँ दुनिया में अपनी प्रासंगिकता खोती जा रही हैं। पूँजीवाद के सामने उनके पिछड़ते चले जाने का एक बहुत बड़ा कारण यह है कि मार्क्सवाद दुनिया की आधी आबादी को मुक्ति का ठोस आश्वासन देने में असफल रहा

है। वर्गीय परिप्रेक्ष्य के साथ लैंगिक परिप्रेक्ष्य का सृजनात्मक समायोजन होना बाकी है। इस संदर्भ में सिमोन द बोउवार का यह कथन बहुत प्रासंगिक लगता है कि 'स्त्री की गुलामी आधी दुनिया की गुलामी का सवाल है, जिसमें अमीर-गरीब हर जाति और हर देश की महिला जकड़ी हुई है। कोई भी मुक्त नहीं है। स्त्री की समस्या साम्यवाद से नहीं सुलझ सकती।' (द *सेकेंड सेक्स*)

धर्म और समाजवादी नारीवाद

प्राचीन काल से लेकर स्त्री का शोषण सबसे ज़्यादा धर्म के माध्यम से होता रहा है। धर्म द्वारा निर्मित स्त्री संबंधी मिथकों का मुख्य लक्ष्य स्त्री को पुरुष के अधीन करना है। ईसाई धर्म में प्रचलित मिथक है– स्त्री पुरुष की हड्डी से निर्मित है। इस मिथक का गहरा असर पुराने यूरोपीय समाज पर पड़ा। उनके अनुसार, मनुष्य के पूर्ण गुणों से संपन्न है पुरुष। उनकी हड्डी से निर्मित स्त्री कई प्रकार से कमज़ोर और अपूर्ण है। अरस्तू जैसे महान दार्शनिक भी इस मत की पुष्टि करते दिखाई देते हैं। डारविन के विकासवाद के साथ स्त्री संबंधी इस मान्यता में थोड़ा परिवर्तन हुआ। इसके बाद वैज्ञानिक सिद्धांत डारविन के विकासवाद से प्रभावित मार्क्सवाद ने पुरुष और स्त्री को बराबरी का दर्जा दिया। यह समाजवादी नारीवाद के लिए बहुत सहायक हुआ।

समकालीन जीवन को नियंत्रित करने में धर्म की भूमिका बड़ी है। इस सिलसिले में स्त्री शक्ति का दमन वह प्रत्यक्ष और परोक्ष रूप से करता आ रहा है। इस सांप्रदायिक फासीवाद की गिरफ्त में वाकई स्त्री का दम घुटता है। प्रत्येक धर्म दूसरे धर्म से लड़ने के लिए स्त्रियों को औजार बनाता है और उसे आगे खड़ा कर देता है। आज की उपभोक्तावादी संस्कृति में स्त्री जिसे अपना स्वातंत्र्य समझती है, वह परोक्ष रूप से उसको वस्तु के रूप में तब्दील करता है– वैसे ही धर्म भी स्त्री की सहायता लेकर उसका शोषण करता है। धर्म स्त्रियों के ड्रेसकोड को ही नहीं, बल्कि उनके कई प्रकार के व्रतानुष्ठानों को भी निर्धारित करता है। धर्म कई प्रकार के अंधविश्क्म्पनीाासों को फैलाकर स्त्री जीवन को और दुखद बना देता है। मार्क्स धर्म को 'ओपियम' समान नशीला मानते हैं। इसलिए मार्क्सवाद एक साथ पूँजीवाद और फासीवाद का विरोध करता है। इतिहास पर सरसरी दृष्टि डालने पर यह जाहिर होता है कि फासीवाद पूँजीवाद से भयानक था। भारत की समकालीन सामाजिक व्यवस्था में भी दोनों हाथ से हाथ मिलाकर स्त्री का बड़े पैमाने पर शोषण कर रहे हैं। इस खतराक स्थिति को रोकने के लिए समाजवादी नारीवाद को समर्थ होना पड़ेगा।

भारत और तीसरी दुनिया

भारत जैसे विकासशील देशों में गरीबी आज भी एक मुख्य मुद्दा है। अलग-अलग देशों में स्त्रियों की समस्याएँ अलग-अलग हैं। अफ्रीका, एशिया, दक्षिण अमेरिका जैसे देशों का मुख्य सवाल भोजन, पानी और आवास जैसी जीवन की प्राथमिक आवश्यकताएँ हैं। जो भी अभाव हो, वह स्त्रियों को सबसे ज़्यादा तंग करता है। स्त्रियाँ कुछ भी खाए बिना घर के पुरुषों को खिलाती हैं। बच्चों को खिलाने का बोझ भी उन्हीं पर छोड़ दिया जाता है। विकासशील देशों में पौष्टिक भोजन के बिना बच्चे मर जाते हैं। प्राथमिक ज़रूरतों की पूर्ति के अभाव में बच्चे कई प्रकार की बीमारियों के शिकार बनते हैं। *रीडर्स डाइजेस्ट* के एक अंक में, हृदय रोग में सबसे माहिर डॉ. क्रिटैन बेरनाडी द्वारा की गई एक शल्यक्रिया का वर्णन है: अफ्रीका के एक बच्चे के सभी वॉल्व खराब हो गये थे। पहला ऑपरेशन सफल हो गया। दूसरी बार और एक ऑपरेशन करना पड़ा। ऑपरेशन के पहले उस बच्चे ने अपना आग्रह प्रकट किया कि उसे रोटी का एक टुकड़ा चाहिए। भूख से बच्चा तड़प रहा था। ऑपरेशन के बाद पेट भर भोजन देने का वादा डॉक्टर ने किया। लेकिन ऑपरेशन के समय ही बच्चा मर गया। इस प्रकार अफ्रीका के देशों में भयंकर गरीबी का अनुभव करने वाले समाज हैं। आज तीसरी दुनिया का समाजवादी नारीवाद इन सबसे अवगत है और अपनी प्राथमिक ज़रूरतों के लिए लड़ रहा है।

पूँजीवाद के द्वारा हमारे पर्यावरण का जो दोहन-शोषण हो रहा है, उसे बचाने की कोशिश स्त्रियों के द्वारा हो रही है। प्रकृति पर आने वाले विनाश का प्रथम असर स्त्रियों पर ही पड़ता है। जल नहीं है, तो कितनी भी दूर हो, जाकर उसे लाना पड़ता है। जल-स्रोतों को सुखाने वाले पूँजीवादी औद्योगिक उद्यमों का विरोध स्त्रियों की ओर से हो रहा है। इसके लिए उदाहरण है केरल में प्लाच्चिमडा में कोकाकोला फैक्टरी के खिलाफ मयिलम्मा नामक आदिवासी स्त्री के नेतृत्व में संपन्न आंदोलन। समाजवादी नारियों ने उसे अपना समर्थन दिया है। प्रकृति को बचाने का मतलब संपूर्ण मानव जाति को बचाना है। पूँजीवादी औद्योगीकरण के द्वारा गरीब आदिवासी महिलाओं का शोषण बढ़ रहा है। प्रकृति के साथ मिलकर चलने वाले आदिवासियों के जीवन पर पूँजीवादी तौर-तरीकों से गहरा आघात

पहुँचा है। इन सबकेप्रति भी समाजवादी नारीवादी आंदोलन सजग है। प्रकृति और स्त्री समान रूप से पितृसत्तात्मक सामाजिक शोषण का शिकार हैं। इसलिए स्त्रियाँ इस क्षेत्र में प्रवेश करके प्रकृति के विनाश के खिलाफ आंदोलन चलाती आ रही हैं। इनमें महाश्वेता देवी, मेधा पाटकर, वंदना शिवा, अरुंधति राय, सुगतकुमारी आदि के नाम उल्लेखनीय हैं। पूँजीवाद के गिरफ्त से बचाना एक महान समाजवादी कार्य है।

घर में सीमिति रहने वाली स्त्रियों को बाहर निकालने एवं उनके आत्मविश्वास तथा आर्थिक स्वावलंबन को बढ़ावा देने के लिए कई लघु उद्योंगों की योजनाएँ सरकार की ओर से चलाई जाती हैं। उनमें भी स्त्रियाँ संगठित होकर कार्य करती हैं। केरल में 'कुटुंब श्री पद्धति' के तहत स्त्रियाँ संगठित होकर लघु उद्योगों में भाग लेती हैं। समाजवादी नारीवाद की भागीदारी इसमें है।

कोई भी नारीवादी सिद्धांत पूर्ण नहीं है। उनमें संशोधन की ज़रूरत है। लेकिन सामाजिक समता पर बल देने वाले समाजवादी नारीवाद में समय की माँग के अनुसार संशोधन होने पर भारत जैसे तीसरी दुनिया के देशों के लिए सहायक होगा। आज भूमंडलीकरण के तौर पर स्थापित पूँजीवादी सामाजिक व्यवस्था के अनुसार जहाँ आधुनिक समाजशास्त्र ने खुद को सामाजिक यथार्थ में समायोजित किया था, वहीं उत्तर-आधुनिकतावाद भी अपने उत्तर-आधुनिक तरीके से स्थापित व्यवस्था में फिट होने की चेष्टा कर रहा है। किंतु ये दोनों विचार बुर्जुआ समाज के उन्हीं सांस्कृतिक एवं नैतिक मूल्यों के प्रति आदर भाव रखते हैं, जिनके खिलाफ समाजवादी नारीवाद संघर्ष करता रहा है। दर्शन में हमेशा वाम विचारधारा ने मानव धर्म और मानव मूल्यों की चर्चा की है। मुक्ति की रणनीति हमें जहाँ से मिलेगी, जो अच्छा लगेगा, वही स्वीकारना होगा। आज भी दुनिया की अधिकतम जनसंख्या गरीबी, शोषण और आतंक से पीड़ित है। पढ़ी-लिखी स्त्री कुछ बोल पाए या नहीं; किंतु ग्रामीण एवं अशिक्षित स्त्री के तेवर देखकर सच में आश्चर्य होता है। स्त्री की इस हालत में परिवर्तन की ज़रूरत है। ऐसी स्थिति में मानवता के परिष्कार के लिए किसी राजनीतिक दल के साथ न मिलकर – जाति, धर्म, वर्ग, लिंगगत भेदभावों से मुक्त समाज की प्रतिष्ठा की उम्मीद समाजवादी नारीवाद से की जाती है। तब एक नयी संस्कृति का उदय होगा। यह है समानता के

लिए लड़ने वाले प्रत्येक इंसान का आंतरिक लक्ष्य –

संकल्प चाहिए

अद्भुत - अंतहीन

इस सांद्र, क्रूरता भरे अंधेरे में

जीना ही क्या कम है

एक स्त्री के लिए

जो वह

रचने लगी

कविता

(कात्यायनी : इस पौरुषपूर्ण समय में)

संदर्भ ग्रंथ :

1. फेमिनिस्ट एस्थेटिक्स : संपा. गिसेला एकर
2. फेमिनिज़्म : जॉन चारनेट
3. द सेकेंड सेक्स : सीमोन द बोउवार
4. उपनिवेश में स्त्री : प्रभा खेतान

समकालीन स्त्रीपक्ष रचना का दक्षिण भारतीय परिप्रेक्ष्य

स्त्री बिना देश, काल, वर्ग, वर्ण भेद के विविध प्रकार के शोषण का शिकार बनती आ रही है। यहाँ दक्षिण भारत की चार भाषाओं तेलुगु, तमिल, कन्नड़ और मलयालम की समकालीन कुछ कवयित्रियों की कविताओं के अध्ययन से यह बात अनावृत हो उठती है कि इन कवयित्रियों की संवेदनाओं एवं अनुभूतियों में कोई फर्क नहीं है। वे समान जीवन परिस्थितियों का सामना कर रही हैं। समाज सदियों से यह समझता आ रहा था कि प्रतिभा, तार्किक विचार, वैज्ञानिकता जैसी मस्तिष्क-शक्तियाँ पुरुषों की अपनी हैं, स्त्रियाँ एकदम अवैज्ञानिक एवं अतार्किक विश्वासों के चंगुल में हैं। लेकिन इन कविताओं से गुज़रते वक्त यह साबित होता है कि मस्तिष्कशक्तियाँ पुरुषों की ही नहीं बल्कि अवसर प्राप्त होने पर स्त्रियों में भी पुरुष के समान इसका विकास संभव है। स्त्रियाँ अपनी शारीरिक, मानसिक एवं बौद्धिक गुलामी से वाकिफ हो गई हैं। उसे यह समझने का वक्त अभी तक मिला नहीं था। इसीलिए वर्जीनिया वूल्फ ने यों कहा था कि यदि शेक्सपियर का जन्म स्त्रीजन्म होता तो बच्चों के लिए फ्रॉक बनाकर, खाना पकाकर, कपड़े धोकर उनका जीवन बरबाद हो जाता।

दक्षिण भारत की स्त्री कविता का देश मात्र स्त्री केन्द्रित नहीं है, वह अपने देश के माध्यम से पूरे समाज के वास्तविक स्वरूप को अनावृत कर रहा है। स्त्री को हाशिएकृत कर उसकी समस्याएँ केवल उसकी ही बनाये रखने की कोशिश का सही जवाब इसमें है। स्त्री जीवन की त्रासदी देश की राजनैतिक, सांस्कृतिक, सामाजिक एवं आर्थिक त्रासदियों से भिन्न नहीं है। घर, परिवार, समाज जैसे जीवन के हर क्षेत्र में अपने अधिकार से वंचित स्त्रियाँ उसे पहचानकर अपनी अस्मिता के लिए सभी प्रकार के बंधनों को तोड़कर बाहर आने के लिए छाटपटाती हैं और बाहर आकर खुले आकाश में स्वतंत्र होकर अपने विविध रंगों एवं वर्णों के साथ उड़ना चाहती हैं। मलयालम की कवयित्री बी. सन्ध्या ने 'संकीर्तन' कविता में इस

कामना को यों व्यक्त किया है–

"कटाक्ष गालियाँ आलोचना और दुःख की
रस्सी
बाँधे हैं मुझे कसकर बाहर निकलने का कोई मंत्र
जानती नहीं हूँ मैं"

लेकिन वे ही स्त्रीशक्ति को पहचानकर लिखती हैं–

तितलियाँ नहीं
चपल गेह नहीं
मोमबत्ती की लौ भी नहीं।
बम नम चिनगारियाँ बनें ताप रहित शक्ति-पुँज।"

इन पंक्तियों में स्त्रियों से उद्‌बुद्ध होकर लड़ने का आह्वान है तो दूसरी ओर अपनी शक्ति को पहचानने की प्रेरणा। केवल स्त्री को ही नहीं बल्कि पूरे समाज को यह समझाने का प्रयत्न कवयित्री करती हैं। जागृत स्त्री के पास ही अपनी भाषा होगी। स्त्री की अपनी अलग भाषा की ज़रूरत से अवगत है, आज की कवयित्रियाँ।

स्त्री-भाषा और स्त्री-अस्मिता

स्त्री-भाषा की अनिवार्यता को लेकर कई स्त्रीवादी विद्वानों ने विचार किया है। स्त्री भाषा का तात्पर्य है कि स्वतंत्र रूप से सोचना, विचारना और अभिव्यक्त करना। इस पर चारों भाषाओं की कवयित्रियों ने विचार किया है। तेलुगू की कवयित्री चिल्लर भवानी देवनी ने घोषित किया कि अक्षर मेरा अस्तित्व है। इस अस्तित्व के लिए स्त्री को शिक्षा की अनिवार्यता है। वहाँ की कवयित्री शिला लोलिता इतिहास को फिर से लिखने के पक्ष में हैं। उस इतिहास में पुरानी पीड़ा, दासता नहीं होगी, उसमें अपने अधिकार को हासिल कर पुरुष द्वारा निर्धारित सीमारेखाओं को लाँघने का इतिहास होगा। आज वह पुरुष के रिमोट-कंट्रोल पर चलनेवाली संवेदनहीन रोबोट है। कवयित्री की ये पंक्तियाँ हमें कचोटनेवाली हैं–

"है औरत को भी अपनी देह पर अधिकार
बेच सकती है वह अपनी देह"

इसलिए 'हम औरतें' कविता में वे लिखती हैं कि हम अपनी एक भाषा के लिए तड़प रही हैं। पुरुष की भाषा झूठी भाषा है। वह अधिकार की भाषा है, स्त्रियों को धोखा देनेवाली भाषा है। सालों से पुरुष जिस भाषा का प्रयोग करता आ रहा है आज

भी पुरुष उस विश्वासघातक भाषा का इस्तेमाल कर रहा है। 'वीरांगना' में तेलुगु कवयित्री जी. विजयलक्ष्मी कहती हैं कि आज का पति पुराने राम, युधिष्ठिर और हरिश्चन्द्र की वारिस है। आज का पति है–

"कार्येषु दासी कह पूरे परिवार की नौकरानी बनाता
खुद बन जाता मालिक
करणेषु मंत्री कह कर
अपने व्यसनों पर पत्नी की कमाई खर्च करता
भोज्येषु माता कहकर कैद में रखता
सड़ा-गला भोजन खिलानेवाला
'हाइटेक' पति कहलाता
शयनेषु रंभा कह-कह नंगा नाचता
कोठे पर देता बेच दलाल पति एक!"

लेकिन कवयित्री का आह्वान है कि हमारी भाषा हमें झांसी की रानी की वारिश बननी की है। इसलिए सुधा ने अपनी कविता में कहा –" तुम्हीं को लडनी है अपनी जंग।" ऑगस्ट बेबल ने 'वुमन एन्ड सोश्यलिज्म' में इस बात को खुलकर कहा है कि "अपनी मुक्ति के लिए पुरुषों की तरफ देखना बंद कर लेना चाहिए क्योंकि जिस तरह मज़दूरों को पूँजीपति वर्ग से उम्मीद नहीं लगानी चाहिए, उसी तरह स्त्रियों को पुरुषों की तरफ से कोई आशा नहीं बाँधनी चाहिए।" इसलिए अभी तक की लक्ष्मण रेखाओं को तोड़कर 'नई संहिता' बनाने का आग्रह कवयित्री माहे ज़मीर प्रकट करती हैं।

कन्नड़ कवयित्री ममता सागर 'प्रार्थना' नामक अपनी कविता में नये कदम पर नई दिशा में चलने के लिए अपनी भाषा की सख्त ज़रूरत पहचानती हैं। पहले स्त्री में–

"भाषा भी गुंधा हुआ आटा है
कोई नई आकृति इसे है नहीं स्वीकार
गोल या तिकोना ही
बेला जाना होगा
इसे हर बार।"

लेकिन कवयित्री ने महसूस किया कि "एक नयी भाषा है भीतर हमारे।" वे प्रश्न करती हैं कि "अब तक यह छुप्पी कहाँ थी?" सब से बड़ी उम्मीद की बात है स्त्री की यह पहचान। पुरुष की भाषा में स्त्री अबला होगी नहीं तो कुलटा। इन दोनों नामों में सीमित कर स्त्रियों की अस्मिता को बरबाद करने वाले पुरुषों के सामने डॉ. पद्‌माशेखर

'केंचुए की सहिष्णुता' में स्त्री को खुद अपनी भाषा में अपनी वीरगाथा का अंकन कर पुरुष संबंधी मान्यताओं को तोड़ती हैं। प्रतिभा मुदलियारजी *'यशोधरा'* में स्त्री के नये इतिहास की प्रतीक्षा करती हैं।

मलयालम की कवयित्री सावित्री राजीवन *'निष्पत्ति'* कविता में खुलकर कहती हैं कि वे बिलकुल अनसुनी अनकही भाषा बोलना चाहती हैं–

"मुझे जो बोली बोलनी है वह
बधिर की अनसुनी भाषा है....
मैं जो खोजती हूँ वह गूँगे की अनकही भाषा है...
वह मेरी भाषा है।
...स्त्री की भाषा...।"

पर स्त्री की इस अनसुनी अनकही भाषा को सुनने की सहिष्णुता पुरुषों में नहीं होगा। तेलुगु कवयित्री मंदरपु हेमवती ने कहा कि वे *'नीली कविताएँ'* ही लिखेंगी क्योंकि स्त्री की बुद्धि, ताकत, साहस एवं विद्वत्ता को मानने में असमर्थ कुछ असहिष्णु पुरुष साहित्यकारों ने तेलुगु कवयित्रियों की *'नीली कविताएँ'* नामक स्त्रीवादी कविता संग्रह की निंदा की। मलयालम की कवयित्री बिलु सी नारायण की कविता *'अंतर'* भी उपर्युक्त विचार का सामर्थन करनेवाली है। उन्होंने 'कण्णकी' 'अक्कम्मादेवी' जैसी वीर नायिकाओं के ज़रिए यह प्रमाणित किया कि प्रतिभा संपन्न स्त्री खतरनाक है। लेकिन शरीर से दूसरों को आकृष्ट करनेवाली वेश्याओं का काम बहुत निंदनीय है। स्त्री को अपनी प्रतिभा से अपने मंजिल तक पहुँचना है। देह के तहत मंजिल पहुँचना चाहती हो तो वह क्षणिक जीत मात्र होगी। इसलिए पीढ़ी-दर-पीढ़ियों से चुप रही स्त्री अब तूफान बनकर अपने मंजिल तक पहुँचने की कोशिश में है। अमृता *'छवि'* नामक कविता में युगयुगों से प्रताड़ित स्त्री की प्रतिक्रिया यों ज़ाहिर करती हैं–

"मेरा मौन हज़ारों जीभों से युक्त है
आगामी जन्मों में तूफान बन लेगा जन्म वह।"

स्त्री अस्मिता संबंधी कवयित्रियों की तलाश और उसके खिलाफ होनेवाली सभी दमन नीतियों का प्रतिरोध दक्षिण भारत की कवयित्रियों की कविताओं में भाषाभेद के बावजूद कभी सृजनात्मक आक्रोश के रूप में, कभी दुख-छवि के रूप में तो कभी व्यंग्यात्मक रूप में अभिव्यक्त हुआ है। लेकिन स्त्री पर होनेवाले शोषणों के विभिन्न आयाम जब अनावृत्त होते हैं तब हमारे भारतीय समाज के कई ज्वलंत मुद्दों का भी खुलासा हो जाता है।

वस्तु में तब्दील होनेवाली स्त्री

दुनिया ताकतवरों की है। अनादि काल से पुरुषसत्तात्मक समाज में पुरुष द्वारा निर्धारित क्षेत्र में कैदी बनकर जीने में अभिशप्त स्त्री पुरुष द्वारा संचालित कठपुतली मात्र है। तेलुगु की कवयित्री अरुणा कहती हैं–

"दुनिया ताकतवरों की है
मुर्गे और बकरियाँ काटी जाती हैं।
क्या बाघ और शेर की बलि चढ़ाई जाती है?"

आज वैश्वीकरण के बाज़ार में स्त्री बिक्री की चीज़ है। अरुणाजी कहती हैं कि–

"खून को अमृत बनाकर
दूध पिलानेवाले मातृत्व को भी
बिकाऊ बना देता है।"

आज की उपभोग संस्कृति में छः साल की लड़की से लेकर साठ साल की बूढ़ी तक को केवल पुरुष कामान्धता की दृष्टि से ही देखता है। जीवन भर कैदी सदृश्य ज़िन्दगी गुज़ारनेवाली स्त्री पर उसकी विभिन्न अवस्थाओं में विभिन्न लोगों का अधिकार है। औरत का अपनी देह पर कोई अधिकार नहीं। पिता, पति और पुत्र उसके ऊपर अधिकार जमाते हैं। वह ममतामयी है। वह अपने जीवन को और घर-परिवार को संभालने के लिए किसी भी प्रकार का काम करने को तैयार है। लेकिन कोई भी उसे पहचानता नहीं। पुरुष औरत के शरीर को बेचता है, लेकिन स्त्री को अपने शरीर को बेचने के लिए उसे ज़रा सा अधिकार नहीं है। उपभोग संस्कार के इस ज़माने में माताएँ उपयागेहीन वस्तु बन गईं। बाज़ार में देह बेची जाती है। देखिए तेलुगु कवयित्री शिला लोलिता की '*औरतें*' नामक कविता की पंक्तियाँ–

"वृद्धाश्रमों में भर्ती होनेवाली माँ
भावनाहीन बाज़ार में कुचली देह
काले परदे के पीछे निर्यातित
नन्ही-मुन्नी नाजुक जवानी
क्रूर तालिबानों के शासन में
पल-पल फूटता बुलबुला
बचपन से वंचित मशीन
जूठन साफ कर
घर को चमकानेवाली दाई।"

ये सब स्त्री के ऊपर होनेवाले अत्याचार हैं। मानवीय-रिश्तों को नियंत्रित करनेवाली इस यंत्र सभ्यता में दीदी-बहन कहते हुए भी औरत मात्र भोग्य वस्तु है।

मलयालम कवयित्री इन्दिरा अशोक निर्विकार शिला में परिणत हुई स्त्री को अपनी '*अहल्या*' नामक कविता में उभारती हैं।

> *"आह*
> *शिलावत यह वृद्धयौवन*
> *आया नहीं वसन्त कभी इस जंगल में?"*

स्त्री जन्म की दासता और कैदी सदृश जीवन कई कविताओं में अंकित किए गये हैं। निर्विकार यंत्र समान, पुरुष के निर्देशानुसार, उसके निर्णय पर, अपने किसी प्रकार के अधिकार के बिना, सामाजिक तथा अन्य क्षेत्रों से वंचित होकर वस्तु में तब्दील स्त्री जीवन का वर्णन बहुत हुआ है। स्त्री को यह पहचानना ही चाहिए। इस संदर्भ में सीमोन द बोउआर की यह उक्ति अत्यंत सही निकलती है कि "स्त्री कहीं झुंड बनाकर नहीं रहती। वह पूरी मानवता का आधा हिस्सा होते हुए भी पूरी एक जाति नहीं। गुलाम अपनी गुलामी से परिचित है और एक काला आदमी अपने रंग से, पर स्त्री घरों, अलग-अलग वर्गों एवं भिन्न-भिन्न जातियों में बिखरी हुई है। उसमें क्रांति की चेतना नहीं, क्योंकि अपनी स्थिति के लिए वह स्वयं जिम्मेदार है।" (The Second Sex)

बेटी को जन्म देने में डरनेवाली माँ

स्त्री को भ्रूणावस्था से लेकर इस धरती में जीने के लिए लड़ना पड़ता है। लिंग निर्धारण कर बच्ची लड़की है तो उस समय से चिंतित होनेवाली माँ है हमारे बीच में। लड़की के जन्म का निषेध करता है हमारा यह समाज। संसार के अस्तित्व के लिए स्त्रियों की भूमिका को नकारकर स्त्री को भ्रूणावस्था में ही नोचकर, मसलकर और पीसकर नष्ट करनेवाले समाज में माँ की चिंता स्वाभाविक है। मंदरपु हेमवती स्त्री जीवन की इस त्रासदी को '*निषेध*' कविता में अभिव्यक्त करती हैं। गर्भस्थ शिशु अपनी माँ से सवाल करती है कि माँ क्यों उसके जन्म से डरती है। शिशु का सवाल सुनिए–

> *"पंछी हो या पशु*
> *अपने बच्चों को नहीं देते खुद से मृत्युदंड*
> *फिर माँ मेरे आने से तुम्हें क्यों डर लगता है?"*

नष्ट होनेवाली मानवता के सामने स्त्री पर होनेवाले कई प्रकार के अत्याचारों की गुत्थियों को कविता खोल देती है। पैसे के लिए अपनी आत्मा को भी बेचनेवाले लोग हैं आज। वे वृद्ध माता-पिताओं को वृद्धाश्रम तथा कूड़ेदान में फेंक देते हैं। हमारी

उपभोग संस्कृति की उपज है वृद्धाश्रम। वहाँ वृद्ध पिताओं से ज़्यादा वृद्धमाताएँ फेंकी जाती हैं। एन. अरुणाजी ने 'बर्बरता' एवं 'अस्तित्व का प्रकाश' में भ्रूणहत्या की बर्बरता का कड़े शब्दों में विरोध किया है। यह बर्बरता और मनोवृत्ति धर्म, जाति एवं वर्ग भेद के बिना सभी समाज में समान रूप से चल रहा है। देखिए–

"बीस साल में
एक करोड़ नन्हें प्राण
हो गये अन्तर्धान
जलने से पहले ही
दीपक बुझा दिए गये।"

इसके यथार्थ हत्यारे कौन हैं ? माँ-बाप या हमारी व्यवस्था या हमारा समाज इसके जिम्मेदार हैं। आकार पाने के पहले ही बच्चियों को मार डालनेवाली इस बर्बरता पर सारा विद्रोह 'छीः' शब्द से कवयित्री प्रकट करती हैं। स्कैनिंग से लिंग निर्धारण नियम के अनुसार मना है तो भी यही लोग करते आ रहे हैं।

कन्नड़ कवयित्री एम.आर. कमल की '*बेटी के नाम एक कविता*' में यह सामाजिक सत्य उद्घाटित् होता है कि लड़कियों के लिए जीने योग्य समाज नहीं है यह। माँ लड़की को बहुत चाहती है, लेकिन उसे जन्म देने के लिए वह डरती है। यह एक डरावना माहौल है। एक महीने की फूल समान बच्ची को भी पुरुष अपनी कामान्धता से मसलकर फेंक देता है। माँ अपने जीवनानुभव से बेटी को देखती है। कितनी स्त्रियों की हत्याएँ रोज़ होती हैं। वे सब केवल खबर हैं। लोग संवेदनहीन बन गये हैं, वे प्रतिक्रियाविहीन हैं। 'दस सेंटीमीटर की खबर' में प्रतिभा मुदलियार इस शर्मिंदा स्थिति पर गहरी सोच जाहिर करती हैं। मलयालम की कवयित्री आशालता और इंदिरा अशोक भी बेटी को जन्म देने से डरती हैं। आशालता सवाल करती हैं कि –

"अजन्मी बेटी की कुंडली में शनि
और राहु रेंगते
न जाने कितने और पापग्रह?"

इसलिए अंत में वे बेटी से कहती हैं – "वरन जन्म ही मत लेना तू!" इंदिरा अशोक अपनी कविता '*बेटी*' में स्त्री-जन्म के अतिदारुण कष्टों-दुःखों पर प्रकाश डालते हुए बच्ची से कहती हैं –

"पाँच पंखुडियोंवाले
नन्हें फूल-सी

सीने में लगाकर रखूँगी हमेशा
आह! मेरी प्यारी बेटी!"

लेकिन बच्ची को जन्म देने से वे डरती हैं।

दलित एवं मज़दूर स्त्रियों की जीवन-त्रासदी

तेलुगु कवयित्रियों की कविताओं में बड़े पैमाने पर दलित एवं मेहनतकश स्त्रियों की ज़िन्दगी अनावृत हुई है। मध्यवर्गीय स्त्री जीवन की त्रासदियों से बिलकुल भिन्न है दलितों एवं मज़दूरिनों का जीवन संघर्ष। उनके सामने 'भूख' एक बड़ी समस्या है। चल्लापल्लि स्वरूपा रानी की 'मंर्कनपुवु' (*ढाक का फूल*), *गोद की थैलियाँ*', '*निषिद्ध चरित्र*' जैसी कविताओं में दलित स्त्रियों द्वारा सामना की जानेवाली बहुमुखी समस्याएँ पूरी ईमानदारी के साथ अंकित हैं। दलित मज़दूर स्त्रियों का शोषण पुरुष, वर्ण एवं वर्ग तीनों ओर से होता है। वे 'कंटीली' झाड़ियों के बीच में हमेशा अभिशप्त जीवन बिताती हैं। देखिए –

"घर में पुरुषाहंकार एक गाल पर थप्पड़ मारता है
तो गली में वर्ण आधिपत्य
दूसरे गाल पर तमाचा जड़ता है
मज़दूरी के पैसे लेने जब खेत गई तो
मेरे पसीने के साथ मुझे ही लूटने की ताक में
बैठा था ज़मींदार"

इस प्रकार चारों तरफ से प्रहार झलेते-झेलते सहनशक्ति नष्ट होनेवाली स्त्री प्रतिशोध के लिए तैयार हो जाती है। आजीविका के सारे रास्ते जब बंद हो जाते हैं तो शरीर बेचने के लिए भी मज़बूर होनेवाली स्त्रियाँ हैं। आंध्र में कपास के किसानों एवं मज़दूरों की आत्महत्या की खबर हमने सुनी है। ऋण चुकाने गें असमर्थ होकर रास्ता विहीन बन कर उन्होंने अपने को समाप्त कर दिया था। उन्होंने आखिरकार अपनी बेटियों को बेचकर पैसा कमाया था। यह भी नहीं जिनको माँ बनने की इच्छा है उनके लिए अंतर्राष्ट्रीय बाज़ार में गर्भपात्र बेचने को भी इनकी बेटि्टयाँ तैयार हो जाती थीं।

बचपन से ही वेश्या बनने के लिए अभिशप्त दलित बच्चियों की नियति बहुत डरावनी है। उनका चरित्र निषिद्ध माना जाता है। '*निषिद्ध चरित्र*' में कवयित्री कहती हैं–

"गर्भ में ही मुझ पर
लगी छाप अछूत की.....

निम्न जाति की
जन्म लेते ही मिली पहचान कुलटा की
बेमतलब की पाबंदियों
अंधविश्वासों के सड़े कूप में फेंकी निषिद्ध प्राणी बन गई मैं।"

सभी प्रकार से उपेक्षित दलित स्त्री के नारकीय जीवन का पर्दाफाश इस कविता को जीवंत बनाता है। जाजुला गौरी की '*धुला के सुखाती हूँ*' कविता में भी दलित नारी का उपेक्षित जीवन बहुत मर्मस्पर्शी ढंग से अंकित है। कवयित्री खुद समाज को धुलाकर साफ करने के लिए तैयार हैं–

"चमार के जीवन से क्रांति घोषित कर रही हूँ
परिवार की सड़ांध को साफ कर
समाज के दुरहंकार को
अब धुला के सुखाती हूँ।"

कोंडवीटि सत्यवती की कविता '*गड्ढे के बाहर निकलो माँ*' कविता में छह महीने का पेट लेकर गड्ढे में बैठकर करघा चलानेवाली स्त्री ने जब पेट की खातिर काम करने की मज़बूरी बताई तो पेट के बच्चे के सवाल के रूप में गीली आँखों की कविता लिखी गई। बार-बार बच्चा अपनी माँ से उसे गड्ढे से बाहर निकालने के लिए कहता है। बच्चा प्राणों की भीख माँगता है। कारण इस काम से बच्चे को कष्ट पहुँचता है। वह मज़दूरिन बच्चे के बारे में चिंतित नहीं है। इसकी वजह है कि माँ के सामने सबसे बड़ी समस्या भूख की है। बचपन से लेकर जीने के लिए कई प्रकार के दुखों, कष्टों, उपेक्षाओं, अवहेलनाओं को झेलनेवाली दलित मज़दूर स्त्री की ज़िन्दगी है जी. विजयलक्ष्मी की '*आकाश*' शीर्षक कविता में। वह मज़दूरिन खुद अपना परिचय देती है–

"आकाश ही मेरा गाँव है।
अंधकार ही मेरा घोंसला
अपमान ही मेरा अन्न है
मुसीबतें ही मेरी साथी
औरतपन ही मेरी कथा!"

कन्नड़ कवयित्री एम.आर. कमल की कविता '*ताजमहल का गीत*' में भी मेहनतकश स्त्रियों की मुक्ति कामना और भूख की समस्या अंकित है।

मुसलमान स्त्री-जीवन की त्रासदी

तेलुगु की मुसलमाल कवयित्रियाँ मुसलमान स्त्री-जिन्दगी का पर्दा उठाकर अपनी यथार्थ-ज़िन्दगी के वीभत्स एवं भयानक रूप दिखा देती हैं। शाहजहाना अपनी कविताएँ '*तस्वीर*' '*खबरदार*' एवं '*पर्दा हटाके देख*' में मुसलमान धर्म में स्त्री जीवन को जीर्ण बनानेवाले रस्मो-रिवाज़ों और पुरुष सत्तात्मक धार्मिक-व्यवस्था पर सख्त भाषा में प्रहार करती हैं। '*तसवीर*' कविता में विवाहित स्त्रियों की ज़िन्दगी को जहर बनानेवाले पुरुष समूह पर व्यंग्य की वाणी झाड़ती हैं। महकती फूल सी लड़की अपने मीठे सपने की उम्र में पत्नी बनकर हड्डियों के ढाँचे में बदल जाती है। पुरुष जबरदस्ती से उसकी जवानी को चूसकर वक्त के पहले ही उसे बूढ़ी बना देता है। 'खबरदार' कविता में मुस्लिम स्त्रियों से कवयित्री अपने ऊपर होनेवाले अन्याय से खबरदार रहने की चेतावनी देती हैं। वे कहती हैं–

"शरीर पर ओढ़े हुए बुरका
मन को ढक कर
रंग-रुचि और गंध-विहीन जीवन-यापन करतीं
चमगादड़ हैं हम!"

पुरुष अपनी बीवियों को मर्जी के अनुसार बदलता है। तीन बार 'तलाक' कहने से समाप्त होनेवाली ज़िन्दगी है उसकी। पाँच बार नमाज पढ़नेवाला पुरुष बिलकुल छद्म रूपधारी हैं। वे पत्नियों से 'जोखिम उठाकर बारह बच्चे जनो' की धमकी देते हैं। अंत में रस चूसकर, शरीर को खोखलाकर बुरके के पिरामिडों में मूक मांसपिंड की बेजान मम्मियाँ बना देते हैं। कवयित्री इस परदे के बंधन को तोड़कर अपनी मुट्ठी के बल पर जीना चाहती हैं। यद्यपि उसे काफिर कहेगा तथापि बंधनों को तोड़ने का वक्त आ गया है। वे लिखती हैं – "अब सोचने लगी हैं हम हाँ! अब सोचने लगी हैं हम!" मुसलमान स्त्री भी हिम्मत के साथ कविता करने लगी। यह नारी विमर्श की नज़रिए से बहुत उम्मीद की बात है। 'परदा हटा के देखो' में कवयित्री समझती हैं कि यह पर्दा उसकी आज़ादी की पहली बेड़ी है। उसे हटाने पर बचपन से लेकर सुख से वंचित, कई नियमों से बंधित स्त्री जीवन का एक-एक पन्ना खुल जाएगा। फिर चौदह वर्ष की उम्र में साठ वर्षीय वृद्ध अरब शेख के साथ शादी होती है। इस प्रकार स्त्री शरीर को व्यभिचार के लिए दासी बनाकर बेचा जाता है। वह कभी एक के हाथ से दूसरे के और इस प्रकार केवल पण्यवस्तु बनाकर अनेकों के हाथ में चली जाती है। यह अवस्था

बिलकुल जुगुप्सावह है। लेकिन अब धर्म और पुरुष द्वारा पहनाई गयी लौह–शृंखलाएँ तोडने के लिए कवयित्री प्रतिज्ञाबद्ध हैं– "अब लडने की सामर्थ्य है मुझमें, फिर हाथ बांधकर चुप क्यों बैठूँ?"

कवयित्री मुवरून्नीसा बेगम भी '*गुड़िया*' नामक कविता में परदेश में अरबी शेख के लिए बेची जानेवाली लड़कियों की बेनसीब ज़िन्दगी पर चिंता जताती हैं। लड़की हमेशा पुरुषों के हाथ का खिलौना मात्र है। आदि काल से हमारे पुराण-इतिहास में द्रौपदी से लेकर स्त्री बिक्री की चीज़ बनती है। मुस्लीम स्त्री है तो शरियत के सामने सिर झुकाए बैठनेवाली *गुड़िया* है। यहाँ कवयित्री हिम्मत के साथ शरियत की कपटता पर भी सवाल करती हैं। वाज़ीदा खातून '*पर्दा*' शीर्षक कविता में पर्दा पहनने की मुस्लीम धर्म की व्यवस्था पर करारा व्यंग्य करती हैं। पुरुष एवं मुस्लीम धर्म के कठमुल्लाओं ने अपने स्वार्थ के लिए स्त्री को पर्दा पहनवाया। उसे बच्चे पैदा करने का यंत्र बनाया। इसलिए कवयित्री सचेत करती हैं – "बन गई है तू इक सुन्दर मकबरा बहन! ज़रा सोचो..."

इको-फेमिनिज़्म

स्त्री और प्रकृति दोनों समान रूप से पुरुष के शोषण के शिकार हैं। इसलिए इको-फेमिनिज़्म में मानवता की भलाई के लिए दोनों को बचाने का दायित्व स्त्री के ऊपर है। यह दर्शन सभी जीवजन्तुओं के परिष्कार को लक्ष्य करता है। यहाँ शोषणमुक्त एक दुनिया की संकल्पना प्रकट होती है। अनिसेट्टी रजिता की कविता '*स्त्री एक पेड़ है*' में स्त्री को पेड़ का प्रतीक माना गया है। पेड़ की छाया सभी जीवजन्तुओं को आश्रय देती है। पेड़ फूलता है, फलता है और उसकी ठंडी हवा में सब सुख-शांति अनुभव करते हैं। सूख जाने पर भी पेड़ अपनी लकडी समर्पित करता है। पेड़ के अनन्यगुण हैं। हमारी जलवायु को संतुलित रखने में पेड़ की महत्वपूर्ण भूमिका है। वह एक जलस्रोत भी है। वह अंतरीक्ष के भाप की मात्रा को कम करता है। फोटोसिंथसीस से तापमान कम हो जाता है। नदियों एवं नालों में जल का शाश्वत सान्निध्य भी इससे संभव हो जाता है। वैसे स्नेहिल, आर्द्र तथा सबका छाया बनकर कालचक्र एवं जीवों के इतिहास को भविष्य की ओर ले जानेवाली है स्त्री। इन दोनों की स्थिति आज खतरे में है। गोया कि दुनिया का अस्तित्व ही इन दोनों पर निर्भर है। जब पेड़ और स्त्री खतरे में हैं तो दुनिया का भविष्य भी शंकाकुल है।

माहे ज़बीन की कविता '*बेटी का राज्य*' धरती और स्त्री के ऊपर के शोषण को संकेतित करनेवाली है। उसमें यह भी संकेतित है कि दोनों अपने इस शोषण को पहचानने और अपनी प्रतिक्रिया जताने लगी हैं। मानव अपनी उपभोग संस्कृति की वजह से धरती का अंधाधुंध शोषण करने लगा है। धरती के विभिन्न अंग काटे जा रहे हैं और प्रदूषण से धरती दबी जा रही है। अतः आज धरती कभी सूखा, प्रलय, आंधी, बढ़ते तापमान आदि से अपना विरोध प्रकट करती है। जैसे–

"धरती...
जिसने सदियों से उठाया इतना बोझ
अभी-अभी सीखा है उसने बोलना
उसी धरती पर जन्मी औरत ने भी
शुरू कर दिया है सवाल उठाना।"

मलयालम कवयित्री रोस मेरी की कविता '*प्रतिरोपित पौधा*' समकालीन जीवन में नष्ट होनेवाले ग्रामीण चेहरे का खुलासा करती है। ग्राम से जो नववधू शहर आई है वह अपने साथ ग्रामीण संस्कार को लेकर आई है। उसके साथ 'शतावरी' (एक औषधीय पौधा) है। वह शहर के अपने घर के प्रांगण में उसे रोप लेती है। वधू अपने शहरीय जीवन में जम नहीं पाई। लेकिन ग्रामीण जीवन की स्मृतियाँ जगानेवाली शतावरी के साथ वह जम जाती है। गाँव की गंध उस शतावरी में है। कवयित्री शतावरी के साथ आयी हुई ग्रामीण स्मृतियों का अनावरण यों करती हैं–

"हिलकोरते गाँव में संग-संग
सड़कों पर भटकते
धूप की खौलती दोपहर में
मन्दिरों की छाँव में थमते
विरस सांझों में उन्हें पुकारते
कॉफी के पौधे.... फूलों के जंगल
पेड़ों के पीछे छिप-छिप
जंगली मुर्गों को डराते
थक जाने पर नदी-किनारे
वृक्षों की छांव में सोते
कभी हँसते कभी रोते
कभी करते गपशप।"

ग्रामीण वातावरण का यह दृश्य आज शहरी आक्रमण से नष्ट हो रहा है। शतावरी के फैलने से उसमें चिड़ियाँ आती हैं, चहकती हैं, प्रकृति के सभी जीवजंतु उसके संपर्क में आ जाते हैं। लेकिन यह वातावरण यानी कि प्रकृति की यह अवस्थिति नगरवासी चाहता नहीं है। सांस ने शतावरी को उखाड़कर फेंक दिया। लेकिन उखाड़ फेंकने पर भी जड़ें नष्ट होनेवाली नहीं है शतावरी की। ग्रामीण जीवन और उसकी गंध कभी भी हमारे बीच से मिटाने पर भी मिटती नहीं। ग्रामीण जीवन का प्रकृति के साथ जो सहसंबंध है, उसे अनावृत करनेवाली यह कविता, शहरी जीवन जिस प्रकार प्रकृति की सहजता को नष्ट कर देता है वैसे ही स्त्री जीवन को भी सहजता एवं नैसर्गिकता से दूर ले जाता है। आज का संस्कार इन दोनों को फेंक देना चाहता है। पर ये दोनों और मज़बूत होते जा रहे हैं।

इस प्रकार कई कविताओं में स्त्री एवं प्रकृति को साथ लेकर इन दोनों की समान स्थितियों पर प्रकाश डाला गया है। इसलिए प्रकृति और लोक जीवन के जिन तत्वों का ह्रास हो रहा है, उन्हें स्त्री अस्मिता के साथ बचाए रखने की कोशिश स्त्री कविता में बुलंद है। इस दृष्टि से इसे पारिस्थितिक स्त्रीवाद की कविता के अंतर्गत दर्ज किया जा सकता है।

उपर्युक्त विषयों के अतिरिक्त दक्षिण की स्त्री कविताओं में शराबी पति का शोषण, उसका समझौतापरस्त जीवन, स्त्री का कैदी जीवन, 'स्त्री का माँ बनना अनुग्रह है या अभिशाप जैसा सवाल प्रसव-वेदना, ममतामयी स्त्री जैसे अनेकों पहलुओं का मार्मिक अंकन हुआ है। इन कविताओं को पढ़ते समय ऐसा लगता है कि स्त्री-लेखन के लिए एक अलग सौन्दर्यशास्त्र की ज़रूरत है।

भाषा का सौन्दर्यशास्त्र

सबसे बड़ी उम्मीद की बात है कि आज स्त्रियाँ बड़े पैमाने पर कविताएँ लिखने लगी हैं। ये कविताएँ रोस मेरी के शब्दों में,

"हाँ मेरी कविता
मैं ही हूँ।"

स्त्री की कविता में स्त्री का अपना यथार्थ है। वह अपनी भाषा में लिखती है। पहले के स्त्री लेखन में जहाँ उसका कोई न कोई आदर्श रूप विद्यमान रहा या आज आक्रोश एवं आह्वान की चिनगारियों की तपिश है। आज उसकी भाषा दबी छुपी

नहीं है, उसमें व्यंग्य का पुट है। कवयित्री बी.संध्या कहती हैं–

"तितलियाँ नहीं
चपल गेह नहीं
मोमबत्ती की लौ भी नहीं
बस नम चिनगारियाँ
बनें ताप सहित शक्ति-पुँज।"

इसका तात्पर्य यह है कि शक्ति और बल की भाषा होनी चाहिए। उनकी भाषा, धीरे धीरे जलनेवाला शक्ति पुँज है। अथवा स्त्रियों की भाषा सृजनात्मक ऊर्जा है।

स्त्री भाषा में रोष, आक्रोश एवं प्रतिशोध की आवाज़ इसलिए आती है कि उसने जीवन में बहुत कठोर संदर्भों का सामना किया है। इसलिए तद्जन्य साहस, शक्ति एवं ओजगुण उसमें आ जाएँगे। जो जीवन में शांति एवं सुख अनुभव करती है उसकी भाषा में चिनगारियाँ नहीं होंगी। स्त्री बोलती है तो पहचानना चाहिए उसका जीवन कष्ट-कंटकों का है। इसलिए आत्मान्वेषण का घनत्व एवं रोष उसमें सहजात होंगे।

उपर्युक्त स्त्री रचनाकारों की कविता में पुराण एवं इतिहास संबंधी अवधारणाएँ पुरुष रचनाकारों से एकदम भिन्न हैं। उसके लिए पौराणिक बिंबों एवं प्रतीकों का अर्थ बदल गया। उसके सामने राम एवं रावण में कोई अंतर नहीं है। अब सीता उनके लिए पतिपरायणा, सती, शालीन स्त्री का प्रतीक नहीं, आज की सीता में आग की चिनगारियाँ हैं। 'कंस' केवल मामा नहीं, सभी पुरुष कंस हैं। हरिश्चन्द्र, युद्धिष्ठर, राम सब स्त्री के शोषक हैं। आज के हाईटेक पति उनके वारिस हैं। सब अपनी पत्नियों को जुए में दाँव पर लगानेवाले हैं। जी. विजयलक्ष्मी अपनी कविता 'वीरांगना' में पुरुष की भाषा का बिलकुल विरोध ज़ाहिर करती हैं। वे मंगल सूत्र को फांसी का फंदा, विवाह वेदी को बलिवेदी कहती हैं। आज तक की भाषा में स्त्री केवल मौन श्रोता थी। लेकिन आज स्त्री स्वयं कर्ता बनकर बोलती है। इसलिए उसके स्ट्रक्चर एवं टेक्स्चर में फर्क पड़ा है। स्त्री को अपनी सहिष्णुता और मृदुभाषिणी रूप को तोड़ना पड़ा। उसकी संस्कृति के बदलने की सूचना उनकी भाषा से मिलने लगी है। पितृसत्तात्मक समाज की आधारशिला के हिलने डुलने की ध्वनि स्त्री भाषा में अभिव्यंजित है। प्रत्येक शब्द में अस्मिता की तलाश बुलंद है। समकालीन जीवन के कई नये शब्दों को उन्होंने प्रतीकों के रूप में अपनाया, जैसे– इंटरनेट, सेक्स, हाईटेक पति, वैश्वीकरण आदि। भाषा को गुँधा हुआ आटा कहकर स्त्री अपने परिचित क्षेत्र से भाषा गढ़ लेती है।

मुसलमान कवयित्रियों की कविताओं में उसके संस्कार के कई शब्दों–जैसे पर्दा, कठमुल्ला, तलाक, नमाज, शरीयत आदि का प्रयोग हुआ। लेकिन पुरुष ने कर्ता बनकर इन शब्दों का जिस संदर्भ में प्रयोग किया, उनका बिलकुल विरोधी नकारात्मक रूप में इन कवयित्रियों ने किया। स्त्री के अवचेतन में दमित भाव आज जब अभिव्यक्ति पाता है तब उसमें सहज रूप से ओज गुण होगा या सृजनात्मक आक्रोश होगा। आज स्त्री की भाषा में वेदना है, साथ ही साथ मुक्ति का आनंद है। इन दोनों ने मिलकर उनकी भाषा को सशक्त बनाया। कारण शताब्दियों से संचित एवं दमित अनुभव बाँध तोड़कर बहने लगा है। प्रसादजी ने 'आँसू' में कहा – "जो धनीभूत पीड़ा मस्तक में स्मृति सी छायी, दुर्दिन में आँसू बनकर आज वह बरसने आई।" आज स्त्री का दमित घनीभूत दुःख बह रहा है, वह समाप्त नहीं होगा। वह मूसलधार वर्षा है। उसमें सभी गलत व्यवस्था को उखाड़ फेंकने की शक्ति है। कारण उसमें दुःख के दर्द के साथ मुक्ति का आह्लाद भी है। वह धरती की गंदगी को साफ कर नई शक्ति एवं ऊर्जा प्रदान करेगी और एक नया इतिहास रचेगी।

संक्षेप में, कहा जा सकता है कि स्त्री की भाषा अलग है, इसलिए उसके लिए एक अलग सौन्दर्यशास्त्र भी है।

दोहरा अभिशाप : एक दलित स्त्री की आत्मकथा

समकालीन साहित्य में आत्मकथा एक सजीव एवं सशक्त विधा बन रही है। इसकी वजह यह है कि समाज का उपेक्षित, प्रताड़ित एवं शोषित वर्ग अपने भोगे हुए कटु अनुभवों को दूसरों के सामने हिम्मत एवं सच्चाई के साथ प्रकट करना चाहता है। समकालीनता का मुख्य लक्षण प्रतिरोध है। इसलिए यह शोषित-प्रताड़ित वर्ग स्वानुभूति की अभिव्यक्ति के ज़रिए खुला विद्रोह एवं प्रतिरोध उजागर करता है। इस वर्ग में लिंगगत शोषण की शिकार बननेवाली स्त्रियाँ एवं जातिगत शोषण का शिकार बननेवाले दलित लोग दर्ज हैं। हिन्दी में इस दृष्टि से स्त्रियों की आत्मकथाएँ बहुत चर्चित हो रही हैं। दलितों की आत्मकथाएँ दलितों के कठोर जीवन यथार्थों की सरल भाषा में अभिव्यक्ति पाती हैं। इनमें विद्रोह का स्वर ज़्यादा बलवती है। दोनों आत्मकथाएँ समय की माँग हैं। कारण दोनों कम से कम अपने को प्रकाश में लाने की कोशिश करती हैं। इसलिए आज साहित्यिक जगत् में इस पर बखूबी बहसें भी चलती हैं।

कौसल्या बैजंत्री का दोहरा अभिशाप इसलिए महत्वपूर्ण है कि वे दलित होने के साथ स्त्री भी हैं। सवर्ण एवं पुरुष वर्चस्ववादी समाज से उन्हें जो ताड़ना प्रताड़ना एवं हीनता अनुभव करनी पड़ी इसका खुलासा इस आत्मकथा में बहुत मर्मभेदी ढंग से हुआ है। हिन्दी में कई स्त्री-आत्मकथाएँ जैसे 'अन्या से अनन्या', गुडिया भीतर गुडिया', 'एक कहानी यह भी' आदि चर्चा के केन्द्र में यद्यपि आ गई तो भी वे सब सवर्ण जातीय हैं। इसलिए उनकी लडाई केवल लिंग राजनीति पर केन्द्रित है। लेकिन 'दोहरा अभिशाप' में जाति और लिंग दोनों तरफ से अथवा दोनों अभिशापों से कौसल्या बैजंत्री का जो शोषण एवं दमन हुआ इसका साहस एवं सतर्कता के साथ उन्होंने सामना किया। यहाँ दर्शनीय बात यह है कि सवर्ण जातीय स्त्रियों से ज़्यादा हिम्मत सौ वर्षों से पहले ही कौसल्य की माँ एवं नानी ने अपनी आजीविका को बनाने एवं संतानों की देखरेख में प्रकट की।

'दोहरा अभिशाप' में कौसल्याजी की नानी की ज़िन्दगी के ज़रिए पुरुष से उसने जो

लड़ाई लड़ी इसका सराहनीय वर्णन किया गया है। वह साहस के साथ आत्मनिर्भर बनकर जीने में जीवन की धन्यता समझती थी। जीवनपर्यन्त इसका अनुपालन उसने किया था। आजी की पहली शादी छोटी उम्र में हुई। गौना होने के पहले ही पति की मृत्यु हुई। उस दिन से वह विधवा बन गई। अस्पृश्य समाज में विधवा या तलाकशुदा औरत शादी करना चाहती थी तो कर सकती थी। विधवा को रात के अंधेरे में उसका पति ले जाता था। इस कार्यक्रम को धूम-धाम से नहीं मनाया जाता था। लेकिन विधुर पुरुष धूम-धाम से पूरी विधि के साथ किसी कुमारी से शादी कर सकता था, परन्तु विधवा या तलाकशुदा औरत किसी कुँआरे आदमी के साथ शादी नहीं कर सकती थी। बहुत सुन्दर, चुस्त और स्वस्थ आजी की शादी शादीशुदा मोडकूजी के साथ हुई। उसकी पत्नी और दो बच्चे थे। वह देखने में बहुत भयानक चेहरे वाला था। वह बड़ा झगड़ालू भी था। आजी को पहला लड़का हुआ और फिर दो लड़कियाँ। घर में हमेशा झगड़ा, मार पीट आदि सहते सहते आजी थक गई। एक दिन रात को वह नागपुर शहर को लक्ष्य करके तीनों बच्चों को लेकर निकली। वहाँ उसका एक रिश्ते का भतीजा था। वह स्वभाव से अच्छा था। खुद अपने पैरों पर खड़ी होकर बच्चों को पालने का निश्चय किया उसने रास्ते में बड़ी बेटी की मृत्यु हुई। फिर भी वह हार नहीं गई। नागपुर जाकर खुद अपने बल पर दोनों बच्चों को पाला पोसा उसने। उसके लिए कठिन प्रयत्न किया, किसी के सामने मदद के लिए हाथ पसारा नहीं। बेटे की भी मृत्यु हुई। फिर भी अपनी छोटी बेटी भागीरथी को एक अच्छे लड़के के हाथ में देने को वह समर्थ हुई। पति ने कई बार बुलाया, लेकिन गई नहीं। भागीरथी के लिए जब पहला लड़का तय हुआ तब झग़ड़ालू पति के कारण ऐसा हुआ नहीं। इसलिए दूसरे लड़के के साथ शादी पति की मर्जी के खिलाफ कराने का साहस उसने प्रकट किया। उस ज़माने में अकेली एक दलित स्त्री में यह हिम्मत विरेले ही होगी। अपनी बेटी भागीरथी के बच्चों का भी ख्याल किया गया। मृत्युपर्तन्त आत्मनिर्भरता से जीने की हिम्मत उसने प्रकट की। यहाँ लेखिका स्त्री के संघर्ष भरे जीवन को खींचने के साथ उसका सामना करने के लिए जो रास्ता उसे चुना वह इस आत्मकथा में स्त्रीशक्ति का ठोस उदाहरण है।

आजी की बेटी भागीरथी भी अपनी माँ के समान अपनी संतानों को पढ़े-लिखे एवं सुयोग्य बनाने में अथक प्रयत्न करती थी। लगातार पाँच बेटियों को जन्म देकर अपने भाग्य को वह कोसती थी। देखिए – "देवा, मैंने ऐसा कौन-सा पाप किया था कि मेरे नसीब में लड़कियाँ ही लिखी हैं?" (पृ. 11) लेकिन उस वीर माँ ने समझ लिया कि

लड़कियों को शिक्षा देने पर वे अपने औकातों से परिचित हो जायेंगी और आत्मनिर्भर भी बन जायेंगी। माँ-बाप दोनों मिलकर कठोर प्रयत्न कर कई प्रकार से धन कमाकर अपनी बेटियों को पढाने में वे सफल हुए। बाबा साहब अंबेडकर के आह्वान को उन लोगों ने आत्मसात किया था। उन्होंने कस्तूरचंद पार्क में अंबेडकर का भाषण सुना था कि अपनी प्रगति करना है तो शिक्षा प्राप्त करना बहुत ज़रूरी है। लड़का और लड़की दोनों को पढ़ाना चाहिए। सभी बच्चों को पढाने के लिए बड़े खर्च की ज़रूरत पड़ती थी। कभी उसकी माँ अपने कुछ जेवर साहूकार के पास गिरवी रखकर पैसे ले आती थी। उनके माँ-बाप नागपुर की एम्प्रेस मिल में काम करते थे। मिल के चिरफंड से पैसे लेकर जेवर बनवाती थी। ये जेवर ही उनकी जमा-पूँजी थे। जेवर के गिरवी रखने पर काफी ब्याज भी देना पड़ता था। उनकी माँ छुट्टी के दिन बस्ती के बाहकर ऊँचे घरों की औरतों को चूडियाँ, कुंकुम, शिकाकाई बेचने जाती थी। पैसा कमाने और घर का कार्य संभालने के लिए वे दमतोड़ प्रयत्न करते थे।

कौसल्याजी की माँ बच्चों को शिक्षा देने में अटल रही। उसका पक्का इरादा था कि चाहे कितनी भी उड़चनें क्यों न आएँ, सब बच्चों को उच्च शिक्षा देगी। वह बहुत दिलेर महिला थी। उनके दरवाज़े के पास लोग रात में टट्टी पेशाब तक कर जाते थे। यह सब बच्चों को शिक्षित बनाने के विरोध में किया जाता था। लेकिन इन सभी में उस माँ ने हार नहीं मानी। यह मात्र नहीं, बस्ती में जब लोगों ने प्रौढ़शिक्षा शुरू की थी तब उसको पढ़ने के लिए अन्य स्त्रियों का भी सहयोग वह लेती थी और कई प्रकार की मदद इस कार्ययोजना के लिए देती रहती थी। इस प्रकार अपने बच्चों को काबिल बनाने के साथ ख़ुद सुधारने की कोशिश में भी लगी रहनेवाली तेज बुद्धि की महिला थी उसकी माँ। बच्चों को पालने पोसने में पिता और माँ कमरतोड़ प्रयत्न एक साथ करते थे। महँगाई बढ़ने पर पहनने को उनके पास कपड़े भी नहीं थे। तब पिता को मिल में मशीन साफ करने के लिए कुछ नये कपड़े की पट्टियाँ मिलती थीं। उसे वह सबकी आँखें बचाकर ले आता था और उससे वे अन्डर गारमेंट्स बनाते थे। उनकी माँ मिल से आते वक्त रास्ते में पड़े गोबर को उठाकर ले आती थी। यह घर लीपने के लिए और जलाने के लिए भी काम आता था। गोबर जहाँ भी दिखाई पड़ेगा घर के सारे सदस्य उसे ले आते थे।

लड़कियों को शिक्षित करने को यद्यपि माँ तैयार है तो भी लड़कों के प्रति उसके मन में तथा उसकी जाति बिरादरी में ज़्यादा महत्व दिया जाता था। घर में छः लड़कियाँ और एक लड़का था। छः बहनों के बाद एक लड़का हुआ तो उन्होंने पूरे मुहल्ले में

शक्कर बाँटी थी। लेकिन जब लड़की हुई तो उसे कूड़े में फेंक आने को कहा। लड़की को वह पराया धन समझी थी। आज भी संभ्रांत लोग इसी तरह की सोच रखते हैं तो फिर उन दिनों के अस्पृश्य समाज में ऐसी सोच होना स्वाभाविक ही रहा होगा। फिर भी बस्ती के लोगों की टीका-टिप्पणियों पर ध्यान न देकर उस माँ ने सब लड़कियों को उन दिनों में अच्छी शिक्षा दी, यह बात बहुत महत्वपूर्ण है। यह भी नहीं जब कौसल्या कॉलेज जाने लगी, उसके लिए उसके बाप ने एक साईकिल खरीद दिया। दलित लोगों के बीच में भी इतना प्रगतिशील चिंतन बहुत सराहनीय है। इसका तात्पर्य यह है कि आंबेडकर के चिंतन इनके जागरण में बहुत सहायक हुए हैं।

कौसल्या ने बचपन से ही दायित्वों को अपने ऊपर ले लिया था। अपने घर में सब एक साथ मिलकर परस्पर सहयोग एवं स्नेह के साथ आपस में काम बाँटकर करते थे। एक प्रकार से उनके घर का वातावरण बहुत स्नेहिल था। वे बस्ती के अन्य दलित घर से बिलकुल अलग होकर सोचने समझनेवाले थे। इसलिए कौसल्या बहुत हिम्मत के साथ सभी प्रकार के कामों को संभालती थी। इसके कई उदाहरण उन्होंने आत्मकथा में दिए हैं। यह भी नहीं, स्त्री होने के नाते जहाँ-जहाँ उनका शोषण शादी के पहले हुआ उन सबका सामना किया। जब पिता द्वारा खरीदी गई साईकिल को चोरी का माल कहकर शिकायत की गई तब जाँच के लिए आये पुलिस इंस्पेक्टर को उसने यह सत्य समझा दिया कि उनके प्रति बस्तीवालों की ईर्ष्या के कारण शिकायत की गई। उनकी बातों से इंस्पेक्टर समझ गया कि बस्ती के लोग इन्हें तंग करते थे। इंस्पेक्टर अब उनकी मदद के लिए तैयार हो गया। वैसे ही उस घटना से उनके रिश्तेदार भी बहुत जलने लगे। उनके रिश्ते के एक लड़के ने उसका फोटो और कौसल्या का फोटो मिलाकर कई प्रकार से उन्हे चिढ़ा दिया तो कौसल्या से उसे चप्पल से थप्पड़ मार से खाना पडा। अपनी छोटी बहन की इलाज के लिए बहन का अस्पताल ले जाना और वहाँ बुखार के बढ़ने से बहिन की मृत्यु आदि को छोटी उम्र में ही उन्होंने संभाला। माँ बाप को आर्थिक मदद देने के लिए अस्पताल के चौकीदार के माध्यम से नर्सिंग में भर्ती होने के लिए जाना और वहाँ उसके शारीरिक शोषण के इच्छुक लोगों के हाथों से बच जाना भी कौसल्या की बुद्धि और धैर्य के अच्छे उदाहरण हैं।

उस समय डॉक्टर बाबा साहेब आंबेडकर के आंदोलन से अस्पृश्य लोग प्रभावित थे और सामाजिक सुधार के लिए पोवोडे, जलसे, नाटक, गीतों के कार्यक्रम करते थे। ऐसे अछुतोद्धार नाटक में कौसल्या ने छोटा-सा रोल किया। स्कूल में जाने के कारण उच्च वर्गीय जीवन से परिचय प्राप्त हुआ। इसलिए उनके बस्तीवाले लोगों

की ज़िन्दगी और उच्च जातिवालों की ज़िन्दगी के बीच ज़मीन-आसमान का फर्क कौसल्या ने महसूस किया। दलित समाज के विद्यार्थियों ने अपनी शैक्षणिक समस्याओं के बारे में सोचने के लिए अस्पृश्य विद्यार्थी परिषद बनाई। इस परिषद् की ओर से अधिवेशन हुआ। इसके माध्यम से भारत भर के अस्पृश्य विद्यार्थियों से संपर्क करना शुरू किया गया। कैसल्या इस अस्पृश्य विद्यार्थी परिषद की कार्यकारी परिषद में थी। उस बस्ती में पढ़ी-लिखी लड़कियों का अभाव था। इसलिए कुछ लोगों में ईर्ष्या थी तो कुछ लोगों में उनके प्रति आदर सम्मान भी था।

बस्ती में पानी के लिए नल पर बहुत झगड़ा-फसाद होता रहता था। उस वक्त कौसल्या और उनके भाई-बहन अच्छे-अच्छे स्कूल में पढ़ रहे थे। इसलिए उन्हें गंदी-गंदी गालियाँ, झगड़ा-फसाद, मारपीट वगैरह से बचने के लिए उन्होंने अपने घर में नल का कनक्शन लेने का निश्चय किया। इसके लिए कौसल्या ने नगरपालिका को आवेदन दिया। नगरपालिका के मेयर से मिली। लेकिन स्त्रियों के प्रति उनका अच्छा व्यवहार नहीं था। इसलिए चीफ इंजीनियर से मिलकर उन्होंने समस्या को सुलझाया। वहाँ भी अपनी बिरादरी और बस्तीवालों की ईर्ष्या का सामना करना पडा। इंजीनियर आदि से मिलकर सभी कार्यों को निवृत्त करने की शक्ति उन्हें अपनी शिक्षा एवं घर के उत्साहवर्धक वातावरण से प्राप्त हुई। 1942 में संपन्न अखिल भारतीय अस्पृश्य समाज के अधिवेशन में महिलाओं का जो अधिवेशन हुआ, उसे चलाने की सफल कोशिश उसकी ओर से हुई। उस समय केवल नौवीं कक्षा में पढ़ रही थी। साथ ही वह अस्पृश्य विद्यार्थी फेडरेशन की ज्वाइंट सेक्रेटरी थी।

उपर्युक्त नेतृत्व गुणों के साथ वे कला के प्रति भी अच्छी रुचि प्रकट करती थीं। बस्ती में अन्य माहर जाति के लोगों से अलग होकर अपने 'मनोहर सदन' को बहुत सुन्दर ढंग से सजाने में कौसल्या का योगदान बड़ा था। कॉलेज के कार्यक्रमों में भाग लेती थीं। घर को आगे की ओर ले जाने में घर के अन्य सदस्यों से मिलजुलकर काम करती थीं।

इन सबके होते हुए भी कौसल्या का वैवाहिक जीवन बहुत कष्टपूर्ण रहा था। वह दलित होने से नहीं स्त्री होने के नाते पति द्वारा उनकी निर्मम कठोर उपेक्षा एवं प्रताड़न शीरीरिक एवं मानसिक रूप से उसे गहरी चोट पैदा करनेवाले थे। जब स्कूल में वह पढ़ती थीं, तब निम्न जातीय होने के कारण उसमें हीनता ग्रंथी काम करती थी। अध्यापक एवं विद्यार्थी उससे उसी नज़रिए से व्यवहार करते थे। दलितों में हमेशा दलित होने की हीनता अनावश्यक रूप से जगती है। सबसे बड़ी बात मनुष्य होना है।

इसिलए अंबेडकर ने उनसे आह्वान किया कि हिन्दू उन्हें हिन्दू नहीं समझता है तो वे अवश्य धर्मपरिवर्तन कर सकते हैं। दलितों में से कईयों ने बौद्धधर्म को इसलिए स्वीकार किया कि वहाँ ऊँच-नीच भेदभाव नहीं। कइयों ने ईसाई धर्म को अपनाया तो वहाँ वे आज भी नीच हैं। वह जातीयता के खिलाफ लड़ते-लड़ते और शिक्षा से अपने को मानसिक एवं शारीरिक रूप से परिष्कृत कर इक्कीस वर्ष की उम्र तक पहुँच गई। उसी मक्सद से जन समाज में काम करनेवाले देवेन्द्र कुमार बैजंत्री से उसकी शादी हुई।

1945 में उत्तर प्रदेश के शेड्यूल्ड कास्ट के विद्यार्थियों का अधिवेशन उन्नाव में बुलाया गया। इसमें भाग लेते वक्त देवेन्द्रकुमार बैसंत्री एम.ए. एल.एल.बी. से उनकी पहली मुलाकात हुई। उस वक्त वे बनारस हिन्दू विश्वविद्यालय में डी. लिट कर रहे थे। बिहार के देवेन्द्र ने पहले किसान आन्दोलन में भाग लिया था। जब मुलाकात हुई तब यू.पी. शेड्यूल कास्ट फेडरेशन के अध्यक्ष थे। शादी कौसल्या की बस्ती में रेजिस्टर मैरेज के रूप में संपन्न हुई। वे इस शादी के बाद बनारस गये। देवेन्द्र के माँ-बाप नहीं रहे। पहली पत्नी मर चुकी। उनके बच्चे की मृत्यु हुई। दो बहिनें और एक भाई बिहार में थे। भाई बाद में रोग से मर चुका था। शादी के बाद कौसल्या को मालूम हुआ कि वे कौसल्या से ही नहीं बल्कि अपने परिवारवालों से अच्छा व्यवहार नहीं करते थे।

देवेन्द्र कुमार अपने में केन्द्रित एक व्यक्तित्व था 'गर्म मिजाज और जिद्दी'। अपने मुँह से कहता है कि 'मैं बहुत शैतान आदमी हूँ'। (पृ. 104) वे कौसल्या की इच्छा, भावना और खुशी की कभी कद्र नहीं करता था। बात बात पर गाली देना और हाथ उठाना उसकी आदत थी। बहुत क्रूर तरीके से मारता था। उनकी बहनों से कौसल्या को मालूम हुआ कि माँ-बाप, पहली पत्नी सबको वे पीटता था। देवेन्द्र कुमार अपनी पत्नी को सिर्फ खाना बनाने और उनकी शारीरिक भूख मिटाने की वस्तु समझता था। लिखना-पढ़ना, काम करना जैसे बौद्धिक कार्य का अधिकार वह केवल अपना समझता था। लेकिन इन सभी प्रतिकूलताओं के बीच में भी अपने निजी व्यक्तित्व को कायम करने की पूरी कोशिश कौसल्या ने की।

कौसल्या के भाई-बहन एवं माँ-बाप ने उसे छोड़ने को कहा। लेकिन उन्होंने इसलिए नहीं छोड़ा था कि उसकी नौकरी नहीं थी, बच्चे छोटे थे, उनकी देखभाल की ज़रूरत थी। उन्हें पढ़ाने के लिए माँ-बाप ने बहुत कष्ट उठाए थे। इसलिए उसकी ढलती उसे में उन्हें मानसिक-वेदना देना भी वह नहीं चाहती थी। स्त्रियाँ यदि आर्थिक स्वावलंबन हासिल करती हैं तो ऐसी स्थिति नहीं आ पाएगी। यहाँ देवेन्द्र अपनी

अलमारी में पैसे बंद करता था घर के खर्च के लिए पैसा देने में भी वह कंजूसी दिखाता था। पूछने पर कौसल्या की ज़रूरतों के लिए भी पैसा नहीं देता था।

कौसल्याजी ने भूमिका में लिखा—मेरे उच्च शिक्षित पति, लेखक और भारत सरकार में उच्च पद पर सेवारत रहे। उन्हें ताम्रपत्र भी मिला है और स्वतंत्रता सेनानी की पेंशन भी। पति ने कभी मेरी कदर ही नहीं की, बल्कि रोज़-रोज़ के झगड़े, गालियों से मुझे मज़बूरन घर छोड़ना पड़ा और कोर्ट केस करना पड़ा। उस घर में मैं चालीस वर्ष रही। घर छोड़ने के बिखरे दिनों में मेरी लड़की सुजाता ने मुझे सहारा दिया। बेटी के घर रहते ही मुझे लिखने की सुविधाएँ और नैतिक बल मिला।" (*भूमिका : दोहरा अभिशाप*) इससे एक सत्य खुल जाता है कि पुरुष हमेशा पुरुष ही है। वह किसी भी जाति का हो स्त्रियों के प्रति कठोर व्यवहार ही करता आ रहा है। दलित जाति में, शिक्षित बनकर आत्मनिर्भरता के साथ कई क्षेत्रों में जब कौसल्याजी महत्वपूर्ण काम करती आ रही थीं, तब शादी में बंधित होकर अपनी सभी बौद्धिक चेतना को उन्हें जबरदस्ती से बाँधना पड़ा। पुरुष की भोग्या बनकर अपने बच्चों के पालन पोषण के लिए अपनी सभी इच्छाओं एवं भावनाओं का दमन किया। घर का दायित्व हमेशा स्त्रियों के ऊपर आ जाता था। पुरुष हमेशा बाहर के काम करके पैसा कमाने के साथ अपना बौद्धिक स्तर का भी विकास करता है। स्त्री अपने घर का सारा काम करती है, लेकिन पुरुषों के सामने वह काम नहीं।

यहाँ कौसल्याजी को घंटों भर बारिश, ठंड एवं धूप में दूध-राशन की लाइन में खड़ा रहना पड़ता था। इन सबको दोनों हाथों से बड़े-बड़े थैलों में ले आना पड़ता था। घर का सारा कपडा लंबी उम्र में भी धोना पड़ता था। कपड़े बैठकर धोना मुश्किल था, क्योंकि उन्हें गंभीर गठिया था। उनके पति कहते थे कि पत्नी को पालने का ठेका उन्होंने नहीं लिया है। एक ओर उपेक्षा एवं शारीरिक शोषण था तो दूसरी ओर आर्थिक दृष्टि से भी कौसल्याजी बहुत कष्ट भोग रही थीं। घर की ज़रूरतों के लिए भी उन्हें पैसा नहीं था। जिस आदमी की प्रशंसा सरकार ने की थी, वही अपने घर में पत्नी से लड़ाई करते थे। उनके तीन लड़के और एक लड़की है। जो बच्चा कौसल्याजी के लिए बोलता है, उसके साथ देवेन्द्र झगड़ा करते थे। उनके रिटायर होने के बाद स्थिति और भी बिगड़ गई।

एक आत्मनिर्भर और ईमानदार स्त्री को झेलने से परे हो गई उनकी ज़िन्दगी। अब बच्चे बड़े हो गये। इसलिए अंत में कौसल्याजी ने देवेन्द्र कुमार के खिलाफ कोर्ट में केस दायर किया। कोर्ट में केस अटका पड़ा है। प्रति महीने 500 रुपए कौसल्याजी

को मिल रहा है। वह भी वे कभी कभी देते नहीं हैं। यहाँ कौसल्याजी को लगता है कि न्यायपालिका भी स्त्री के साथ इतना न्याय नहीं दिखाता है। अब कौसल्याजी छोटे लड़के के साथ रहती हैं। आज कई दलित विशेषकर महाराष्ट्र के दलित आत्मकथा तथा अन्य सृजनात्मक क्षेत्र में अपना योगदान देते आ रहे हैं। इसलिए इतने अनुभवी कौसल्याजी को कई लोगों ने लिखने की प्रेरणा दी। इसके फलस्वरूप उन्होंने यह पुस्तक तैयार की।

देवेन्द्र को कई जगहों में तबादला हुआ। भोपाल, दिल्ली जैसे स्थानों में कौसल्याजी ने दलितों के लिए विशेषकर दलित स्त्रियों के लिए कई महान कार्य किया था। वे सचमुच एक समाजकर्मी महिला हैं। लेकिन खुद अपने जीवन में पति के द्वारा बहुत अन्याय भोगा। अंत में जब बच्चे बड़े हुए तो वे इस अन्याय से लड़ने का निर्णय लेती हैं। बच्चों के लिए और परिवार के लिए अपने को स्वाहा करनेवाली हैं अधिकांश स्त्रियाँ। उन स्त्रियों में एक बनकर कौसल्याजी भी इस आत्मकथा में प्रस्तुत हैं।

आत्मकथा में दलित जीवन में जो प्रगति आ रही है इसकी सूचना कौसल्याजी के परिवार से मिलती है। बाबा आंबेडकर के आह्वानों एवं विचारों का प्रभाव दलितों पर पड़ रहा है। वे भी एकजुट होकर अपने शोषण के खिलाफ लड़ते हैं। इसके लिए कौसल्याजी की कई प्रकार की कोशिशें आत्मकथा में सर्वत्र प्राप्त हैं। दलित अन्य लोगों के घृणा के पात्र बनने के साथ वे परस्पर ईर्ष्यालु हैं। ये भी उनके प्रगतिपथ पर बाधा बनकर आज भी उपस्थित हैं। सामूहिक बोध का अभाव कहीं कहीं नज़र आता है। दलितों के लिए कई योजनाएँ सरकार की तरफ से आयोजित की जा रही हैं। वे सभी पूर्ण सफल नहीं बन रही हैं। लेकिन आत्मकथा में कौसल्या के पूरे घरवाले शिक्षित बनकर बड़े ओहदे पर पहुँच गये। प्रत्येक व्यक्ति की प्रगति की वजह शिक्षा है। अज्ञता दलित जीवन की सबसे बड़ी अभिशाप है। इसके फलस्वरूप वे सफाई के प्रति अनभिज्ञ हैं। शारीरिक एवं पर्यावरण की गंदगी कई रोगों का कारण बनती हैं। दलितों की बस्तियों के विवरण से यह जाहिर होता है। दूसरी ओर गरीबी से कितने लोग मर जाते हैं। अज्ञता के कारण प्रत्येक साल स्त्री बच्चा देती है और इन बच्चों में ज़्यादातर मर जाते हैं। शिशुमरण उनके बीच की साधारण घटना है। कभी कभी माँ की मृत्यु भी होती है। गरीबी एक ओर इसका कारण है तो दूसरी ओर आवश्यक इलाज भी नहीं मिलता है। आर्थिक संकट एवं अज्ञतावश ये सब घटित होते हैं। अंबेडकर ने इस ओर दलितों का ध्यान आकृष्ट किया। यहाँ कम्युनिस्ट पार्टी और कॉंग्रेज़ का जिक्र करते हुए लेखिका यह दिखाना चाहती हैं कि दोनों का यथार्थ लक्ष्य

गरीबी को समझना और उसे दूर करना नहीं है। फैशन के नाम पर कुछ लोग अपने को बुद्धिजीवी दिखाने के लिए कम्युनिस्ट पार्टी की सदस्यता स्वीकार करते हैं।

आत्मकथा में खुद लेखिका शोषण का शिकार है। अन्य कई महिलाओं की शोचनीय स्थिति का वर्णन इसमें प्राप्त है। एक उदाहरण है नगरपालिका का मेयर जायसवाल। वह औरतों को केवल भोग्या समझता है। वह अपनी पत्नी को कोई प्रतिष्ठा नहीं देता है। सोने के पिंजड़े में बंद मैना की तरह उसे खाने-पीने को खूब मिलता है किन्तु मुक्त वातावरण नहीं। वैसे ललिता नामक महिला के प्रति समाज की दृष्टि विशेष ध्यातव्य है। हँसमुखी ललिता सभी मामले को बहुत अच्छी तरह संभालती थी। समाज कुशाल स्त्रियों को हमेशा बुरी दृष्टि से देखता है। इसलिए उसके पति की नज़रिया भी घिनौनी बन गई। अंत में उसे पति से अलग होना पड़ा और जीवनपर्यंत समाजसेविका की भूमिका निभाती रही थीं। स्त्री की कुशलता, प्रतिभा और सामर्थ्य को जब तक समाज और पुरुष स्वीकारने के लिए तैयार नहीं होगा, तब तक स्त्री को समाज में मान्यता नहीं मिलेगी। लेकिन स्त्री को हार मानना उचित नहीं है।

महार जाति की कुछ सांस्कृतिक विशेषताओं पर आत्मकथा में प्रकाश डाला गया है। शादी की रस्में अलग ढंग की थीं। कोसरे उपजातियों का सेहरा जो दुल्हा-दुल्हन को पहनाया जाता था, वह जंगली खजूर के पत्तों से बनाया जाता था। इन खजूरों के पत्तों को जंगल से काटकर उसे आठ दिन तक हल्दी के पानी में भिगोकर रखते थे। नर्म पड़ने पर बहुत कलात्मक प्रकार से सेहरा बनाते थे। महार जाति का सेहरा चमकीले कागज़ों से बनता था। दुलहिन शादी पर पीले रंग की, लाल किनारीवाली साड़ी पहनती थी। दुल्हे का पिता दुल्हन के पिता को दहेज में कुछ रुपये देता था। यह कोसरे उपजाति में चलता था। इनकी शादी में एक रस्म-रिवाज़ था धनुष-बाण लेकर चलना। इस उपजाति की बड़ी उम्र की औरतें चोली नहीं पहनती थीं और उलटे पल्ले की साड़ी पहनती थीं। जनवरी महीने में सूर्य की पूजा करनेवाला 'सूर्या' त्योहार मनाया जाता था। वैसे ही अस्पृश्य समाज में अगर कोई विधवा और तलाकशुदा दुबारा शादी करना चाहे तो उसके लिए कोई रोक-टोक नहीं है। इसे शादी न कहकर 'पाट' कहा जाता है। इस विधि में विधवा को सारे सौभाग्यवती के चिह्न मंगलसूत्र, बिछुए बिंदी वगैरह लगाकर सिन्दूरी रंग की साड़ी पहनकर रात के अंधेरे में उसका पति अपने घर लाता था। तलाकशुदा को दिन में पति ले जाता है। लेकिन विधुर पुरुष तो धूमधाम के साथ अपनी शादी कर सकता था।

कई प्रकार के अंधविश्वास भी उनके बीच में प्रचलित थे। संपूर्ण दलित समाज अज्ञान एवं अशिक्षा के गर्त में उस ज़माने में पड़ा था। अपने अधिकार, अपनी परिस्थिति के बारे में ज़्यादा नहीं सोचता था, उसे अपने पेट की ही चिन्ता रहती थी। इसलिए बच्चों के जन्म के साथ कुछ मंत्र-तंत्र, टोने वगैरह किए जाते हैं। बच्चे को किसी मुल्ला, साधु, फकीर, देवी-देवताओं के मन्दिर ले जाया जाता है। लंबी उम्र के लिए बच्चों को खराब नाम देना आदि कई अंधविश्वास उनके बीच में प्रचार में थे। खसरा, चेचक, टाइफाइड को देवी का प्रकोप मानकर वे शीतला माता की पूजी करते थे। श्रीकृष्ण जयंती, दीवाली-होली, शिवरात्री जैसे त्योहार भी वे अपने ढंग से धूमधाम से मनाते थे। इनकी बस्ती में गणपति पूजा की भी बड़ी प्रतिष्ठा होती थी। बारिश के दिनों में किसी के घर 'रामायण', 'महाभारत', या 'कृष्ण अवतार' की डंडार (नृत्य) पोवाडे, गोधूल के भी कार्यक्रम होते थे। 'पोला' उनका और एक त्योहार था। इस प्रकार दलित समाज में प्रचलित कई त्योहार, आचार-विचार, रहन-सहन आदि का बयान इस आत्मकथा की सच्चाई को गहरा कर देता है।

'दोहरा अभिशाप' को दलित स्त्री आत्मकथा की नज़रिए से विचार करने पर इसका हिन्दी आत्मकथा के क्षेत्र में अपना स्थान है। दलित साहित्य में पुरुषों द्वारा लिखित कई आत्मकथाएँ हैं। अन्य कई भाषाओं में भी दलित-स्त्री की आत्मकथा है। लेकिन हिन्दी में यह प्रथम दलित-स्त्री की आत्मकथा है। इसलिए इसकी अलग पहचान है। इसके साथ जाति एवं पुरुषों द्वारा दिए गये अभिशापों को पहचानने एवं इनसे मुक्त होने की कौसल्याजी की छटपटाहट सराहनीय है। वे हार मानने के लिए तैयार नहीं हैं। अंबेड़कर के विचार उनके रग रग में व्याप्त हैं। ये विचार जीवन के तमाम कष्टों से उन्हें उभारकर सेवा-भाव प्रदान करते हैं। शिक्षित बनकर जाति की चहारदिंवारियों से सबसे पहले बाहर आईं तो मर्द द्वारा दिए गये मानसिक एवं शारीरिक पीड़ाओं से विलम्ब से ही सही आदलत के ज़रिए मुक्त होने का प्रयत्न सराहनीय है। पति के साथ उनके कष्टपूर्ण जीवन से उन्होंने माँ-बाप, भाई-बहनों के साथ स्नेह एवं परस्पर सहयोग से नीड का निर्माण किया। उसे आत्मकथा में ज़्यादा महत्व दिया। सही ही है, स्नेह जब पाती है तब ज़िन्दगी सार्थक एवं सुन्दर बनती है।

समकालीन हिन्दी उपन्यास में लोकचेतना

लोकचेतना में निहित 'लोक' शब्द बड़ा व्यापक अर्थ रखता है। व्यापक अर्थ में इस शब्द से किसी सभ्य राष्ट्र की सारी आबादी को अभिप्रेरित किया जा सकता है। लेकिन आज इसका अर्थ संकुचित होकर केवल उन्हीं का बोध कराता है जो नगर संस्कृति और औपचारिक शिक्षा-दीक्षा से परे, निरक्षर अथवा सीमित स्तर पर साक्षर-उजड्ड, गंवार है। या दूसरे शब्दों में कहा जाए तो आधुनिक सभ्यता से दूर, अपने सांस्कृतिक परिवेश में निवास करनेवाली तथाकथित अशिक्षित और असंस्कृत जनता को लोक कहते हैं जिनका जीवन एवं आचार-विचार परंपरा-युक्त नियमों से नियमित होता है। इस सन्दर्भ में सत्येन्द्र की परिभाषा विचारणीय है – "लोक मनुष्य-समाज का वह वर्ग है जो अभिजात्य संस्कार, शास्त्रीयता और पांडित्य की चेतना और पांडित्य के अहंकार से शून्य है और जो एक परंपरा के प्रवाह में जीवित रहता है।" (*हिन्दी साहित्य कोश, भाग-1*, पृ-747) यहाँ लोक-चेतना के प्रखर प्रवक्ता और साहित्य-व्याख्याता आचार्य हज़ारी प्रसाद द्विवेदी का अभिमत सर्वाधिक सुस्पष्ट एवं सटीक है। उनके मतानुसार, "लोक शब्द का अर्थ 'जनपद' या 'ग्राम्य' नहीं है बल्कि नगरों और ग्रामों में फैली वह समस्त जनता है जिसके व्यावहारिक ज्ञान का आधार पोथियों का ज्ञान नहीं है। नगर में परिष्कृत रुचि-संपन्न तथा सुसंस्कृत-समझे जानेवाले लोगों की अपेक्षा वे अधिक सरल और अकृत्रिम जीवन के अभ्यासी होते हैं तथा-परिष्कृत व्यक्तियों की विलासिता और सुकुमारता को जीवित रखनेवाली वस्तुएँ उत्पन्न करते हैं।" (*जनपद वर्ष*, *1 अंक-1*, पृ. 65) इसी अशिक्षित और असंस्कृत समझे जानेवाले लोक-समुदाय ने युग-युग से संचित आदर्शों को अपने हृदय में रक्त से सींचकर जीवित रखा है। तर्क-बुद्धि के अहंकार में जब 'संपन्न' और 'सुसभ्य' वर्गों को पाँव डगमगा जाते हैं, तब भी शताब्दियों से अंधकार को मिटाती अमर ज्योति को देश के सुदूर अंचलों तक फैले अनाम-अज्ञात हृदयों की स्नेह-धारा प्राप्त होती रहती है। 'लोक' हमारे जीवन का महासमुद्र है। उसमें भूत, भविष्य, वर्तमान सभी-कुछ संचित

रहता है। वही राष्ट्र का अमर स्वरूप है।

उपर्युक्त विचारों के परिप्रेक्ष्य में यदि देखा जाए तो समकालीन हिन्दी उपन्यास में ऐसे अनेक उपन्यास प्राप्त हैं जो किसी समुदाय को और उनके जीवन को सच्चाई के साथ अभिव्यक्त करते है। गाँव, शहर, जाति जनजाति एवं विभिन्न प्रकार के धंधाओं से जुडे हुए लोगों की ज़िन्दगी के द्वारा कई समकालीन उपन्यास लोकचेतना को उजागार करते हैं। गाँव केन्द्रित उपन्यासों में वीरेन्द्र जैन के 'डूब और पार', मैत्रेयी पुष्पा के 'चाक और इदन्नमम', राकेश कुमार सिंह का 'जहाँ खिले हैं रक्त पलाश', द्रोणवीर कोहली का 'तकसीम', मिथिलेश्वर का 'यह अन्त नहीं' आदि में लोकचेतना के विभिन्न आयामों को प्रस्तुत किया गया है। वैसे ही नगर केन्द्रित उपन्यासों में शैलेष मटियानी का 'कोई अजनबी नहीं', गोविन्द मिश्र का 'लाल पीली ज़मीन', जगदम्बा प्रसाद दीक्षित का 'मुर्दाघर' आदि में नगरों में रहते हुए भी नगर की चकाचौंध में न पड़कर एक कोने में अपने जीवन गुज़ारनेवालों की अलग संस्कृति को पेश किया गया है।

इस आलेख में आजकल की हाशियाकृत कुछ जातियों, जनजातियों पर केन्द्रित कुछ उपन्यासों को लिया जा रहा है। हिन्दी में जनजाति, जाति को लेकर लिखे गये उपन्यासों से भारत के विभिन्न क्षेत्रों में बसी हुई जनजातियों, जातियों का परिचय मिलता है। ऐसे उपन्यासों में उल्लेखनीय हैं मैत्रेयी पुष्पा का 'अल्मा क़बूतरी', शिवप्रसाद सिंह का 'शैलूष', श्रवण कुमार गोस्वामी का 'हस्तक्षेप', मनमोहन पाठक का 'गगन घटा घहरानी, तेजिन्दर का 'काला पादरी', संजीव के 'धार और जंगल' जहाँ शुरू होता है। इन उपन्यासों के ज़रिए उराँव, संथाल, थारु, कबूतर, नट जैसी जातियों की ज़िन्दगी पेश की गई है। उनके विश्वास, रहन-सहन और वेश-भूषा और धंधा के आधार पर लोक-चेतना का स्वरूप भी उभर आता है।

उपर्युक्त उपन्यासों में जो जातियाँ एवं जनजातियाँ हैं, वे विशेष भौगोलिक परिस्थितियों के अधीन रहनेवाली हैं। इन के भोजन, व्यवसाय, वस्त्र, जीवन निर्वाह के अन्य उपाय, यातायात के साधन, आचार-विचार तथा व्यवहार सब इनकी भौगोलिक परिस्थितियों पर निर्भर रहते हैं, जिनमें वे रहते हैं। उत्तर पूर्वी प्रदेश, मध्यवर्ती प्रदेश और दक्षिण प्रदेश के बड़े बड़े भू-भागों में भारत की अनेक जनजातियाँ बसी हुई हैं। नर्मदा और गोदावरी नदियों के बीच का पर्वतीय भाग ही अपने अंचल में सर्वाधिक आदिम जनजातियों को लपेटे हुए हैं। ये जातियाँ विंध्य-पर्वत श्रेणी, सतपुड़ा, महादेव, मैकाल और अजन्ता की पहाड़ियों की ढालों और पठारी भाग से लेकर देश के निचले

भाग हैदराबाद के घने जंगलों, पूर्वी व पश्चिमी घाट के पहाड़ी प्रदेश और उत्तर पश्चिम में अरावली पहाड़ी तक बसी हैं। इस प्रदेश में मध्यप्रदेश के गौंडा, राजस्थान के भील, छोटा नागपुर के संथाल, उरांव, थारू, मुण्डा आदि आते हैं।

शिवप्रसाद सिंह का शैलूष नटों के कबीलाई जीवन पर लिखा गया उपन्यास है, जिसका भौगोलिक क्षेत्र मिर्जापूर और विंध्याचल के आस-पास का पूर्वांचल है। खेतीपुर और कमलापुर दो प्रदेशों को आधार बनाकर नटों की ज़िन्दगी प्रस्तुत की गई है। बुंदेलखंड से लेकर पश्चिम में गुजरात तक पूरब में बंगाल तक नट कबीले फैले हुए हैं। संजीव के 'जंगल जहाँ शुरू होता है' में थारू जनजाति की ज़िन्दगी है। उनका क्षेत्र उत्तर के पड़ोसी देश नेपाल, पश्चिम के पड़ोसी प्रांत उत्तर प्रदेश, बीच में प्रायः दुर्भेद्य जंगल, पहाड़ मीलों फैले गन्ने के खेत, नारायण नदी के तिलस्मी कछार, दुर्गम पहाड़ों और नदी नालों से आँटा पड़ा क्षेत्र है। थारुओं के अंचल को नेपाल और भारत के सांस्कृतिक सेतु के रूप में माना जा सकता है। मनमोहन पाठक के 'गगन घटा घहरानी, में चित्रित सोनाहातू, मोरंगा, लुपंगा, जंगल की गिनती दक्षिण बिहार के सबसे घने वनों में है। मध्य प्रदेश के गहन आदिवासी क्षेत्रों में घटित होती घटनाओं और जंगलों के पार साँस लेते उरांवों के जीवन का यथार्थ चित्र तेजिन्दर ने 'काला पादरी' में खींचा है। सतपुड़ा, बुन्देलखंड, बधेलखंड एवं महादेवा की पहाड़ियों को अपना आश्रय स्थल और कर्म स्थल बनाकर प्राकृतिक परिवेश के बीच जीवन यापन करनेवाले उरांव लोग तथाकथित आधुनिकता से दूर अपनी संस्कृति को सुरक्षित रखने का प्रयास करते हैं। इन उरांवों की कथा है श्रवणकुमार गोस्वामी के 'हस्तक्षेप' में।

संजीव के 'धार' का संबंध बिहार और बंगाल के कोयला क्षेत्र में रहनेवाले संथालों के जीवन से है। संथाल हमारे देश के अतिप्राचीन लोगों में से हैं। ये बंगाल की वीर भूमि, उड़ीसा के कटक और बिहार के पलामू, रांची, संथाल परगना आदि जिलों में रहते हैं। इनका रंग अधिकतर काला होता है। इन लोगों की सामाजिक रीतियाँ बड़ी अनोखी हैं। कई प्रकार के अंधविश्वासों से वे घिरे हुए हैं तो भी अपनी अस्मिता को वे बनाये रखना चाहते हैं। आजकल बाहर के लोगों के हस्तक्षेप एवं विभिन्न शोषणों के कारण वे शहर के या गाँव के या अपने अंचल के नहीं रहे हैं। इस उपन्यास में संथालों की रीति रिवाज़ आदि के चित्रण के माध्यम से संजीव यह दिखाना चाहते हैं कि ब्राह्मणों से ज़्यादा ये लोग साफ-सुधारे हैं और कई दृष्टियों से इनकी संस्कृति आर्य संस्कृति से बहेतर थी। लेकिन आज बांसगुड़ा के संथालों के मन में

हिन्दू और मुसलमानों के प्रति नफरत है क्योंकि उन्होंने संथालों की आज़ादी और आदिम जंगल की सभ्यता और रहन-सहन को अपने ढंग से मोड़ा। वास्तव में, संथाल आदिम संस्कारों से जकड़े हुए हैं, वे लोग इतना भोले हैं कि सभ्यता के फैलाव से डरकर कोने में सिकुड़ते जाते हैं। इसलिए 'धार' उपन्यास में शर्मा संथालों को बार बार उपदेश देता है कि समय के बदलाव को समझकर कुछ जड़ संस्कारों को छोड़कर छीना हुआ हक वापस लेना है।

'जंगल जहाँ शुरू होता है' में थारू जनजाति की व्यथा कथा है। दुर्भेद्य जंगल में रहनेवाले थारुओं के लिए पक्का मकान एक भी न था, ये सिर्फ फूस के घरौंदे या खपड़ैल के घर में रहते हैं। थारुओं का गुरु ओझा है, इनके अलग देवता और मन्दिर हैं, सहसोगुरु और सोमेश्वर इनके मन्दिर हैं। थारू जनजाति की अन्य उपजातियाँ मर्चाबार, रोतार गौरिहार, दीक्षित आदि हैं। थारू हट के लिए मेहनत मज़ूरी के दिन अगहनी माह है। इसी दिन में धान की रोपाई शुरू होती है। गन्ना, मवाई, ज्वार, बाजरा और सन की खेती करता है। भूख से तड़पने वाले हैं थारू लोग। ये लोग बरसों पहले लंगोटी पहनते थे। अब शरत् ऋतु में एक बड़ा सा कोट पहन लगे हैं। सिर पर ऊनी कपड़ों की काली टोपी तथा कन्धे पर कंबल इनके साथ हमेशा होता है। मेले, उत्सव, त्योहारों में स्त्रियाँ सजधजकर जाती थीं। थारू हट का सबसे बड़ा मेला है सहोदरा या सुभद्दरा रामनवमी का मेला। इस दिन सहोदरा भाई की पूजा होती है और खुशी में थारू हट की बालिकाएँ सुधबुध खोकर नाचती हैं। उस वक्त अन्य स्त्रियाँ गीत गाती हैं–

> *"के अनिहें सुहादनारी,*
> *कि के अनिहें कंगना,*
> *हो के अनिह कंगना,*
> *से के अनिहें...हिरदिया दरपनवँ*
> *कि अनि हें...* (जंगल जहाँ शुरू होता है, पृ.सं. 17)

उरांव जनजाति को आधार बनाकर लिखा गया उपन्यास है श्रवणकुमार गोस्वामी का 'हस्तक्षेप', मनमोहन पाठक का 'गगन घटा घहरानी', तेजिन्दर का 'काला पादरी'। इन तीनों उपन्यासों में उरांवों के रीति-रिवाज़ का सुन्दर चित्रण हमें मिलता है। इन लोगों के घर प्रायः छोटे छोटे और घास फूस के होते हैं। इस जाति का मुख्य व्यवसाय कृषि है। ये लोग मोटा दाल-तिलहन के अतिरिक्त मोटा अन्न भी पैदा करते हैं। परन्तु कृषि की अवस्था इतनी दीन है कि इन्हें बड़े बड़े साहुकारों तथा ज़मीन्दारों से

उधार लेकर उनका गुलाम बनकर रहना पड़ता है। ऐसा एक गुलाम है 'गगन घटा घहरानी' का जागो। उरांवों के अनुसार, मुत्यु के अवसर पर क्रिया कर्म करना ज़रूरी है। उनका विश्वास है कि इन क्रियाकर्मों से आत्मा को शांति मिलेगी। उनका एक-एक गांव आठ दस घरों का समूह है।

उरांव संकेत की भाषा भी जानती है। थारू जनजाति के समान वे भी कुशल शिकारी हैं। शिकार करते वक्त ये स्पर्श और इशारे की भाषा बोलते हैं। 'कालापादरी' में अंबिकापुर और भटहरा गांव के उरांवों का चित्रण किया गया है। उनके बीच कई रिवाज़ प्रचलित थे। प्राचीन काल में सूखे मौसम के दौरान मृतकों को जला दिया जाता था। बीज बोने के बाद यदि मृत्यु हुई तो शव को दफनाकर फसलों को काटने के बाद पुनः उन्हें कब्र से खोदकर जला दिया जाता था। फसल काटने के बाद एक निश्चित दिन गांव को वर्ष भर के सभी मृतकों के अवशेष पात्र जो पेड़ पर लटके हुए थे, वह कुंडी तक ले जाता है, कुंडी यानी उरांव कुलों या पुरखों का स्मरण पात्र है, वहाँ इन पात्रों को मारकर फ़ोडा जाता है। इस प्रकार से उरांवों का विश्वास है कि मृतक पूर्वजों की संगति प्राप्त करते हैं और दर्जे प्राप्त होते हैं। अंबिकापुर से रामानुज की तरफ कुछ दूरी पर स्थित एक गांव था भटहरा। वहाँ तीस घर थे, जिनका इस दुनिया से लगभग कोई संबंध नहीं था। वे कोदो नाम के एक तरह का अनाज उगाते थे और खाते थे। थोड़ा बहुत जो धान उगता था उसका चावल निकालकर उसकी हंडिया छानते थे, और खुशी से नाचते थे। गाँव में बिजली भी नहीं, सरकार नाम की कोई व्यवस्था नहीं है।

श्रवणकुमार गोस्वामी ने 'हस्तक्षेप' में इन्हीं उरांवों के सांस्कृतिक शोषण की ओर नज़र डाला है। उनका काम दारू-हंडिया के बिना नहीं चलता है। शादी ब्याह के मामले में आदिवासी आज भी बेहद रूढ़िवादी होते हैं। एक उरांव दूसरे मुंडा परिवार में विवाह करने की बात सोच भी नहीं सकता। लेकिन बिरसी, करमा भगत के लिए महुआ को पूरे समाज की उपेक्षा कर अपनी बहू बनाना चाहते हैं। इस उपन्यास में सभ्य होने की कोशिश करनेवाले उरांवों की सांस्कृतिक रीति-रिवाज़ों का व्यापार करते हैं। 'काला पादरी' में उरांवों की संस्कृति को जड़ से उखाड़कर उन्हें धर्मान्तरण करके ईसाई बनाया जाता है। 'गगन घटा घहरानी' में सामन्ती लोग उरांवों को गुलाम बनाकर रखते हैं।

उरांव लोग विशेष अवसरों पर ही शिकार करते हैं। जितना भी अन्न के उत्पादन करें, उन्हें कोई फायदा नहीं, क्योंकि परिश्रम के पश्चात भी पूरा अन्न उपलब्ध नहीं हो

पाता है। रायसाहब, विशपस्वामी, नेताजी, विधायकजी जैसे शोषक लोग इन्हें अपनी भूख मिटाने का अन्न तक जुटाने के लिए अवसर न देकर उनका रक्त चूसते रहते हैं। इनका मुख्य व्यवसाय खेती करना है। जंगली, कंदमूल फल आदि भी इनके भोजन में बहुत सहायक हैं। इन उपन्यासों में चित्रित उरांवों का पहनावा बहुत सीधा सादा है। स्त्री तथा पुरुष दोनों पाँच, छः मीटर लंबा और आधे मीटर से भी कम चौड़ा कपड़ा बाँधते हैं। इन्हें शेष शरीर नंगा रखना ही अच्छा लगता है। धनी लोग कंबल आदि का व्यवहार करते हैं तथा बाज़ार जाते वक्त चादर की पगड़ी भी पहनते हैं। गरीब तथा कंगाल केवल लंगोटी ही पहनते हैं। वे उत्सव आदि के अवसर पर साढ़े पाँच मीटर लंबा और एक मीटर चौड़ा 'खनरिया कीचरी' वस्त्र भी पहनते हैं। वे विविध मेला त्योहार एवं उत्सव मनाते हैं। '*गगन घटा घहरानी*' में वरवाडीह गांव में गीत गाने के लिए पर्व, त्योहार का आसरा नहीं देखा जाता। कोई ढोलक लेकर पहुँच जाता है तो कोई झाल, हारमुनियम आदि लेकर आता है। इस उपन्यास में तपेसर के साथ मिलकर सब गाते हैं—

"गगन घटा घहरानी साधो
गगन घटा घहरानी
पूरब दिसि सों उठी बदरिया
रिमझिम बरसतक पानी
साधो गगन घटा घहरानी।" (वही, पृ. 205)

'अलमा कबूतरी' में कबूतर जनजाति की जीवनगाथा है। उनकी अपनी अलग रीति-रिवाज़ हैं। कबूतरों के बारे में एक प्रचलित कहानी है कि रानी झाँसी के संग लड़नेवालों के शहीद होने के बाद जब अंग्रेज़ों ने खदेडना शुरू किया तो कबूतर यहाँ वहाँ ऐसे फैले जैसे पानी फैल जाता है। इनको बुंदलखंड की मिट्टी ने अपनाया। वे ऐसे लोग थे, जिनकी बोली-चाली, रहन-सहन, तौर-तरीके, अपने इलाके के थे, मगर वे जो इस कसौटी पर खरे न उतरते थे। वे अंग्रेज़ों की मार खाते हुए पत्थर ढोकों की तरह यहाँ-वहाँ लुढ़कते रहे।

कबूतरों का पैतृक व्यवसाय चोरी करना है। जब कोई कबूतर चोरी करके लाता है तो उस चोरी के माल को बस्ती के मुखिया के सामने रखकर बाँटने का रिवाज़ है। जब पहली बार बस्ती का कोई बच्चा चोरी के लिए जाता है तो पूजा पाठ के साथ साथ प्रसाद बांटा जाता है। बस्ती की सभी औरतें आशीर्वाद देती हैं। शादी के समय इनके यहाँ बेटेवाले से दहेज लेने का रिवाज़ है। कबूतर जाति मौत पर रोती नहीं है।

उनका विश्वास है कि कबूतर कभी नहीं मरता, वे रानी पद्मिनी की संतानें हैं और वे खत्म नहीं होतीं। मौत पर भी गीत गाने का रिवाज़ है। इस उपन्यास में जब जंगलिया की मृत्यु होती है तब सारी कबूतरियाँ चिता के पास बैठकर गीत गाती हैं–

"आज ते जाजो तो पनफटे मत जातोरे
छोड़ो छोड़ो घूमती, मोर आवती फुलवादी
आवती, आवती, हमीर दे, वीर फोवड़ा..." (वही, पृ. 26)

बच्चे के जन्म पर कबूतर लोग भी जस्म मनाते हैं। स्त्रियाँ गीत गाती हैं। कच्चे ओटलों पर गोबर की टिकुली और कोरी झाडू की सींके लगाती हैं। छठ पूजती हैं। बच्चे के जन्म पर चोरी में बहुत चीज़ें हाथ लग जाए तो बच्चे को भाग्यशाली माना जाता है। नामकरण संस्कार भी धूम-धाम से वे मनाते हैं। कबूतर लोग डेरों में रहते हैं। इनके रहने का कोई निश्चित स्थान नहीं होता। जहाँ जगह मिल जाती है वहीं अपने बच्चे संग घर बना लेते हैं। उनकी बिरादरी का काम दारू बेचना, चोरी करना और बार बार जेल जाना है। निःसन्तान स्त्री के संबंध में और स्त्रियों की पवित्रता की परीक्षा करने में उनके बीच में अलग अलग रिवाज़ हैं। "पिटना पीटना, मरना, मारना हमारी ज़िन्दगी है। गुनिया, ओझा, मुखिया और पुलिस हमारे भगवान हैं। कज्जा लोग भाई बाप और मालिक भूख-प्यास हमारी गुइयाँ हैं। देह गर्मी से जलने लगती है तो हम चोरी से तालाब में नहा लेते हैं। जाड़े में हड्डियाँ चटकने लगती हैं तो जंगल से इंधन चुराकर देह सेंक लेते हैं। (*मैत्रेयी पुष्पा, अल्मा कबूतरी,* पृ. 99) इन वाक्यों के माध्यम से कबूतर का जीवन हमारे सामने खुल जाता है। इनका पहनावा घाघरा चोली है।

शिवप्रसाद सिंह का 'शैलूष' नटों के कबीलाई जीवन पर लिखा गया उपन्यास है। नटों को जरायमपेशा, खानाबदोश कहकर बड़ी जाति के लोग दूर भगाते हैं। लेकिन इनकी भी अपनी संस्कृति है। वे नक्षत्रों पर विश्वास करते हैं। जुड़ावन के कबीले में करीब पच्चीस नट ऐसे थे जो हर तरह का करतब और खेल दिखा सकते थे। जो युवती नट्टिनें हैं उनका काम गुदना गोदना और अवैध हमल गिराने के लिए अफीम और दूसरी जड़ी बूटियाँ बेचना है। इन लोगों के अलावा छूरों की नोक पर नचानेवाली नृत्य कुशल शैलूष छोकरियाँ भी हैं। जुड़ावन कबीले के सरदार हैं। वे ही सबका दुःख हाल पूछते हैं। नट लोग पासवाले गाँवों में नाच और गाने के लिए जाते हैं। नटों के घर द्वार नहीं हैं। वे सबकुछ भैंसों पर लादकर चलते हैं। नटों की शादी अजीब होती है। लड़की के परिवारों को युद्ध में हराकर उठाया जाता है या लड़की के बाप को मुँहमांगी रकम मेहर के रूप में देकर लड़की को माँगते हैं। नट अपने को चंदेलों के सेनापति

आल्हा और ऊदल के वंशज मानते हैं। नटों को अपने पुरखों से दायज के रूप में जड़ीबूटियों का ज्ञान मिला है। नट लड़की छूरा लेकर चलती है और और छूरा चलाने में निपुण भी है। नट लोग जितना गरीब हैं कि खेलकूद, रस्सी पर चलना आदि अनेकों करतब दिखाकर रोज़ी रोटी कमाते हैं। वे भविष्य के बारे में चिंतित नहीं हैं।

नटों के बीच एक अजीब रिवाज़ है कि कोई भी नट परिवार दूसरे नट परिवार का छुआ नहीं खाता है। अन्य जातियों एवं बिरादरी के लोगों का खाना खाते हैं। नट लोग गन्दे जानवरों को खाते हैं। ये गिलहरी, चूहे, ऊदबिलाव, गिरगिट, कांटेदार साही, मेंढ़क, नेवल आदि सबको खाते हैं। नटों के बीच गरीबी इतना भयंकर है कि बच्चे को पीने के लिए माँ की छात्ती में दूध नहीं है। जब बच्चा भूख से रोता है तब वे गीत गाती हैं कि–

"केकरे धरे रोटिया मांगे जाई रे
जस बाछतिया
कइसे के दुधवा पियाई रे" (पृ. 127)

उपर्युक्त उपन्यासों में संथाल, उरांव, थारू, कबूतर, नट जैसी जातियों की अस्मिता और उनकी रीतिरिवाज़ को प्रस्तुत करके उपन्यासकार हाशिये पर पड़े इन लोगों की सहज स्वाभाविक ज़िन्दगी का परिचय देते हैं। लेकिन इन जातियों की सहजता क्यों नष्ट हो रही है? भूमंडलीकरण के इस दौर में विकास के नाम पर इन जातियों की सुखसुविधाओं एवं सहज स्वाभाविक संस्कृति का विनाश हो रहा है। इनका आर्थिक, राजनैतिक, सांस्कृतिक, सामाजिक कई प्रकार का शोषण हो रहा है। ये लोग यदि समाज में डाकू, चोर एवं जरायम पेशे वाले जाते हैं तो इनका कारण सभ्य कहनेवाले तथाकथित राजनीतिज्ञ एवं शासक हैं। कई प्रकार से इनका शोषण वे कर रहे हैं। जंगल में रहनेवाले इन आदिवासियों के वासस्थान को भी विकास के नाम पर तहस नहस किया जा रहा है। पहले जहाँ जो खेती थी वहाँ आज कारखाने खड़े हो गये। सभ्य जनों द्वारा उनकी वन संपत्ति एवं उनकी नारियों का भी शोषण हो रहा है। हमने जितनी जातियों को देखा, वे सभी खाने-पीने के अभाव में तरसनेवाले हैं।

ईसाई मिशनरियों ने उरांवों के बीच आकर इनकी गरीबी का शोषण करके इन्हें ईसाई बनाया। 'काला-पादरी' में जेम्स खारवा पूछते हैं कि "क्या यह सच नहीं कि हमारी इमेजज़ में पहाड़ थे, नदियाँ थीं, पेड़ थे, शेर थे, चीते थे, और राजा ने हमें बंधुआ बना दिया, फिज़िकली और इकनॉमिकली एक्सप्लाईट किया,

लेकिन आपने क्या किया? यू रादर टेम्डअस, आपने हमें पालतू बना दिया। हमारे लिए फंडामेंडलिस्टों और आप में कोई खास फर्क नहीं है। हमारी सारी इमेजज़ छीन ली आप लोगों ने। (पृ. 45)

जंगल, पहाड़ सबकुछ सरकार का हो गया है। जो खेत अपने पास थे, वह भी किसी साहब और बनिया के हो गये। 'गगन घटा घहरानी' में हम देख सकते हैं कि लेरना जैसे बड़े गांव में भी आदमी खोजने से नहीं मिलेगा। सब ईंट भट्ठा में मज़ूरी करने गये। छोटे-छोटे बच्चे ईंट ढोते ढोते मर जाते हैं। अपने ही खेत में चोरी की फसल काटकर भय से दिन गुजारना पड़ रहा है। यही है सोनाहातू, लुपुंगा आदि गांवों के उरांवों की स्थिति। 'धार' में मैना कहती हैं कि "हम को याद आता, जब हम बच्चा था। खेती से चार छः महीने का काम चल जाता, आज दिन कभी नई खेत-खतार, पेड़ रुथ कुआँ, तालाब हम और हमारा बाल बच्चा तक आज तेजाब में गल रहा है, भूख में जल रहा है, पहले हम चोरी का चीज़ नई जानता था, भीख कब्भी नई मांग, चुगली-लाली कब्भी नई किया, इज्जत कब्भी नई बेचा, आज हम सब करता, आदत पड गया है, बल्कि हमें इसके बिना गुज़ारा नई।" (पृ. 56) इन वाक्यों में बांसगुड़ा की नहीं बल्कि पूरे संथालों की आर्थिक दशा सामने आती है।

इस प्रकार कई प्रकार के शोषण के शिकार बननेवाले इन जातियों पर प्रकाश डालने के लिए उपन्यासकारों ने जिन भाषाओं का इस्तेमाल किया है, वह लोक चेतना को और भी प्रज्वलित करती है। 'अलमा कबूतरी' में सभ्य लोगों की भाषा और कबूतर जनजातियों की भाषा, दोनों का इस्तेमाल किया गया है। उरांवों की कथा कहनेवाले 'हस्तक्षेप' में श्रवण कुमार गोस्वामी ने स्थानीयता के पुट को महत्ता देकर उन शब्दों का प्रयोग ज़्यादा किया है। 'धार' में संथाल जनजाति की भाषा को पूरी यथार्थता के साथ प्रस्तुत करने में संजीव सफल हुए हैं। संजीव के कथ्य की मौलिकता, भाषा की जादूगरी और गहरे अन्दर्द्वन्द्व द्वारा अपनी परिपक्व और न्यायिक दृष्टि दिखानेवाला उपन्यास है 'जंगल से जहाँ शुरू होता है।" तेजिन्दर के 'काला पादरी' में भी आदिवासियों की भाषा में बिंबों का प्रयोग किया गया है। 'शैलूष' में विविध स्तरों की भाषा के निर्माण से ही पात्रों के व्यक्तित्व और मानसिकता को समझा जा सकता है। भाषाई कौशल का अनायास प्रयोग 'गगन घटा घहरानी' में देखा जा सकता है। उरांवों की भाषा का सहज प्रयोग इसमें है।

हमारी सामाजिक व्यवस्था आदिवासियों को खदेड़कर विस्थापित कर रही है। वे बंजारों की तरह इधर-उधर भटकते फिरते रहते हैं। आज व्यवस्था बदल गई है,

शोषण के तरीके बदल गये हैं। आदिवासी का अपना प्रजातांत्रिक तरीका है जो जन और जड़ से जुड़ा था, जो खतम कर दिया गया और अब बाकी रह गया है रिश्ता केवल शोषक और शोषित का। हाशिए पर रहनेवाले इन भोली जनजातियों के शोषण व दयनीय दुर्दशा के मुख्य कारण शिक्षा की कमी है। सरकारी विकास कार्यक्रमों का पूरा लाभ आदिवासियों को नहीं मिल पा रहा है। आदिवासी मूल रूप में वनों के संरक्षक हैं। इन लोगों की अर्थ-व्यवस्था और संस्कृति के साथ वनों का संबंध गहरा है। लेकिन आज वन का मालिक सरकार हो गयी है। इन लोगों के शोषण करने वाले विभिन्न लोग चारों तरफ हैं।

उपर्युक्त विवेचन से समकालीन उपन्यास में अभिव्यक्त लाकचेतना का एक छोटा सा परिदृश्य प्राप्त है। समकालीन संदर्भ में विभिन्न परिस्थितियों के कारण जीने के लिए संघर्ष करनेवाले इन लोगों की अस्मिता को पहचानकर इन्हें भूमंडलीकरण के तेज प्रवाह में नष्ट किए बिना बचाए रखना है। ऐसी कितनी जातियाँ एवं जनजातियाँ भारतीय मिट्टी से गायब हो गईं। आज इन लघु संस्कृतियों को बचाने के लक्ष्य में जो उपन्यास रच जा रहे हैं, वे बहुत स्तुत्य कार्य कर रहे हैं।

दस द्वारे का पींजरा : भारत की मुक्ति साधना

भारतीय नवजागरण में आत्मचेतना का भाव है। यह चेतना सचमुच भारतीय अस्मिता यानी सांस्कृतिक अस्मिता की पहचान है। भारतीय नवजागरण पश्चिमी नवजागरण से भिन्न है। पश्चिमी नवजागरण अपने को मध्यकालीन चेतना से यानी चर्च के चंगुल से मुक्त करता है। लेकिन भारतीय नवजागरण अतीत से जुड़ा हुआ है, उससे बहुत कुछ ग्रहण करके वह आगे बढ़ता है। अपने यहाँ अतीत, वर्तमान और भविष्य का विभाजन नहीं है। काल का एक सातत्य है। इस सातत्य में पाश्चात्य विचारकों के चिंतन वेद, उपनिषद्, नव वेदान्त में घुल-मिल गये हैं। इसलिए नवजागरण कालीन चिंतकों एवं साहित्यकारों ने काल की गहराइयों में डूबकर कुछ उदात्त ध्वंसावशेषों को जनता के सामने रखने की कोशिश की। इसलिए उपर्युक्त आत्मचेतना समष्टिचेतना में संक्रमित हो गई। इस चेतना को जागृत करने एवं विकसित करने में शिक्षा का योगदान बहुत मूल्यवान सिद्ध होता है। इसमें पाश्चात्य शिक्षा का ही नहीं बल्कि संस्कृत शिक्षा का भी स्थान है। इन दोनों शिक्षाओं से प्रभावित व्यक्तियों ने तत्कालीन यथार्थ और समाज के रूपान्तरण को लगभग समान ढंग से ग्रहण किया। राजाराम मोहन राय, महादेव गोविन्द रानाडे, स्वामी दयानंद सरस्वती, स्वामी विवेकानंद, श्री नारायण गुरु, महात्मा फूले जैसे महापुरुष हैं। उन्होंने भारतीय संस्कृति की बुनियाद को पहचान लिया तथा उसके अनुसार नवभारत के निर्माण में कटिबद्ध रहे।

भारतीय नवजागरण में दो संस्कृतियों की टकराहट हुई है। उपनिवेशवादी अंग्रेज़ यहाँ की संस्कृति को हेय दृष्टि से देखते थे। इस संदर्भ में अपनी संस्कृति को बनाये रखने की ज़रूरत भी थी। आर्थिक दृष्टि से पिछड़े हुए समाज में संस्कृति का सामाजिक तथा मूल्यगत महत्व है। वाल्टर बेन्जामिन ने ठीक ही लिखा है कि किसी खतरे के समय में ही संस्कृति का रचनात्मक स्मरण होता है। तीसरी दुनिया के पिछड़े हुए देशों ने अपने सांस्कृतिक जागरण को राष्ट्रीय जागरण में बदल दिया। भारतीय नवजागरण से संबद्ध महापुरुषों ने राजा राममोहन राय से महात्मा गाँधी तक अपनी

अस्मिता की प्रतिष्ठा तथा जनता के 'जागरण' के लिए भारतीय संस्कृति का आधार ग्रहण किया। राजा राममोहन राय ने उपनिषदों का सहारा लिया तो विवेकानंद ने अद्वैत वेदान्त का, स्वामी दयानंद सरस्वती ने वेद का। इनके आधार पर उन्होंने धार्मिक भेद-भाव, ऊँच-नीच, छुआछूत, बाह्याडंबर, जाति-पाँति आदि का जमकर विरोध किया।

भारतीय नवजागरण को मज़बूत करने में सबसे ज़्यादा सहायक बना स्त्री-जागरण। स्त्री जागरण को तेज़ बनाने में कई स्त्रियाँ आगे आईं। नवजागरण में उनका योगदान सबसे ज़्यादा स्मरणीय है। उनमें एक उल्लेखनीय नाम है पंडिता रमाबाई। पंडिता रमाबाई का संघर्षपूर्ण जीवन दमित, शोषित स्त्रियों के जागरण के लिए समर्पित था। उनके जीवन संदेश से उस समय की कई स्त्रियाँ बिलकुल प्रभावित हो गईं। उन्हेंने खुद प्रबुद्ध होकर अपने शरीर रूपी पिंजड़े से निकलकर अपने शेष जीवन को रमाबाई की शिष्याएँ बनकर जीने में अथवा उनके आशयों एवं सन्देशों को जीवन एवं समाज में कार्यान्वित करने में लगा दिया। अनामिका का उपन्यास 'दस द्वारे का पींजरा' पंडिता रमाबाई की महत्वपूर्ण ज़िन्दगी के अनछुए पहलुओं को अनावृत करता है। इसके साथ उनकी शिष्या ढेलाबाई हैं और उसकी शिष्याएँ हैं। इस प्रकार एक शृंखला के रूप में स्त्रियाँ परस्पर सहयोग एवं एकता के साथ सेवा के मार्ग पर अग्रसर होती दिखाई देती हैं। दलित, शोषित, अनाथ, विधवा स्त्रियाँ मिलजुलकर एक सामरस्य की ज़िन्दगी काटती हैं। इस प्रकार मुक्त एवं स्वतंत्र स्त्रियाँ भारतीय नवजागरण को उत्तेजित करने में बहुत मदद देती थीं। उपन्यास की पृष्ठभूमि इसी भारतीय नवजागरण की है।

एक प्रबुद्ध जागृत भारत स्त्री-जागरण से ही संभव होता है। जब मेडम मेयो ने 'मदर इंडिया' लिखा तो हमारे यहाँ के सभी राष्ट्रीय नेताओं ने उसका विरोध किया था। लेकिन भारतीय स्त्री तब भी अपने शरीर तक सीमित थी। स्त्री-उद्धार और स्त्री को शिक्षा देने की अनिवार्यता पर राजा राममोहन राय से गाँधी तक के लोगों ने बल दिया था। खुद स्त्रियों ने भी यह पहचान लिया। ऐसी स्त्रियों में एक है पंडिता रमाबाई। उपन्यास के प्रारंभ में यह सूचित किया गया है कि जो पढ़ती है वह अपनी भाषा बोलने लगती है, अपना सपना देखती है। यही तो पंडिता रमाबाई ने भी किया। लेकिन उनके पिता, परिवार तथा खुद रमाबाई भी समाज में अकेले पड़ गईं। इसका कारण उपन्यासकार ने प्रथम खंड की कविता में बहुत ही कुशलता के साथ अभिव्यक्त किया है – "कोई सोए साथ भले पर जगते सभी अकेले हैं।" (पृ.12) अज्ञान रूपी नींद में सभी एक साथ मित्र बनकर रहेंगे। चेतना का जागरण सबों में एक साथ संभव

नहीं होगा। लेकिन जो जागता है वह अकेला हो जाता है। जो नींद में हैं, वे सब एक साथ जागृत चेतना के खिलाफ खड़े हो जाएँगे। नींद में पड़े लोगों को अपने साथ ले आने के लिए जागृत चेतना संपन्न व्यक्तियों को जीवन में बहुत लड़ना पड़ता है। बीच में थका-मांदा बनकर गिर पड़ेगा। पुनः ऊर्जा हासिल कर आगे बढ़ता है। अंत में हार माने बिना अनेकों को चेतना संपन्न बनाने में वह समर्थ बन जाता है। यही है रमाबाई की भी जीवनी।

रमाबाई की इस चेतना का विकास और उससे लाभान्वित स्त्रियों की दास्तान को औपन्यासिक रूप प्रदान करने के लिए अनामिका जी ने नई शिल्प-दृष्टि को अपनाने का साहस दिखाया। 'आधारशिला' नामक संस्था के नेतृत्व में कई लोग मुजफ्फरपुर की ढेलाबाई की जोगिनिया कोठी में उपस्थित हुए। मुजफ्फरपुर में ढेलाबाई की जोगिनिया कोठी अब आधारशिला का मुख्य दफ्तर है। कानन देवी द्वारा रचित रमाबाई वाले रेडियो-रूपक का पारायण कर इसे डाक्यूमेंटरी बनाना इनका लक्ष्य था। वह डाक्यूमेंडरी है उपन्यास का पहला भाग। यह 'आधारशिला' गरीब और अनाथ बच्चों, अकेली औरतों और अनाश्रत बूढ़ों का एक अंतरंग संयुक्त परिवार है – एक तरह का लॉज जो आपसी सहयोग से चलता है। विदेशी पैसे नहीं लेता। पढ़े-लिखे बूढ़े-बूढ़ियाँ ही बच्चों को पढा दिया करते हैं – किस्से-कहानियाँ सुनाते हुए और औरतें आसपास के कार्यालयों के लिए टिफिन तैयार करके कुटीर उद्योगों के माध्यम से संस्था का खर्च निकाल लेती हैं। यह सामूहिक बोध प्रेम एवं सेवा भाव असल में स्त्री की शक्ति है। इसी स्वावलंबन एवं मुक्ति भावना का संदेश रमाबाई ने दिया। रमाबाई के परिचय वाले उपन्यास के पहले भाग में तथा ढेलाबाई का परिचय देनेवाले लोहासिंह बाबा के कथा-कथन में भी भारतीय नवजागरण की लहरें हैं। इस नवजागरण को मज़बूत करती हैं ये विवेकी चेतना संपन्न स्त्रियाँ। इसका तात्पर्य यह है कि नवजागरण में सबसे प्रथम स्थान स्त्री-जागरण का है। आधार शिला का मुख्य लक्ष्य सेवाकार्य है। इसलिए वहाँ के मुख्य सदस्य डॉ. स्पंदन के संबंध में यह टिप्पणी उल्लेखनीय है, "लोगों को पता चले कि निःस्वार्थ सेवा और अहैतुक प्रेम दुनिया की कितनी बड़ी नेमत है – दुनिया की सबसे बड़ी क्रान्ति!" (पृ.14)

उपन्यासकार ने जोगिनिया कोठी में एक सार्थक सामुदायिक जीवन का माहौल महसूस किया। वहाँ के जीवन को देखकर उपन्यासकार को कबीर का 'फूटा कुंभ जल जलहि समाना' की याद आयी। उनके अनुसार यह जल तत्व है प्रेम। साधारण आदमी परस्पर स्नेह करने और दूसरों से मिलनेजुलने को तैयार हो जाता है। जिस

प्रकार भूमि का एक चौथाई भाग धरती और बाकी सब पानी है, वैसा ही है मनुष्य जीवन। यहाँ दार्शनिक के समान अनामिकाजी इसलिए बोलती हैं कि जिनमें यह जलतत्व है वह जनसेवक बनता है। यह जलतत्व स्त्री में ज़्यादा है। वह परस्पर जल्दी मिल जाती है। वह बहते बहते संपूर्ण दुनिया में फैल जाती है और उसमें कितने लोग आमग्न हो जाते हैं।

आंध्र के गंगामूल आश्रम से यात्रा करते-करते भारतीय जीवन में ही नहीं संपूर्ण दुनिया में पंडिता रमाबाई फैल जाती हैं। वे साहसी और विदुषी औरत थीं। ये दोनों गुण उन्हें विरासत में मिले थे। उनके पिता अनंतशास्त्री ने शास्त्रग्रंथों से स्त्री-शिक्षा के समर्थन के तीन सौ सन्दर्भ जुटा लिए। फिर भी पत्नी और बच्चियों को शिक्षित-दीक्षित करने के अपराध में उन्हें जाति से बहिष्कृत किया गया। पर वे निश्चिंत रहे। शान से उन्होंने आन्ध्र प्रदेश के गंगामूल में एक आश्रम बनाया जहाँ कोई भी आकर खा-पी, पढ़-लिख सकता था। अनंतशास्त्री का शिष्य सदाव्रत इस परिवार की छाया बनकर सदा साथ रहा। वह एक दलित था। रमाबाई जितनी तेजस्विनी थीं उससे ज़्यादा अनुग्रहीत था वह। पिता जब पंडित मंडली में बोलने जाते थे, तब रमाबाई उसकी भूमिका बोलती थी। उनकी विद्वत्ता एवं लीक से हटकर के उनके विचारों से विद्वान लोग बहुत आतंकित हो जाते थे। बचपन से ही भारतीय दर्शन एवं चिंतनों को उन्होंने आत्मसात किया था। भारत को नवीकृत करने के प्रयत्न में यह संस्कार उन्हें बहुत सहायक बन गया। अर्थात स्त्री समाज में स्पंदन उत्पन्न करने में इन विचारों से प्राप्त संस्कार बहुत सहायक निकला। योग विद्या से भी उन्होंने अपनी शक्ति एवं चेतना को जगाया। अनंतशास्त्री ने जाति का विरोध किया। एक व्यक्ति का महत्व जाति में नहीं, अस्तेय, अपरिग्रह, सत्य और मेधा जैसे शील को आर्जित करने में है। बाल विवाह जैसी समाजिक प्रथा का भी कठोर विरोध किया। इस प्रकार उपन्यास के आरम्भ में ही वेद, उपनिषद, पुराण जैसे अनेक आर्षग्रंथों के ज़रिए भारत के महान विचारों की व्यांख्या एवं परिभाषा देकर एक बिलकुल गहरी एवं चिंतन प्रधान भूमिका तैयार की गई है।

लेकिन अतिशय उदारता एवं बड़े दामाद के अनाचार के कारण जब ज़मीन बिकने की नौबत आई तो अनंतशास्त्री ने कीर्तनकार और कथावाचक के रूप में नगर-नगर, डगर-डगर सपरिवार घूमते हुए पूरे 16 बरस काट दिए। फिर अपना सारा तेज अपनी बेटी रमा में उंड़ेलकर पत्नी-बेटे के सहारे उन्होंने परलोक प्राप्त किया। उनके देहान्त के वक्त रमा पिता के मुँह में चीनी-पानी भी नहीं डाल सकीं क्योंकि

वेंकटगिरि तक का पूरा इलाका अकाल की चपेट में था। फिर एक दिन माँ की बारी आई। वे सब बहुत दिनों से क्षुधाकातर घूम रहे थे। माँ के मुँह से 'रोटी' शब्द निकला तो रमाबाई भिक्षा माँगने बगल के गाँव तक गयीं। सदाव्रत सदा उनकी मदद में था। 'सिद्धान्त कौमुदी', 'अमरकोश', 'गीता', 'महाभारत'—सब जिन ओठों पर सदा वर्तमान थे वे होंठ – रोटी दे दो – जैसे तीन मामूली शब्द उच्चरित करने में थकथमका गये, गला रुँध गया। घर की औरत दयालु थी, खुद ही उसकी व्यथा समझकर उसको रोटी दी। तब से रमाबाई ने अपना सारा जीवन दीन-दुखियों की सेवा में ही बिता देने का संकल्प धरा और अग्निशिखा-सी हर अन्याय के खिलाफ दमक उठीं।

माँ की अर्थी में चौथा कंधा खुद अपना दिया। भाई श्रीधर और सखा सदाव्रत के साथ इमली के बीज खा-खाकर राजस्थान की ठंडी रातों में बालू में देह गाड़कर, पल्लू से सर ढँककर गुजारा किया और हरिकथा वाचव के रूप में खूब ख्याति कमायी। कलकत्ता उस समय एक सांस्कृतिक केन्द्र था। कलकत्ता तक पहुँचना उनका लक्ष्य था। कलकत्ता के सांस्कृतिक नायकों से उनकी भेंट हुई। वहाँ श्री द्वारिकानाथ गांगुली, शशिपाद बैनर्जी, केशवचन्द्र और विलियम केरी आदि विद्वान इनकी पौराणिक टीकाएँ सुनकर चकित रह गये। संस्कृत का ऐसा खनकदार वाचन लोगों को मंत्रमुग्ध कर जाता। सारा सेनेट हॉल थर्या उठा। 'स्टेट मैन' जैसे अखबार में जहाँ-तहाँ उनके उद्धरण छपते, खासकर स्त्रीवादी प्रसंग।

कलकत्ता में केशवचन्द्र सेन की छत्रछाया में रमा ने वेद भी पढ़े और तब भाई के साथ गोवहाटी और सिलहट की ओर बढ़ीं। वहाँ संस्कृतज्ञों ने समस्या-पूर्ति के माध्यम से इनकी क्षमताएँ परखीं और वे चकित रह गये। ढाका पहुँचते-पहुँचते भाई भी गुज़र चुका। इसी बीच अपने पिता के पास यू.एस.ए में सदाव्रत 'लॉ' पढ़ने गया। रमाबाई की विलक्षण तेजस्विता से और सौन्दर्य से सब आकृष्ट थे। अपने दोस्त सदाव्रत के प्रति उनका जो प्रेम है, वह गहरा और शब्दों के परे का है। निम्न जातीय होने के कारण माँ पहले ही इस संबंध का विरोध करती थीं। लेकिन सदाव्रत के भारत लौट आने पर उन दोनों ने सारे विरोधों को नकारते हुए शादी कर ली। सदाव्रत विद्वान ही नहीं कवि भी हैं। ज्योतिबा फुले और सावित्री बाई फुले के आशीर्वाद उन्हें प्राप्त थे। सदाव्रत फुले का दाहिना हाथ था। क्रान्तिकारियों की ओर से सारे मुकदमे निःशुल्क लड़नेवाला सबसे बड़ा वकील था। दलितों के दमन के खिलाफ सदा काम करते थे। 'उदंत मार्तण्ड' में भी उनकी कविता छप कर आई। अछूतों की बस्ती में स्कूल खोलने की कोशिश के दौरान सवर्णों के आक्रमण में उनकी मृत्यु हो गयी। दोनों आदर्श दाम्पत्य

बिता रहे थे। रमा उनके साथ बहुत खुश थीं। एक बेटी भी हुई। नाम रखा मनोरमा, पर घर-गृहस्थी का सुख उन्हें लिखा नहीं था।

वैयक्तिक दुःखों के ताप को कम करने का एक ही उपाय है सार्वजनिक दुःखों में डुबकी लेना। ब्राह्मणों की छद्म मानसिकता पर कुठार आघात किया। पूणे में फूले और रमाबाई मिलकर रानाडे की मदद से स्त्रीविमोचन के लिए काम करने लगे। वैधव्य के बाद लूका को 'शुभवर्तन' पढ़ा। क्रिश्च्यन मिशनरियों के संपर्क में आईं। पूणे में जस्टिस महादेव रानाडे और रमाबाई रानाडे से बहुत गहरी लंबी दोस्ती की नींव पड़ी। 1882 में हण्टर कमीशन के सामने स्त्री-शिक्षा का मसविदा उन्होंने रखा और इस बात पर भी ज़ोर दिया कि चूँकि स्त्री स्त्री से ही खुलती है – स्त्री ही शिक्षक, स्कूल-इन्सपेक्टेर्स बनें और मेडिकल-पारामेडिकल का प्रशिक्षण भी स्त्रियों को मिले। उनकी ही प्रेरणा से लेडी इफरिन और महारानी विक्टोरिया ने हर जिले में इफरिन मेडिकल डिस्पेन्सरी खोली।

रमा के विलक्षण तेज भाँपकर जस्टिस राणा ने अपनी पत्नी के साथ-साथ उनकी भी अंग्रेज़ी ट्यूशन रखवा दी। मिस हारफोर्ड दोनों सखियों को अंग्रेज़ी पढाने लगीं तो लंदन जाने के रास्ते भी खुल गये। लंदन में 'सिस्टर्स होम' की स्थापना करते हुए इन्हें ईसा को ठीक से पढ़ने का मौका मिला और इन्होंने ईसाइयत का वरण भी किया। उन्होंने पहचान लिया कि धर्म स्त्री और शूद्रों की मुक्ति के खिलाफ है। धर्म राजनीति नहीं है, वह एक जीवन-पद्धति है। स्त्री विरोधी धर्म की उन्होंने खुलकर भर्त्सनात्मक शब्दों में निंदा की। मैत्रेयी-गार्गी की परंपरा से हटकर विदेशी धर्म स्वीकार करने के निर्णय का विरोध तिलक जैसे देश भक्तों ने किया। मैक्सम्यूलर से जब आक्सफोर्ड के कैंपस में मिलीं तब जबरदस्ती से ईसाई बनाने की पादरियों की करतूतों के प्रति अपनी नखुशी रमा ने प्रकट की। वे ईसा के व्यक्तित्व से प्रभावित होकर ईसा धर्म से जुड़ी, लेकिन धर्मान्तरण के नाम पर जो अन्याय चलता है उसे उन्होंने आत्मिक बलात्कार कहा। उनके अनुसार – प्रेम की तरह भक्ति भी थोपी नहीं जा सकती। उन्होंने मानवता को परम धर्म माना। उसे अपना जीवन लक्ष्य समझा।

उन्होंने बाइबिल की उतनी ही सुन्दर व्याख्या की जितनी कि भारतीय आर्ष ग्रंथों की की। फिर उन्होंने 'द हाई कास्ट हिन्दू वुमन' नाम से एक किताब भी लिखी जिसकी कई प्रतियाँ अमेरिका में धड़ाधड़ बिक गईं। फिर उन्होंने मराठी और हिन्दी में भी कई पुस्तकें लिखीं और तिलक आदि कई महत्वपूर्ण नेताओं के विरोध के बावजूद स्त्री-प्रश्न पर लगातार डटी रही। अमरीकी शिष्यों के ही पैसों से पूणे में शारदा-सदन

खुला। वह सभी बेसहारे औरतों का हुनर-प्रशिक्षण केन्द्र और हॉस्टल बना। 1889 में इण्डियन नेशनल कांग्रेस की पाँचवीं सभा मुंबई में हुई। उसमें रमा जी ने भाग लिया और वहाँ उनकी आवाज़ स्त्रियों के लिए गूँज उठी। वे पहली स्त्री हैं जिन्हें काँग्रेस बैठक में भाग लेने का अवसर मिला था। उनके अथक परिश्रम का नतीजा था कि नौ स्त्री प्रतिनिधि उस सेशन में विधवाओं के केशकर्त्तन और दूसरे अनाचारों का सस्वर विरोध करने आई थीं।

देश भर में उनकी शिष्याएँ हुईं। उपन्यासकार ने मुजफ्फरपुर में भारतीय नवजागरण के सिलसिले में जो राष्ट्रीय एवं सांस्कृतिक कार्य हुए उनके साथ रमाबाई की शिष्या ढेलाबाई तथा शारदा-सदन के कार्यक्रमों को जोड़ दिया। इसकी वजह यह है कि नवजागरण संबंधी आंदोलनों में मुख्य है स्त्री-जागरण। अतः उन्होंने रमाबाई के प्रगतिशील विचारों एवं कर्मों को उसके केन्द्र में प्रतिष्ठित किया। रमाबाई ने उस समय की स्त्री-विरोधी व्यवस्थाओं पर सवाल उठाया और सही रास्ता चुनने की हिम्मत दिखाई। इतना ही नहीं, उस समय के महान नेताओं के संपर्क से जो कुछ आत्मसात करना था उन्हें अपना लिया तथा जिन्हें ठुकराना था उन्हें किसी बिना हिचक के ठुकरा दिया। जीवन की सच्चाई को समझने के लिए उन्हें भारतीय एवं पाश्चात्य उच्च आशयों का संयोग बिलकुल सहायक बना। आत्मचेतना के विकास से समष्टिचेतना के उन्नयन करने की उनकी अतिशय क्षमता का प्रमाण है भारत भर की उनकी असंख्य शिष्याएँ।

उपन्यास का दूसरा भाग असल में सबसे गहरा एवं प्रभावात्मक प्रकट होता है। यह भाग बिहार एवं विशेषकर मुजफ्फरपुर के नवजागरण से संबद्ध है। वहाँ के लोक साहित्य और साहित्य की भूमिकाएँ, पड़ोसी प्रांत बंगाल के नवजागरण की लहरें बिहार के जनजीवन को ढालने में कैसे सहायक हुईं, भारत भर के स्वतंत्रता आंदोलन का ब्यौरा, उसमें भाग लेनेवाले गाँधी जैसे महात्मा लोगों की सक्रिय नेतागिरी की विशेषताएँ, रमाबाई से आकृष्ट मुजफ्फरपुर की स्त्रियाँ, वेश्याओं के अनछुए इतिहास आदि का खुलासा है। यह भाग पटना रेडियो स्टेशन के जाने-माने अभिनेता और नाट्य निदेशक लोहा सिंह के कथाकथन से प्रस्तुत है। इसलिए उपन्यासकार कहती हैं – "बिहार के पुनर्जागरण का वह इतिहास भोजपत्र की पाण्डुलिपियों-सा इधर-उधर तिराया जैसे मुझे उन बुजुर्ग, लोहासिंह के किस्सों में मिला। उनकी ही नाटकीय प्रस्तुति मैं ज्यों-की-त्यों रख देती हूँ सामने।" (पृ.145) लोहासिंह नवजागरणकालीन महापुरुषों की ही नहीं बल्कि बिहार के सारे साहित्यकारों एवं राजनीतिज्ञों को भी याद करते हैं।

उन्होंने तो देश का सच्चा सपूत बनने की संकल्पना की थी। उन्हें सांस्कृतिक कार्यक्रमों में रामवृक्ष बेनीपुरी की 'माटी की मूरतें', शिवपूजन सहाय की 'देहाती दुनिया' राजा राधिकारमण प्रसाद के 'चुम्बन और चाँटा' पर फिल्में बनाने की भी योजना थी। शास्त्रीजी दिनकर, नेपाली, किशोर और कई कवियों के गीतादि मधुर कंठ से गाते थे। नौटंकी के आदमी हैं इसलिए जब जिसकी बात करते, वही बन जाते। उस समय उनको ऐसा लगता कि वे ही गाँधी हैं, वे ही राजेन्द्र प्रसाद, जयप्रकाश नारायण और सहजानन्द सरस्वती, परसा मठ के राहुल सांकृत्यायन और महेन्दर मिसिर भी वही हैं।

मुजफ्फरपुर में ढेला स्मारक संग्रहालय एवं पुस्तकालय है। वहाँ ढेला के गुरु महेन्दर मिसिर का अपूर्व रामायण है जो उन्होंने जेल में लिखा था उससे कई उदाहरण प्रस्तुत हुए। वे अद्भुत गीतकार थे, गायक थे। उनकी ख्याति जनकवि के रूप में अंतर्राष्ट्रीय स्तर पर पहुँची। उन्होंने दलितों, शोषितों के लिए लोकभाषा में लिखा – "अब लोग दलित और अल्प संख्यक विमर्श की बात अलग से करते हैं, पर लोकभाषा और लोकसाहित्य अपनी झोली में ऐसे कई विमर्श टिकोलों, करौंदों और अमरूदों की तरह बतिया ही तोड़कर भरे रहतें हैं। सब विमर्श बीज-रूप में यहाँ पहले से विद्यमान होते हैं, इसका प्रमाण इनकी भोजपुरी-रामायण भी है जिसमें राम से अंतरंग गप्प-शप्प करते हुए भोगल, बजाज, दलाल, ठठेरा, बनिया, माली के वर-सब मस्त हैं : कोई छोटा, कोई बड़ा नहीं, बातचीत की लय और भाषा बराबरी की ही ठहरती है।" (पृ.150) ये महान कलाकार स्वामी अभयानंद के शिष्य बने। स्वतंत्रता के लिए अपना पूर्ण समर्पण करने का वादा किया। स्वतंत्रता संग्राम के लिए युवाओं को संगठित किया और अंग्रेजों के विरुद्ध काम करना भी शुरू किया।

बीसवीं सदी के दूसरे दशक में संपूर्ण भोजपुरी भाषी अंचल में निलहे साहबों का अत्याचार चरमोत्कर्ष पर था। महात्मा गाँधी ने किसानों का नेतृत्व संभाला था। राजकुमार सुकुल, ब्रजकिशोर प्रसाद, मौलाना मजहरूल हक, बाबू राजेन्द्र प्रसाद, डॉ सैयद महमूद, जयप्रकाश नारायण, जगलाल चौधरी, प्रभूति त्यागी, भोजपुरिए बाबा छामोदरदास उर्फ राहुल सांकृत्यायन के साथ गाँव-गाँव घूमकर अलख जगाने में व्यस्त थे। उस वक्त महेन्दर मिसिर ने सामंतों और अंग्रेज़ों के अन्याय काफी नज़दीक से देखे थे और उनपर लिखा भी था। प्रदर्शनिकारियों का जलालपुर थाने में नेतृत्व भी किया। पिकटिंग में भाग लेनेवालों को वे खिलाते थे। उन्हीं दिनों वे घोर क्रांतिकारी हो गये। जलालपुर में शराब की दुकान के सामने पिकटिंग करते हुए फिरंगी घुड़सवारों ने चार सुराजियों को पकड़ लिया। फिर उनके पाँव रस्सियों से बाँधकर घोड़े के पीछे घसीटते

हुए पूरे बाज़ार में घुमाया। चारों लहूलुहान होकर चिल्लाते रहे और फिरंगी घोड़ों पर बैठ अट्टहास लगाते रहे। गाँधी के अनुयायी थे मिसिरजी। वे यह घोर अन्याय सह नहीं पाए। इसलिए इसका मुकाबला करने के लिए उन्होंने घोर क्रांतिकारी मार्ग अपनाया। उसके बाद पं. मिश्र ने ब्रिटिश साम्राज्य की अर्थव्यवस्था तहस-नहस करते हुए उसकी चूलें हिला दीं।

सारण जिला उन दिनों गाँधीवादियों के साथ-साथ उग्र क्रांतिकारियों का भी गढ़ था। चन्द्रशेखर आज़ाद, भगत सिंह और बंगाल के अनेक क्रांतिकारी गंगा-सरयू-सोन और गंडक जैसी विशाल नदियों के दियारों एवं घनी अमराइयों में निर्भय होकर विचरण किया करते थे। अपनी क्रांतिकारी गतिविधियों के संचालन के लिए गोला-बारूद जुटाने, बम वगैरह बनाने के लिए उन्हें बहुत धन की ज़रूरत होती थी, जिसे वे बापू की निन्दा के बावजूद सरकारी खजाना लूटकर अथवा अंग्रेज़ों के पिट्ठू रईसों के यहाँ डाका डालकर जुटाते थे। यह काफी खतरनाक काम था। क्रांतिकारियों की यह आर्थिक दिक्कत दूर करने के लिए मिसिरजी नेथान के एक गुप्त कमरे में रुपए छापने की मशीन लगाई और खूब रुपए छापकर क्रांतिकारियों को देने लगे। क्रांतिकारियों की ताकत को परास्त करने में बरसों तक ब्रिटिश सरकार कामयाब नहीं हो पाई। उनको पता मिला कि क्रांतिकारियों की आर्थिक ताकत का मुख्य स्रोत बिहार में कहीं से है। अंत में मिसिरजी की गिरफ्तारी हुई। अपने लंबे जेलवास के दौरान वे एक साधु सा जीवन बिताते थे। तब उन्होंने अपनी मातृभाषा में साढ़े आठ सौ पन्ने और सात अध्यायों की रामकथा लिखी। आज वह 'अपूर्व रामायण' के नाम से भोजपुरी में अपना अमर स्थान प्राप्त कर चुका है।

उपन्यासकार ने महेन्दर मिसिर की टोली के सोलोमन, कन्फूशियस और वृद्ध वाचस्पति गोचो के द्वारा 1855-56 के संथालों के आंदोलन और 1860 के निलहे किसानों की हड़ताल पर भी प्रकाश डाला है। ये भारतीय नवजागरण के संदर्भ में विशेष उल्लेखनीय दो घटनाएँ हैं। संथाल लोग जंगल के दावेदार हैं। लेकिन उनके अधिकारों को छीनकर ज़मीन्दार और महाजन संथालों के प्रति घोर अन्याय कर रहे थे। संथालों ने ज़मीन्दारों और महाजनों के अत्याचारों से छुटकारा पाने, अपने देश पर अधिकार करने और अपनी सरकार बनाने का निश्चय किया। उनका आंदोलन बहुत ज़ोरों पर था। सरकार की घबरहट और परेशानी बढ़ती रही। नीची जाति के डाकुओं की एक बड़ी तादाद संथालों की मदद कर रही थी। धर्म और जाति की भावना के ऊपर भाईचारे के इस बंधन से एकदम नई शक्ति पाकर संथालों ने संग्रामपुर पर चढ़ाई

की और वहाँ से पाकुर पर कब्जा कर लिया। इसी तर्ज पर 1860 में निलहे किसानों की हड़ताल भी बंगाल में हुई थी।

मिसिर का भिखारी ठाकुर से भी अच्छा संबंध था, जिनको राहुल सांकृत्यायन ने भोजपुर का शेक्सपियर कहा था। यहाँ सबसे ध्यातव्य है कि कलाकारों एवं साहित्यकारों का भारतीय नवजागरण में जो योगदान हुआ उस पर प्रकाश डालने के साथ ही कलकत्ता और बिहार के कलाकारों पर विशेषतः बल दिया गया है। नृत्य मंडली, गायक मंडली, नौटंकिया का खेल, रेडियो नाटक जैसे कितने माध्यमों से जागरण उत्पन्न करने का उपाय ढूँढा गया है। लोक कवि भिखारी दास मिसरजी के सम्मुख यह प्रस्ताव रखते हैं – "चाहता हूँ एक ऐसी नाच-मण्डली बनाना जो गीत-नौटंकी के माध्यम से जनमन की पीड़ा उभार सके! हमारे समाज में जो बुराइयाँ अपना घर बना चुकी हैं – दबाने से और बजबजा जाएँगी - पके घाव की तरह टीस रही हैं हर जगह! नौका छुरे के तेज धार से यह घाव चीरकर मवाद बहा देना होगा – तब ही सब चैन की नींद सो सकेंगे...(पृ.204) यहाँ मिसिर जैसे लोककलाकार कोई व्यवस्थित शिक्षाप्राप्त नहीं, फिर भी उन्होंने अपनी आँखों से जो कुछ देखा, कानों से जो कुछ सुना उससे अर्जित लोक-अनुभव के तहत उनमें जो संस्कार बना उससे जनजागरण पैदा करने को वे तैयार हो जाते हैं। इसलिए उनका असर लोगों पर ज़्यादा पड़ता है। उपन्यासकार यहाँ लोककलाकारों से नवजागरण कितना वेगवान बना, उसको प्रमाणित करती हैं। स्त्रियाँ, वेश्याएँ सब मिसिरजी से इसलिए मंत्रमुग्ध हो गईं कि उनमें लोकजीवन का जादू है, वे साधारण से साधारण एक कलाकार हैं। उनके सारे विचार एवं कर्म आम जनता के हैं। असल में मिसिरजी अपनी और अपनों की कुर्बानी से आनेवाली पीढ़ियों को खुली हवा में साँस लेने का माहौल तैयार कर रहे थे।

बंगाल में सन्यासियों का भी आंदोलन हुआ था। यह भी नवजागरण के लिए बहुत सहायक रहा। अभयानंदजी, नित्यानंदजी जैसे सन्यासी अलग-अलग टोली तैयार कर काम कर रहे थे। उनमें साधुओं का क्रांतिकारी आन्दोलन भी था। मिसिरजी जैसे बहुसंख्यक युवाओं को स्वतंत्रता आंदोलन की ओर आकृष्ट करने में यह आन्दोलन सहायक निकला।

उपन्यासकार यह सिद्ध करना चाहती हैं कि नवजागरण का मुख्य कारण ज्ञानोदय और ज्ञानोदय से प्राप्त संस्कार है। खाली बरतन को ज्ञानामृत से भरने को सब लोग तैयार हो जाते हैं। वहाँ पुरुषों के साथ स्त्रियों का जागरण सबसे उल्लेखनीय है। चाहे ढेलाबाई हों, काननबाला हों या नन्ना। ढेलाबाई बादशाह बहादुरशाह के

परिवार की है। 1857 के पहला स्वतंत्रता आंदोलन में अंग्रेज़ों को भगाने में असमर्थ बहदुरशाह को देखकर हिन्दू लोगों ने उनकी मदद की। लेकिन दिल्ली पहुँचे अंग्रेज़ निर्मम व्यवहार करने लगे। बहदुरशाह को रंगून भेजा गया। उसी परिवार में अपनी नानी अफसाना बाई से पालित हैं ढेला। उसने फारसी के साथ संस्कृत भी पढ़ी है। वह अप्सराओं सी खूबसूरत और नृत्यांगना है। समीप प्रदेश के अर्थात बनारस-पटना-छपरा-बलिया-कलकत्ता के अनेक रईस उसके फेर में हैं। लेकिन वह लोककवि मिसिर की प्यासी हो गई। वह मिसिर भी सधुक्कडी और घुमक्कडी के गठबंधन में है। उनकी सधुक्कडी, उनका फकीरपना, उनका बमभोलापन ढेला के लिए बहुत मोहक बन गया। लेकिन अपने परम मित्र बाबू हलवन्त सहाय की इच्छापूर्ति के लिए मिसिरजी ने ढेला को चुराकर उसको समर्पित किया। लेकिन ढेला का हृदय सदा मिसिरजी के लिए तड़पता रहा।

अनामिका जी ने अपने उपन्यास में प्रेम को एक दार्शनिक धरातल तक पहुँचाने का कार्य किया है। रमाबाई और सदाव्रत के संदर्भ में भी हज़ारी प्रसाद द्विवेदी ने 'बाणभट्ट की आत्मकथा' का मूलमंत्र 'नर लोक से किन्नर लोक तक व्याप्त रागात्मक अनुभूति' को सार्थक कर दिया। रागतत्व मिसिरजी और ढेलाबाई के संदर्भ में फैंटेसी के ज़रिए एक दार्शनिक भावभूमि प्रदान की गई है। मिसिर अद्‌भुत गीतकार-गायक हैं और ढेला अप्सराधर्मी नृत्यांगना हैं। हलवंत की परवरिश अंग्रेज़ों द्वारा हुई, इसलिए जीवन के अंत तक उसमें वह संस्कार जम कर रह गया था। वह ढेला को एक वेश्या का दर्जा ही देता था, पत्नी मानने के लिए तैयार नहीं था। पर जीवन के अंतिम क्षणों में ही ढेला को पत्नीरूप में उसने माना। पति-पत्नी रूप में उन दोनों के मिलन का जो वातावरण है, वह बिलकुल फैंटेसी सा निर्मित है। एक रात में मिसिर के गायन के अनुसार नृत्य करती ढेलाबाई पूर्ण रूप से मिसिर में लीन होती दिखाई देती है, जिस प्रकार मीरा कृष्ण में। उसी रात में ढेला का पूर्ण समर्पण अपने पति के लिए हुआ। स्नेह को विशेषकर प्रेमी प्रेमिका के स्नेह का यह दार्शनिक स्वर सचमुच अनामिकाजी के उपन्यास की एक अलग खासियत है। मीरा के समान मिसिरजी के लिए अपने को पूर्ण रूप से समर्पित करती है ढेला। वह अतृप्त प्रेम बिलकुल उच्च स्तर का है। मिसिरजी को जेल से छुड़ाने के लिए अपनी सारी संपत्ति ढेला खर्च करती है। उसके लिए एक शिवमंदिर का निर्माण भी करती है। इस प्रकार प्रेम और भक्ति के बीच की सीमारेखा को तोड़ा गया है। लेकिन यह स्नेह ढेला के लिए ऊर्जा है। ढेला मिसरजी की प्रतीक्षा में अपनी ज़िन्दगी बिताती थी। अपने ससुर समान तिरपति चाचा

और डाक्टर बोस की मदद से पति की मृत्यु के बाद जीवन गुज़ारती है। बच्ची को जन्म देती है। लेकिन मिसिरजी के स्नेह के बल पर वह उम्मीदें बाँधती है। उपन्यास में विरोधाभास की बात यह है कि जिसे मिसिरजी ने उस ढेला का अपहरण कर उसके प्रति अन्याय किया उस मिसिरजी के के लिए आजीवन ढेला सबकुछ करने को तैयार हो जाती है। शायद इसलिए होगा कि किसी की विशिष्ट सिद्धि से कोई आकृष्ट होता है तो पहला दूसरे का ईश्वर बनता है।

लेकिन ढेलाबाई धीरे-धीरे अपनी कुंडलिनी शक्ति को जगा जगाकर शरीर मोह से मुक्त हो जाती है। जब स्त्री अपने शरीर से मुक्त हो जाती है, तब वह स्वतंत्र हो जाती है। पूरे उपन्यास में इस दर्शन की छाया बनी रहती है। वह दर्शन ज्ञान के तहत हमें शक्ति एवं मुक्ति प्रदान करने का है। भारतीय दर्शन ज्ञान के तहत शरीर को माया से मुक्त करने का है। यहाँ उपन्यास का शीर्षक 'दस द्वारे का पींजरा' भी इस शरीर को हमारा पिंजड़ा स्थापित करता है। इस पिंजड़े से जब हम बाहर निकलते हैं तब हम चेतना संपन्न बन जाते हैं। तब हमें मोक्ष एवं स्वातंत्र्य मिलते हैं। आध्यात्मिक क्षेत्र में मोक्ष है तो लौकिक जगत् में वह स्वातंत्र्य है। उपन्यासकार खुद इसकी परिभाषा योगविधि के आधार पर यों देती हैं – "यह शरीर एक महल है। इसके दस द्वार हैं, और कमरे छह। दस इंद्रियाँ दस द्वार और छह सूक्ष्म शरीर यानी छह कमरे-बाहरवाली बैठकी स्थूल शरीर है और एक-दूसरे में क्रमशः खुलती कोठरियाँ-सूक्ष्म शरीर, कारण शरीर, महाकारण शरीर, हंस शरीर, परमहंस शरीर और अन्त में कैवल्य परमपद शरीर ! सब कोठरियाँ भिड़की हुई हैं। बहुत दिनों से उसी तरह बन्द-बन्द जकड़ भी गई हैं कुछ। हर पर एक चक्राकार छिटकिनी है। कुंडलिनी के मुँह में दबे संचित पुण्यों के प्रकाश का तीव्र दबाव ही यह जकड़न तोड़कर दरवाज़ा खोल सकता है।" (पृ.37) यहाँ ढेलाबाई इन पंचेद्रियों की जकड़न से मुक्त हो जाती है। जो भी सेवाकार्य के लिए निकलता है वह इस पिंजड़े से बहर निकलनेवाला है। उपन्यास में रमाबाई, ढेलाबाई जैसी जितनी महान स्त्रियों का उल्लेख हुआ है वे सब शरीर बोध के पिंजड़े से बाहर निकली हुई हैं। अनामिकाजी स्त्री विमर्श को इस प्रकार एक दार्शनिक धरातल प्रदान करती हैं। यह भी नहीं, स्त्री जागरण के समान संपूर्ण भारतीय नवजागरण के पीछे ज्ञान से प्राप्त यह मुक्ति बोध है। अज्ञानी हमेशा शरीर तक सीमित रह जाता है। उपन्यासकार इस ओर संकेत करती हैं कि भारत की गुलामी का कारण हमारे यहाँ के शरीरबोध तक सीमित उपभोग की मानसिकता है।

प्रथम स्वतंत्रता आंदोलन के पूर्व के राजा महाराजाओं के शासनकाल में वेदकालीन

प्रलय का वातावरण था। उससे हमारा आडंबरप्रिय, भोगप्रधान सामाजिक व्यवस्था में शिक्षा के फलस्वरूप प्राप्त ज्ञान ने हममें स्वतंत्रता की आकांक्षा जगाई। यह स्वतंत्रता बोध सूक्ष्मतः चेतना की मुक्ति है। उपन्यास के आरम्भ में ही स्त्री और शूद्रों को पढ़ाने पर बल देनेवाले भारतीय शास्त्र ग्रंथों की ओर इशारा किया गया। हमारी व्यवस्था इन दोनों को गुलाम बनाने की थी। लेकिन भारत के नवजागरण के लिए उनकी मुक्ति उतनी अनिवार्य थी। नहीं तो संपूर्ण भारतीय जनता की मुक्ति जब संभव होगी तब ही भारत सच्चे अर्थ में स्वतंत्र बन पाएगा।

ढेलाबाई अपने कर्तव्यों को निभाकर पिंजड़े से बाहर निकलती है। उसने अपनी बेटी की परवरिश अच्छी तरह की जैसे कि रमाबाई ने की, शादी करवाई। अफसना बेगम के आह्वान पर दिल्ली में मुक्ति मिशन जाकर पंडिता रमाबाई से भेंट की। पंडिता रमाबाई ने उन दिनों कई विधवाओं, वेश्याओं और अनाथ औरतों के जीवन के नक्शे पलट ही दिए थे। अफसाना बेगम से ढेला को यह मालूम हुआ कि औरतों को चाँद बनकर रहने से कोई फायदा नहीं, खुद सूरज बनकर दमक उठना है। दुनिया भर की बेसहारा औरतों को मुक्ति-मिशन में एकजुट करना है। उसके लिए ढेलाबाई तैयार हो जाती है। यहाँ तक उसे उभारने में मिसिरजी, तिरपति चाचा, डॉक्टर बॉस आदि का योगदान है। रमाबाई तक पहुँचानेवाली है शमीम पुतली।

शमीम पुतली तवायफों के गुप्त संगठन की प्रधान है। यह गुप्त संगठन रात में जो पैसा कमाता है वह क्रांतिकारियों को हथियार दिलवाने में इस्तेमाल करता है। समाज सेवा के अन्य काम भी वह करता है और एक उर्दू पत्र 'अरासेवो' दिल्ली से निकालता है। 'अरासेवो' की संपादक थी शमीम पुतली, बड़ी समाज सेविका और क्रान्तिकारियों की मददगार थीं। उन्हें हथियार दिलाने में उनकी बड़ी भूमिका थी। अंग्रेज़ों ने उन्हें बहुत तंग किया, उन्होंने उनको कोई जानकारी नहीं दी और अंत में अज्ञातवास ले लिया। इन तवायफों की सन्तानों को भी मुक्ति मिशन से मिलाने का काम ढेलाबाई ने किया। वेश्या जीवन को निस्सहाय होकर अपनानेवाली स्त्रियाँ हैं। कुछ स्त्रियाँ परंपरा से यह अपनाती रहती हैं। उपन्यासकार उपन्यास के आरम्भ में अपनी सहपाठिनी को वेश्या बनते देख दुःख अनुभव करती हैं। इस सेक्स वर्क में कई प्रकार की कई प्रांतों की स्त्रियाँ काम करती हैं। बिहार, बंगाल और नेपाल में दारिद्र्य और लावण्य ज़्यादा हैं, इसलिए यहाँ की लड़कियों की भरमार है इस धंधे में। उपन्यास में वेश्याओं की ओर से जो समाज सेवा हो रही है उसका समर्थन उपन्याकार करती हैं। लेकिन इन वेश्याओं की भी मुक्ति के लिए उन्हें मुक्ति-मिशन से जोड़ती हैं।

यहाँ प्रत्येक स्त्री परस्पर सहायक बनकर खुद सुधरने के साथ दूसरों को सुधारने में भी मदद देती है।

उपन्यास में कानन बाला, नन्ना, चरखा बाई, जैसी अनेक समाज सेविकाओं एवं सांस्कृतिक क्षेत्र से जुड़ी स्त्रियों का उल्लेख हुआ है। जन-नाट्य-मंच और इप्टा से मिलकर काम करती है काननबाला। स्त्री भाषा की ज़रूरतों पर भी उपन्यास में हरकिश्नजी के द्वारा प्रकाश डाला गया है। शारदा-सदन ढेलाबाई के नेतृत्व में अच्छी तरह चल रहा है। ढेलाबाई अपने अनुभवों के आधार पर दूसरी स्त्रियों को अपने शरीर के कैदखाने से मुक्त होने का रास्ता सिखाती है। आज शारदा सदन एक सामूहिक संस्था बन गया है। उपन्यासकार उसे औरतों का एक समृद्ध समरस संसार कहती हैं। वहाँ हर धर्म की सम्मिलित प्रार्थनाएँ, फिर छापाखाना और अन्य कुटीर उद्योग का प्रशिक्षण, संगीतादि कला, नाट्य कर्म और दूसरी कलाओं में जिनकी रुचि है—उनका प्रशिक्षण अलग चलता है। वृद्ध और विकलांग भी सेवा भाव से इस महाभियान से जुडे रहते हैं। सहकारिता, स्वावलंबन, आत्मविश्वास और एक बृहत्तर जीवन का स्वरूप शारदा भवन में है। यह है स्त्री का सामूहिक बोध। देखिए– "शारदा सदन' के आंगन से बालविधवाओं, युवा परित्यक्ताओं, वृद्धा वेश्याओं, उपेक्षित माताओं, पत्नियों, बहनों, बेटियों और उन समस्त स्त्रियों के सम्मिलित कहकहों की मस्त-मगन आवाज़ गूँज रही थी जो अभी कुछ दिन पहले ही बोझ की तरह जीवन कंधे पर लादे हुए 'शारदा सदन' आई थीं या लाई गई थीं। (पृ. 269)

उपन्यास में मुक्ति-मिशन और 'शारदा सदन' दोनों उपेक्षित, दमित, प्रताड़ित स्त्रियों का सामूहिक वासस्थान है। रमाबाई ने स्त्रियों में यह सामूहिक संगठन बोध प्रदान कर परस्पर सहायक बनने के लक्ष्य में इनकी नींव डाली। इसे बिहार में सशक्त बनाने का कार्य ढेलाबाई ने किया। उपन्यासकार ने अपने इस विचार को नन्ना के इस गीत से यों दिखाया–

"तुम बेसहारा हो तो किसी का सहारा बनो,
तुमको अपने-आप ही सहारा मिल जाएगा।
कश्ती कोई डूबती पहुँचा दो किनारे पर
तुमको अपने-आप ही किनारा मिल जाएगा।" (पृ. 254)

अनामिकाजी की स्त्रीमुक्ति संबंधी धारणा भी यही है कि बहनापा (Sisterhood) से स्त्री का मोचन संभव है। स्त्री का परस्पर सहयोग, प्रेम, आदि से जो सामरस्य उत्पन्न होता है। उससे स्त्री का ही नहीं संपूर्ण दुर्बल एवं उपेक्षित वर्गों का उन्नयन संभव

हो जाएगा। उसके लिए खुद स्त्री को अपनी चेतना का परिष्कार कर शरीररूपी पिंजड़े से बाहर आना चाहिए। उनके अनुसार स्त्री में जो सामूहिक बोध है, वह अन्यत्र दुर्लभ है। स्त्री को व्यवस्था के विरोध में बोलने के लिए उसकी सहज परिहास भरी लोक भाषा उचित है। इसके लिए उन्होंने थेरीगाथा की सुमंगला माता और आम्रपाली आदि को हमारे सामने पेश किया। बुद्ध भिक्षुणी आम्रपाली और ढेलाबाई की तुलना भी कहीं कहीं की गई है। स्त्री के विरोध को प्रकट करने के लिए भारत भारती में मैथिली शरण गुप्त और रामनरेश त्रिपाठी द्वारा संपादित 'ग्राम-गीतांजलि' की कविताओं को भी पेश किया गया। उन्होंने मर्यादित भाषा में गाली और गीत गाए। जिस प्रकार अनामिकाजी की कविता में लोकजीवन की धुन है, उसी लोकजीवन एवं लोकभाषा से जुड़ी स्त्रीभाषा का समर्थन वे हमेशा करती हैं। स्त्री की यही सादगी और सहजता दुखितों को ममता की सांत्वना प्रदान करेंगी। यही स्नेह, परस्पर सहयोग, सभी प्रकार के भेदभावों से मुक्त, एक-एक की कड़ियाँ बनकर एक सामरस्य से स्त्रियों की मुक्ति संभव हो जाएगी और उसी क्रम में ही संपूर्ण मानवता का परिष्कार संभव हो जाएगा। लेकिन वहाँ किसी की अस्मिता का हनन नहीं होगा। प्रत्येक अपने आत्म को पहचानेगा, मानेगा। इस प्रकार का एक सामरस्य ही उपन्यासकार की लक्षित सृजनात्मकता है। यह सामरस्य 'कामायनी' का भी मूल मंत्र है। महादेवी वर्मा का स्त्री-चिंतन भी यही है। यह है भारतीय चिंतन। द्वन्द्वातीत एक समूह की सृष्टि का सपना, मुक्ति का सपना है।

पूरे उपन्यास में एक दार्शनिक धरातल छाया हुआ है। नवजागरण की पृष्ठभूमि में लिखित इस नव ऐतिहासिक उपन्यास में अनामिकाजी ने इतिहास के साथ शास्त्र, वेद, मिथक, पुराण आदि की अगने ढंग से नई व्याख्या भी की है। उनकी व्याख्या की अलग खासियत यह है कि इसमें आध्यात्मिकता और भौतिकता अलग-अलग नहीं उनके बीच में एक विलक्षण जुड़ाव है। जुड़ाव से उत्पन्न संतुलन यानी कि सामरस्य है। वही इस उपन्यास को दार्शनिक धरातल प्रदान करता है। उदाहरण के लिए देवी की परिभाषा देकर कहती हैं कि आध्यात्मिक दृष्टि में अद्यशक्ति है तो भौतिकवादी इसे ऊर्जा कह सकता है। योगशास्त्र का भी उन्होंने खूब इस्तेमाल किया है। शीर्षक 'दस द्वारे का पिंजरा' योगशास्त्र से संबंद्ध है। उपन्यास एकदम भारतीय धर्मशास्त्र, योग विद्या, संस्कृति, दर्शन आदि पर केन्द्रित है। उपन्यासकार के अनुसार, ये सबको अर्थात् स्त्री एवं दलितों को भी समान स्थान एवं अधिकर देनेवाले हैं। सबके अधिकारों के प्रति वे सजग हैं। लेकिन बाद की व्यवस्था ने उनकी व्याख्याएँ अपने अपने स्वार्थ एवं अधिकार को सुरक्षित रखने के लिए गलत ढंग से की है। उपन्यासकार

ने हमारे नवजागरण से जुड़े जिन जिन नेताओं के विचारों को उचित नहीं समझा उसके प्रति असहमति भी साहस के साथ प्रकट की है। इसलिए नवजागरण एक प्रकार से सांस्कृतिक जागरण है, आत्मचेतन का जागरण है। उसको उत्तेजित करने में भारतीय कलाएँ, साहित्य, संगीत आदि का बड़ा स्थान था। बहुमत के अनुसार पाश्चात्य विद्या एवं शिक्षा से नवजागरण हुआ है। उपन्यास में भोजपुरी लोक साहित्य एवं कलाकारों से वहाँ की जनता में जो जागरण हुआ वह उपर्युक्त धारणा को एक हद तक गलत सिद्ध करता है। उसमें स्त्रियों का जागरण अनिवार्य है। उनके जागरण से ही सामूहिक बोध एवं सेवा का भाव जागृत होता है। वह स्नेह एवं परस्पर एकता का माहौल पैदा करेगा। इसलिए भारतीय नवजागरण में स्त्रियों की आत्मचेतना ने समष्टि चेतना में परिणत होकर भारत में मुक्ति का नया मार्ग प्रशस्त किया। अनामिका नवजागरण के संदर्भ में स्त्री के सामूहिक सामरस्य से जिस मुक्ति की ओर संकेत करती हैं, वह आज की अनिवार्यता है। इस उपभोग संस्कृति में मानसिक एवं सांस्कृतिक सौन्दर्य के बदले स्त्रियाँ शारीरिक सौन्दर्य को महत्व दे रही हैं। इसलिए जीवन से सादगी नष्ट हो गई, ग्रामीण एवं लोकजीवन की सहजता खो गई। शहरीकरण के प्रभाव में पड़कर स्त्री केवल देह में बदल रही है। इसलिए इस समकालीन संदर्भ में मानवता के निर्माण एवं एक द्वन्द्वरहित समाजिक व्यवस्था की स्थापना तथा तद्वारा राजनैतिक शासन व्यवस्था में भी सफलता प्राप्त करने के लिए स्वतंत्र स्त्रियों की भागीदारी अपेक्षित है।

इस महान विचार को पेश करने के लिए उपन्यासकार ने जो थल अपनाया वह अपना जन्म स्थान है और जो काल अपनाया वह नवजागरण काल है। उस स्थल पर खड़े होकर उपन्यासकार ने एक लंबा सफर किया है अपने हृदय, बुद्धि एवं चक्षु को एकाग्र रखते हुए। उसका परिणाम है यह उपन्यास। इसमें भारतीय नवजागरण से लेकर अब तक के स्पन्दन समाहित हैं। इस पृष्ठभूमि पर उपन्यासकार प्रत्येक पाठक को वर्तमान भारत पर सोचने, समझने और विचारने के लिए विवश कर रही हैं।

❑❑